Iranische Geschichte

Ein spannender Leitfaden durch das alte Persien und die Vergangenheit des Iran

© Copyright 2025

Alle Rechte vorbehalten. Kein Teil dieses Buches darf in irgendeiner Form ohne schriftliche Genehmigung des Autors reproduziert werden. Rezensenten dürfen in Besprechungen kurze Textpassagen zitieren.

Haftungsausschluss: Kein Teil dieser Publikation darf ohne die schriftliche Erlaubnis des Verlags reproduziert oder in irgendeiner Form übertragen werden, sei es auf mechanischem oder elektronischem Wege, einschließlich Fotokopie oder Tonaufnahme oder in einem Informationsspeicher oder Datenspeicher oder durch E-Mail.

Obwohl alle Anstrengungen unternommen wurden, die in diesem Werk enthaltenen Informationen zu verifizieren, übernehmen weder der Autor noch der Verlag Verantwortung für etwaige Fehler, Auslassungen oder gegenteilige Auslegungen des Themas.

Dieses Buch dient der Unterhaltung. Die geäußerte Meinung ist ausschließlich die des Autors und sollte nicht als Ausdruck von fachlicher Anweisung oder Anordnung verstanden werden. Der Leser / die Leserin ist selbst für seine / ihre Handlungen verantwortlich.

Die Einhaltung aller anwendbaren Gesetze und Regelungen, einschließlich internationaler, Bundes-, Staats- und lokaler Rechtsprechung, die Geschäftspraktiken, Werbung und alle übrigen Aspekte des Geschäftsbetriebs in den USA, Kanada, dem Vereinigten Königreich regeln oder jeglicher anderer Jurisdiktion obliegt ausschließlich dem Käufer oder Leser.

Weder der Autor noch der Verlag übernimmt Verantwortung oder Haftung oder sonst etwas im Namen des Käufers oder Lesers dieser Materialien. Jegliche Kränkung einer Einzelperson oder Organisation ist unbeabsichtigt.

Inhaltsverzeichnis

TEIL 1: DAS ALTPERSISCHE REICH 1
  EINFÜHRUNG 3
  ABSCHNITT EINS: DER AUFBAU EINES REICHES 7
    KAPITEL 1: DIE URSPRÜNGE DER PERSER 9
    KAPITEL 2: PERSER UND MEDER 21
    KAPITEL 3: KYROS DER GROßE 34
    KAPITEL 4: DIE EROBERUNG ÄGYPTENS UND SKYTHIENS 46
  ABSCHNITT ZWEI: DIE GRIECHISCH-PERSISCHEN KRIEGE 59
    KAPITEL 5: DER IONISCHE AUFSTAND 61
    KAPITEL 6: DER ERSTE FELDZUG GEGEN GRIECHENLAND 71
    KAPITEL 7: DER FELDZUG XERXES' I. 81
    KAPITEL 8: DIE NACHWIRKUNGEN UND DER KALLIASFRIEDEN 92
  ABSCHNITT DREI: VON XERXES II. ZU DAREIOS III. 103
    KAPITEL 9: ARTAXERXES I. UND DAREIOS II. 105
    KAPITEL 10: ARTAXERXES II. 116
    KAPITEL 11: ARTAXERXES III. UND DIE ZWEITE EROBERUNG ÄGYPTENS 127
    KAPITEL 12: DAREIOS III. UND ALEXANDER DER GROßE 137

ABSCHNITT VIER: DIE ALTPERSISCHE GESELLSCHAFT, KULTUR UND REGIERUNG 149
   KAPITEL 13: KUNST, KULTUR UND RELIGION 151
   KAPITEL 14: MILITÄRTAKTIK 163
   KAPITEL 15: HERRSCHAFT, VERWALTUNG UND WIRTSCHAFT 173
   SCHLUSSBEMERKUNG 184
TEIL 2: GESCHICHTE DES IRAN 189
   EINFÜHRUNG 191
   KAPITEL 1: IRAN: WAS SIE WISSEN MÜSSEN 194
   KAPITEL 2: VON DER VORGESCHICHTE BIS ZUM ALTERTUM 202
   KAPITEL 3: DAS PERSISCHE REICH 210
   KAPITEL 4: EINE NEUE ÄRA 222
   KAPITEL 5: DER TÜRKISCH-MONGOLISCHE IRAN 243
   KAPITEL 6: DIE SAFAWIDEN 253
   KAPITEL 7: DER FRÜHMODERNE IRAN 273
   KAPITEL 8: DIE GEBURT DES MODERNEN IRAN 290
   KAPITEL 9: VON REZA SCHAH PAHLAVI BIS ZUR ISLAMISCHEN REVOLUTION 310
   KAPITEL 10: DIE ISLAMISCHE REPUBLIK IRAN 328
   SCHLUSSBEMERKUNG 339
SCHAUEN SIE SICH EIN WEITERES BUCH AUS DER REIHE ENTHRALLING HISTORY AN. 342
BIBLIOGRAPHIE 343
BILDQUELLEN 349

Teil 1:
Das Altpersische Reich

Ein spannender Überblick über das Achämenidenreich

Einführung

Die beiden persischen Prinzessinnen, die Ehefrauen Alexanders des Großen, hielten sich umschlungen. Parysatis war die Tochter König Artaxerxes' III., der von seinem Wesir Bagoas vergiftet wurde, der auch den größten Teil der Männer der persischen Königslinie auslöschte. Stateira war die Tochter von Dareios III., dem letzten Monarchen aus der Dynastie der Achämeniden, der von seinen Männern ermordet worden war, nachdem Alexander das Persische Reich erobert hatte. Kurze Zeit, nachdem er beide Prinzessinnen am selben Tag geheiratet hatte, starb Alexander plötzlich, machte die Frauen zu Witwen und versetzte das Persische Reich in Aufruhr.

„Stateira! Was wird mit uns geschehen?"

Roxana stürmte in den Raum und rieb sich selbstzufrieden ihren geschwollenen Bauch, gefolgt von General Perdikkas, dem Oberbefehlshaber der kaiserlichen Armee. Roxana war Alexanders erste Frau, die Tochter eines baktrischen Häuptlings.

„Kein Grund zur Sorge, meine Lieben. Perdikkas wollte euch über die Entscheidung des Rates bezüglich der Nachfolge unseres Gatten informieren."

General Perdikkas räusperte sich: „Die Generäle haben entschieden, dass Alexanders Bruder, Arrhidaios und Roxanas Sohn gemeinsam König werden."

Stateira runzelte die Stirn. „Aber Arrhidaios fehlt es für die Herrschaft an Intellekt! Und woher wissen wir, dass Roxana einen Sohn gebären wird?"

Perdikkas lächelte. „Der Rat hat mich zum Regenten für Roxanas Sohn und Arrhidaios bestellt. Wenn das Kind ein Mädchen wird, wird der Rat wieder zusammentreten."

Roxana hatte währenddessen Wein in Kelche geschüttet. „Lasst uns jetzt einen Toast auf unseren lieben verstorbenen Gatten und die Zukunft des Reiches ausbringen."

Stateira und Parysatis sahen sich an. Der Wein musste sicher sein, wenn Roxana und Perdikkas aus derselben Flasche tranken. Minuten später erkannten sie ihren fatalen Fehler. Roxana grinste und schritt mit Perdikkas aus dem Zimmer, als die persischen Frauen keuchend ihre letzten Atemzüge taten.

Damit endete das persische Achämenidenreich. Aber wie hat es begonnen? Und wie ist es bis zu diesem Punkt gekommen?

Das Achämenidenreich war das erste Mega-Imperium der Welt, es umspannte drei Kontinente und auf seinem Höhepunkt über drei Millionen Quadratkilometer. Es löste Schrecken bei seinen großen Rivalen, den Griechen, aus, doch sie waren auch von der Kultur der Perser fasziniert. Das Erbe des Persischen Reiches, das sich von Südostasien über Osteuropa bis nach Nordafrika erstreckte, beeinflusste zwei Jahrtausende lang drei verschiedene Kontinente.

Warum heißt es Achämenidenreich? Es wurde nach Achaimenes benannt, über den wir nichts wissen, außer dass er ein persischer Stammesführer aus dem 7. oder 8. Jahrhundert und angeblich ein Vorfahr von Kyros dem Großen und Dareios I. war. Sein wirklicher Name war Hakamanisch („ein freundlicher Geist"), auf Griechisch „Achaimenes". Da die Könige des Reiches Perser waren, wird es oft als das Persische Reich bezeichnet. Der Begriff *Achämenidenreich* beschreibt jedoch eine spezifische Epoche der persischen Herrschaft, mit dem es von den Dynastien der Seleukiden, Parther und Sassaniden abgegrenzt wird, die später folgten.

Unter Kyros dem Großen entwickelte sich Persien 550 v. u. Z. (vor unserer Zeitrechnung) zu einem Großreich, das unter Dareios dem Großen 44 Prozent der Weltbevölkerung beherrschte. Die Welt hatte noch nie zuvor ein Reich dieser Größe gesehen. Als Konglomerat von Nationen und Ethnien war der Kern des Reiches das Land Persien (Parsa oder Persis), das ungefähr der heutigen Provinz Fars im Südwesten Irans auf der Ostseite des Persischen Golfs entspricht.

Wie unterscheidet sich dieses Buch von anderen Bücher über das alte Persien? Über das Achämenidenreich gibt es viele ausgezeichnete Bücher, die meisten von ihnen sind jedoch zu akademisch für eine allgemeine Leserschaft oder beschäftigen sich nur mit Teilaspekten der Kultur. Diese Darstellung ist breit angelegt und vermittelt ein tiefgehendes Verständnis dafür, wie die Perser die Welt verändert haben. Es ist akribisch recherchiert, aber leicht zu lesen und erweckt die außerordentlichen Perser zum Leben.

Die Erforschung des Achämenidenreiches ist schwierig. Nur wenige persische Quellen überlebten das Chaos, das dem Zusammenbruch des Reiches folgte und wiederkehrende Unruhen im Mittleren Osten haben die archäologischen Ausgrabungen unterbrochen. Museen auf der ganzen Welt verfügen über Lagerräume voller persischer Dokumente und Artefakte, die noch analysiert werden müssen. Wir verlassen uns hauptsächlich auf das, was griechische Historiker über die Perser geschrieben haben, aber Griechen und Perser lagen oft miteinander im Krieg. Es ist für jeden Historiker schon schwierig genug, objektiv zu sein, aber wenn man über seinen Erzfeind schreibt, ist das eine fast unmögliche Aufgabe.

Die nach Babylon deportierten Juden lieferten freundlichere Berichte über ihre neuen persischen Herrscher und Emanzipatoren. Kyros erlaubte ihnen die Rückkehr in ihre Heimat und finanzierte den Wiederaufbau des Tempels in Jerusalem. Sie zeichneten ihre Interaktion mit den persischen Königen im Tanach (dem Alten Testament) und in der Geschichte des Flavius Josephus auf. Dieses Buch versucht, eine mittlere Position einzunehmen, indem es griechische, jüdische und andere Quellen verwendet und daran erinnert, dass Berichte gewöhnlich einer Seite zuneigen und dass einige Historiker Jahrhunderte nach den eigentlichen Ereignissen schrieben.

Worin liegt der Nutzen, sich mit Geschichte zu beschäftigen? Die alten Geschichten sind oft fesselnd, und die Perser hatten sicherlich kaum langweilige Momente. Ihr luxuriöser Lebensstil, die Intrigen in ihren Palästen und ihre erstaunlichen Eroberungen werden Sie zum Umblättern anregen! Aber in der Geschichte geht es im Wesentlichen um Veränderung. Wir erfahren mehr über die Katalysatoren des Wandels, wenn wir aufschlüsseln, wie sich andere Zivilisationen entwickelt haben und gewachsen sind. Außerdem liefern die Faktoren, die zum Zusammenbruch einer Zivilisation führen, ein abschreckendes Beispiel dafür, was man nicht tun sollte.

Die Erforschung des beispiellosen Aufstiegs und katastrophalen Niedergangs des Persischen Reiches ist eine Untersuchung des Wandels. Welche Faktoren führten dazu, dass Kyros den gesamten Nahen Osten eroberte? Was trieb seine Nachfolger dazu, das Imperium nach Afrika und Europa auszubreiten? Wie veränderten sich die Dinge plötzlich, nachdem er die Griechen über ein Jahrhundert lang im Würgegriff gehalten hatte? Das Verständnis der Metamorphose Persiens hilft uns zu erkennen, wie kulturelle, wirtschaftliche und politische Transformationen in unserer eigenen Welt stattfinden. Lassen Sie uns in der Zeit zurückgehen, um zu erfahren, wie die Perser die Weltgeschichte beeinflusst haben und welche Lehren wir aus ihrem atemberaubenden Reich ziehen können.

ABSCHNITT EINS:
DER AUFBAU EINES REICHES

Kapitel 1: Die Ursprünge der Perser

Bevor das erstaunliche Achämenidenreich auf der Weltbühne erschien, siedelten persische Stämme im Süden des Iran an den zerklüfteten Ausläufern, die zu den schneebedeckten Gipfeln des Zagros-Gebirges führen. Im Nordosten und Osten liegen die nahezu unbewohnbaren Salzwüsten Kawir und Lut. Das Leben auf dem zerklüfteten iranischen Plateau war eine Herausforderung, aber wie Kyros der Große einmal sagte: „Weiches Land bringt weiche Menschen hervor." Woher kamen die Perser, bevor sie sich im Iran niederließen? Was brachte sie in ihre neue Heimat?

In der Bronzezeit (3300–1200 v. u. Z.) lebten Menschen, die Varianten des Protoindoiranischen sprachen, vor allem im heutigen Turkmenistan, Afghanistan und Usbekistan. Einige indoiranische Stämme erstreckten sich östlich bis an Chinas Xinjiang-Provinz und südlich bis zum indischen Subkontinent. Diese Menschen nannten sich arisch, was „edel" oder „frei" bedeutet. Der Name Iran (ایران) bedeutet „das Land der Arier".

Eine Massenbewegung dieser iranischen Stämme, die als arische Migration bezeichnet wird, spaltete sich Ende des zweiten Jahrtausends v. u. Z. in drei Gruppen auf. Eine Gruppe blieb in der arischen Kernregion oder wanderte leicht nach Süden, entlang des Flusses Oxus (Amu Darya). Sie bildeten die baktrischen und sogdischen Stämme nördlich des Hindukusch-Gebirges im heutigen Tadschikistan, Usbekistan, Afghanistan, Kasachstan und Kirgisistan. Die zweite Gruppe, die Arianer

(Arier), Drangianer und Arachosier, ging nach Süden in die Ebenen zwischen den Bergen Irans und Afghanistans.

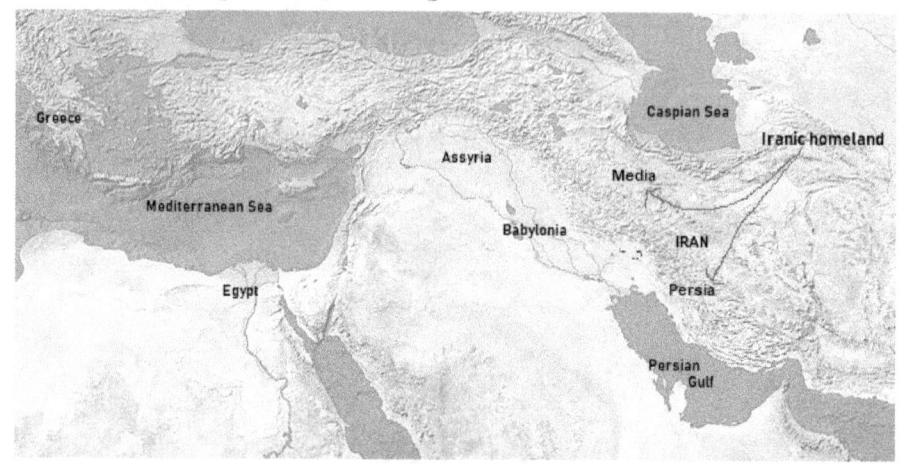

Indo-iranische Stämme wanderten von Zentralasien in den heutigen Iran ein. '

Die dritte Welle indo-iranisch sprechender Menschen schwappte in zwei Wellen in das iranische Hochland. Die Ersten, die um 1100 v. u. Z. ankamen, wanderten in den Norden des Iran ein und bildeten schließlich das Königreich Medien. Wenig später ließen sich die Vorfahren der Perser, die eine als Altpersisch bekannte Sprache sprachen, im Südwesten des Iran nieder. Was hat diese Migration aus dem Nordosten ausgelöst?

Warum sie Zentralasien verließen, ist nicht bekannt, aber vermutlich lag der Grund in Überweidung oder Vertreibung durch mächtigere Stämme. Die frühen Perser und Meder errangen die Vorherrschaft im Machtvakuum, das durch den Niedergang der Königreiche von Elam, Assyrien und Babylonien entstanden war. Wer lebte vor den Medern und Persern im Iran? Und was passierte, als die Perser dorthin kamen? Irans bronzezeitliche Bevölkerung bestand aus den Gutäern, den Hurritern und anderen, aber die Elamiter dominierten. Sie entwickelten im 3. Jahrtausend v. u. Z. eine differenzierte Kultur in den heutigen südwestlichen iranischen Provinzen Fars und Chusistan, die über die Keilschrift und das Rad verfügte. Sie kontrollierten dieses Gebiet in den nächsten zwei Jahrtausenden, obwohl sie zeitweise auch Vasallen der Akkadier, Assyrer und Babylonier waren und oft im Konflikt mit diesen Kulturen lagen.

Die Perser begannen um 1000 v. u. Z. in den Südiran auszuwandern und schufen sich innerhalb von zweihundert Jahren friedlich ein Gebiet in der heutigen Provinz Fars (damals bekannt als Parsua, Parsa oder Persis). Sie lebten unter den Elamitern unter assyrischer Herrschaft. Die Perser hatten keine Schriftsprache, also übernahmen sie die elamitische Schrift zum Schreiben und sprachen sogar elamitisch für Verwaltungsangelegenheiten. Als sie sich vermischten und untereinander heirateten, übernahmen die Perser andere elamitische Bräuche, einschließlich des Kleidungsstils und der Kunstwerke.

Die Perser lebten vier Jahrhunderte lang Seite an Seite mit den Elamitern, ohne dass es Berichte über Feindseligkeiten zwischen den beiden Ethnien gab. Die einzige Ausnahme bilden assyrische Schriften, die von persischen Überfällen auf die Elamiter in der Mitte des 7. Jahrhunderts v. u. Z. berichten. Zu dieser Zeit gaben die meisten Perser ihre nomadische Lebensweise auf und ließen sich in Dörfern und Städten nieder. Dieser Wandel der Lebensweise führte zu häufigeren internen Reibereien innerhalb der persischen Stämme und Konflikten mit ihren Nachbarn.

Die erste schriftliche Erwähnung der Perser im Iran ist eine Inschrift auf dem Schwarzen Obelisken. Der assyrische König Salmanassar III. spricht davon, dass er im Jahr 836 v. u. Z. Tribut von siebenundzwanzig persischen „Königen" (wahrscheinlich Stammeshäuptlingen) erhielt:

„In meinem vierundzwanzigsten Regierungsjahr überquerte ich [Salmanassar III.] den Unterlauf des Zab, überquerte den Berg Haschimur und zog hinab in das Land Namri. Ianzu, der König des Landes Namri, erschrak angesichts meiner mächtigen Waffen und floh, um sein Leben zu retten. Ich nahm seine befestigten Städte ein. Ich metzelte sie nieder, plünderte sie aus, verwüstete, zerstörte und verbrannte diese Städte. Die Überlebenden flohen auf einen Berg. Ich belagerte den Berggipfel, nahm ihn ein, schlachtete sie ab, plünderte sie aus und brachte ihr Eigentum nach unten. Als ich aus dem Land Namri auszog, erhielt ich den Tribut von siebenundzwanzig Königen aus dem Land Parsua. Ich zog hinab in die Länder Messu, Medien, Araziasch und Harhar und nahm die Städte ein."[i]

---

[i] A. K. Grayson, *Assyrian Rulers of the Early First Millennium BC II (858-745 BC) (Royal Inscriptions of Mesopotamia. Assyrian Periods. Volume 3)* (Toronto: University of Toronto Press, 1996), 67-8.

Der Schwarze Obelisk zeigt Menschen, die Salmanassar III. Tribute entrichten.[2]

Man beachte, dass die Assyrer bei diesem Feldzug auch medische Städte einnahmen. Einige Jahrzehnte später zeigte eine Inschrift des assyrischen Königs Adad-Nirari III., dass die Perser immer noch Tribut an die Assyrer zahlten. Das Land Namri in dieser Inschrift ist wahrscheinlich kassitisches Gebiet. Die Kassiten herrschten vier Jahrhunderte lang über Babylon, fielen dann aber an die Aramäer, Chaldäer und Assyrer.[i]

Das assyrische Kernland lag im Norden, an der Westseite des Zagros-Gebirges. Die Assyrer begehrten jedoch die Pferde der Perser sowie das Eisen und andere Metalle, die in den Bergen abgebaut wurden. Durch die Region führte die Straße von Chorasan, eine wichtige Handelsroute vom Westen nach Zentralasien. Die Akkader, Assyrer und Babylonier waren wiederholt in den Iran eingedrungen, beherrschten die Handelsrouten und forderten Tribut in Form von Pferden, Kamelen, Schafen, Bronze, Kupfer, Gold, Silber, Leinen, Wolle, Wein und Mineralien.

Manchmal wendete sich das Blatt, und die Elamiter, Kassiten, Gutianer und andere Stämme überquerten das Zagros-Gebirge und plünderten das fruchtbare „Land zwischen den Flüssen". Sie überfielen Sumer, Akkad, Babylonien und Assyrien wegen des Getreides, das Mesopotamien produzierte, und wegen des großen Reichtums, den die Erbauer der westlichen Reiche aus anderen Ländern angehäuft hatten. In seltenen Fällen, wie bei den Kassiten in Babylon, ließen sie sich nieder und regierten.

---

[i] J. E. Reade, „Kassites and Assyrians in Iran," *Iran* 16 (1978): 137.
https://www.jstor.org/stable/4299653?origin=crossref

Die neu entwickelte Technologie der Neuassyrer für den Belagerungskrieg umfasste Rammböcke mit Metallköpfen und Feuerwurfmaschinen. Zuvor waren die Assyrer in den Iran eingefallen, um zu plündern, zu brandschatzen und Tribut zu fordern. Tiglath-Pileser III. (reg. 745-727 v. u. Z.) verfolgte einen anderen Ansatz: die Umsiedlung der Bevölkerung. Die Untertanen aller lästigen Gebiete, die nicht regelmäßig Tribut zahlten oder, schlimmer noch, versuchten, gegen die Assyrer zu kämpfen, wurden deportiert.

Die verbannte Bevölkerung wurde versklavt oder in eine andere, weit entfernte Region umgesiedelt. Tiglat-Pileser siedelte fünfundsechzigtausend Meder aus dem nordwestlichen Iran nach Phönizien und Syrien an der Mittelmeerküste um und ließ die Phönizier und Syrer im Iran leben. Städte, die sich nicht wehrten, wurden tributpflichtige Provinzen des assyrischen Reiches. Tiglat-Pileser deportierte die Perser nicht, aber er schnitt den Männern den rechten Daumen ab. Sie konnten weder einen Speer werfen noch ihre Krummsäbel (gebogene Schwerter) schwingen, aber sie konnten weiterhin arbeiten und Tribut an Assyrien zahlen.

Ein alter iranischer Mythos spiegelt die Grausamkeiten und die Unterdrückung dieser Zeit wider. Er erinnert an eine glückliche Zeit in ferner Vergangenheit, in der Tiere und Menschen friedlich zusammenlebten, als die Menschen Musik, Tanz, Malerei und Poesie entwickelten. Krankheit und Tod waren unbekannt, und Yima (Jamshid) der Strahlende herrschte über sie. Doch Yima wurde hochmütig und vergaß, dass seine Segnungen von ihrem Schöpfergott Ahura Mazda kamen. Obwohl er Buße tat, ermöglichte dies Azhi Dahaka, der Schlange, Yima zu stürzen und zu töten. Dahaka erlangte daraufhin die Herrschaft über die Welt und brachte Chaos, Dürre, Krankheit und Tod mit sich. Für die Iraner waren die Assyrer die Verkörperung von Azhi Dahaka.

Die Iraner stellten Dahaka (Zahhak) mit Schlangen dar, die aus seinen Schultern herauskommen."

Einer der Meder, den die Assyrer nach Hamat in Syrien deportierten, hieß auf Assyrisch Daiukku, auf Altpersisch Dahyuka und auf Griechisch Deiokes. Der griechische Historiker Herodot identifizierte ihn als den Gründer des medischen Königreiches, von dem die Mutter von Kyros dem Großen abstammte. Herodots Historien liefern wertvolle Informationen über das Achämenidenreich, auch wenn sie manchmal verzerrt oder zweifelhaft sind.

Herodot wuchs in der griechischen Küstenkolonie Halikarnassos in der heutigen Westtürkei auf, die unter persische Kontrolle geriet, wodurch Herodot und seine Familie widerwillig Teil des Achämenidenreiches wurden. Seine Familie schloss sich Rebellen an, die erfolglos versuchten, die persische Oberherrschaft zu stürzen. Wir werden seine Version der Ereignisse im Laufe dieses Buches nachlesen, aber denken Sie daran, dass die Perser, oder „Barbaren", wie er sie nannte, seine Feinde waren.

Im Jahr 691 v. u. Z. berichtete der assyrische König Sanherib, dass sich Zehntausende von Persern einer Koalitionsarmee mit Aramäern,

Babyloniern, Chaldäern und Elamitern unter der Führung des elamitischen Königs Humban-numena anschlossen. Dieses Bündnis war möglicherweise das einzige Mal, dass die Perser gegen die Assyrer kämpften. Diese persischen Krieger waren die Söhne der Männer, denen die Daumen abgeschnitten worden waren. Trotz ihrer großen Zahl konnte sich die Koalition in der abschließenden Schlacht am Ufer des Tigris nicht gegen die wilden Assyrer durchsetzen. Nach Sanheribs Bericht verloren die verängstigten Perser und ihre Gefolgsleute die Kontrolle über ihre Eingeweide und flohen.

Jahrzehnte später zerstörten die Assyrer unter der Führung von König Assurbanipal die alte elamitische Hauptstadt Susa, was den persischen König Kurasch in Panik versetzte, weil er befürchtete, dass seinem Reich dasselbe widerfahren würde. Kurasch war der assyrische Name für Kyros, wahrscheinlich handelte es sich um Kyros I., den Großvater von Kyros dem Großen. Kurasch bemühte sich rasch um Frieden mit Assyrien und schickte sogar seinen ältesten Sohn als Geisel, wie der assyrische König berichtete.

„Nachdem die siegreichen Waffen Assurs ganz Elam besiegt und zerstört hatten, gerieten die Völker ringsum in Furcht. Die Furcht vor meiner Majestät überwältigte sie, und sie sandten ihre Boten aus, um mit kostbaren Geschenken Freundschaft und Frieden zu gewinnen. Sie erkundigten sich nach dem Wohlergehen meiner Majestät, sie küssten meine Füße und suchten meine Herrschaft. Als Kurasch, der König von Parsua, von dem gewaltigen Sieg hörte, den ich mit Hilfe der großen Götter Assur, Bel und Nabu über Elam errungen hatte, und dass ich ganz Elam wie eine Flut überschwemmt hatte, schickte er Arukku, seinen ältesten Sohn, zusammen mit seinem Tribut als Geisel nach Ninive, meiner herrschaftlichen Stadt, und flehte um meine Herrschaft." [i]

Im antiken Griechenland, in Makedonien und im Nahen Osten hielten die herrschenden Könige die königlichen Kinder ihrer Vasallenkönigreiche oft als Geiseln. Die meisten Vasallenkönige wagten es nicht, Tributzahlungen zu verweigern oder sich ihren Oberherren zu widersetzen, da sie befürchteten, dass ihrem Kind etwas zustoßen könnte. Indem Kurasch seinen Kronprinzen an Assurbanipal übergab,

---

[i] Amélie Kuhrt, *The Persian Empire: A Corpus of Sources from the Achaemenid Period* (London: Routledge, 2007), 53-4.

signalisierte er seine dauerhafte Unterwerfung. Kinder, die als Geiseln festgehalten wurden, wuchsen gewöhnlich im Palast des herrschenden Königs oder im Haus eines Adligen auf, lernten die Sprache und schlossen Freundschaften mit der königlichen Familie. Im späten Teenageralter oder im frühen Erwachsenenalter kehrten sie in ihr Heimatland zurück, um der nächste König zu werden oder ein hohes Amt zu übernehmen.

Gelegentlich ging dieser Brauch zu Lasten des Königreichs, das die Königssöhne gefangen hielt. Wenn ein Prinz im Palast des rivalisierenden Königreichs oder bei einem wichtigen Adligen aufwuchs, erhielt er wertvolle Insider-Informationen, die er bei seiner Rückkehr in sein Heimatland gegen dieses verwenden konnte. Genau das geschah in Makedonien, und eine Reihe von Ereignissen führte schließlich zum Untergang des persischen Reiches. Philipp II., der Vater von Alexander dem Großen, wurde im Alter von dreizehn Jahren als Geisel nach Theben gebracht. Zu dieser Zeit war Theben die stärkste Macht Griechenlands und hatte Makedonien unter seinem Joch. Der oberste Feldherr von Theben, Pelopidas, machte Philipp zu seinem Eromenos (jüngerer Sexualpartner), und sein enger Freund Epaminondas bildete Philipp in den unbezwingbaren militärischen Künsten von Theben aus.

Philipp nutzte später sein genaues Wissen über die thebanische Taktik, insbesondere die innovative thebanische Phalanx-Formation, als er den Thron des angeschlagenen makedonischen Königreichs bestieg. Dank seiner Ausbildung in der weltweit unübertroffenen Militärtechnik konnte er die Bedrohungen seines Königreichs abwehren und schließlich Theben und das übrige Griechenland erobern. Er bildete seinen Sohn Alexander in diesen militärischen Taktiken aus, die es Alexander dem Großen ermöglichten, Persien zu erobern.

Im 7. Jahrhundert v. u. Z. erwies sich die anhaltende Feindseligkeit zwischen Assyrien und Elam als tödlich für die Elamiter. Die Assyrer eroberten nicht nur Städte, sondern löschten sie aus, massakrierten große Teile der Bevölkerung und setzten schockierende Foltermethoden ein, um die Königreiche zur Unterwerfung zu zwingen. Ihre makabren Inschriften feierten die entsetzlichen menschlichen Qualen, die sie anrichteten. Sie prahlten damit, Kriegern die Haut abzuziehen, andere aufzuspießen und Pyramiden mit den Köpfen ihrer Opfer zu hinterlassen. Sie versklavten körperlich gesunde Erwachsene und bauten Scheiterhaufen, um ihre Kinder zu verbrennen. Im Jahr 646 v. u. Z. marschierte Assurbanipal in Elam ein und zerstörte Susa und achtundzwanzig weitere elamitische Städte, wodurch die Bevölkerung dezimiert wurde.

Assurbanipal demütigte den elamitischen König und zwang ihn, ihm Essen zu servieren.'

Die persischen Nachbarn Elams achteten indessen darauf, Frieden mit Assyrien zu halten, und erlitten nicht das gleiche Schicksal. Wenn die Assyrer die Berge überquerten und sich auf persisches Gebiet zubewegten, boten die Perser in der Regel Pferde und manchmal ihre königlichen Kinder an, um die Eindringlinge zu besänftigen. In anderen Fällen verließen sie ihre Städte, nahmen ihre Wertsachen mit und verschanzten sich im Zagros-Gebirge, bis die Gefahr vorüber war. Während die Assyrer den Elamitern große Verluste zufügten, konnten die Perser dank ihrer pragmatischen Weigerung, sich auf eine Schlacht einzulassen, überleben und sogar gedeihen. Allmählich wuchs die Zahl und Stärke der Perser, die in die verlassenen Städte und Regionen vordrangen, die einst von den Elamitern bewohnt worden waren.

Nach dem indischen Rigveda und den mündlichen Überlieferungen der Zoroastrier waren die ersten Perser hervorragende Reiter und Viehhirten. Sie schätzten Pferde aus mehreren Gründen sehr. So waren die Perser beispielsweise für ihre Reitkünste und ihre furchterregenden Kriegswagen bekannt. Aber sie betrachteten ihre Pferde auch als das ultimative Opfertier. Die Perser opferten sie nicht nur ihren Göttern, sondern auch den Vorfahren ihrer großen Häuptlinge.

An der Spitze der frühen Perser standen Priester-Häuptlinge, die die Verwaltungsangelegenheiten regelten und die Gemeinschaft im Gottesdienst anführten. Als die Perser ursprünglich in den Iran kamen, ließen sie sich in den Randgebieten der elamitischen Gemeinden nieder. Die Perser waren eine relativ friedliche Gruppe, die normalerweise freundschaftlich mit ihren elamitischen Nachbarn zusammenlebte. Sie konnten jedoch auch leidenschaftlich kämpfen, wenn es nötig war. Sie erkannten, dass ein Krieg oft mehr Probleme mit sich brachte, als er löste, und zogen es daher vor, einen Frieden auszuhandeln, anstatt sich in Kämpfe mit den Assyrern und anderen Großmächten zu stürzen.

Friedliche Verhandlungen wurden zunehmend undurchführbar, da der Wettbewerb um das iranische Grasland rund um die Oasen und Flüsse zunahm. So entstand eine Kriegerklasse, die auch eine administrative Rolle übernahm. Anfangs dienten ihre Streitkräfte als Söldner für ihre kassitischen und elamitischen Nachbarn, aber schließlich bildeten sie ihr eigenes ausgebildetes Militär. Die Perser und andere Iraner waren meisterhafte Wagenlenker und entwickelten um 2000 v. u. Z. den Wagen mit Speichenrädern, der die Geschwindigkeit eines Wagens im Vergleich zu den älteren Rädern aus Massivholz radikal erhöhte. Die Entwicklung des Bronzegebisses führte zu ihren unvergleichlichen Reitkünsten und der Organisation einer beeindruckenden Kavallerie. Sie kämpften mit Waffen aus Bronze und später mit Schwertern, Lanzen und Rüstungen aus Eisen, als die Technologie der Eisenverhüttung entwickelt war.

Die Priester blieben eine einflussreiche Kraft in der persischen Gesellschaft. Schon vor ihrer Auswanderung in den Iran verehrten die Perser Sonne, Mond und Himmel. Als Zeltbewohner in ihrer Frühzeit sahen sie den Himmel als ein riesiges Himmelszelt an. Sie verehrten auch den vedischen Gott Mithra (den Hindu-Gott Mitra), Gott des Bundes und des Lichts und Hüter des Viehs. Beeinflusst von den Persern übernahmen die Römer später die Verehrung Mithras in ihre Mysterienreligion Mithraismus. Die vedische Religion, ein Vorläufer des Hinduismus, hatte großen Einfluss auf die Perser. Später wurden einige der vedischen Gottheiten zu Yazatas oder niederen Gottheiten in der zoroastrischen Religion.

Der vedische Mithra war ein wichtiger Gott der frühen Perser.⁵

Als die nomadischen persischen Hirten sesshaft wurden, wandten sich einige dem Ackerbau zu, gaben ihre Zelte auf und bauten stattdessen Häuser aus Schilf oder gebranntem Ton. Im Gegensatz zu Ägypten und dem südlichen Mesopotamien, die auf die Bewässerung mithilfe ihrer großen Flusssysteme angewiesen waren, um die Landwirtschaft aufrechtzuerhalten, gab es in Persien in der Regel genug Regen für den Anbau von Feldfrüchten. Die zunehmende Sesshaftigkeit und das

Wachstum von Dörfern, Städten und Gemeinden führten zu einer besser organisierten Stammesverwaltung. Es bildeten sich Stadtstaaten, in denen mächtige Häuptlinge und schließlich Könige über weite Teile des Landes herrschten. Andere Perser lebten weiterhin als nomadische Hirten. Heute gibt es im Iran mehr als eine Million nomadische Hirten wie die Bachtiari und die Gaschgai-Stämme. Die Nomaden schufen eine für beide Seiten vorteilhafte Beziehung zu ihren sesshaften Verwandten und tauschten Rinder, Pferde und Käse gegen Getreide, Obst und Keramik.

Der Übergang von der nomadischen Lebensweise zur Stadtbevölkerung führte zu Konflikten und Machtspielen, da die Stadtstaaten um Agrarland und die Herrschaft über die umliegenden Städte wetteiferten. Obwohl die Perser eine gemeinsame ethnische Zugehörigkeit, Sprache und Kultur hatten, vereinigten sie sich erst viel später, als Kyros der Große an die Macht kam, zu einem einzigen Königreich. Stattdessen litt Persien unter einer Ära des Chaos, als die Häuptlinge ihre Rivalen um das göttliche Recht zu herrschen bekämpften, das ihrer Meinung nach von dem indo-iranischen Kriegsgott Verethragna stammte. Verethragna wird noch heute im Hinduismus als der vedische Gott Indra und im Zoroastrismus als Bahram, ein Amaschaspand, eine der sieben Gottheiten unter ihrem Hauptgott Ahura Mazda, verehrt.

Während die Perser im Süden Irans immer stärker und zahlreicher wurden, erlebten ihre entfernten Verwandten, die Meder im Norden, ebenfalls einen Aufschwung, insbesondere nach dem Zerfall des assyrischen Reiches. Obwohl Perser und Meder die vedische Religion und die indo-iranische Sprachgruppe teilten, hatten sie in den ersten Jahrhunderten im Iran nur wenig miteinander zu tun. Doch als beide an Macht gewannen, war ein Zusammenstoß unvermeidlich. Wer von beiden würde die Vorherrschaft über den anderen erlangen?

Kapitel 2: Perser und Meder

Eine Träne lief Kynos Wange hinab, während sie die Kühe molk. Ihre eigenen Brüste waren voll und schmerzten, aber ihr Kind war tot geboren worden. Würde sie jemals ein Baby an ihre Brust drücken? In diesem Moment hörte sie das Wimmern eines Säuglings und drehte sich um. Dort stand ihr Mann, Mithridates, und trug ein gewickeltes Baby! Sie riss ihm das Kind aus den Armen und legte es an ihre Brust, an der es heißhungrig saugte.

„Wer ist er? Wo kommt er her?", fragte Kyno und streichelte das Gesicht des Kindes.

„Das kann ich dir nicht sagen, aber er gehört jetzt dir", antwortete Mithridates. „Erzähl' nur niemandem, dass dein eigenes Kind gestorben ist, und sorge dafür, dass jeder denkt, dass dieses Kind unser richtiger Sohn ist."

Und so wuchs laut Herodot der Sohn des persischen Königs als Sohn eines Kuhhirten im Schatten des medischen Königspalastes auf. Eines Tages sollte dieses Kind als Kyros der Große, König des Achämenidenreiches über drei Kontinente herrschen.

Unser Wissen über die Meder stammt aus mehreren Quellen. Die Assyrer erwähnten die Meder, die an ihrer Ostgrenze lebten, häufig in ihren Inschriften. Der babylonische Geschichtsschreiber Berossos schrieb im 4. Jahrhundert über die Meder, die einst mit Babylon verbündet waren, später aber an der Seite der Perser zu Eroberern wurden. Ktesias, der griechische Arzt und Geschichtsschreiber des 5. Jahrhunderts, der im Achämenidenreich lebte, schrieb die *Persiká*, seine Geschichte Babyloniens, Assyriens, Mediens und Persiens.

Xenophon, ein Grieche des 4. Jahrhunderts, kämpfte als Söldner für die Perser. Er schrieb über seine Abenteuer im Kampf für die Perser und eine Biographie Kyros des Großen, wobei er die Perser in einem viel positiveren Licht als Herodot erscheinen ließ. Dennoch steht Xenophons Darstellung der Meder als dekadent reich und despotisch im Widerspruch zum hebräischen Tanach, in dem es heißt, dass die Meder „keine Achtung vor Silber und kein Verlangen nach Gold haben."[i]

Dieses Bas-Relief aus Persepolis zeigt die Perser in knöchellangen Umhängen und Sandalen abwechselnd mit den Medern, die kurze Tuniken und kniehohe Stiefel tragen.

Seit dem assyrischen König Tiglat-Pileser (reg. 745–727 v. u. Z.) standen die westlichen medischen Gebiete, die an Assyrien grenzten, unter der Kontrolle der Assyrer, aber die östlichen Meder waren wild entschlossen, unabhängig zu bleiben. Tiglat-Pileser annektierte Persien im Jahr 744 v. u. Z. und erhielt Tribute von den Medern und Persern in Form von Maultieren, Pferden, baktrischen Kamelen, Schafen, und Vieh. Im Jahr 737 v. u. Z. notierte Tiglat-Pileser, dass er über 1.700 Pferde von den medischen Städten erhalten habe.

Herodot berichtet, dass Deiokes (Daiukku) der erste medische Schah (König) und Priester war. Er war ursprünglich ein bescheidener Dorfrichter, sein Ruf, weise und unparteiisch zu sein, zog andere Meder an, um ihn zu konsultieren, bis er schließlich als Richter über alle Meder fungierte. Er vereinte die Meder unter einer Regierung und baute die Hauptstadt Ekbatana (von der man annimmt, dass es sich um die

---

[i] Isaiah 13:17, Tanakh: Navi: Book of Yeshayahu, Jewish Virtual Library: A Project of AICE. 1997. https://www.jewishvirtuallibrary.org/the-tanakh-full-text.

archäologische Ausgrabungsstätte Hagmatāna handelt). Herodot schrieb, die Meder hätten keinen direkten Zugang zu ihrem König gehabt, sondern mussten per Boten mit ihm kommunizieren. Der assyrische König Sargon II. (reg. 722-705 v. u. Z.) fühlte sich von Deiokes Bemühungen um die Vereinigung der Meder mit den nördlichen urartäisch-armenischen Stämme bedroht, so dass er Deiokes ergriff und ihn nach Syrien verbannte.

In der Zwischenzeit fanden sich die Stämme Persiens unter der Führung eines Königs, Teispes (Caispis), zusammen, dem Urgroßvater von Kyros dem Großen. Dareios der Große sagte, Teispes sei Achaimenes' Sohn (von dem wir den Namen der Achämeniden haben). Dareios behauptete, dass auch er von Teispes abstamme, aber aus einer anderen Linie der Familie. Diese frühen persischen Könige regierten von der alten Stadt Anschan aus, die Teispes von den Elamitern in Besitz genommen hatte, deren eigenes Königreich nach anhaltenden Kriegen mit den Assyrern schwach und zerstückelt war.

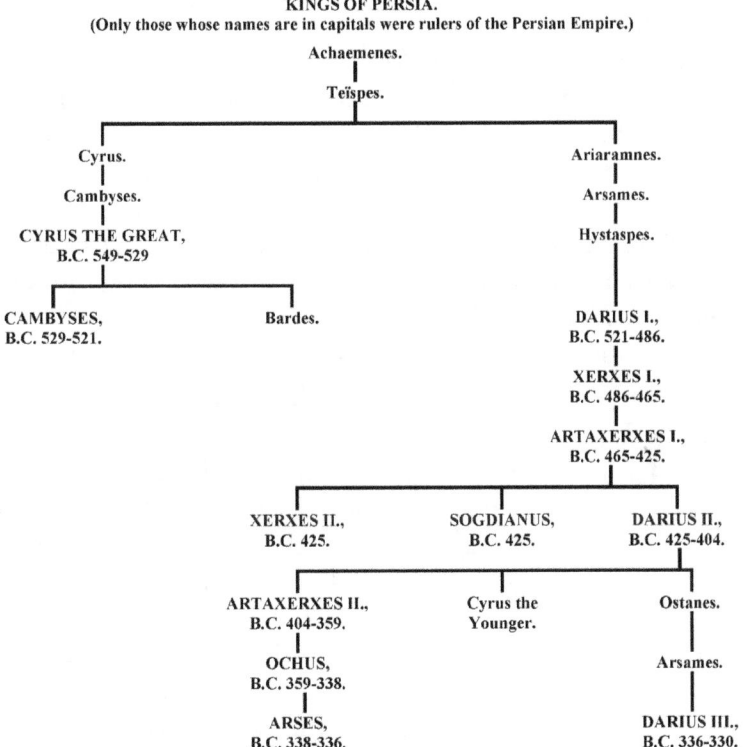

Autor: Sir Charles William Chadwick Oman, 1860-1946 '

Im Jahr 676 v. u. Z. empfing der assyrische König Asarhaddon in seiner Hauptstadt Ninive Botschafter der „fernen Meder". Diese Meder lebten weit im Osten, entlang der Großen Salzwüste, und baten den assyrischen König um Unterstützung gegen andere Stämme, die sie bedrängten. Die Meder küssten Asarhaddon die Füße und brachten Blöcke aus halbedlen Lapislazuli-Steinen und edle Schlachtrösser mit. Asarhaddon schlug die Feinde der Meder nieder und marschierte weiter nach Osten, als die Assyrer es je gewagt hatten. Er deportierte ihre Bevölkerung nach Assyrien und häufte Beute in Form von Kamelen, Rindern und Pferden an.

Herodot berichtet, dass Deiokes' Sohn Phraortes gegen die Perser Krieg führte und sie unter seine Kontrolle brachte. Phraortes begann systematisch, andere Stammesgruppen zu erobern, bis er den Fehler machte, die Assyrer anzugreifen, die ihn töteten. Sein Sohn, Kyaxares der Große (reg. 625-585 v. u. Z.), organisierte die medische Armee in Regimenter aus Reitern, Bogenschützen und Speerkämpfern. Nachdem er die Lydier in Kleinasien bekämpft und unterworfen hatte, war es an der Zeit, den Tod seines Vaters zu rächen.

Während Kyaxares die assyrische Hauptstadt Ninive erfolgreich belagerte, griff der Skythenkönig Madyes plötzlich und scheinbar aus dem Nichts seine Nachhut an! Die Skythen waren ebenfalls arische Nomaden, die hauptsächlich in der heutigen Ukraine, nördlich des Schwarzen Meeres, lebten. Die Skythen sprachen eine Variante der iranischen Sprache und folgten der vedischen Religion. Von ihren Verwandten, den Saken, aus ihrer Heimat vertrieben, eroberten die Skythen das Gebiet der Kimmerer und verdrängten sie aus den Steppen nördlich des Kaspischen und Schwarzen Meers.

Der kimmerische Adel, ebenfalls Indo-Iraner, konnte es nicht ertragen, seine Heimat zu verlassen, und beging Massenselbstmord. Die kimmerischen Bürger begruben ihre Könige und wanderten dann nach Südwestasien aus, immer noch verfolgt von den unerbittlichen Skythen. Im Jahr 705 v. u. Z. versuchten sie, nach Assyrien vorzudringen, wurden aber von Sargon II. daran gehindert (obwohl er in der Schlacht fiel). Schließlich ließen sie sich in Anatolien (Türkei) nieder. Während der Herrschaft von Kyaxares' Vater unterwarf der skythische König Madyes die Meder und herrschte achtundzwanzig Jahre lang gewaltsam und chaotisch. Skythen heirateten in die medische Aristokratie ein und beeinflussten deren Kultur, indem sie beispielsweise die Hosen einführten. Kunstwerke an persischen Palastwänden und griechische

Vasen zeigen die Meder, die langärmelige Jacken über enganliegenden Hosen und eine Kapuze mit Klappen über dem Kinn trugen. Die persischen Männer trugen in der Schlacht Hosen, ansonsten aber lange Gewänder.[i]

Die Meder übernahmen eine ähnliche Kleidung wie dieser Saka-Kriegerhäuptling.

Innerhalb von zwei Jahrzehnten verbündeten sich die Skythen und Kimmerer vorübergehend gegen ihren gemeinsamen Feind, die Assyrer. Das ging nicht gut aus, denn der assyrische König Asarhaddon tötete den skythischen König. Der nächste skythische König wählte einen neuartigen

---

[i]Reza Zarghamee, *Discovering Cyrus: The Persian Conqueror Astride the Ancient World* (Washington, DC: Mage Publishers, 2018), 77.

und kühnen Ansatz: Er bat Asarhaddon um die Hand seiner Tochter und verbündete sich mit den Assyrern. Als Kyaxares der Meder um 625 v. u. Z. Ninive belagerte, kamen die Skythen den Niniviten zu Hilfe, kämpften gegen ihre Vasallen und besiegten Kyaxares und sein medisches Heer am Fuße der Mauern von Ninive.

Nach fast drei Jahrzehnten skythischer Tyrannei heckte Kyaxares einen Plan aus, um sich zu befreien. Später, 625 v. u. Z., lud er die skythischen Fürsten zu einem prächtigen Festmahl ein. Die Meder tranken verdünnten Wein, während sie den Skythen hochprozentigen Wein servierten. Als die Skythen betrunken waren und unter den Tisch rutschten, massakrierten die Meder den gesamten skythischen Adel. Nach dem Blutbad blieben nur noch die skythischen Bürger übrig, die sich den Medern anschlossen, und gemeinsam gelang es ihnen, Ninive einzunehmen. Mit dem Sieg über die Skythen erlangte Kyaxares die Vorherrschaft über die mächtigen skythischen und sakanischen Stämme, die über den nördlichen Iran und Zentralasien verstreut waren.

In der Zwischenzeit griff König Nabupolassar von Babylon die assyrischen Garnisonen in Südmesopotamien an, vertrieb die Assyrer und erlangte die Kontrolle über ganz Babylonien. Als Nächstes gelang es ihm, in das assyrische Gebiet entlang des Euphrats in Syrien einzudringen, obwohl der ägyptische Pharao den Assyrern zu Hilfe kam. Der dritte Schritt in Nabupolassars Strategie zur Auslöschung Assyriens bestand darin, sich mit König Kyaxares von Medien zu verbünden, der die Perser und Skythen mitbrachte. Nabupolassar arrangierte die Heirat seines Sohnes, des Kronprinzen Nebukadnezar II, mit Prinzessin Amytis, der Tochter von Kyaxares. Angeblich ließ Nebukadnezar später die berühmten hängenden Gärten Babylons anlegen, um seiner Braut zu gefallen, die die Berge und das Grün Mediens vermisste.

Die Meder hatten über ein Jahrhundert lang die Brutalität der Assyrer erdulden müssen, nun drehten sie den Spieß um. König Kyaxares griff Assyriens heilige Stadt Assur im Jahr 615 v. u. Z. brutal an. Nabupolassar und seine babylonischen Truppen kamen zu spät, nachdem die Meder und Skythen die Stadt eingenommen hatten. Er fand sie dabei vor, wie sie einen Großteil der Zivilbevölkerung massakrierten und die atemberaubenden Tempel zerstörten. Obwohl er sich freute, dass seine Verbündeten die antike Stadt erobert hatten, war Nabupolassar entsetzt über die Verwüstung der heiligen Stätten. Er ließ sein Haar ungekämmt und schlief auf dem Boden, um den Göttern seine Trauer über die Schändung zu signalisieren.

Die grausame Niederlage war der Beginn des endgültigen Niedergangs der Assyrer. Laut Ktesias überredete der chaldäische Priester Belesys, ein Experte für Wahrsagerei, die Meder dazu, eine gewaltige Koalitionsstreitmacht aus Medern, Persern, Babyloniern, Skythen und Kimmerern zu bilden. Seine Weissagungen versprachen den Erfolg, das assyrische Reich vollständig zu vernichten. Kyros I., der Großvater von Kyros dem Großen, führte wahrscheinlich die persischen Truppen an.

Die verblüffende Allianz von 400.000 Kriegern fiel 612 v. u. Z. über Assyrien her. Trotz ihrer überwältigenden Zahl marschierten die kampferprobten Assyrer ihnen an den Ufern des Euphrats entgegen und besiegten die Koalitionstruppen. Als alle Hoffnung verloren schien, schlossen sich die Baktrier aus dem Ostiran dem babylonisch-iranischen Bündnis an. Die Assyrer wussten nichts von dieser Entwicklung, da sie ihren Sieg feierten. Als sie betrunken waren, begann die Koalition einen Überraschungsangriff. In der Schlacht wurden so viele Assyrer getötet, dass der Euphrat rot vor Blut war.

Die überlebenden Assyrer zogen sich nach Ninive zurück, der zu dieser Zeit größten Stadt der Welt. Ihre dicken und uneinnehmbaren Mauern bestanden aus sechs Metern dickem Stein, gekrönt von zehn Metern Ziegeln. Die Koalitionstruppen umstellten die Stadt, doch sie verfügten nicht über die Belagerungstechnik der Assyrer und konnten die Mauern nicht durchdringen. Doch dann geschah es! Ein langanhaltender, sintflutartiger Regen führte dazu, dass der Tigris Ninive überschwemmte, das Fundament auswusch und einen Mauerabschnitt zerstörte.

„Die Flusstore werden aufgerissen und der Palast stürzt ein."[i]

Die vereinten Streitkräfte stürmten die Stadt und plünderten den Palast und die Tempel mit ihren unvorstellbaren Schätzen. Der assyrische König beging Selbstmord, als Ninive in Rauch aufging. In den Augen der Meder und Perser war die böse Schlange Azhi Dahaka nicht mehr.

„Die Schilde blinken rot im Sonnenlicht!
Seht die scharlachroten Uniformen der tapferen Truppen!
Seht, wie ihre glitzernden Streitwagen in Position gehen,
Ein Wald von Speeren weht über ihnen.
Die Wagen rasen rücksichtslos durch die Straßen

---

[i] Nahum 2:6, Tanakh: Navi: Book of Nahum.

und wild über die Plätze.
Sie blitzen wie Feuerschein
und bewegen sich so schnell wie der Blitz...
Plündert das Silber! Plündert das Gold!
Ninives Schätze sind unermesslich.
Sein ungeheurer, ungezählter Reichtum.
Bald ist die Stadt geplündert, leer und ruiniert.
Herzen schmelzen, und Knie zittern.
Die Menschen stehen fassungslos da,
ihre Gesichter bleich und zitternd.
Wo ist nun das große Ninive,
diese Höhle voller junger Löwen?" i

    Der Machtzuwachs der Meder führte zur Expansion und ihrer Vorherrschaft über den gesamten Iran, einschließlich der Perser. Babylonien beanspruchte den größten Teil des ehemaligen assyrischen Kernlandes mit Ausnahme der nördlichsten Region, die die Meder einnahmen. Die Meder dehnten ihre Macht nach Norden bis zum türkischen Fluss Halys in das Königreich Armenien und nach Westen bis zum Schwarzen Meer aus und eroberten Kappadokien. Sie schlossen auch starke Bündnisse im Osten bis nach Zentralasien. Mehrere Jahrzehnte später erneuerten die Meder und Perser ihren Vertrag und besiegelten ihn mit einer königlichen Heirat. Der Sohn von König Kyros I., Kambyses von Persien, heiratete Mandane, die Tochter des medischen Königs Astyages und Enkelin von Kyaxares. Medien blieb das dominierende Königreich, Persien war sein Vasall.

---

[i] Nahum 2:3-4, 9-11, Tanakh: Navi: Book of Nahum.

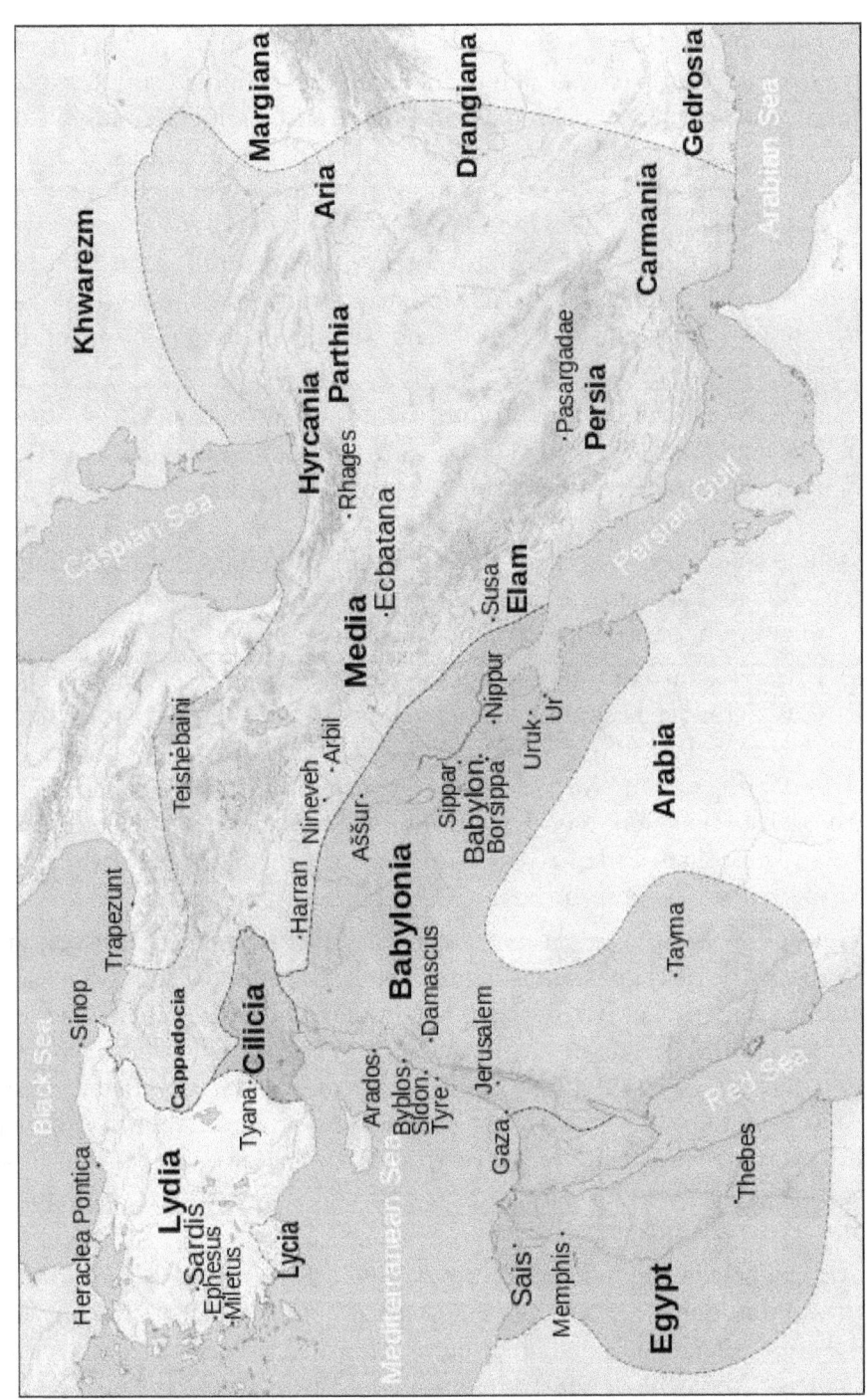

Die Meder herrschten von Ekbatana aus über ein Reich, das sich von Kappadokien am Schwarzen Meer bis nach Karmanien am Arabischen Meer erstreckte.'

Um 600 v. u. Z. brachten Kambyses und Mandane Kyros II. (Kyros den Großen) zur Welt. Als Herodot über die Kindheit von Kyros II. schrieb, wählte er angeblich eine von mehreren Geschichten aus. In der Geschichte, die Herodot aufzeichnete, träumte König Astyages, dass sein Enkel Kyros (bei der Geburt Agradates genannt) ihn stürzen würde. Seine Astrologen rieten ihm, dass die einzige Möglichkeit, dies zu verhindern, darin bestünde, den Säugling zu töten. Astyages rief seine Tochter Mandane aus Persien zurück nach Ekbatana und befahl seinem General Harpagus, das Baby zu stehlen, während Mandane abgelenkt war, und es zu töten.

Harpagus stahl das Baby, konnte sich aber nicht dazu durchringen, dem unschuldigen Säugling etwas anzutun, und übergab es dem Kuhhirten Mithradates mit dem Auftrag, das Kind in der Wüste auszusetzen. Stattdessen gab Mithradates das Kind seiner Frau und wickelte seinen totgeborenen Sohn in die Windeln des königlichen Babys. Einige Tage später übergab er den toten Säugling an Harpagus, um zu beweisen, dass er ihn dem Tod überlassen hatte.

Als Kyros zehn Jahre alt war, entdeckte Astyages seine Identität. Um Harpagus dafür zu bestrafen, dass er seine Befehle nicht befolgt hatte, tötete Astyages den Sohn des Harpagus, schnitt ihn in Stücke, kochte ihn und servierte seinen Körper Harpagus bei einem Festmahl. Seine Astrologen berichteten, dass Kyros keine Gefahr mehr darstellte, und so gab Astyages seinen Enkel Kyros an seine wahren Eltern, den König und die Königin von Persien, zurück.

Xenophon berichtete, dass er junge Kyros es bei seinem Besuch am Hofe seines Großvaters seltsam fand, dass Astyages Kajal um die Augen, Rouge, eine Perücke, ein purpurnes Gewand und Armbänder trug. Sie aßen an einem Tisch, der mit mehreren Tellern mit verschiedenen Köstlichkeiten gedeckt war. Die Perser kleideten sich schlicht, aßen einfach und führten einen relativ strengen Lebensstil. Aber Kyros ließ sich von seinem Großvater gerne mit Armbändern, Halsketten und einem eleganten Gewand schmücken und ließ sich ein Pferd mit einem goldbesetzten Zaumzeug schenken.

Als er nach Persien zurückkehrte, verteilte Kyros seine Schätze unter seinen Freunden. Später tadelte Astyages ihn dafür, dass er die Geschenke verschenkt hatte, aber der egalitäre Kyros erwiderte, dass dies die einzige Möglichkeit sei, wie er seinen Kopf aufrecht tragen konnte. Als Kyros ins Teenageralter kam, erlernte er unter Astyages' Anleitung die Kunst des Krieges. Der griechische Historiker Dinon aus dem 4.

Jahrhundert und der griechische Dichter Ibykos (ein Zeitgenosse von Kyros) berichten, dass Kyros als General im Militär seines Großvaters diente.

Kyros bestieg den persischen Thron 559 v. u. Z. mit dem Titel „König von Anschan", als sein Vater starb, und nahm den Thronnamen Kyros II. an, um seinen Großvater väterlicherseits zu ehren. In persischen Erzählungen wird Kyros als gutaussehend, großzügig, respektvoll, idealistisch, höflich, lernbegierig und zuvorkommend beschrieben. Er besaß auch einen ungezügelten Ehrgeiz, war eigensinnig und wollte sich rächen, wenn er verraten wurde. Plutarch sagte, er habe eine „Habichtsnase" gehabt, was die Perser als attraktiv empfanden, und Herodot berichtete, sein Blick sei beunruhigend und stechend gewesen.

Kyros heiratete seine geliebte Verwandte Kassandane, die ebenfalls aus der persischen Familie der Achämeniden stammte. Sie waren glücklich verheiratet und hatten mindestens vier gemeinsame Kinder. Ihre Tochter Atossa heiratete später Dareios den Großen. Kassandane starb 538 v. u. Z., gerade als Kyros Babylonien belagerte, und sagte, es sei bitterer, Kyros' Seite zu verlassen, als die Erde zu verlassen. Die Nabonid-Chroniken berichten, dass der untröstliche Kyros im ganzen Reich sechs Trauertage für seine geliebte Frau anordnete.[i]

Laut den Nabonid-Chroniken (die hauptsächlich eine Geschichte des letzten babylonischen Königs waren) brach ein Konflikt zwischen Kyros und seinem Großvater Astyages aus, der noch immer über das medische Königreich herrschte. Obwohl die Perser die medische Oberherrschaft anerkannten, hatten sie stets lokale Autonomie genossen. Sie mussten lediglich Tribut zahlen und Männer für den Militärdienst stellen, die sich an der Kriegsbeute bereichern konnten. Jetzt waren Astyages' Spione überall. Er errichtete Kontrollpunkte zwischen Medien und Persien und enteignete die Bauern Persiens, um seine Felder zu bestellen.

Selbst die Meder waren über die zunehmend despotischen Reformen des Astyages bestürzt und verschworen sich mit Kyros und seinen verärgerten Häuptlingen. Herodot schrieb, dass Astyages' General Harpagus aus Rache für die Ermordung seines Sohnes an Kyros schrieb und ihn daran erinnerte, wie er sein Leben als Säugling verschont hatte. „Mir verdankst du deine Befreiung. Tu, was ich dir rate, und das Reich

---

[i] *The Chronicle Concerning the Reign of Nabonidus (ABC 7),* Livius, 2020. https://www.livius.org/sources/content/mesopotamian-chronicles-content/abc-7-nabonidus-chronicle/.

des Astyages wird dein sein. Überrede die Perser, sich aufzulehnen und gegen die Meder zu ziehen. Wir werden Astyages verlassen und auf deine Seite wechseln."

Als Kyros sich gegen seinen Großvater auflehnte, sammelte König Astyages seine Armee und marschierte gegen Kyros, um Anschan, die Hauptstadt Persiens, zu erobern. Zu seiner Überraschung revoltierte Astyages' Armee, nahm ihn gefangen und übergab ihn an Kyros. Kyros marschierte daraufhin nach Ekbatana, der Königsstadt der Meder, plünderte deren Silber, Gold und andere wertvolle Güter und brachte sie als Beute in seine Hauptstadt Anschan zurück. Astyages' Traum, oder vielmehr Albtraum, war wahr geworden: Sein Enkel Kyros stürzte sein Reich. Dennoch behandelte Kyros seinen Großvater freundlich. Herodot berichtet, dass Astyages mit Kyros in dessen Palast lebte, und Ktesias berichtet, dass Kyros Astyages zum Statthalter von Parthien ernannte.

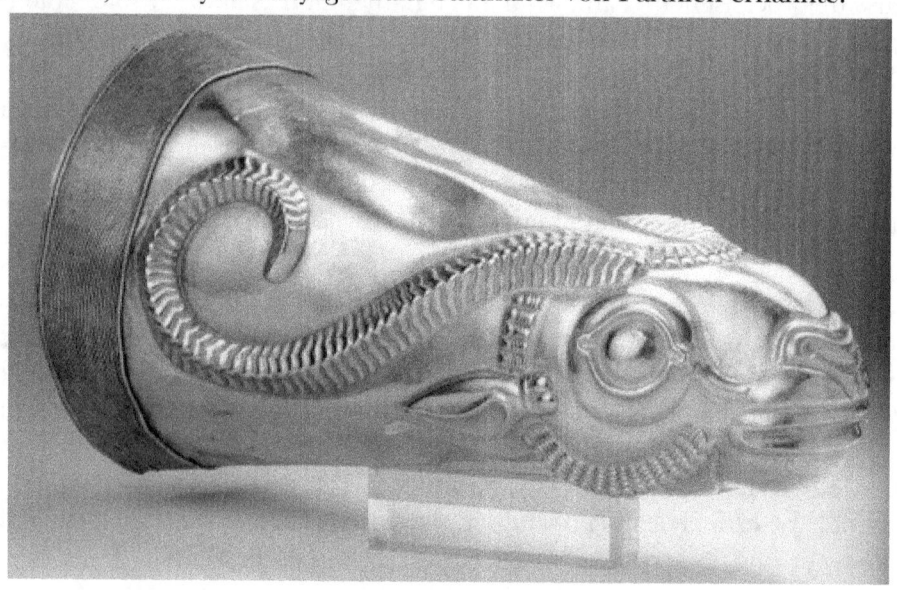

Ein goldenes Rhyton oder Trinkgefäß wie dieses aus Ekbatana in Form eines Widderkopfes könnte zu den Beutestücken des Kyros gehört haben. *10*

Die Quellen sind sich uneinig darüber, ob Kyros nach der Absetzung seines Großvaters sofort König der Meder wurde oder erst später. Laut Herodot herrschte Kyros nach der Eroberung von Ekbatana sowohl über die Meder als auch über die Perser. Xenophon berichtet, dass Kyaxares II., der Sohn von Astyages, die Meder in einem Bündnis mit seinem Neffen Kyros bis zum Fall Babylons führte. Zu diesem Zeitpunkt gab Kyaxares II. seine Tochter Kyros zur Frau, mit dem medischen

Königreich als Mitgift, und Kyros schenkte seinem Onkel einen Palast in Babylon[i] (und offenbar das Königtum über Babylonien).[ii] Der griechische Tragödiendichter Aischylos und die Inschriften auf den Stelen von Harran und den Reliefs von Persepolis stützen Xenophons Darstellung. Kyaxares II. könnte der Thronname von Dareios dem Meder gewesen sein. Der Historiker Josephus nannte ihn Dareios und identifizierte ihn als Cousin von Kyros und zweiundsechzigjährigen Sohn von Astyages.

Nach dem Fall von Ekbatana hatte Kyros wahrscheinlich die Oberherrschaft über die Meder inne, wobei Kyaxares II./Dareios als medischer König fungierte, so wie zuvor die Meder Persien beherrscht hatten. Die Perser herrschten nun über den gesamten Irak und das heutige Tadschikistan, Usbekistan, Armenien und Nordmesopotamien. Das neue Reich von Kyros dem Großen war im Entstehen begriffen.

---

[i] Xenophon, *Cyropaedia: The Education of Cyrus*, (8.5.19) trans. Henry Graham Dakyns (Project Gutenberg eBook). https://www.gutenberg.org/files/2085/2085-h/2085-h.htm.

[ii] Daniel 5:31, 6:1-2, Tanakh: Ketuvim: Book of Daniel.

Kapitel 3: Kyros der Große

König Nabonid von Babylonien schien nicht aus seiner Trägheit ausbrechen zu können. Er hatte den Staatsstreich seines Sohnes Belsazar gegen König Labaschi-Marduk unterstützt, aber die Aktion war gehörig fehlgeschlagen. Irgendwie hatten seine Mitverschwörer ihn – Nabonid – auf den Thron gesetzt. Nach einer Reihe von Umsturzversuchen schien niemand mehr da zu sein, der genügend königliche Abstammung besaß, und er war der Enkel des letzten assyrischen Königs. Aber er war als Priester ausgebildet worden, was wusste er schon über die Regierung eines Reiches? Er konnte nicht einmal seinen Wunsch erfüllen, das System des Gottesdienstes in Babylon zu ändern. Babylons Priester und sogar sein Sohn Belsazar hatten sich seinen religiösen Reformen standhaft widersetzt.

Nabonid begab sich auf einen militärischen Feldzug in Arabien und blieb zehn Jahre lang in der Wüste. Da er psychisch krank war, hatte Nabonid die Führung des Babylonischen Reiches an seinen Sohn und Regenten Belsazar übergeben.[1] Der bejahrte König schien sich der verhängnisvollen Bedrohung durch das wachsende Achämenidenreich Kyros' des Großen nicht bewusst, das sich schon bald den Mittleren Osten einverleiben sollte und wie eine dunkle Wolke über Babylon schwebte. Während Nabonid in Arabien vor sich hin grübelte, eroberte Kyros die Gebiete um Babylon, bevor er sich gegen Babylon selbst wandte. Ein Reich sollte niedergehen, ein anderes aufgehen.

---

[1] Paul-Alain Beaulieu, „Nabonidus the Mad King," in *Representations of Political Power*, ed. Marlies Heinz and Marian H. Feldman (Winona Lake: Eisenbrauns, 2007), 137-167.

Mittlerweile erwies sich König Krösus von Lydien, von dem wir den Begriff „reich wie Krösus" haben, nicht nur als reich, sondern auch als hinterlistig. Seine Vorfahren hatten zwei Jahrhunderte zuvor das gesamte westliche Anatolien (in der Westtürkei) regiert, von den Ruinen des antiken Troja im Nordwesten bis zum Taurusgebirge im Osten. Aber die Griechen, Skythen und Kimmerer bemächtigten sich einiger Gebiete in Lydiens Küstenregionen. Dann drängten die Meder, die mit ihren Verbündeten Assyrien vernichtet hatten, nach Westen und eroberten Kappadokien.

Die medische Armee hatte jedoch ihren König, Astyages, an die Perser verraten. Krösus strich sich über den Bart und nickte. Die Zeit war reif, um Anatolien zurückzuerobern! Mit den richtigen Verbündeten konnte er Kappadokien einnehmen. Aber welche Verbündeten? Er schickte seinen Botschafter zum Orakel von Delphi nach Griechenland. Die Priesterin saß auf ihrem Hocker über einer Spalte und Dämpfe stiegen aus dem verfallenden Körper der mythischen Python auf und versetzten sie in Trance. Sie prophezeite, dass, wenn Krösus gegen die Perser kämpfte, er ein großes Reich zerschlagen würde. Sie empfahl auch, sich mit dem griechischen Staat Sparta zu verbünden, was Krösus tat, nachdem er bereits Bündnisse mit Ägypten und Babylonien geschlossen hatte.

Krösus führte seine lydischen Streitkräfte nach Kappadokien, eroberte die medische Stadt Pteria und verkaufte deren Bürger in die Sklaverei. Aber er hatte nicht vorausgesehen, dass Kyros die lydische Invasion medischen Territoriums als Affront seiner medischen Verwandten mütterlicherseits betrachtete. Das gab Kyros seinerseits einen Grund, sein Reich nach Anatolien auszudehnen. Seine medisch-persischen Truppen marschierten nach Kappadokien.

Die erste Phase des Krieges zwischen Lydien und Persien endete ohne Entscheidung. Schließlich wurde es für die Truppen Zeit, ihre traditionelle Winterpause einzulegen. Krösus erwartete, dass Kyros nach Hause nach Persien ziehen würde, also zog er sich in seine Hügelfestung Sardes zurück und forderte seine Verbündeten in Griechenland, Ägypten und Babylonien auf, ihm im Frühjahr zu Hilfe zu kommen. Aber Kyros zog sich keineswegs zurück! Krösus hörte einen Tumult, stieg auf die Befestigungsmauern und sah mit Schrecken, dass sich Kyros im Anmarsch befand. Seine Armee war blitzschnell von Kappadokien bis zu seiner Hauptstadt marschiert! Keiner seiner Verbündeten war bisher angekommen. Krösus musterte rasch seine lydischen Truppen und marschierte vor die Stadt, um sich mit seinen 420.00 Männern Kyros' 196.000 Soldaten zu stellen.

Die persischen Dromedare versetzten die lydische Kavallerie in Panik. "

Dann empfahl Kyros' medischer General Harpagus den Gnadenstoß: sie stellten ihre 300 Dromedare in die vorderste Linie! Dies waren keine Kriegskamele, sondern Packtiere, aber die lydischen Pferde hatten noch nie solch enorme Kreaturen gesehen. Verschreckt durch den stechenden Geruch der Kamele, galoppierten die Pferde vom Schlachtfeld. Die Lydier zogen sich in die Stadt zurück, aber Kyros verfügte über ein halbes Dutzend mobiler Belagerungstürme. Jeder trug zwanzig Männer und war hoch genug, so dass diese Pfeile über die Mauern Sardes' schießen konnten. Innerhalb von zwei Wochen fiel Sardes.

Cyrus forderte ein riesiges Freudenfeuer, um Krösus hinzurichten. Doch als der Rauch anfing aufzusteigen, bewegte die Würde des lydischen Königs Kyros. Er befahl, das Feuer zu löschen, aber die Flammen kletterten bereits zu hoch. Plötzlich öffnete sich der Himmel. Ein willkommener Regensturm löschte das Feuer und Krösus wurde gerettet. Seine ersten Worte an Kyros waren: „Ihr solltet eure Soldaten davon abhalten, Sardes zu verbrennen und zu plündern!"

„Warum?"

„Weil du mich besiegt hast. Die Stadt gehört dir! Warum sollten deine Männer sie zerstören?"

Kyros lachte und entschied sich, Krösus als Berater bei sich zu behalten.

Diese griechische Vase aus Attika zeigt Krösus' Hinrichtung, der er entging."

Lydien war die Pufferzone für die zwölf griechischen Kolonien in Ionien am Ägäischen Meer. Damals lebten über 40 Prozent der Griechen außerhalb des heutigen Griechenlands in den fünfhundert griechischen Kolonien rund um das Mittelmeer und das Schwarze Meer. Sie blieben durch Handel und Kultur eng mit dem Mutterland verbunden, hatten aber unabhängige Regierungen. General Harpagus eroberte die ionischen griechischen Staaten in kürzester Zeit und versetzte die griechische Welt in Staunen. Die Ionier behielten jedoch ein gewisses Maß an lokaler Autonomie, solange sie Tribut zahlten und Männer zum Kampf in der persischen Armee stellten.

Während Harpagus Ionien überwältigte, machte sich Kyros auf den Weg nach Osten, um die sogdischen Nomaden im heutigen Usbekistan zu erobern, die Persien für die nächsten 150 Jahre einen Tribut in Form von Halbedelsteinen zahlten. Sein nächstes Ziel war Phönizien an der Mittelmeerküste. Die antiken Städte Byblos, Sidon, Tripolis und Tyros kapitulierten pragmatisch, anstatt zu kämpfen. Ihre Strategie zahlte sich aus: Sie mussten nur ihren Anteil von 350 Talenten pro Jahr zahlen, ebenso wie Israel, Zypern und Syrien. Das Know-how der Phönizier im Schiffsbau und ihre Seestrategien brachten dem Achämenidenreich in den kommenden Seekriegen gegen Ägypten und Griechenland enorme Vorteile.

Die Eroberung von Phönizien durch Kyros rüttelte den babylonischen König Nabonid aus seiner Trägheit auf. Er hatte mit den Schultern gezuckt, als Kyros andere Länder eroberte, aber Tyros gehörte ihm! Einige Jahrzehnte zuvor hatte der babylonische Großkönig Nebukadnezar II. Tyros nach dreizehnjähriger Belagerung erobert. Nach einem zehnjährigen Exil kehrte Nabonid nach Babylon zurück, was bedeutete, dass seine Bürger wieder ihre Feste feiern konnten, was unter dem Regenten Belsazar nicht möglich gewesen war.

Kyros' nächster Schritt war die Eroberung der elamitischen Hauptstadt Susa, einer der ältesten Städte der Welt. Radiokarbondatierungen deuten darauf hin, dass Susa um 4395 v. u. Z. von einer neolithischen Kultur gegründet wurde, die den Elamitern um mehr als ein Jahrtausend vorausging. In der frühen Bronzezeit herrschten die Sumerer über Susa, dann übernahmen die Akkader die Herrschaft. Die Elamiter nahmen Susa 2004 v. u. Z. ein und machten es für fast 1.500 Jahre zu ihrer Hauptstadt. Kyros der Große eroberte Susa im Jahr 539 v. u. Z. und machte es zur Hauptstadt des persisch-achämenidischen Reiches.

Von Susa aus drangen Kyros und sein Heer in den Norden Babyloniens vor. König Nabonid zog nach Norden, um die Städte Sippar am Euphrat und Opis am Tigris zu verteidigen. Die Städte bewachten die beiden Enden der medischen Mauer, die Nebukadnezar II. errichtet hatte, um die Meder davon abzuhalten, Babylonien von Norden her anzugreifen. Die beiden Flüsse bildeten eine natürliche Barriere im Osten und Westen von Babylonien, ebenso wie der Persische Golf im Süden.

Kyros marschierte mit seinem scharfsinnigen General Gubaru in Richtung Babylonien, dessen neuartige Taktik den Sieg für die medisch-persischen Streitkräfte bedeutete. Im September 539 v. u. Z. erreichte Kyros den Tigris, als dieser auf seinem niedrigsten Stand war. Seine Truppen überrannten Opis, töteten die Bürger und häuften große Schätze an. In der Zwischenzeit waren Kyros' Ingenieure damit beschäftigt, den Tigris in Bewässerungskanäle umzuleiten und den Wasserstand so weit abzusenken, dass seine Männer auf der Südseite der Mauer hindurchwaten konnten.

Als Opis fiel, gab es niemanden mehr, der die Mauer oder den Fluss bewachen konnte. Die Perser waren in Babylonien! Zu diesem Zeitpunkt teilte Kyros seine Armee in zwei Kontingente auf. Er führte die Hälfte seiner Männer nach Westen, um Sippar anzugreifen, und schickte General Gubaru nach Süden, um Babylon anzugreifen. Die Einwohner von Sippar ergaben sich kampflos, und König Nabonid floh.

In Babylon feierten die Bürger derweil fröhlich ihr Fest zu Ehren des Mondgottes, wozu sie seit einem Jahrzehnt nicht mehr in der Lage gewesen waren.[i] Es hatte sich noch nicht herumgesprochen, dass Kyros Opis eingenommen und den Tigris überquert hatte. Sie hatten keine Ahnung, dass die Hälfte von Kyros' Armee auf dem Weg zu ihnen war! Der Mitregent Belsazar feierte gerade mit tausend seiner Adligen ein großes Festmahl. Doch dann blickte er auf und sah den erschreckenden Anblick einer geisterhaften Hand, die etwas an die Wand schrieb!

Keiner seiner Astrologen konnte die Schrift lesen, aber die Königinmutter stürmte herein, als sie den Aufruhr hörte. Sie befahl Belsazar, den Seher Beltesazar (Daniel) zu rufen, der ein Berater Nebukadnezars gewesen war. Der greise Daniel betrat den Festsaal, las die Schrift an der Wand und deutete sie. „Deine Tage sind gezählt. Du wurdest in der Waage gewogen und für unzulänglich befunden. Dein Reich wird geteilt und an die Meder und Perser übergeben."[ii]

Während Daniel sprach, versammelten sich die Meder und Perser auf der anderen Seite des Euphrat. Die Babylonier feierten auf den Straßen das Fest der Sünde (des Mondgottes) und bemerkten ihre Anwesenheit nicht. Wieder einmal leiteten die Ingenieure von General Gubaru den Fluss in nahe gelegene Kanäle um und ließen ihn so weit absinken, dass man hindurchwaten konnte. Die betrunkenen Schreie der feiernden Babylonier übertönten den Lärm von Gubarus Truppen, die das Enlil-Tor aufbrachen.

In Babylon angekommen, töteten die Perser jeden, der versuchte, sich ihnen entgegenzustellen. Einige Leute schlugen Alarm, aber die Perser stießen laute, betrunken klingende Rufe aus, die die Warnungen übertönten. Die meisten Bürger hatten keine Ahnung, dass ihre Stadt angegriffen wurde. Die Perser eilten die Prozessionsstraße hinunter, den direktesten Weg zum Zentrum der Stadt, wo sich der Palast befand.

---

[i] *The Reign of Nabonidus (ABC 7)*.
[ii] Daniel 5, Tanakh: Ketuvim: Book of Daniel.

Außerhalb der verschlossenen Palasttore entspannten sich die Wachen und tranken an einem lodernden Feuer. Die Perser schlugen sie nieder und erregten so die Aufmerksamkeit im Inneren des Palastes. Belsazar, der Regent, schickte mehrere Männer aus, um zu sehen, was vor den Palasttoren geschah. Sobald sie die Tore öffneten, drangen die Perser mit Gewalt ein und stürmten in den Festsaal, wo sie Belsazar mit seinem Krummsäbel in der Hand und umgeben von seinen Adligen vorfanden. Die Babylonier waren zu betrunken, um sich gut verteidigen zu können. Außerdem waren sie zahlenmäßig weit unterlegen. Die persischen Truppen schlugen Belsazar und alle babylonischen Adligen nieder.[i]

Zwei Wochen später hielt Kyros seinen großen Einzug in Babylon. Die Stadttore wurden von den Bürgern Babylons aufgestoßen, die erleichtert waren, dass Kyros' Militär den Heiligtümern der Stadt bereits Ehrerbietung erwiesen hatte. Kyros nahm den Titel „König von Babylon, Sumer und Akkad, König der vier Ecken der Erde" an und marschierte pflichtbewusst zum Marduk-Tempel, um den Schutzgott der Stadt zu verehren. Mit seiner Verehrung für Marduk gewann er die Herzen der Babylonier. Sie ärgerten sich über ihren König Nabonid, der versucht hatte, Marduk durch Sin als Oberhaupt der Götter zu ersetzen.

Kyros II. baute sein bescheidenes Königreich zu einem Großreich aus."

Die Perser töteten Belsazar, aber was war mit seinem Vater, König Nabonid? In der Nabonid-Chronik heißt es, dass die Perser Nabonid gefangen nahmen, Kyros aber Gnade walten ließ und ihn als Statthalter in die iranische Provinz Karmanien schickte. Dem Buch Daniel zufolge regierte Dareios der Meder (wahrscheinlich Kyaxares II.) kurzzeitig als König von Babylonien und ernannte Satrapen oder Statthalter für die 120 Provinzen Babyloniens.[ii] Der babylonische Historiker Berossos und der

---

[i] Xenophon, *Cyropaedia: The Education of Cyrus,* trans. Henry Graham Dakyns. (Project Gutenberg E-book). https://www.gutenberg.org/files/2085/2085-h/2085-h.htm.

[ii] Daniel 5:30 – 6:3, Tanakh: Ketuvim: Book of Daniel.

römische Lexikograph Valerius Harpocration erwähnen einen Dareios, der in dieser Zeit regierte.

Im ersten Jahr der Herrschaft von Kyros erlaubte er den Medern, Syrern, Juden und anderen Bevölkerungsgruppen, die von früheren babylonischen und assyrischen Herrschern umgesiedelt worden waren, in ihre Heimat zurückzukehren. Viele Exilanten hatten nun hochrangige Positionen inne, die sie auch unter Kyros behielten, und blieben in Babylon. Zu ihnen gehörte der Seher Daniel, der Kyros möglicherweise die Prophezeiungen des Jesaja zeigte, die vor Kyros' Geburt geschrieben worden waren:

> „So spricht der HERR zu seinem Gesalbten, zu Kyros, den ich bei seiner rechten Hand ergriff, dass ich Völker vor ihm unterwerfe und Königen das Schwert abgürte, damit vor ihm Türen geöffnet werden und Tore nicht verschlossen bleiben: ‚Ich will vor dir hergehen und das Bergland eben machen, ich will die ehernen Türen zerschlagen und die eisernen Riegel zerbrechen und will dir heimliche Schätze geben und verborgene Kleinode, damit du erkennst, dass ich der HERR bin, der dich beim Namen ruft, der Gott Israels.'" [i]

„Als Kyros dies las und die göttliche Macht bewunderte, überkam ihn der ernste Wunsch und der Ehrgeiz, das Geschriebene zu erfüllen", schrieb Josephus. [ii]

Kyros verkündete diese Botschaft, wie Esra, der Schreiber, berichtet:

> „Was das Haus Gottes in Jerusalem betrifft, so soll der Tempel, in dem geopfert wird, wiederaufgebaut werden. Seine Fundamente sollen erhalten bleiben, seine Höhe soll sechzig Ellen und seine Breite sechzig Ellen betragen, mit drei Lagen großer Steine und einer Lage Balken. Und die Kosten sollen aus der königlichen Schatzkammer bezahlt werden. Auch die goldenen und silbernen Geräte des Hauses Gottes, die Nebukadnezar aus dem Tempel in Jerusalem genommen und nach Babel gebracht hat, sollen wieder an ihren Platz im Tempel in Jerusalem gebracht werden. Du sollst sie in das Haus Gottes stellen." [iii]

---

[i] Isaiah 45, Tanakh, Nevi'im, Yeshayahu.
[ii] Flavius Josephus, *Antiquities of the Jews*, Book XI, Chapter 1.
[iii] Ezra 6. Tanakh: Ketuvim, Book of Ezra.

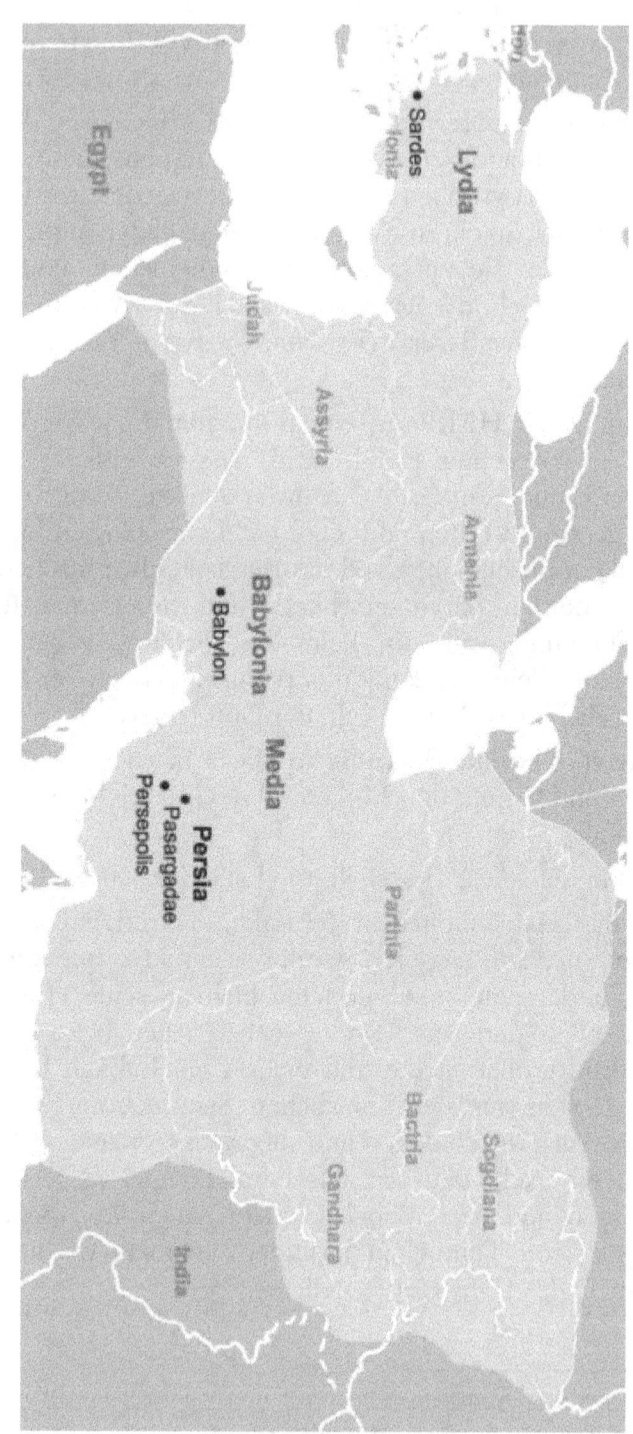

Das Reich des Kyros reichte von der Ägäis bis zum indischen Subkontinent."

Als Kyros siebzig Jahre alt war, erstreckte sich das riesige Achämenidenreich vom Mittelmeer bis nach Afghanistan. Er war unermüdlich und konzentrierte sich auf die ausgedehnten Steppen Zentralasiens. Kyros ernannte seinen Sohn Kambyses II. zu seinem Mitregenten und zum König von Babylonien und behielt die Herrschaft über den Rest des Reiches, bevor er sich nach Nordosten aufmachte, um gegen die Skythen und Massagetaer vorzugehen.

Die Skythen waren entfernte Verwandte der Meder und Perser und sprachen eine Variante der indo-iranischen Sprache. Sie hatten einst die Herrschaft über die Meder ausgeübt, bis der große medische König Kyaxares ihre Anführer massakrierte und sie unterwarf. Die Skythen hatten sich mit den Medern, Persern und Babyloniern verbündet, als sie den katastrophalen Untergang Assyriens rücksichtslos herbeiführten. Diese ungezähmten nomadischen Raubzüge bedrohten jedoch die Städte und Bauerngemeinschaften des Achämenidenreiches.

Die Massageten waren ein Zweig der Skythen. Laut Herodot lebten diese geschickten Reiter und umherziehenden Nomaden nördlich des Flusses Araxes, der vom Berg Ararat ins Kaspische Meer fließt. Sie warfen Hanfsamen auf ihre Lagerfeuer, und der Rauch machte sie „betrunken", so dass sie aufsprangen und tanzten und sangen. Gold und Messing waren in ihrem Land reichlich vorhanden, was sie für ihre Waffen und Rüstungen nutzten. Wenn die Massageten alt wurden, opferten ihre Familien sie zusammen mit einigen Rindern, was sie als einen ehrenvollen Tod betrachteten. In ihren Augen war das Menschenopfer einem natürlichen Tod für ältere Menschen vorzuziehen, da schwache oder kranke Menschen ihren nomadischen Lebensstil behindern würden.

Königin Tomyris herrschte nach dem Tod ihres Mannes über die Massageten. Kyros glaubte, dass seine beste Chance, die Massageten zu erobern, darin bestünde, ihre Königin zu heiraten, und so versuchte er, ihr den Hof zu machen. Doch Tomyris durchschaute seine Täuschung und wies seine Annäherungsversuche zurück. Kyros wählte daraufhin den direkten Weg, indem er seine Truppen sammelte, zum Fluss Araxes marschierte und Boote baute, um seine Belagerungstürme überzusetzen.

Königin Tomyris schickte ihren Gesandten zu ihm, der ihm ihre Botschaft überbrachte. „König der Meder, wie kann das für Euch von echtem Vorteil sein? Begnügt Euch damit, Euer eigenes Reich in Frieden zu regieren, und lasst mich mein Land regieren. Wenn nicht, dann zieht Euch drei Tagesmärsche vom Flussufer zurück, und meine Soldaten werden Euch dort treffen."

Kyros besprach ihr Angebot mit seinem Kriegsrat, und die persischen Oberhäupter stimmten dafür, dass Königin Tomyris ihnen auf der persischen Seite begegnete. Aber Krösus, der frühere König von Lydien und jetzt Kyros' Berater, protestierte heftig:

> „Mein König! Ich kann nicht zustimmen! Wenn wir diese Schlacht verlieren, werden die Massageten in Euer Reich vordringen! Und wenn Ihr gewinnt, müsst Ihr immer noch den Fluss überqueren, bevor ihr euren Sieg einholen könnt. Und wenn Ihr drei Tagesmärsche zurückweicht, gebt Ihr einer Frau nach! Ich schlage vor, wir überqueren den Fluss und bereiten dann ein großes Festmahl mit gebratenem Lamm und viel Wein vor. Die Massageten sind es nicht gewohnt, Wein zu trinken. Wir geben unser Lager bis auf die schwächsten Truppen auf und überlassen es den Massageten, es einzunehmen, das Essen zu essen und den Wein zu trinken. Wenn sie betrunken sind, werden wir angreifen!"

Kyros befolgte den Rat des Krösus, und die Perser schlachteten die betrunkenen Massageten ab und nahmen Spargapises, den Sohn von Tomyris, gefangen. Die verzweifelte Tomyris wandte sich an Kyros: „Du blutrünstiger Kyros! Dein giftiger Traubensaft hat mein Kind umgarnt. Es war kein fairer Kampf! Gib mir meinen Sohn zurück und verlasse mein Land. Sonst wirst du in einem Blutbad sterben."

Doch sobald die Perser Spargapises aushändigten, beging er Selbstmord. Die zornige Königin Tomyris führte ihre Truppen in der „härtesten aller Schlachten" gegen die Perser. Nach einer langwierigen Schlacht siegten die rachsüchtigen Massageten, vernichteten den größten Teil des persischen Heeres und töteten Kyros. Tomyris tauchte Kyros' abgetrennten Kopf in einen Beutel mit Menschenblut und sagte: „Ich habe versprochen, dass du in einem Blutbad sterben würdest."

---

[i] Herodotus, *The Histories, Book One*, trans. George Rawlinson (New York: Dutton & Co, 1862). http://classics.mit.edu/Herodotus/history.1.i.html.

Das Grab von Kyros befindet sich in Pasargadae in der iranischen Provinz Fars, dem Kernland Persiens. [15]

Als Kyros 530 v. u. Z. starb, hinterließ er ein riesiges Reich mit einer effizienten Zentralregierung und Provinzen, die von Satrapen (Statthaltern) regiert wurden. Unter der persischen Herrschaft erlebte Babylon eine Renaissance mathematischer und wissenschaftlicher Errungenschaften. Kyros gewann den Respekt der eroberten Kulturen, indem er ihre Bräuche respektierte, ihnen ein hohes Maß an Autonomie gewährte und ihren Wohlstand förderte. Kyros war nicht nur wegen seiner herausragenden militärischen Leistungen groß, sondern auch wegen seiner hervorragenden Führungsqualitäten.

Kapitel 4: Die Eroberung Ägyptens und Skythiens

„Katzen!", platzte Phanes heraus.

„Katzen?", fragte König Kambyses verwirrt.

„Ja, Herr! Katzen werden unsere Geheimwaffe sein! Und wir benutzen auch Hunde, Schafe und Ibisse."

Wer hätte gedacht, dass Katzen der entscheidende Faktor für Persiens ersten Sieg in Nordafrika sein würden? Wir enthüllen diese Geschichte und mehr, während sich Kyros' Erbe mit den Eroberungen seines Sohns Kambyses und seines entfernten Verwandten Dareios I. (der Große) fortsetzt. Kambyses sollte Ägypten, den größten Teil Nordafrikas und Zypern erobern, während Dareios das Reich ins Tal des Indus und die Balkanhalbinsel Europas ausdehnte.

Kyros' Tod durch die Massageten war ein Schock, aber er war bereits siebzig Jahre alt und hatte seinen Sohn, Kambyses II. auf die Herrschaft vorbereitet. Kambyses hatte als Mitherrscher Nordbabylonien mit seinem Vater regiert. Kyros zweiter Sohn, Bardiya, herrschte über Zentralasien. Nachdem Kambyses auf den Thron gekommen war, begann er mit den Planungen, Ägypten zu erobern, um den Wunsch seines Vaters zu erfüllen.

Amasis II. war seit über vierzig Jahren Pharao in Ägypten. Er war mit Polykrates verbündet, dem Herrscher von Samos, einer griechischen Kolonie in der Ägäis vor der türkischen Westküste. Polykrates kontrollierte die Ägäis mit der mächtigsten Flotte der Welt und Amasis kontrollierte das südöstliche Mittelmeer. Sie hatten gemeinsam die beträchtliche, strategisch gelegene Insel Zypern im Mittelmeer eingenommen und unternahmen Überfälle auf persische Küstengebiete. Während Kambyses seinen Angriff auf Ägypten plante, schlug sich Polykrates mit seiner beeindruckenden Marine unerwartet auf die Seite der Perser.

Polykrates war nicht der einzige abtrünnige Grieche. Phanes von Halikarnassos hatte als Söldnergeneral unter Amasis gedient. Söldner waren in jener Zeit verbreitet, sie kämpften gegen Bezahlung und nicht für irgendeine politische Ideologie. Da die Söldner nicht durch Patriotismus motiviert waren, neigten sie dazu, auf die Seite mit den besten Aussichten auf einen Sieg zu wechseln.

Pharao Amasis von Ägypten verdächtigte Phanes von Halikarnassos einer Verschwörung gegen ihn, so dass er Mörder zu ihm schickte. Phanes entkam den Attentätern und lief zu Kambyses über, wo er sich mit seinen brillanten Strategien und seiner Kenntnis des ägyptischen Militärapparats als großer Gewinn erwies. Phanes zu verlieren war für Amasis ein Schlag, aber Zypern zu verlieren, war noch schlimmer, denn die mykenischen Griechen und Phöniker von Zypern wechselten ihre Gefolgschaft von Ägypten zu Persien.

Bevor er einen Feldzug begann, versuchte Kambyses vorsichtig, friedliche Verhandlungen mit Ägypten zu führen und bat um die Hand der Tochter des Pharao Amasis. Amasis konnte es nicht ertragen, sich von seiner Tochter zu trennen, also schickte er die schöne Nitetis, die Tochter des Pharao Apries, von dem er den Thron an sich gerissen hatte. Doch als Nitetis eintraf, erzählte sie Kambyses von Amasis' Täuschung und gab Kambyses den Vorwand, den er brauchte, um in Ägypten einzumarschieren.

Die Phönizier bauten Schiffe für die Flotte von Kambyses und die ionischen Griechen stellten ebenfalls eine Flotte zur Verfügung. Auf Phanes' Rat hin schloss Kambyses einen Vertrag mit den Arabern, die die Sinai-Halbinsel zwischen Israel und Ägypten kontrollierten. Als seine Männer durch die Wüste Sinai marschierten, versorgten die Beduinenhäuptlinge sie mit Wasser. Kambyses' Marine segelte entlang der Küste von Phönizien in Richtung Ägypten.

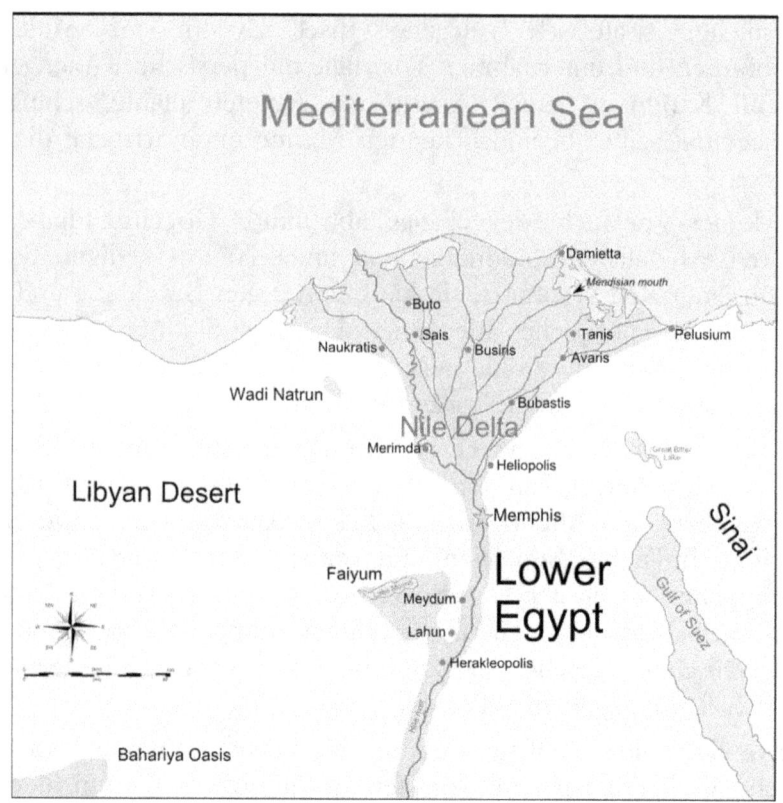

Dareios eroberte erst Pelusium oben rechts)), dann Memphis (in der Mitte)."

Als Kambyses nach Ägypten vorrückte, starb Pharao Amasis, und sein Sohn, Psammetich III., wurde Pharao. Psammetich schickte seine Schiffe, um der phönizisch-griechischen Flotte von Kambyses entgegenzutreten, doch Psammetichs Admiral Udjahorresnet lief über und verschaffte Kambyses mehr Schiffe und seemännisches Know-how. 525 v. u. Z. segelte die persische Marine ins Nildelta, wo Psammetich sie bei der Festung Pelusium erwartete.

Die Ägypter hielten die Perser zunächst mit ihren Bogenschützen- und Streitwagenformationen mit unübertroffener Geschwindigkeit und Beweglichkeit in Schach. Ihre Katapulte waren ihre tödlichste Waffe, denn sie schleuderten kleine Felsbrocken und brennende Geschosse auf die Perser und töteten Tausende. Hier kamen die Katzen ins Spiel! Der griechische Schriftsteller Polyainos aus dem 2. Jahrhundert u. Z. erzählte die Geschichte in seinem Buch *Strategika*.[i]

---

[i] Polyaenus, *Stratagems: Book Seven*, trans. R. Shepherd (1793). http://www.attalus.org/translate/polyaenus7.html.

Die Ägypter liebten ihre Hauskatzen, und wenn eine Katze starb, rasierten sie sich zum Zeichen der Trauer die Augenbrauen, mumifizierten die Katze und begruben sie mit Juwelen. Ihre Kriegsgöttin Bastet, die oft mit dem Körper einer Frau und dem Kopf einer Katze dargestellt wurde, war sehr beleidigt, wenn jemand eine Katze tötete, was die Todesstrafe nach sich zog. Die Ägypter schätzten auch ihre windhundartigen Hunde sehr. Ihr schakalköpfiger Gott Anubis beschützte die Geister der Toten. Die Ägypter stellten ihren Schöpfergott Amun als Widder dar, anders als die Israeliten opferten sie keine Schafe, sondern verehrten lebende Widder. Die Ägypter betrachteten den weißen Ibis als Inkarnation ihres Gottes Thoth, des Erhalters des Universums. Millionen mumifizierter Ibisse wurden in ägyptischen Katakomben gefunden.

Diese Verehrung für bestimmte Tiere führte zu Phanes' genialer Taktik. Kambyses ließ das Bild der Bastet auf die Schilde seiner Soldaten malen und ließ dann heilige Tiere auf seine Front los. Katzen, Hunde, Ibisse und Widder rannten vor. Die Ägypter gerieten in Panik und konnten weder ihre Göttin bekämpfen noch die Tiere mit ihren Katapultgeschossen und Pfeilen verletzen. Sie machten kehrt und rannten den Persern hinterher. Fünfzigtausend Ägypter starben im Vergleich zu siebentausend Persern. Ein Jahrhundert später besuchte Herodot den Schauplatz der Schlacht und fand dort Schädel und Knochen, die noch immer den Sand bedeckten.

Die Ägypter flohen hundert Meilen nach Süden in ihre Hauptstadt Memphis. Kambyses schickte ein griechisches Schiff aus Mytilene nach Memphis, um die Bedingungen für eine friedliche Kapitulation auszuhandeln. Doch die Ägypter griffen das Schiff an und zerstückelten die Besatzung. Nachdem er Memphis belagert und besiegt hatte, ließ Kambyses als Vergeltung für das Massaker von Mytilene zweitausend ägyptische Prinzen hinrichten, verschonte aber Psammetich.

Diese Abbildung eines persischen Siegels aus dem 6. Jahrhundert zeigt Kambyses bei der Gefangennahme von Psammetich.[17]

Während der Konsolidierung Ägyptens schickte Kambyses eine fünfzigtausend Mann starke Armee in die Oase Siwa, um die Priester des Amun-Tempels zu vernichten, die sich geweigert hatten, Kambyses als ägyptischen Pharao zu legitimieren. Kambyses hatte sich selbst zum Pharao gekrönt, einen ägyptischen Thronnamen angenommen und ägyptischen Göttern Opfer dargebracht, doch die Priester des Amun-Tempels hielten ihn für einen illegitimen Eindringling.

Nach einer einwöchigen Reise erreichten die persischen Truppen die Oase El-Kharga, wo sie sich ausruhten, bevor sie ihren Zug durch die Wüsten fortsetzten. Ein tödlicher Südwind kam auf und entfachte einen Sandsturm, der die Truppen unter sich begrub. Da nie eine Spur der vermissten Armee gefunden wurde, verwarfen die meisten Gelehrten die Geschichte von Herodot. Im Jahr 1996 entdeckte eine Expedition jedoch ein Massengrab mit menschlichen Knochen, Bronzewaffen und Silberschmuck aus der Zeit der Achämeniden.[i]

Libyen schloss bald einen Vertrag mit dem Achämenidenreich, ebenso wie die griechischen Kolonien Kyrene und Barke. Kambyses stellte Memphis wieder her und machte Ägypten zu einer Satrapie

---

[i] Rossella Lorenzi, „Vanished Persian Army Said Found in Desert," *NBC News: Science News*, November 9, 2009. https://www.nbcnews.com/id/wbna33791672.

(Provinz) von Persien, wobei die Perser die siebenundzwanzigste Dynastie Ägyptens bildeten. Der Sieg des Kambyses über Ägypten bedeutete das Ende der ägyptischen Selbstverwaltung. Die persischen Monarchen herrschten während des gesamten Achämenidenreiches als Pharaonen über Ägypten, auf das die makedonische Dynastie der Ptolemäer und schließlich das Römische Reich folgten.

Kambyses blieb drei Jahre lang in Ägypten, bevor ein Putschversuch in Persien seine Rückkehr verlangte. Während er nach Hause eilte, verletzte er sich versehentlich selbst am Oberschenkel, indem er sich mit seinem Schwert durchbohrte, als er sein Pferd bestieg. Laut Herodot litt Kambyses an der „heiligen Krankheit" (Epilepsie), so dass er sich möglicherweise während eines Anfalls verletzte. Die Wunde wurde brandig, und innerhalb von drei Wochen starb Kambyses 522 v. u. Z. an einem septischen Schock.

Dareios, der Lanzenträger des Kambyses, war bei ihm. Einige flüsterten leise, dass Dareios den Tod des Kambyses verursacht haben könnte, und bald wurde das Geflüster lauter. Da Kambyses keine Kinder hatte, war sein jüngerer Bruder Bardiya (griechisch *Smerdis*) der nächste Anwärter auf den Thron. Bardiya starb jedoch auf mysteriöse Weise. Dareios behauptete, Kambyses habe seinen Bruder vor seiner Abreise nach Ägypten getötet, um zu verhindern, dass er in seiner Abwesenheit den Thron an sich riss.

Dareios behauptete, dass ein Mager (iranischer Priester) namens Gaumata, der dem jungen Mann ähnelte, den Thron an sich gerissen habe, indem er vorgab, Bardiya zu sein. Dies veranlasste Kambyses, Ägypten in Richtung Persien zu verlassen. Nachdem Kambyses unterwegs gestorben war, kehrte Dareios nach Persien zurück und stürmte mit sechs weiteren Mitverschwörern Gaumatas Festung in Medien und tötete den Thronprätendenten. Oder haben sie tatsächlich Bardiya getötet? Dareios war der Einzige, der den Tod Bardiyas durch Kambyses meldete. Könnte Bardiya den Thron seines Bruders für einige Monate vor seiner Ermordung usurpiert haben? Hat Dareios die Geschichte über Bardiya erfunden, damit er nicht des Königsmordes beschuldigt werden konnte?

Auf jeden Fall waren Kambyses und Bardiya tot und hinterließen keine männlichen Erben der Achämeniden-Dynastie. Das heißt, bis Dareios behauptete, ein entfernter Cousin von Kyros und Kambyses und ein direkter Nachkomme von Achämenes zu sein. Auf der Behistun-Inschrift, die 100 Meter hoch auf einer Klippe im westlichen Iran eingemeißelt ist, erklärte Dareios seine Abstammung:

„Ich bin Dareios, der große König, der König der Könige, der König in Persien, der König der Länder ... Mein Vater ist Hystaspes. Der Vater von Hystaspes war Arschama, der Vater von Arschama war Ariaramna. Der Vater von Ariaramna war Teispes, der Vater von Teispes war Achämenes...Wir heißen Achämeniden, von alters her sind wir edel, von alters her ist unsere Dynastie königlich gewesen."[i]

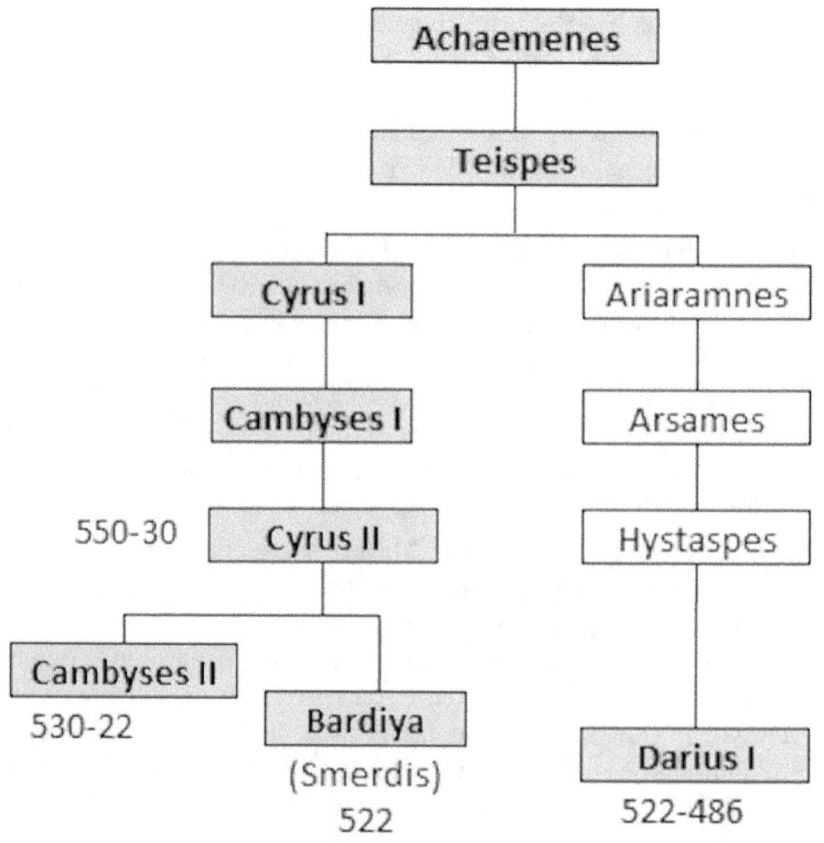

Dareios I. beansprucht seine Abstammung von Achämenes.[ii]

Viele Satrapen (Statthalter) des Achämenidenreiches lehnten Dareios' Geschichte über Bardiya, seinen Stammbaum und sein Recht auf Herrschaft ab. Mehrere Satrapen erklärten sich fast gleichzeitig für

---

[i] Darius I, *The Behistun Inscription*, Livius. https://www.livius.org/articles/place/behistun/behistun-3/.

unabhängig von Persien und krönten sich zum König ihrer Länder oder Satrapien: Elam, Babylonien, Persis Media, Assyrien, Ägypten, Armenien, Parthien, Margiana (in Baktrien), Skythien und Sattagydien (in Pakistan). In neunzehn Schlachten innerhalb eines einzigen Jahres eroberte Dareios die Länder nacheinander zurück und nahm die aufständischen Könige und Satrapen gefangen.

Obwohl Dareios mit einem fragwürdigen Stammbaum aus der relativen Bedeutungslosigkeit aufstieg und möglicherweise einen oder beide Söhne von Kyros tötete, führte er das Achämenidenreich zu erstaunlichen Erfolgen. Er sorgte für Stabilität, entwickelte eine eigene Infrastruktur und erweiterte das Reich auf eine Größe, die es zuvor in der Welt nicht gegeben hatte. Es erstreckte sich über drei Kontinente und umfasste fast die Hälfte der Weltbevölkerung.

Nachdem er die zahlreichen Aufstände im Reich niedergeschlagen hatte, machte sich Dareios auf den Weg nach Ägypten, um die früheren Eroberungen von Kambyses zu festigen. Dann richtete er sein Augenmerk nach Osten auf das Tal des Indus. Kyros der Große hatte das Gebiet zwischen Afghanistan und dem Indus (dem heutigen Pakistan) erobert, doch die Bevölkerung hatte sich in der chaotischen Zeit nach Kambyses' Tod aufgelehnt.

Um 518 v. u. Z. überwanden Dareios' Truppen den Himalaya, um das frühere Gebiet zurückzuerobern und nach Punjab in Nordindien zu expandieren, wo sie drei Indus-Provinzen bildeten: Sattagydien, Gandhara und das Industal. Diese Provinzen waren die wohlhabendste Region des Achämenidenreiches, da sie über große Mengen an Gold verfügten. Sie zahlten jährlich acht Tonnen Goldstaub als Tribut: etwa ein Drittel des Wertes der gesamten Tributeinnahmen des Reiches aus allen dreiundzwanzig seiner Länder. Die Inder lieferten auch Teakholz, Elfenbein und Kriegselefanten.

Im Jahr 513 v. u. Z. wandte sich Dareios nach Nordwesten zu den Skythen in Europa, nachdem er bereits die Skythen in Zentralasien unterworfen hatte. Das Gebiet der Skythen erstreckte sich von den nördlichen Steppen Zentralasiens bis zum Schwarzen Meer und nach Thrakien (dem heutigen Bulgarien, nordöstlich von Griechenland). Die Frage der Skythen lautete laut Herodot: „Warum? Wir haben keine Städte, die ihr erobern könnt, und keine Ernten, die ihr zerstören könnt. Wir haben es nicht eilig, gegen euch zu kämpfen!"

Warum also? Herodot vermutet, dass es darum ging, alte Rechnungen zu begleichen, die bis in die frühe persische Geschichte zurückreichen. Wahrscheinlicher ist jedoch, dass Dareios Land einnehmen und die Grundlage für eine spätere Invasion Griechenlands schaffen wollte. Was auch immer seine Beweggründe waren, die Skythen machten es Dareios nicht leicht. Ohne Städte und landwirtschaftliche Nutzflächen mussten sie beim Herannahen der Perser nur ihre Wagen, in denen sie lebten, zusammenpacken und woanders hinziehen. Die Skythen waren wilde Krieger, die das Zaumzeug ihrer Pferde mit den Skalps ihrer Opfer schmückten, aber sie zogen es vor, sich ihre Schlachten auszusuchen. Warum sollte man Energie für Kämpfe verschwenden?

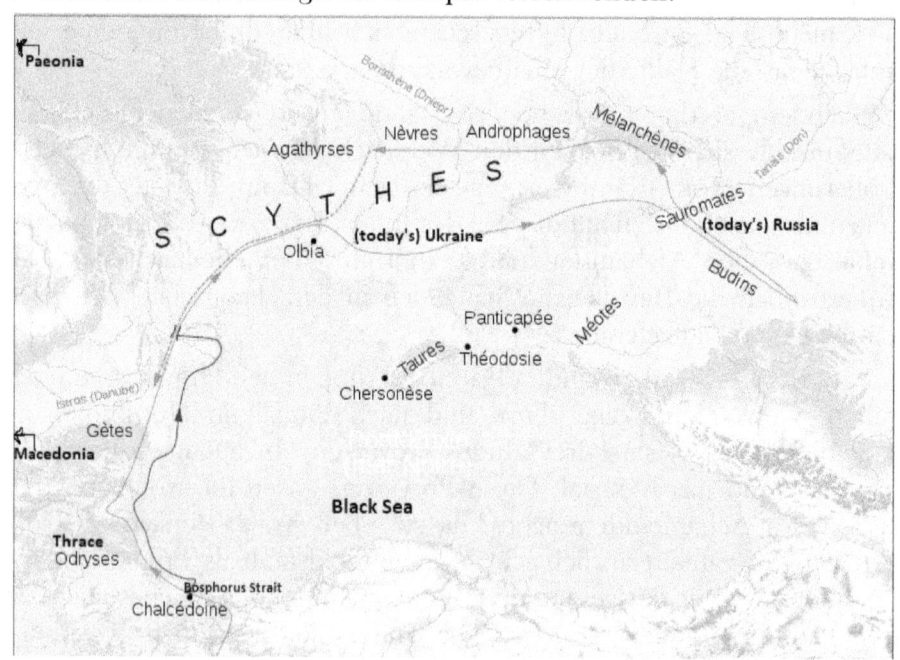

Diese Karte zeigt die Route des Dareios bei seiner Jagd auf die Skythen."

Dareios' Männer bauten eine Brücke über die Meerenge des Bosporus und marschierten dann durch das heutige Bulgarien nach Norden bis zur Donau in Rumänien. Er forderte den Skythenkönig Idanthyrsos auf, entweder zu kämpfen oder sich zu ergeben, was dieser ablehnte. Dareios verfolgte die Skythen bis zum Nordende des Schwarzen Meeres und bis zur Wolga in Russland. Die persischen Truppen waren zu diesem Zeitpunkt erschöpft und krank, da ihnen in der rauen Steppe Wasser und Nahrung ausgingen. Sie bauten acht Festungen, um die Grenze zu bewachen, aber der bittere russische

Winter brach herein, und sie hatten keine andere Wahl, als sich zurückzuziehen. Obwohl Dareios die Skythen nie in eine richtige Schlacht verwickelte, hatte er sie erfolgreich von der baltischen Halbinsel vertrieben.

Während Dareios die Skythen verfolgte, ließ er einen Teil seines Heeres und seinen Feldherrn Megabazos zurück, um die Eroberung Thrakiens, eines wichtigen Ausgangspunktes für seinen späteren Feldzug in Griechenland, abzuschließen. Nachdem Dareios nach Asien übergesetzt hatte, bot sich ihm ein seltsamer Anblick. Eine große, schöne Frau in einem herrlichen Gewand führte ein Pferd, während sie einen Krug auf dem Kopf balancierte und Flachs spann, während sie zum Fluss ging, um das Pferd zu tränken und ihren Krug zu füllen. Die atemberaubende und geschickte Multitaskerin weckte Dareios' Neugierde. Er befahl, die junge Frau zu ihm zu bringen, und ihre Brüder, die in der Nähe gewartet hatten, begleiteten sie.

„Woher kommt ihr, und warum seid ihr hier?"

„Wir sind Päonier", antworteten sie. „Unser Land liegt am Fluss Strymon, und unser Volk stammt ursprünglich aus dem alten Troja. Wir sind hier, um uns eurer Macht zu unterwerfen."

„Müssen alle Frauen in eurem Land so hart arbeiten?" erkundigte sich Dareios.

„Oh, ja! Unsere Frauen sind unermüdlich in ihrer Arbeit und unübertroffen in ihrer Schönheit."

Das war natürlich ein Schwindel. Der Plan der jungen Adligen bestand darin, Dareios dazu zu bewegen, in Päonien (Nordmakedonien) einzumarschieren und sie dann als seine Satrapen zu ernennen, um das Land zu regieren. Aber ihr Plan ging nicht so gut auf, wie sie gehofft hatten. Dareios wollte diese großen, schönen und fleißigen Menschen in seinem eigenen Land haben, also beauftragte er Megabazos in Thrakien, Päonien zu erobern und die Männer, Frauen und Kinder nach Persien umzusiedeln. Dies war das erste Mal, dass ein Umsiedlungsprogramm unter persischer Herrschaft durchgeführt wurde.

Nachdem General Megabazos alle Päonier, die er auftreiben konnte, nach Persien gebracht hatte, konzentrierte er sich auf Makedonien, das südlich von Päonien lag. Er sandte sieben persische Botschafter aus, die von König Amyntas verlangten, „Erde und Wasser" zu geben und damit die persische Autorität anzuerkennen. König Amyntas willigte ein und veranstaltete ein großes Fest für die persischen Adligen. Die Perser erklärten, es sei ihre Gewohnheit, ein Festmahl zu genießen, bei dem ihre Frauen und Konkubinen mit ihnen zusammensaßen. König Amyntas sagte, in Makedonien würden die Männer getrennt von den Frauen speisen. Dennoch würde er den persischen Brauch ehren und die Frauen einladen, sich zu ihnen zu setzen. Die königlichen Damen betraten den Raum und setzten sich neben ihre Männer, den Persern auf der anderen Seite des Tisches zugewandt.

Da bemerkten die Perser: „Eure Frauen sind so schön, dass es eine Qual ist, sie von der anderen Seite des Tisches zu betrachten! Schickt sie auf unsere Seite."

Amyntas war zwar unglücklich, erinnerte sich aber daran, was gerade mit Päonien geschehen war, und wies die Frauen an, sich auf die persische Seite zu setzen. Die betrunkenen Perser begannen, die Frauen unsittlich zu berühren und zu küssen. Amyntas saß in bedrücktem Schweigen da, aber sein Sohn Alexander (ein Vorfahre Alexanders des Großen) hatte einen Plan.

„Vater, ich weiß, dass du müde bist. Geh zu Bett, und ich werde mich um unsere Gäste kümmern und ihnen geben, was ihnen zusteht."

Nachdem sein Vater den Raum verlassen hatte, stand Alexander auf und sagte großmütig: „Liebe Besucher, betrachtet all diese Damen als eure eigenen. Lasst sie jetzt hinausgehen und baden, während ihr euren Wein genießt, und dann werden sie zurückkommen".

Alexander trieb die Frauen in den Harem, dann trieb er die gleiche Anzahl bartloser, schlanker Jünglinge zusammen. Er kleidete sie in die Gewänder der Frauen, bewaffnete sie mit Dolchen und präsentierte sie dann den betrunkenen Persern. Als die Männer zu grapschen begannen, wurden sie von den „Damen" erstochen. Die Perser erfuhren nie, was mit ihren verlorenen Botschaftern geschehen war. Alexander bestach den Suchtrupp und verheiratete sogar seine Schwester mit dem Perser Bubares, der die Ermittlungen leitete.[i]

---

[i] Herodotus, *The Histories: Book Five*.

Dieses Flachrelief stellt Dareios I. (den Großen) dar.[30]

Trotz des Verlustes der sieben Gesandten und ihres Gefolges kontrollierten die Perser nun Makedonien. Megabazos machte sich auf den Weg nach Sardes, um sich mit Dareios zu treffen, der sich auf seine Rückkehr nach Susa in Persien vorbereitete. Megabazos vertraute Dareios seine Besorgnis über Histiaios, den Herrscher der griechischen Insel Milet vor der türkischen Küste, an. Nachdem Histiaios Dareios im Skythenfeldzug treu gedient hatte, erlaubte ihm Dareios, eine Siedlung in Päonien zu errichten.

„Herr! Histiaios ist Grieche! Und er ist schlau! Jetzt hat er sich in Päonien eingenistet und wird die Kontrolle über die Silberminen Thrakiens und die Wälder mit Holz für den Schiffsbau erlangen. Wir müssen ihn von Griechenland fernhalten!"

Dareios rief Histiaios nach Sardes und sagte zu ihm: „Ich brauche deine Weisheit und Einsicht. Komm mit mir zurück nach Susa, lebe in meinem prächtigen Palast, teile alles, was ich habe, und sei mein Berater."

Histiaios fand Dareios' Einladung schmeichelhaft, auch wenn er sich vielleicht fragte, ob er in dieser Angelegenheit eine Wahl hatte. Dareios kehrte mit Megabazos und Histiaios nach Persien zurück und überließ General Otanes den Oberbefehl über die Truppen an der Seeküste. Otanes' Vater, Sisamnes, hatte während der Herrschaft von König Kambyses als Richter gedient. Als Kambyses entdeckte, dass er Bestechungsgelder annahm, ließ er ihn hinrichten und häuten. Er schnitt die Haut in Streifen, formte daraus ein Gitterkissen für seinen Richterstuhl und ernannte Otanes zum nächsten Richter.

Otanes war zweifellos erleichtert, von seinem grausamen Thron zu entkommen, um dem Militär zu dienen, und er brachte den Rest der Balkanstämme unter persische Herrschaft. Nach seinen Eroberungen kontrollierte Persien die gesamte Balkanhalbinsel, mit Ausnahme von Griechenland. Das sollte Dareios' nächster Schritt sein, und er hatte die Weichen dafür gestellt.

ABSCHNITT ZWEI:
DIE GRIECHISCH-PERSISCHEN KRIEGE

Kapitel 5: Der Ionische Aufstand

Histiaios schritt im prächtigen Palast von Susa, der mit Gold, Lapislazuli, Türkis, Ebenholz und Elfenbein verziert war, hin und her. Er fühlte sich wie ein Vogel in einem vergoldeten Käfig. Warum hatte er überhaupt zugestimmt, mit König Dareios nach Persien zu kommen? In Ionien hatte er über Milet geherrscht, den reichsten griechischen Stadtstaat. Und mit seiner neuen Stadt in Päonien hätte ihm die Kontrolle über die Silberminen und Wälder der nördlichen Balkanhalbinsel unvorstellbare Reichtümer beschert.

Aber jetzt saß er in Persien fest und war machtlos! Er musste zurück nach Ionien, und er hatte einen Plan. Er würde seinen Schwiegersohn, der jetzt in Milet regierte, anweisen, Unruhe gegen Persien zu stiften. Dann würde er Dareios um die Erlaubnis bitten, nach Hause zurückzukehren und alles in Ordnung zu bringen. Aber wie sollte er eine Nachricht an den Persern vorbeibringen? Er blickte auf, als er seinen Lieblingsdiener auf sich zukommen sah, und lächelte. Er legte seinen Arm um die Schultern des Mannes und sagte: „Ich schicke dich nach Ionien. Aber zuerst musst du dir den Kopf rasieren. Und dann behalte deinen Turban noch eine Weile auf."

Wo lag Ionien? Es handelte sich um eine Gruppe griechischer Stadtstaaten, die auf den Inseln und in den Küstengebieten der heutigen Westtürkei auf der anderen Seite des Ägäischen Meeres gegenüber Griechenland lagen. Wie bereits erwähnt, lebte fast die Hälfte der griechischen Weltbevölkerung in Kolonien rund um das Mittelmeer, die Ägäis und das Schwarze Meer. Nach ihren Überlieferungen kamen die Ionier etwa 140 Jahre nach dem Trojanischen Krieg von Athen aus in die östliche Küstenregion der Ägäis.

Das antike Troja lag an der türkischen Küste, nördlich dessen, was später zu Ionien wurde. Die dorischen und äolischen Griechen gründeten ebenfalls Kolonien an der türkischen Küste, aber die Region wurde nach ihren ersten griechischen Siedlern Ionien genannt. Die Griechen bildeten in Ionien nie eine Zentralregierung. Jeder Stadtstaat war eine autonome Macht, der mit den anderen durch Religion und Kultur verbunden war. Im Laufe der Zeit entwickelten sich diese Kolonien zu außerordentlich wohlhabenden Zentren der Kunst, Philosophie und des wissenschaftlichen und mathematischen Fortschritts.

Die Ionier kolonisierten Zentralionien mit den Äoliern im Norden und den Dorern im Süden"

Kyros der Große brachte Ionien unter persische Herrschaft, aber jeder Stadtstaat behielt seine Selbstverwaltung bei, obwohl einige Herrscher Tyrannen waren. Heute assoziiert man mit dem Begriff „Tyrann" einen despotischen und grausamen Diktator, aber in den griechischen Stadtstaaten war ein Tyrann jemand, der außerhalb der üblichen Wege zum Herrscher wurde. Ein Tyrann usurpierte den Thron und regierte mit absoluter Macht, anstatt der Sohn des vorherigen Königs zu sein oder dem aristokratischen Regierungsrat anzugehören.

Tyrannen waren oft wohlwollendere Herrscher als Monarchen oder aristokratische Räte, da sie zur Aufrechterhaltung ihrer Herrschaft die Unterstützung des Volkes benötigten. Daher neigten sie dazu, Schulden zu erlassen, Reformen einzuleiten und Gesetze zu kodifizieren, um das einfache Volk vor Ungerechtigkeit zu schützen. Dennoch kann jeder totalitäre Herrscher schnell zu einem drakonischen Despoten werden, weshalb die Griechen eine andere politische Richtung tendierten.

Polykrates, der Dareios I. bei der Eroberung Ägyptens half, war von 540 bis 522 v. u. Z. der Tyrann von Samos. Er übernahm die Kontrolle über die Insel mit nur seinen zwei Brüdern und fünfzehn Männern. Nachdem er einen Bruder getötet und den anderen ins Exil geschickt hatte, wurde er zum alleinigen und absoluten Herrscher von Samos, mit dem ultimativen (und unerfüllten) Plan, ganz Ionien unter seiner Herrschaft zu vereinen. Während seiner Herrschaft bauten die Samier den viertausend Fuß langen Aquädukt des Eupalinos. Zwei Teams an gegenüberliegenden Enden bohrten sich durch einen Berg, um sich in der Mitte zu treffen, und bewiesen damit ein erstaunliches Verständnis für Geometrie und Technik.

Ein weiterer Tyrann war Histiaios, der Herrscher von Milet, der Dareios bei seiner Invasion in Thrakien unterstützte, aber Dareios nahm ihn mit zurück nach Persien, nachdem General Megabazos sein Misstrauen ausgesprochen hatte. Megabazos' Instinkt war richtig, wie sich laut Herodot herausstellte. Obwohl Histiaios unter Dareios' wachsamen Augen in Persien blieb, manipulierte er weiterhin die Ereignisse in Milet, wo sein Neffe und Schwiegersohn Aristagoras nun regierte.

Einige Aristokraten, die von der Insel Naxos in den Kykladen (Inseln zwischen Griechenland und Ionien) vertrieben worden waren, kamen zu Aristagoras und baten um Hilfe bei der Rückeroberung ihres Landes. Aristagoras sagte ihnen: „Ich habe nicht genug Macht, um euch zu helfen, aber der Bruder des Königs Dareios, Artaphernes, ist mein Freund. Dareios hat ihn zum Herrscher in Sardes ernannt und ihm die Aufsicht über ganz Ionien übertragen. Lasst mich mit ihm sprechen und sehen, was wir aushandeln können."

Aristagoras traf sich also mit Dareios' Bruder Artaphernes in Sardes und verleitete ihn dazu, in die Kykladen (die von Persien unabhängig waren) einzumarschieren und die Verbannten wieder anzusiedeln. „Naxos ist eine große, reiche und fruchtbare Insel mit Silberminen und Marmorsteinbrüchen. Wir werden für eure militärischen Ausgaben aufkommen und euch als Gegenleistung für eure Mühe ein großes Geschenk machen. Einhundert Schiffe sind alles, was ihr braucht. Ihr werdet nicht nur Naxos gewinnen, sondern auch die anderen umliegenden Inseln, was euch die Kontrolle über die Mündung der Ägäis geben wird."

Artaphernes gefiel der Plan, aber er musste sich mit seinem Bruder, König Dareios, absprechen. Er wollte zudem zweihundert Schiffe. Dareios stimmte zu, und so stellte die persisch-ionische Koalition eine Flotte von zweihundert Triremen und ein riesiges Heer unter der Führung des persischen Admirals Megabates, dem Neffen oder Cousin von Dareios, zusammen. Sie segelten nach Naxos, doch es kam zu Unruhen zwischen den Persern und Griechen. Als Megabates seine Inspektionsrunde machte, entdeckte er ein griechisches Schiff ohne Wache. Er bestrafte den Kapitän Scylax, indem er ihn an ein Bullauge fesselte, so dass sein Kopf aus dem Schiff ragte. Als Aristagoras dies hörte, setzte er sich bei Megabates für seinen Freund ein, jedoch ohne Erfolg, und befreite Scylax selbst. Megabates war wütend, aber Aristagoras rief laut: „Vergiss nicht, dass du unter *meinem* Kommando stehst!"

Gedemütigt und wütend beschloss Megabates, sich an den ionischen Griechen zu rächen, indem er heimlich ein Schiff nach Naxos schickte, um seine Bürger vor der drohenden Gefahr zu warnen. Die Naxier wussten, dass zweihundert Schiffe in ihre Richtung segelten, hatten aber keine Ahnung, dass ihre Insel das Ziel war, da sie annahmen, die Schiffe seien auf dem Weg nach Griechenland oder ins Mittelmeer. Sobald sie die Warnung von Megabates erhalten hatten, ernteten sie schnell, was zu ernten war, und legten innerhalb ihrer Stadtmauern Wasser- und Vorratslager an. Die Naxier hielten einer viermonatigen Belagerung stand, bevor die Perser schließlich aufgaben.

Aristagoras war finanziell ruiniert, nachdem er sich für die Belagerung eingesetzt hatte, und konnte kaum die Truppen bezahlen und seine Versprechen gegenüber Artaphernes nicht erfüllen. Er fürchtete, dass das

Scheitern seines Feldzuges und sein Konflikt mit Megabates, einem Verwandten des Dareios, ihn seine Herrschaft über Milet kosten würde. Er glaubte, der einzige Ausweg aus seiner misslichen Lage sei, seine ionischen Mitgriechen zu vereinen und sich von Persien zu lösen. Dann könnte er sein Königreich behalten. Während er darüber nachdachte, erhielt er eine seltsame Nachricht von seinem Schwiegervater Histiaios aus Persien.

Die Nachricht selbst war nicht seltsam, sondern die Art und Weise, wie er sie erhielt. Histiaios wurde in Persien zunehmend gereizter, da er nicht nach Ionien zurückkehren und keine Nachrichten an Aristagoras schicken konnte, die nicht abgefangen wurden. Er wollte einen Aufstand unter den Ioniern anzetteln, in der Hoffnung, dass Dareios ihn nach Hause schicken würde, um ihn niederzuschlagen. Also rief er seinen vertrauenswürdigsten Diener, rasierte ihm den Kopf und tätowierte ihm die Botschaft „Aufstand" ein.

Nachdem die Haare so weit nachgewachsen waren, dass sie die Botschaft verdeckten, schickte er den Mann nach Milet und sagte ihm: „Wenn du nach Milet kommst, bitte Aristagoras, dir den Kopf zu rasieren."

Die Nachricht bestätigte, was Aristagoras bereits beschlossen hatte. Sein einziges Problem war, dass er nun mittellos war und keine Möglichkeit hatte, ein neues militärisches Vorhaben zu finanzieren. Einer seiner Freunde ermutigte ihn, den Tempel in Branchidai zu überfallen, der von König Krösus mit Reichtümern beschenkt worden war, aber Aristagoras wollte die Götter nicht erzürnen. Obwohl es ihm an Geld fehlte, führte Aristagoras die Rebellion fort. Er ermutigte seine Mitregenten in Ionien (meist Tyrannen), ihre Throne aufzugeben, wie er es getan hatte, und ein demokratisches Gemeinwesen mit ihm an der Spitze zu bilden. Er vertrieb alle Tyrannen, die nicht bereit waren, sich gegen Dareios aufzulehnen.

Als Nächstes segelte Aristagoras nach Griechenland, um die Spartaner um Hilfe zu bitten. König Kleomenes, der laut Herodot „nicht ganz richtig im Kopf" war, lehnte ab, da er nicht bereit war, sich auf ein Projekt so weit entfernt von Sparta einzulassen. Aristagoras begab sich daraufhin nach Athen auf der Halbinsel Attika, der angestammten Heimat der ionischen Griechen. Die Athener hatten sich gerade von der Tyrannenherrschaft befreit und experimentierten mit der Demokratie. Sie erklärten sich bereit zu helfen, konnten aber nur zwanzig Schiffe entbehren. Die Stadt Eretria, eine weitere Mutterstadt der ionischen

Kolonien, schickte fünf Schiffe.

Nach seiner Rückkehr nach Milet schickte Aristagoras eine Truppe unter der Führung seines Bruders Charopinus zu einem Überraschungsangriff auf Sardes. Deren Herrscher, Artaphernes, zog sich auf die Akropolis auf dem Hügel im Stadtzentrum zurück, aber einer der Tempel fing Feuer und zwang die Perser auf den Marktplatz. Als die Griechen gerade dabei waren, Sardes zu plündern, traf persische Verstärkung ein, die die Griechen nach Ephesos an der Küste vertrieb.

Die ionischen Griechen zerstreuten sich in alle Winde und die Athener beschlossen, dass es Zeit war, nach Hause zu gehen. Überraschenderweise schlossen sich die griechischen Kolonisten Zyperns, der großen Insel im östlichen Mittelmeer, zu diesem Zeitpunkt dem Aufstand an. Die mykenischen Griechen hatten Zypern mehr als tausend Jahre zuvor besiedelt, aber die Perser eroberten die Insel 545 v. u. Z. Der zyprische König Onesilus führte den Aufstand an, und die ionischen Griechen schickten Schiffe zur Unterstützung. Doch Dareios schickte eine phönizische Flotte, um den Aufstand niederzuschlagen, und es kam zu einer gleichzeitigen Land- und Seeschlacht. Die Ionier gewannen die Seeschlacht und dezimierten die persische Flotte. In der Landschlacht tötete Onesilus den persischen Befehlshaber Artybius, wurde aber von einem Teil seiner eigenen Armee heimtückisch getötet.

Dareios schickte seine drei Schwiegersöhne und persische Verstärkung, um einen mehrstufigen Gegenangriff auf Ionien zu beginnen. Sein Bruder Artaphernes und der ehemalige Richter Otanes führten das vierte Heer an. Die erfolgreichen Feldzüge dieser Heere überzeugten Aristagoras, nach Thrakien zu fliehen, wo er schließlich bei einem Angriff auf eine thrakische Stadt starb. In der Zwischenzeit überzeugte Histiaios Dareios, ihm die Rückkehr nach Ionien zu gestatten, da er versprach, alle Stadtstaaten wieder auf Linie zu bringen.

Histiaios musste zunächst Dareios' Bruder Artaphernes in Sardes Bericht erstatten, der ihn fragte: „Warum haben die Ionier rebelliert?"

„Das kann ich mir nicht vorstellen!" antwortete Histiaios und tat so, als wüsste er nichts. „Ich war verblüfft, als ich davon hörte, und du sicher auch."

Artaphernes fiel nicht auf Histiaios' Doppelzüngigkeit herein, denn er hatte den Ausbruch der Revolte bereits untersucht. „Ich werde dir sagen, was ich weiß", antwortete Artaphernes dem Histiaios. „Du hast den Schuh genäht, den Aristagoras angezogen hat."

Durch diese Bemerkung aufgeschreckt, floh Histiaios in der Nacht aus Sardes in Richtung Küste und setzte auf die Insel Chios über, einen der zwölf griechischen Stadtstaaten in Ionien. Da er gerade vom persischen Hof gekommen war, fesselten ihn die Einwohner von Chios und beschuldigten ihn, Dareios gegen sie zu unterstützen. Nachdem er sie von ihrem Irrtum überzeugt hatte, ließen sie ihn frei. Sie verlangten jedoch zu erfahren, warum er Aristagoras zum Aufstand ermutigt hatte, der alle ihre Stadtstaaten in Aufruhr versetzte.

Um nicht zu verraten, was wirklich geschah, täuschte Histiaios die Bewohner von Chios, indem er ihnen erzählte, Dareios plane ein Umsiedlungsprogramm. Er sagte, Dareios würde die Phönizier von der Küste des Libanon vertreiben und sie in Ionien ansiedeln, während er die Griechen aus Ionien vertreiben und sie in Phönizien ansiedeln würde. Natürlich war dies nie Dareios' Plan, aber die jüngsten Ereignisse in Päonien ließen sie glauben, dass die Möglichkeit bestünde.

Histiaios schickte Briefe an einige Perser in Sardes, die zuvor über einen Austritt aus dem Reich nachgedacht hatten. Zum Unglück für Histiaios brachte sein Kurier sie direkt zu Artaphernes. Als Artaphernes erkannte, dass ein Staatsstreich geplant war, wies er den Kurier an, die Briefe den vorgesehenen Empfängern zuzustellen und ihm dann die Antworten zu bringen. Sobald er den Beweis für ihren Verrat hatte, ließ Artaphernes die Verräter hinrichten und löste damit einen großen Aufruhr in Sardes aus.

Als Histiaios erfuhr, dass sein geplanter Umsturz in Sardes gescheitert war, segelte er zurück nach Milet, aber sein Volk war nicht bereit, ihn zu empfangen. Sie waren froh, Aristagoras losgeworden zu sein, und genossen nun eine Kostprobe der Demokratie. Zurückgewiesen, kehrte Histiaios nach Chios zurück. Er brauchte Schiffe, aber man wollte ihm nicht helfen, also ging er nach Mytilene auf der großen ionischen Insel Lesbos.

Die Lesbier erklärten sich bereit zu helfen, rüsteten Histiaios mit acht Triremen aus und segelten mit ihm zum Hellespont (Meerenge der Dardanellen). Der Schiffsverkehr floss von der Ägäis durch den Hellespont in das Marmarameer und dann durch den Bosporus in das Schwarze Meer. Wer eine der beiden Meerengen kontrollierte, beherrschte den regen Schiffsverkehr. Am Hellespont positioniert, beschlagnahmten Histiaios und die Lesbier alle Schiffe, die in die Ägäis fuhren, es sei denn, die Besatzungen schlossen sich ihren Kräften an.

In der Zwischenzeit stellten die Perser eine riesige Flotte aus Phöniziern, Zyprern, Kilikiern und Ägyptern zusammen. Sie steuerten auf Milet zu, da sie die Stadt als Dreh- und Angelpunkt der Rebellion ansahen. Wenn es ihnen gelänge, Milet zu überwältigen, würde sich der Aufstand in Luft auflösen. Die ionischen Stadtstaaten schlossen ihre Flotten zu einer Flotte von 353 Triremen zusammen, um den sechshundert Schiffen der Perser entgegenzutreten.

Die Flotte der ionischen Koalition beunruhigte die Perser. Obwohl sie den griechischen Schiffen zahlenmäßig weit überlegen waren, verfügten die Ionier über eine gute Kenntnis der Meere in dieser Region. Was, wenn sie die Ionier nicht besiegen konnten? Dareios würde sie aufspießen! Vielleicht konnten die ionischen Tyrannen, die von Aristagoras vom Thron gestoßen worden waren und auf die Seite der Perser übergelaufen waren, helfen. Die Perser riefen die ehemaligen Tyrannen zusammen.

„Männer von Ionien! Jetzt ist es an der Zeit, unserem großen König Dareios eure Loyalität zu zeigen! Geht zurück in eure Stadt und überzeugt euer Volk, sich von der ionischen Koalition zu lösen. Versprecht ihnen, dass ihnen kein Leid geschehen wird, wenn sie sich Persien unterwerfen. Wir werden ihre Häuser und Tempel verschonen, und alles wird so sein wie vor der Rebellion. Aber sagt ihnen, wenn sie sich nicht ergeben, werden wir sie versklaven, ihre Jungen zu Eunuchen machen, ihre Mädchen in die baktrischen Harems schicken, und ihr Staat wird unter fremde Herrschaft geraten."

Die ehemaligen Tyrannen überbrachten diese Botschaft an ihre Staaten, doch die Ionier weigerten sich, auf sie zu hören. Stattdessen spornte Dionysios, einer der Hauptmänner, sie an: „Unser Schicksal steht auf Messers Schneide! Wählt, frei zu sein oder Sklaven zu sein. Entscheidet euch, für den Augenblick Entbehrungen zu ertragen, um die Freiheit zu erlangen. Oder in Unordnung und Faulheit zu verharren und Dareios' Rache zu erleiden."

Unter dem Kommando von Dionysios übten die griechischen Schiffe in Erwartung der Perser wiederholt Seemanöver. Doch nach sieben Tagen zermürbender Ausbildung unter der heißen Sonne waren die Besatzungen erschöpft. „Wir waren dumm, uns diese Strafe selbst aufzuerlegen! Dionysios hat nur drei Schiffe zur Verfügung gestellt, aber jetzt benimmt er sich wie der Admiral der Flotte! Wenn wir so weitermachen, werden wir noch alle krank!"

Am achten Tag traten die Besatzungen in den Streik und legten sich auf der Insel in den Schatten und weigerten sich, ihre Schiffe zu betreten, um weiter zu üben. Diese Unruhe veranlasste die Kapitäne von Samos, das persische Angebot zur Kapitulation anzunehmen. Denn selbst wenn sie die erste persische Flotte besiegten, würde eine weitere folgen. Die persischen Ressourcen waren grenzenlos, die eigenen jedoch nicht. Sie sollten besser für die Sicherheit ihrer Tempel und Ländereien sorgen.

In diesem Moment lief die persische Flotte ein, und die ionischen Besatzungen bestiegen ihre Schiffe und segelten in geübter Formation auf sie zu. Doch die Schiffe aus Samos änderten abrupt ihren Kurs und segelten über den Horizont hinweg zurück nach Samos. Als die Lesbier die Samianer wegsegeln sahen, taten sie dasselbe, und bald war nur noch ein Drittel der Flotte übrig, um sich den sechshundert Schiffen der persischen Flotte zu stellen. Zunächst kämpften die Ionier entschlossen, doch schließlich gaben sie auf und flohen. Kapitän Dionysios segelte nach Sizilien, wo er Pirat wurde, obwohl er nie griechische Schiffe plünderte.

Nachdem sie die Seeschlacht gewonnen hatten, griffen die Perser Milet an, untertunnelten die Mauern und brachten sie zum Einsturz. Sie verschleppten die gesamte Bevölkerung nach Persien, aber Dareios behandelte sie freundlich und schenkte ihnen die Stadt Ampe am Persischen Golf. Die Bewohner von Samos waren wütend darüber, dass ihre Flotte die Schlacht aufgegeben hatte, und zogen es vor, auszuwandern, anstatt sich unter die Fuchtel der Perser zu begeben. Sie nahmen die Einladung der Griechen von Sizilien an, auf ihrer Insel eine neue Kolonie zu gründen.

Histiaios befand sich noch immer am Hellespont, wo er Schiffe abfing und die Besatzungen zwangsrekrutierte. Sobald er die Nachricht von dem Seedebakel hörte, segelte Histiaios mit den lesbischen Schiffen nach Chios und nahm die Insel in Beschlag, bis er hörte, dass die persische Flotte in diese Richtung segelte. Er entkam auf das Festland, wo er von den Persern gefangen genommen wurde. Artaphernes ließ ihn in Sardes hinrichten und schickte seinen Kopf an Dareios, der seinen Tod betrauerte, ohne den Verrat des Histiaios zu bemerken.

Im folgenden Frühjahr, 492 v. u. Z., schickte Dareios, wütend über Athen und Eretria, die sich in seinen Krieg eingemischt und an der Plünderung von Sardes beteiligt hatten, seinen nahen Verwandten General Mardonios, um Rache zu üben. Mardonios zog mit seiner Flotte und seinem Heer durch Ionien, vertrieb alle verbliebenen Tyrannen und errichtete in den Stadtstaaten Demokratien. Er festigte die persische Herrschaft über Thrakien und Makedonien und segelte dann nach Südgriechenland, um Athen und Eretria anzugreifen.

Doch ein heftiger Sturm zertrümmerte dreihundert seiner Schiffe und tötete über zwanzigtausend Männer. Während Mardonios mit seinem Heer marschierte, griff der Stamm der Byrgi in Thrakien an. Mardonios gelang es, die Byrgi zu unterwerfen, aber sein Heer war in einem schlechten Zustand. Er zog sich nach Persien zurück, doch Dareios hatte nun Ionien, Thrakien und Makedonien noch fester in der Hand. Dareios war mit Griechenland noch nicht fertig, er würde seine Flotte wiederaufbauen und in zwei Jahren nach Griechenland zurücksegeln.

Kapitel 6: Der erste Feldzug gegen Griechenland

König Dareios schlenderte am Strand entlang, beobachtete die Phönizier beim Wiederaufbau seiner Schiffsflotte und genoss die Brise des Mittelmeers. Er hatte 600 neue Triremen und genügend Transportschiffe bestellt, um 10.000 Pferde und Nachschub für seine 200.000 Infanteristen zu transportieren. Die Phönizier hatten ihm gesagt, dass der Bau so vieler Schiffe zwei Jahre dauern würde, und er war erfreut zu sehen, dass das Projekt nach einem Jahr dem Zeitplan voraus war.

In der Zwischenzeit wollte Dareios die Lage in Griechenland ausloten, da er wissen wollte, wo die stärksten Widerständler waren. Wie Ionien war auch Griechenland kein einheitliches Land, sondern eine Ansammlung unabhängiger Stadtstaaten, die sich ständig untereinander bekämpften. Doch nun sah sich Griechenland mit der größten Bedrohung von außen konfrontiert, der es je begegnet war, seit es drei Jahrhunderte zuvor sein finsteres Zeitalter hinter sich gelassen hatte.

Dareios hatte bereits seine Gesandten in die Hafenstädte seines Reiches geschickt und sie angewiesen, mehr Schiffe und Pferde zu besorgen. Jetzt schickte er seine Abgesandten überall nach Griechenland, in jeden berühmten Stadtstaat und forderte „Erde und Wasser", was so viel wie die bedingungslose Unterwerfung unter Persien bedeutete. Als seine Abgesandten zurückkehrten, war er erfreut zu hören, dass alle griechischen Städte einverstanden waren, sich Persien zu beugen. Alle, das heißt, außer Athen und Sparta.

Dareios knurrte. Wieder einmal Athen! Diese Athener mussten bestraft werden. Erst hatten sie und die Eretrianer sich in den Ionischen Aufstand eingemischt und Schiffe und Männer geschickt. Sie hatten sich sogar an der Plünderung von Sardes beteiligt. Er würde diese beiden Städte zuerst ins Visier nehmen, wenn er nach Griechenland segelte. Er würde ihre Mauern niederreißen, die Städte niederbrennen und die gesamte Bevölkerung versklaven! Und was war mit Sparta? Sie weigerten sich ebenfalls, sich Persien zu unterwerfen, aber zumindest hatten sie sich geweigert, der Ionischen Revolte Hilfe zu leisten. Er würde später über Spartas Schicksal entscheiden. Sie könnten nützlich sein, um Athen zu destabilisieren.

In der Zwischenzeit grübelten die Athener über die griechischen Städte, die vor Dareios kapituliert hatten. Diese Verräter würden nichts tun, um einer persischen Invasion Widerstand zu leisten. Was noch schlimmer war, sie könnten sich möglicherweise den Persern anschließen, um Athen anzugreifen. Die Athener waren besonders empört über die Bewohner von Ägina, einer Insel im Saronischen Golf zwischen Athen auf der Halbinsel Attika und dem Peloponnes, wo Sparta lag. Die Perser könnten diese Insel als Ausgangpunkt für Angriffe auf beide Städte nutzen!

Athen informierte Sparta, dass Ägina sich Persien gebeugt hatte. Normalerweise waren Athen und Sparta erbitterte Rivalen, aber in diesem Fall kooperierten sie gegen ihren gemeinsamen Feind. Kleomenes, der noch König von Sparta war, reiste nach Ägina, um die Äginten zu disziplinieren, aber sie waren frech und verlangten zu wissen, warum der andere König ihn nicht begleitete. Der „andere König" war Demaratos. Sparta hatte ein System von zwei Königen, die gleichzeitig regierten, jeweils von Zwillingen abstammten, die in alten Zeiten regierten.

König Demaratos war zurückgeblieben und hatte in seiner Abwesenheit einen Aufstand gegen Kleomenes angeregt. Als Kleomenes zurückkehrte, rächte er sich, indem er die Legitimität des Demaratos in Frage stellte: War der vorherige König, Ariston, wirklich der biologische Vater des Demaratos? Ariston hatte die Frau seines Freundes entführt, und Demaratos wurde sieben Monate später geboren. Ariston vermutete, dass Demaratos das Kind seines Freundes sein musste, nicht sein eigenes. Doch er schwieg und zog Demaratos als seinen leiblichen Sohn auf, weil er keine anderen Kinder hatte.

König Kleomenes verschwor sich mit Leotychidas, einem Familienmitglied von Demaratos, um zu bezeugen, dass Demaratos nicht Aristons leibliches Kind sein konnte. Dies führte dazu, dass Demaratos seinen Thron verlor und zu Dareios dem Großen überlief. Leotychidas wurde der nächste König und regierte mit Kleomenes. Nachdem die Frage der Königswürde geklärt war, reisten die beiden Könige Kleomenes und Leotychidas gemeinsam nach Ägina, um sich mit dem Ungehorsam der Insel auseinanderzusetzen.

Da die beiden Könige gemeinsam eintrafen, hielten es die Ägineter für das Beste, diesmal nachzugeben. Die spartanischen Könige wählten ihre zehn reichsten Adligen aus, die sie als Geiseln nach Athen mitnahmen, um sicherzustellen, dass sie bei einem Angriff vom Meer aus nicht mit den Persern kollaborieren würden. Die Könige kehrten nach Sparta zurück, doch Kleomenes, der seit Jahren mit einer Geisteskrankheit zu kämpfen hatte, geriet völlig aus dem Häuschen und schlug mit seinem Zepter auf jeden ein, der in Reichweite war. Seine Familie sperrte ihn ein, aber es gelang ihm, sich ein Messer zu verschaffen und sich selbst zu verletzen, indem er sich die Beine und dann den Bauch aufschlitzte, bis er schließlich verblutete und starb.[i]

In der Zwischenzeit bereitete Dareios seine Flotte zum Auslaufen vor und ernannte zwei neue Generäle: einen Meder namens Datis und Artaphernes, den Sohn seines Bruders. Die sechshundert Triremen und die dazugehörigen Transportschiffe verließen Kilikien und segelten nach Ionien. Anstatt das Festland zu umschiffen, segelten sie quer durch die Ägäis durch die Kykladen, in der Hoffnung, Stürme wie den, der die letzte Expedition zerstört hatte, zu vermeiden.

Naxos war noch nicht erobert worden, und die meisten Einwohner waren in die Berge geflohen, aber die Perser brannten die Stadt nieder und versklavten jeden, den sie finden konnten. Während Artaphernes die Angelegenheiten auf Naxos regelte, segelte Datis zur nahe gelegenen Insel Delos, dem mythischen Geburtsort Apollos'. Die Menschen flohen, aber Datis versicherte ihnen, dass er weder der heiligen Insel noch den Menschen Schaden zufügen wollte, und opferte Weihrauch auf dem Opferaltar.

Datis segelte durch die Kykladen und rekrutierte Männer von den Inseln für seine Armee. Einige Inselbewohner weigerten sich, weil sie nicht gegen ihre griechischen Landsleute in Eretria und Athen kämpfen

---

[i] Herodotus, *The Histories: Book Six.*

wollten, aber Datis verwüstete ihre Felder, bis sie sich fügten. Sie verließen die Kykladen und segelten in den südlichen Golf von Euböa in Richtung Eretria. Kurz nachdem Datis Delos verlassen hatte, wurde die Insel zum einzigen Mal in der Geschichte von einem Erdbeben heimgesucht. Die Griechen hielten dies für ein Omen des bevorstehenden Unheils. Herodot wies darauf hin, dass die Griechen unter Dareios, seinem Sohn Xerxes und Xerxes' Sohn Artaxerxes mehr Unglück erlitten hatten als in den zwanzig Generationen zuvor.

Als sich die persische Flotte näherte, schickten die Eretrier verzweifelt Nachrichten an Athen, um Hilfe zu erhalten. Die Athener schickten viertausend Bauern mit einer gewissen militärischen Ausbildung. Die Eretrier zerbrachen sich den Kopf darüber, wie sie am besten vorgehen sollten. Die meisten planten, die Stadt zu verlassen und in die unzugänglichen Höhen des Olymps zu fliehen, doch andere planten Verrat und hofften auf eine Belohnung durch die Perser. Niemand schien geneigt, die Stellung zu halten und die Stadt zu verteidigen. Aischines, ein Stadtoberhaupt, schickte die Athener zurück nach Hause. „Niemand hier hat vor zu kämpfen. Warum solltet ihr sterben?"

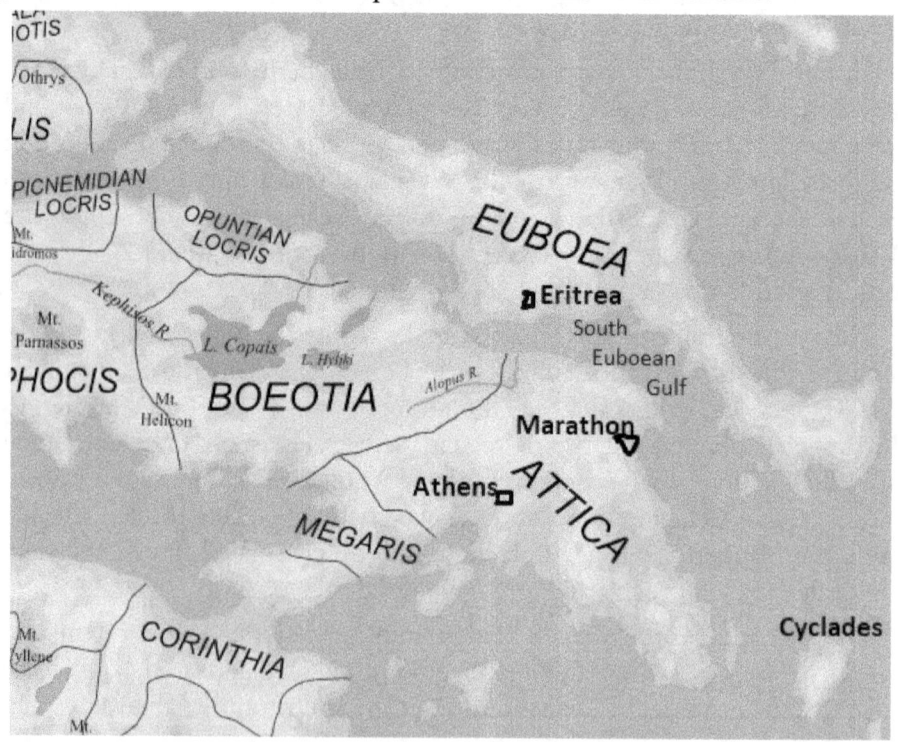

Die Perser segelten von den Kykladen den südlichen Golf von Euböa hinauf nach Eretria."

Die Perser erreichten Eretria, brachten ihre Pferde an Land und bereiteten sich auf die Schlacht vor. Doch die Eretrier verschanzten sich innerhalb ihrer Stadtmauern. Nach sieben Tagen Belagerungskrieg verrieten zwei Eretrier ihre Stadt, indem sie ein Tor für die Perser öffneten. Sie strömten in die Stadt, plünderten sie und brannten die Tempel nieder – als Vergeltung für die Plünderung und Brandschatzung der heiligen Stätten von Sardes. Auf Dareios' Befehl hin versklavten die Perser die Bevölkerung. Innerhalb weniger Tage segelten die Perser den südlichen Euböischen Golf hinunter in Richtung Athen, ihrem nächsten Ziel, und waren zuversichtlich, dass sie einen ähnlichen Sieg erringen würden.

Als die Perser auf dem Weg zu ihnen waren, schickten die Athener Philippides, einen Langstreckenläufer, nach Sparta, um ihnen zu berichten, dass Eritrea an die Perser gefallen war. Die Spartaner stimmten der Bitte der Athener um Hilfe zu, konnten aber nicht sofort kommen. Sie feierten gerade die Karneia, ein Fest, und konnten nicht in den Krieg ziehen, bevor der Mond voll war. Die Einwohner von Plataiai, einer Stadt nördlich von Athen, schickten den Athenern jedoch ein Heer von eintausend Mann. Trotz dieser Verstärkung waren die Perser den Griechen zahlenmäßig immer noch weit überlegen, aber die Athener hatten einige Tricks in petto.

Die Wahl der Schlachten ist immer eine gute Idee, aber die Wahl des Schlachtfelds kann ebenso entscheidend sein. Als die Athener ihr Schlachtfeld auswählten, hatten sie mehrere Variablen im Sinn. Sie hätten warten können, bis die Perser nach Athen kamen. Stattdessen marschierten sie fünfundzwanzig Meilen über die Halbinsel, um die Perser in Marathon am südlichen Golf von Euböa zu treffen. Sie wussten einige Dinge über die Geografie des Landes, die den Persern nicht bekannt waren.

Die Perser hatten in Marathon geankert und wollten mit ihren Pferden durch das Tal zwischen den Bergen reiten und Athen belagern. Dies war der schnellste Weg von Eretria nach Athen, und sie mussten sich nicht der Gefahr von Stürmen aussetzen, indem sie auf das offene Meer hinaus segelten und die Halbinsel umrundeten. Sie waren ein wenig erschrocken, als sie von den Athenern empfangen wurden, zuckten aber mit den Schultern. Eine Landschlacht würde schneller gehen als eine Belagerung der Stadt.

Die Athener trugen die Schlacht in das sumpfige, bergige Gelände von Marathon."

Das Land um Marathon war sumpfig und mit Schlammgruben übersät, die einen Menschen verschlucken konnten. Die Ausläufer der Berge reichten bis zur Küste hinunter. Die Perser, die erfahrene Reiter waren, hatten geplant, ihre Kavallerie einzusetzen, aber die Pferde konnten sich nicht gut bewegen. Entweder blieben sie im Sumpf stecken oder mussten über Bergrücken und durch bewaldete Gebiete klettern. Die Athener setzten keine Pferde ein, sie kämpften zu Fuß.

Die Griechen stellten sich in ihrer berühmten Phalanx-Formation auf. Reihen von Soldaten standen Schulter an Schulter, hielten ihre Schilde so, dass sie sich auf beiden Seiten leicht überlappten, und streckten ihre langen Lanzen aus. Mindestens drei Reihen von Männern standen hinter der vorderen Reihe, und die hinteren drängten die vorderen mit ihren Schilden. Es war wie ein gigantischer Bulldozer mit acht Fuß langen Lanzen, die den Feind zermalmten und aufspießten.

Da die Griechen das Terrain kannten, stellten sie ihre Formation so auf, dass sie den bestmöglichen Vorteil hatten: eine kilometerlange Linie von Soldaten auf einem Bergrücken abseits der Schlammgruben. Dies war das erste Mal, dass die Griechen den Persern gegenüberstanden, zuvor hatten sie sich sofort ergeben oder waren geflüchtet. Die Perser sahen sich die spärliche griechische Streitmacht an und lachten. „Diese verrückten Athener! Sie haben keine Pferde und keine Bogenschützen, und sie haben nur eine Handvoll Männer. Sie sind wahnsinnig!"

Normalerweise marschierten die Männer in einer Phalanx-Formation gemessenen Schrittes über das Schlachtfeld und setzten in einem Abstand von fünfzig Fuß zum Feind zum Lauf an. Doch die Athener rannten mit voller Geschwindigkeit die ganze Meile über den Kamm und die kleine Ebene hinunter, um mit den Persern zusammenzutreffen. Die Perser waren von dieser Geschwindigkeit überrascht, und ihre Bogenschützen schafften es gerade noch, ein oder zwei Salven abzuschießen, bevor die Griechen über ihnen waren.

Die Mitte der griechischen Linie war dünn, nur vier Mann stark, aber die linke und rechte Flanke war mit acht Mann stark besetzt. Die persischen Truppen brachen durch die Mitte, aber die Athener schlossen die Lücke hinter ihnen und schnitten die Perser vom Rest ihrer Armee ab. Die Griechen an den Flanken überrannten die Perser und kesselten sie ein. Die Perser hatten noch nie mit Phalanx-Manövern zu tun gehabt, waren verwirrt und gerieten in Panik.

Schließlich drehten die persischen Truppen um und rannten wie wild davon. In ihrer Verzweiflung rannten einige in die Sümpfe und wurden von den Schlammlöchern verschluckt. Die Athener folgten ihnen, umgingen aber den Sumpf und schlugen jeden nieder, der es durch den Sumpf zum Strand schaffte. Der größte Teil des persischen Heeres stürzte sich auf den Strand, gefolgt von den unerbittlichen Griechen, die sie von hinten niederstreckten.

Die Athener stürzten sich hinter den fliehenden Persern ins Meer, setzten einige der Schiffe in Brand und kaperten sieben Schiffe. Die übrigen Schiffe stießen mit den Persern ab, denen es gelungen war, an Bord zu klettern. Die Griechen zählten an diesem Tag 6.400 persische Leichen auf dem Schlachtfeld, nicht eingerechnet die unbekannte Zahl derer, die im Morast versunken waren und nie wiedergesehen wurden. Die Athener hatten nur 192 Opfer zu beklagen, die Plataier verloren 11 Männer.

Der Tumulus der Athener ist ein Grabhügel für die 192 Athener, die in der Schlacht von Marathon gefallen sind. "

Die Perser hatten die versklavten Eretrier auf einer Insel im Golf zurückgelassen. Ihre verbliebenen Schiffe segelten zu der Insel, um die Eretrier abzuholen, und fuhren dann nach Süden. Die Athener, die an der Küste feierten, erkannten plötzlich ihren Plan. Die Perser würden um die Halbinsel Attika herumsegeln und dann in den Saronischen Golf hinauf nach Athen. Nun gerieten die Griechen in Panik. Was, wenn die persische Flotte Athen erreichen würde, bevor sie die fünfundzwanzig Meilen zu Fuß zurücklegen konnten?

Obwohl die Athener von der langwierigen Schlacht des Tages erschöpft waren, eilten sie die fünfundzwanzig Meilen zurück nach Athen und stolperten nach Einbruch der Nacht durch die Dunkelheit. Am nächsten Tag erreichten sie ihre Stadt wieder, bevor die persischen Schiffe sie erreichten. Die griechische Armee schlug ihr Lager beim Heiligtum des Herakles auf, und als die persische Flotte in den Saronischen Golf segelte, konnten sie auf den Klippen Lagerfeuer lodern sehen. Die Perser warfen vor Piräus, dem Hafen von Athen, Anker und überdachten ihre Optionen.

Sie hatten kaum eine Wahl. Die Spartaner konnten jeden Moment auftauchen, so dass eine Belagerung undurchführbar war. Nachdem sie vor der Küste gelegen hatten, lichteten die Perser abrupt den Anker und segelten nach Hause. Am nächsten Tag marschierten die Spartaner endlich ein, denn es war Vollmond. Sie kamen zu spät, um bei den Kämpfen zu helfen, aber sie waren begeistert von dem großen Sieg und wollten das Schlachtfeld und die persischen Leichen sehen. Danach gratulierten sie den Athenern zu ihrem herausragenden Sieg und machten sich auf den Heimweg.

Unter den zehn griechischen Generälen, die die athenischen Streitkräfte anführten, war auch Miltiades, der geniale Erfinder der bei Marathon angewandten Strategien. Obwohl er sich über den Sieg der athenischen Infanterie freute, erkannte Miltiades, dass Athen unbedingt seine Flotte ausbauen musste, denn schließlich würden die Perser zurückkommen. Ein anderer General, Themistokles, einer der führenden Bürger Athens, setzte sich ebenfalls für den Ausbau der athenischen Flotte ein. Zweihundert neue Triremen wurden gebaut. Von diesem Zeitpunkt an war Athen für seine nahezu unbezwingbare Flotte bekannt.

Als die persischen Generäle Datis und Artaphernes Persien erreichten, sahen sie sich dem Zorn des Königs Dareios ausgesetzt. Aber wenigstens hatten sie die Eretrier, die sie versklavt hatten. Die Armee brachte sie auf dem Landweg durch die Wüste zu Dareios' Palast in Susa. Dareios war wütend gewesen, als Eretria und Athen Sardes angriffen und den Ionischen Aufstand unterstützten. Doch als er die Männer, Frauen und Kinder aus Eretria sah, die nach ihrer monatelangen Reise erschöpft und müde waren, empfand er nur Mitleid. Er siedelte sie in sein Landgut Ardericca in der fruchtbaren Region Cissia um, wo sie bis zum Ende des Achämenidenreiches lebten, und ihren griechischen Dialekt und ihre Bräuche beibehielten.

Dareios war in der Tat wütend über die katastrophale Niederlage bei Marathon und noch stärker darauf bedacht, Athen vom Angesicht der Erde zu tilgen. Er begann sofort mit den Vorbereitungen für eine neue Invasion. Er erhöhte die Steuern, ließ neue Schiffe bauen und sammelte Männer, Pferde und Vorräte. Das persische Reich war drei Jahre lang mit den Vorbereitungen beschäftigt, doch dann revoltierten die Ägypter und Dareios sah sich zwei Fronten gegenüber, gegen die er marschieren musste.

Dieser Fries aus dem Palast von Dareios I. in Susa zeigt die Elite der persischen Bogenschützen.[85]

Dareios beabsichtigte, seine Armeen dieses Mal selbst zu führen, zunächst nach Ägypten und dann nach Griechenland. Allerdings musste er erst die Frage der Nachfolge regeln. Welcher seiner Söhne sollte sein Nachfolger werden, falls er auf dem Schlachtfeld fiel? Er hatte drei Söhne von seiner ersten Frau und vier Söhne von seiner zweiten Frau, Atossa, der Tochter von Kyros dem Großen. Obwohl sein Sohn Artabazanes der älteste aller Söhne war, ernannte er Xerxes, den ältesten Sohn von Atossa, zu seinem Kronprinzen. Er war der Enkel von Kyros dem Großen, dem Helden der Perser. Niemand würde Xerxes' Abstammung von der Achämeniden-Dynastie in Frage stellen.

Bevor Dareios seine Armeen in den Krieg führen konnte, starb er unerwartet nach sechsunddreißigjähriger Herrschaft. Xerxes war nicht besonders erpicht darauf, in Griechenland einzumarschieren, da er die ägyptische Angelegenheit für wichtiger hielt. Warum sollte er das reiche und fruchtbare ägyptische Ackerland verlieren, das sein Onkel Kambyses mühsam erobert hatte? Doch General Mardonios, Xerxes' Cousin, überzeugte ihn nach und nach davon, die Pläne seines Vaters für Griechenland zu verwirklichen.

„Wir können sie nicht einfach mit dieser Farce davonkommen lassen. Wir müssen uns zuerst um Ägypten kümmern, aber wir müssen auch Athen angreifen, um unser Gesicht zu wahren. Wenn wir diese Stadt in Schutt und Asche legen, wird es kein anderes Land mehr wagen, uns anzugreifen! Und denkt an all den Reichtum, den Griechenland uns bringen wird. Sie haben Olivenbäume und Obstbäume aller Art. Nur ein so großer Mann wie Ihr seid würdig, ein so schönes Land zu besitzen!"

Und so begann Xerxes, seine eigene Invasion Griechenlands zu planen, fest entschlossen, dort erfolgreich zu sein, wo sein Vater versagt hatte.

Kapitel 7: Der Feldzug Xerxes' I.

König Xerxes hatte ein Problem mit einem Geist.

Im Jahr nach dem Tod seines Vaters marschierte er gegen Ägypten und schlug den Aufstand nieder, dann setzte er seinen Bruder Achämenes als Ägyptens Satrapen ein. Jetzt war es an der Zeit, den Wunsch seines Vaters zu erfüllen und Athen auszulöschen, also rief er seinen Kriegsrat ein, um die Pläne zu besprechen.[i]

„Ich beabsichtige, eine Brücke über die Dardanellen zu schlagen, nach Griechenland hineinzumarschieren und mich an Athen für seine teuflischen Taten gegen Persien und meinen Vater zu rächen. Ich werde nicht eher ruhen, bis Athen niedergebrannt ist! Wir werden das Persische Reich nach Europa ausdehnen so weit der Himmel reicht. Wir werden die gesamte Menschheit unter unser Joch bringen und das Reich sein, in dem die Sonne nicht untergeht!"

Die Perser saßen in fassungslosem Schweigen da und trauten sich nicht, etwas zu sagen, bis Xerxes' Onkel, Artabanos, es wagte zu sprechen:

„Ich warnte meinen Bruder Dareios, gegen die Skythen zu kämpfen, aber er tat es trotzdem und verlor einige seiner mutigsten Krieger. Die Skythen, so wild sie auch sein mögen, verblassen im Vergleich mit den Griechen. Und schon der Weg nach Griechenland weist alle möglichen Gefahren auf. Vergesst nicht den schrecklichen Sturm, der Dareios' Flotte dezimierte und die blutrünstigen Stämme, die Mardonios' Armee

---

[i] Herodotus, *The Histories: Book Seven*.

angriffen. Und jetzt haben die Athener ihre eigene Flotte aufgebaut! Sie könnten uns auf See besiegen oder unsere Brücke über den Hellespont zerstören. Wir sind schon zuvor nur knapp einer Katastrophe entgangen, als dein Vater den Bosporus mit einer Schwimmbrücke überquerte."

Xerxes antwortete: „Artabanos, du bist der Bruder meines Vaters, aber du bist ein Feigling. Wir brauchen dich nicht, um gegen die Griechen zu kämpfen. Du kannst mit den Frauen hierbleiben. Ich sage euch, wenn wir nicht den ersten Schlag führen, werden die Griechen bei uns einfallen! Es gibt keine Alternative: entweder marschieren wir ein oder sie!"

Trotz seiner Tapferkeit dachte Xerxes abends in seinem Bett noch einmal über die Worte seines Onkels nach. Sein Onkel hatte recht, es war töricht, in Griechenland einzumarschieren. Aber als er einschlief, sah er einen Geist, der ihn fragte: „Hast du wirklich deine Meinung geändert, Perser? Du musst deinem ursprünglichen Plan folgen!"

Doch am nächsten Tag berief Xerxes seinen Kriegsrat ein. „Männer! Gestern sprach ich unbedacht und brachte meinem Onkel nicht den Respekt entgegen, den er verdient. Ich habe meine Meinung über die Invasion Griechenlands geändert."

In dieser Nacht erschien der Geist wieder. „Wisse dies! Wenn du nicht gegen Griechenland marschierst, wirst du eine Katastrophe erleben!"

Voller Schrecken sprang Xerxes aus dem Bett und rief seinen Onkel Artabanos. „Ein Geist sucht mich heim und droht mir mit Ungemach, wenn ich nicht gegen Griechenland ziehe. Vielleicht ist es nur ein Traum meiner eigenen Vorstellungskraft. Lass' uns eine Probe machen. Lege dich in mein Bett. Wenn das Wort von Gott kommt, wirst du den Geist ebenfalls sehen."

Also legte sich Artabanos zum Schlafen in das Bett seines Neffen und der Geist erschien und sagte: „Du! Du gibst vor, in Sorge um Xerxes zu sein, indem du ihn vor dem Angriff auf die Griechen warnst. Du wirst deinem Urteil nicht entgehen: nicht jetzt und nicht in der Nachwelt."

Als der Geist versuchte, Artabanos' Augen mit einem glühenden Schüreisen auszustechen, schrie er auf und rannte zu Xerxes. „Ich habe meine Ansicht geändert! Das Schicksal hat es bestimmt. Marschiere gegen Griechenland!"

Xerxes war ein akribischer Planer und verbrachte vier Jahre damit, sich auf den Angriff gegen Griechenland vorzubereiten. Die Nationen in seinem Reich schafften herbei, was benötigt wurde: Kriegsschiffe,

Transportschiffe, Pferde, eine Million Männer und Vorräte. Er befahl seinen Ingenieuren zwei staunenswerte Dinge fertigzubringen. Das erste war der Bau einer Brücke über den Hellespont (die Dardanellen), wo Asien und Europa zwischen der Ägäis und dem Marmarameer zusammentrafen.

Der Hellespont ist 1.200 Meter breit und an seiner engsten Stelle 90 Meter tief. Der Bau einer herkömmlichen Brücke mit Pfeilern über so tiefes Wasser war unmöglich. Stattdessen banden seine Ingenieure 674 Schiffe aneinander. Sie legten Holzplanken über die Decks der Schiffe und bildeten so zwei Bahnen, über die Xerxes' Armee marschieren konnte. Es dauerte Monate, aber sie waren gerade fertig, als Xerxes sie 480 v. u. Z. mit seinem Millionenheer aus allen Nationen des Achämenidenreiches erreichte.

In diesem Moment brach ein heftiger Sturm über die Region herein, der das Wasser aufwirbelte und die Brücke zersplittern ließ. Xerxes tobte. Er enthauptete seine Ingenieure und befahl seinen Männern sogar, das Wasser mit dreihundert Peitschenhieben zu bearbeiten und mit glühenden Eisen zu brandmarken! Dieser Rückschlag zwang die übergroße Armee, in Sardes zu überwintern, während die Brücke wiederaufgebaut wurde. Einige seiner Offiziere müssen sich gefragt haben, warum sie nicht einfach die 674 Schiffe benutzten, um die Männer überzusetzen. Warum mussten sie zu Fuß gehen?

Schließlich bauten seine phönizischen Arbeiter die Brücke wieder zusammen, und Xerxes' eine Million Mann starkes Heer marschierte hinüber. Es dauerte sieben Tage und sieben Nächte. In der Zwischenzeit segelte die Flotte von 1.200 Schiffen an der Ägäisküste entlang. Xerxes' zweites technisches Wunderwerk war eine neue Durchfahrt für die Schiffe. Jahre zuvor hatte ein schrecklicher Sturm die Flotte seines Vaters bei dessen erstem Versuch einer Invasion Griechenlands verwüstet, als sie um die Halbinsel Athos herumsegelte. Xerxes löste das Problem, indem er durch die Halbinsel segelte. Seine Männer hatten drei Jahre lang an einem 1,6 Kilometer langen Kanal durch den Landstreifen gegraben. Wieder einmal müssen sich einige seiner Männer den Kopf zerbrochen haben. Warum sollte man drei Jahre mit dem Bau eines Kanals verschwenden? Die Schiffe müssten immer noch durch die Ägäis segeln, um Athen oder Sparta zu erreichen. Gab es dort nicht auch Stürme?

Xerxes führte sein kolossales Landheer vom Hellespont nach Thrakien, dann durch Thessalien und nach Griechenland. Die griechischen Stadtstaaten leisteten dem persischen Heer keinen Widerstand, bis es die Felsen von Trachis erreichte, einem schroffen und unzugänglichen Gebirge, das den Weg nach Athen und Sparta in Südgriechenland versperrte. Soweit die Perser wussten, war der einzige Weg dorthin der Thermopylen-Pass, aber etwa sechstausend Griechen versperrten ihnen den Zugang. Doch was konnten sechstausend Krieger gegen eine Streitmacht von einer Million ausrichten?

Wieder einmal hatten sich Sparta und Athen verbündet, um ihrem gemeinsamen Feind entgegenzutreten, und Theben, Arkadien, Korinth und andere griechische Städte schlossen sich ihnen an. Angeführt von König Leonidas von Sparta blockierten die Griechen den engen Gebirgspass, der Südgriechenland bewachte. Der Küstenpass war schmal: nur sechs Meter breit von der sumpfigen Küste Golfs von Malia bis zu den steilen Klippen des Kallidromogebirges, und er erstreckte sich über 6,5 Kilometer. Vom Berg bis zum Meer verliefen die bröckelnden Ruinen einer antiken Verteidigungsmauer, die die Griechen vor der Ankunft der Perser so gut wie möglich befestigt hatten.

König Xerxes marschierte in das Tal, betrachtete die hohen Berge und die kleine griechische Streitmacht und setzte sich hin, um zu warten. Die Griechen würden entsetzt davonlaufen, sobald sie begriffen, wie viele Männer sich hinter Xerxes aufstellten. Vier Tage vergingen, und die Spartaner blieben entschlossen. Xerxes rief Demaratos, den ehemaligen spartanischen König, der nach seiner Entthronung aufgrund von Gerüchten über seine Unehelichkeit nach Persien übergelaufen war.

„Was machen diese verrückten Spartaner?" fragte Xerxes.

„Ich habe Euch schon von ihnen erzählt. Sie sind die größten Krieger Griechenlands. Wenn Ihr diese Schlacht gewinnen könnt, wird sich kein anderer Grieche gegen euch stellen."

Also schickte Xerxes seine Gesandten zu der griechischen Koalition. Sie überbrachten seine Botschaft: „Dies ist eure letzte Gelegenheit, ein Blutvergießen zu vermeiden. Legt einfach eure Waffen nieder."

Leonidas knurrte: „Kommt und holt sie euch!"

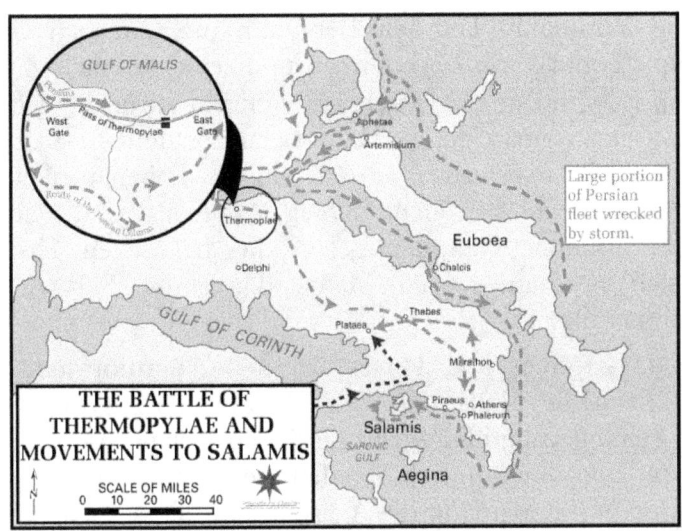

Diese Karte zeigt den Weg des Landheeres und der Flotte von Xerxes.⁹⁵

Normalerweise wären sechstausend Krieger gegen eine Million zum Scheitern verurteilt gewesen. Die Enge des Raumes und die vorhandene Mauer erlaubten es den Griechen jedoch, den Eingang zum Pass in Phalanx-Formation vollständig zu blockieren. Schulter an Schulter stehend, mit leicht überlappenden Schilden und Tausenden von Kameraden im Rücken, hielten die streng disziplinierten Spartaner die Linie. Wenn ein Mann fiel, trat ein anderer schnell an seine Stelle.

Die übliche persische Kampftaktik bestand darin, so viele Pfeilsalven abzuschießen, dass sich der Himmel verdunkelte, gefolgt von einem Angriff der Kavallerie. Doch die Griechen trugen Bronzehelme und -rüstungen und hielten schwere Bronzeschilde. Die Männer in der ersten Reihe standen hinter der alten Verteidigungsmauer und schützten mit ihren Schilden ihr Gesicht und ihre Brust vor den Pfeilen. Die Männer hinter ihnen bildeten ein bronzenes Dach mit überlappenden Schilden, das die Pfeile nicht durchdringen konnten. Die langen Lanzen, die aus der ersten Reihe der Griechen herausragten, hielten die persischen Fußsoldaten mit ihren Dolchen und Streitäxten ab, da sie nur Weidenschilde als Schutz hatten. Die bröckelnde Mauer, die bis zum Meer reichte, verhinderte, dass die Pferde der Perser angreifen konnten. Die sechstausend Griechen hielten das persische Heer zwei Tage lang erfolgreich in Schach, selbst die schwer bewaffneten zehntausend persischen Unsterblichen.

Doch am dritten Tag verriet ein Grieche einen Weg, der von Hirten benutzt wurde. Er war zu schmal für eine große Division, aber Xerxes schickte ein Regiment über den Berg, um die Griechen von hinten anzugreifen. Leonidas sah sie kommen und schickte einen Zug, um sie aufzuhalten, während er ein weiteres Kontingent zurückbehielt, um den Hauptpass weiter zu blockieren. Dann befahl er dem Rest des Heeres, sich in Sicherheit zu bringen. Sie mussten am Leben bleiben, um die nächste Schlacht zu bestehen. König Leonidas und seine 1.400 verbliebenen Männer kämpften gegen die persischen Horden und opferten sich bis zum letzten Mann, damit der Rest des Heeres entkommen konnte.

Während Griechen und Perser bei den Thermopylen kämpften, segelte die persische Flotte mit 1.200 Schiffen nach Griechenland. In Erwartung eines Seeangriffs segelte die frisch instandgesetzte Flotte der Athener, die aus zweihundert Schiffen bestand, zusammen mit den Schiffen ihrer Verbündeten in die Ägäis, um die Perser aufzuhalten. Auf der persischen Seite befehligte Königin Artemisia von Halikarnassos (einer griechischen Kolonie an der westtürkischen Küste) fünf Triremen.

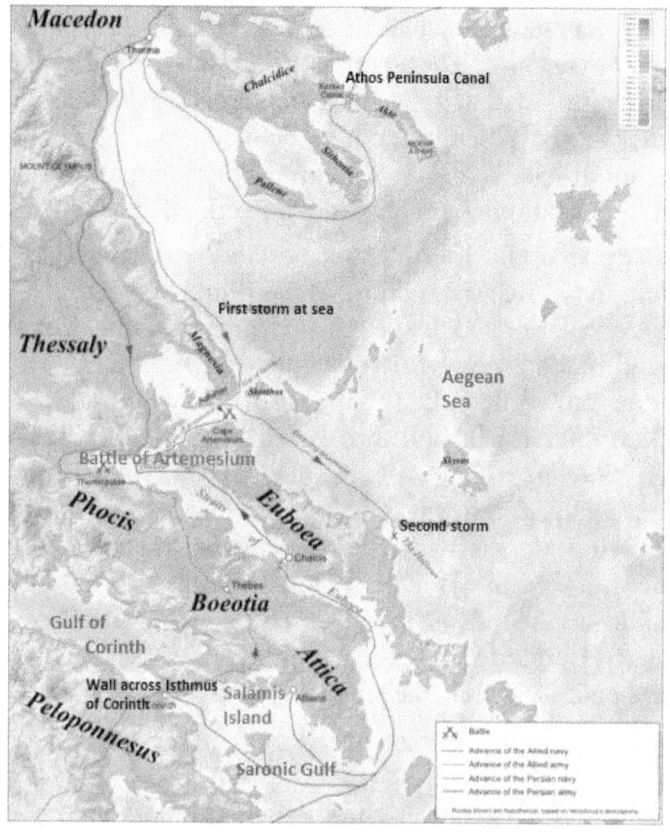

Die Karte zeichnet den Kurs von Xerxes' Flotte entlang der griechischen Küste nach.⁷

Die persische Flotte durchquerte den von Xerxes neu gebauten, eine Meile langen Kanal durch die Athos-Halbinsel ohne Zwischenfälle, musste aber noch in die Ägäis segeln, um Griechenland zu erreichen. In diesem Moment brach vor der nordgriechischen Küste von Magnesia ein Sturm los, der ein Drittel der Schiffe versenkte. Die athenische und ein Teil der korinthischen Flotte waren an der Straße von Artemision stationiert, um die Einfahrt in den Golf von Euböa zu verhindern. Sie lachten, als sie hörten, dass ein Sturm die persische Flotte schwer getroffen hatte. Sie lachten noch mehr, als sich der Sturm vor der Küste Euböas wiederholte und weitere zweihundert persische Schiffe Schiffbruch erlitten. Nachdem Xerxes drei Jahre lang einen Kanal gebaut hatte, verlor er trotzdem die Hälfte seiner Flotte!

Themistokles befehligte die athenische Flotte, die in der Meerenge von Artemision gegen die verbleibende Hälfte der persischen Flotte kämpfte. Obwohl die Perser die Hälfte ihrer Schiffe verloren hatten, waren sie den athenischen und korinthischen Schiffen zahlenmäßig immer noch überlegen. Aber sie hatten nicht mit der innovativen Seetaktik der Athener gerechnet. Die Griechen bildeten mit ihren Schiffen einen Kreis, bei dem die Hecks dicht beieinanderlagen und die Buge nach außen zeigten, um unangreifbar zu sein. Dann unternahmen mehrere griechische Schiffe unerwartete Angriffe auf die persische Flotte und konnten dreißig Triremen erbeuten. Als die Nacht hereinbrach, zogen sich beide Seiten zurück. Die Perser waren verunsichert, dies war nicht der leichte Sieg, den sie erwartet hatten.

Am zweiten Tag setzten sich die Griechen erneut durch. Doch am dritten Tag gewannen die Perser die Oberhand, als ägyptische Seeleute fünf griechische Schiffe kaperten und die Hälfte der übrigen Schiffe der Athener beschädigten. Obwohl beide Seiten Verluste erlitten, konnte es sich die kleinere griechische Flotte nicht leisten, viele Schiffe zu verlieren. Zu diesem Zeitpunkt erhielten sie die Nachricht, dass die Perser die spartanische Koalition am Thermopylenpass besiegt hatten und nach Südgriechenland vorstießen.

Die griechische Flotte wendete abrupt und segelte mit voller Geschwindigkeit zur Insel Salamis im Saronischen Golf, eine Meile von Athens Hafen Piräus entfernt. Sie mussten ihre Stadt schützen! Die Athener hatten bereits damit begonnen, die Bürger auf die Insel Salamis zu evakuieren, und die athenische Flotte half, die verbliebenen Bürger auf Salamis in Sicherheit zu bringen. Auch die korinthische und die spartanische Flotte legten in Salamis an. In den nächsten Tagen trafen weitere Schiffe aus ganz Griechenland und Makedonien ein.

Xerxes marschierte in Athen ein und fand es beinahe verlassen vor. Seine Truppen plünderten die antike Stadt, töteten alle verbliebenen Griechen und brannten die prächtigen Tempel auf der Akropolis nieder. Die meisten Bürger Athens waren auf der Insel Salamis unerreichbar, und so beschloss Xerxes, nach Sparta auf der Halbinsel Peloponnes zu marschieren. Doch um auf den Peloponnes zu gelangen, musste er die Landenge von Korinth überqueren. Die Spartaner und andere Peloponnesier hatten diesen Schritt vorausgesehen und eine stark befestigte, vier Meilen lange Mauer vom Saronischen Golf bis zum Golf von Korinth errichtet. Verärgert schlug Xerxes sein Lager auf und bereitete sich darauf vor, die korinthische Mauer zu belagern.

Die spartanisch-athenische Koalition hielt auf der Insel Salamis einen Kriegsrat ab. Die Athener waren auf der Insel sicher, aber Sparta und der Rest des Peloponnes waren in großer Gefahr. Wie lange konnten die Korinther und Spartaner die Landenge von Korinth gegen das Millionenheer der Perser halten? Es war nur eine Frage der Zeit, bis die Perser durchbrachen und alle Stadtstaaten des Peloponnes verwüsteten.

„Wir müssen Xerxes von der Mauer weglocken", sagten die Spartaner. „Aber wie?"

Themistokles, der gewiefte Seekommandant Athens, beugte sich vor. „Wir werden ihn hierherbringen! Wir werden ihn in eine Seeschlacht gegen Salamis locken."

Die anderen athenischen Heerführer protestierten. „Aber unsere Frauen und Kinder sind hier! Wir haben keine schützenden Mauern! Seine Flotte ist größer als unsere. Das ist Wahnsinn!"

Themistokles lächelte. „Keine Sorge, ich habe einen Plan. Die Perser werden niemals einen Fuß auf diese Insel setzen. Die persische Flotte mag auf dem offenen Meer stärker sein, aber unsere Schiffskapitäne sind geschickte Navigatoren auf engem Raum. Wir werden einen Hinterhalt für seine Flotte vorbereiten."

Die Spartaner und Athener waren ein wenig skeptisch, aber sie vertrauten Themistokles' Instinkten. Nun musste Themistokles den Köder für Xerxes auslegen. Er schickte seinen Boten zu den Persern, der ihnen sagte: „Der Admiral der athenischen Flotte hat mich privat zu euch geschickt. Die anderen Griechen wissen nicht, dass ich hier bin. Themistokles unterstützt insgeheim die Perser und lässt euch wissen, dass die Griechen verwirrt und in Panik sind und die Flucht aus Salamis planen. Sie können sich nicht einigen, was zu tun ist, und sie sind so aufgewühlt, dass sie dir keinen Widerstand leisten werden. Es kann sogar passieren, dass sie sich untereinander bekämpfen."

Xerxes freute sich über diese Nachricht und befahl seinen vierhundert Schiffen, in den Saronischen Golf zu segeln. Aber Königin Artemisia warnte ihn: „Warte! Es ist riskant, in der Meerenge von Salamis zu kämpfen, die Griechen werden dort im Vorteil sein."

Obwohl Xerxes großen Respekt vor Königin Artemisia hatte, hörte er nicht auf ihre Warnung. Er befahl seinen Männern, seinen weißen Marmorthron auf dem Gipfel des Berges Aigaleo mit Blick auf den Saronischen Golf aufzustellen, um die Schlacht aus der Vogelperspektive beobachten zu können. Er war so zuversichtlich, die „demoralisierten" Griechen zu besiegen, dass er sogar Boten nach Persien schickte, die einen großen Triumph ankündigten, bevor es zur Schlacht kam.

Xerxes wusste nicht, dass sich eine beträchtliche Seestreitmacht aus ganz Griechenland im Saronischen Golf versammelt hatte und hinter den Inseln versteckt hielt. Als die persische Flotte in den Saronischen Golf segelte, sahen sie nur fünfzig korinthische Schiffe. Während die Perser auf die kleine Flotte zusteuerten, schlüpften die Korinther durch die Meerenge zwischen Salamis und dem Festland in die Bucht von Eleusis, während die Perser sie verfolgten.

Es war eine Falle! Die übrigen griechischen Schiffe kamen aus ihren Verstecken hervor. Sie segelten in Richtung Salamis, blockierten die Meerenge und kesselten die persische Flotte in der Bucht von Eleusis ein, so dass es kein Entkommen und keinen Raum für ihre üblichen Manöver gab. Als die vorderen Schiffe der persischen Flotte sahen, was vor sich ging, versuchten sie auszuweichen, wurden aber von ihren eigenen Schiffen hinter ihnen gerammt. Während Xerxes von seinem Thron auf dem Berggipfel entsetzt zusah, rammten die Griechen die persischen Schiffe immer wieder mit ihren Rammböcken und zerstörten sie. Xerxes' Bruder, General Ariabignes, kam dabei ebenso ums Leben wie viele andere Mitglieder der persischen Flotte, die ertranken, als ihre Schiffe sanken. Das Meer war übersät mit Schiffswracks und schwimmenden Leichen. Die meisten der seefahrenden Griechen waren ausgezeichnete Schwimmer, und selbst wenn ihre Boote sanken, konnten sie sich in Sicherheit bringen. Die Griechen waren besonders erpicht darauf, Königin Artemisia gefangen zu nehmen, da sie es als Beleidigung ansahen, dass eine Frau gegen sie kämpfte, und noch dazu eine Griechin! Doch Artemisia entkam. Der große Triumph von Salamis war ein

Wendepunkt im Konflikt zwischen Persien und Griechenland. Griechenland war in der Defensive gewesen, und nun hatte sich das Blatt gegen Persien gewendet.

Während Xerxes das Debakel von oben beobachtete, wütend war und allen die Schuld gab, kam ihm plötzlich ein erschreckender Gedanke in den Sinn. Was würde die Griechen davon abhalten, zum Hellespont zu segeln und seine Brücke zu zerstören? Sein Millionenheer würde in Europa festsitzen, und die Lebensmittel waren ihm bereits ausgegangen. Er musste sein Heer zurück nach Asien bringen. Währenddessen fragte sich sein Cousin Mardonios, ob Xerxes ihn dafür bestrafen würde, dass er ihn zur Invasion Griechenlands überredet hatte. Vielleicht könnte er sich rehabilitieren.

„Edler König, ich halte es für das Beste, wenn du schnell nach Persien zurückkehrst. Ihr habt Euer Ziel, Athen zu plündern und niederzubrennen, erreicht. Ihr habt gewonnen! Lasst mir 300.000 Mann zurück, und ich werde im Frühjahr den Rest Griechenlands für euch versklaven."

Xerxes winkte der Königin Artemisia zu sich und fragte sie nach ihrer Meinung.

„Ich stimme Mardonios zu. Wenn er nächstes Jahr Griechenland gewinnt, gehört der Ruhm dir. Wenn er es nicht tut, ist es seine Schande. Jetzt ist es an der Zeit, dass du im Triumph nach Hause marschierst, nachdem du Athen niedergebrannt hast, was der Hauptzweck dieser Expedition war."

Xerxes marschierte mit zwei Dritteln seines Landheeres nach Hause, von denen viele unterwegs an Hunger und der Ruhr starben. Als sie am Hellespont ankamen, hatte ein Sturm die Brücke erneut beschädigt, so dass sie auf ihre Schiffe warten mussten, die sie übersetzen sollten. Mardonios und die 300.000 Mann überwinterten in Thessalien, während er seinen Angriff auf Griechenland im Frühjahr plante. Einen Landangriff auf den Peloponnes wollte er wegen der Mauer am Isthmus von Korinth nicht wagen. Aber er erhielt die Nachricht, dass die Athener in ihre Stadt zurückgekehrt waren.

Im Frühjahr marschierte Mardonios nach Athen. Die Athener flohen erneut nach Salamis, aber Mardonios machte die Stadtmauern, Häuser und Tempel, die beim ersten Angriff stehen geblieben waren, dem Erdboden gleich. Doch dann kam ein massives Koalitionsheer aus Spartanern und anderen griechischen Verbündeten zur Verteidigung

Athens. Mardonios zog sich mit seinem Heer schnell nach Böotien in Mittelgriechenland zurück, wo er in der brutalen Schlacht von Plataiai gegen die Spartaner kämpfte.

Die Spartaner hatten sich in den Bergen rund um die Ebene, in der sich Mardonios und seine Männer befanden, positioniert, so dass die persische Kavallerie sie nur schwer erreichen konnte. Mardonios gelang es, ihre Versorgungslinien zu unterbrechen, so dass sie ohne Nahrung und Wasser waren, aber dann wendeten die Spartaner eine ihrer alten Finten an. Sie gaben vor, aus dem Gebiet zu fliehen. Als die Perser sie verfolgten, drehten die Spartaner plötzlich um und bildeten ihre tödliche Phalanx-Formation. Wieder einmal konnten die Perser den Manövern der Spartaner nicht standhalten und flohen, während der Rest der griechischen Koalition aus den Hügeln strömte und 260.000 persische Soldaten niedermetzelte. Nur vierzigtausend überlebten und humpelten nach Persien zurück.[i]

Wie Königin Artemisia gesagt hatte, gehörte der Ruhm der Eroberung Athens Xerxes, aber die Schande der Katastrophe von Plataiai gehörte Mardonios, der in der Schlacht ums Leben kam. Und noch ein weiteres Fiasko sollte sich später am selben Tag ereignen.

---

[i] Herodotus, *The Histories: Book Eight.*

Kapitel 8: Die Nachwirkungen und der Kalliasfrieden

Die ionischen Griechen standen unter der Herrschaft des Achämenidenreiches, aber wo lag ihre wahre Loyalität? Waren sie loyal gegenüber König Xerxes oder ihrem angestammten Heimatland Griechenland jenseits der Ägäis? Diese Frage kam während der Seeschlacht von Salamis auf, als Teile der persischen Flotte auch ionische Schiffe umfassten, die mit Griechen bemannt waren und unter griechischen Kapitänen segelten. Einige Phönizier, die Schiffbruch erlitten, kletterten den Berg zu Xerxes' Thron hinauf und beschuldigten die ionischen Griechen des Verrats. Aber Xerxes beobachtete die Kühnheit der ionischen Griechen in der der Schlacht und befahl, die Phönizier wegen Verunglimpfung zu enthaupten.

Nichtsdestotrotz, während viele ionische Griechen heldenhaft auf Seite der Perser kämpften, schlugen sich andere auf die Seite ihrer Brüder vom griechischen Festland, und suchten eifrig nach einer Gelegenheit, das persische Joch abzuschütteln. Am selben Tag, an dem Mardonios gegen die Griechen in der Schlacht von Plataiai kämpfte, setzte sich die griechische Flotte in Ionien mit den Persern auseinander. Die Spartaner waren mit 110 Schiffen nach Delos in den Kykladen gesegelt und einige ionische Griechen von der Insel Samos hatten sich heimlich mit ihnen getroffen.

„Wenn die übrigen Ionier wüssten, dass ihr hier seid, würden sie sich sofort gegen das Achämenidenreich erheben und die Perser vertreiben. Im Namen der Götter, die wir beide anbeten, bitten wir euch, uns aus der

Sklaverei zu befreien! Eure Schiffe sind den ihren weit überlegen und ihr Kampfgeist ist gering."

Zu diesem Zeitpunkt traf die athenische Flotte ein, um sich mit den Spartanern zu vereinen und die Griechen segelten von Delos nach Samos und ankerten vor der Küste, bereit für eine Seeschlacht. Die Überreste der persischen Flotte hatten in Ionien überwintert und die meisten befanden sich zu dieser Zeit in Samos. Da sie nicht geneigt waren, sich nach der Apokalypse von Salamis, erneut mit den Griechen auf eine Seeschlacht einzulassen, segelten die Perser zu den Ausläufern des Berges Mykale auf dem Festland. Sie trafen mit 60.000 persischen Soldaten zusammen, die Xerxes dort unter General Tigranes, dem größten Mann in Persien, zurückgelassen hatte.

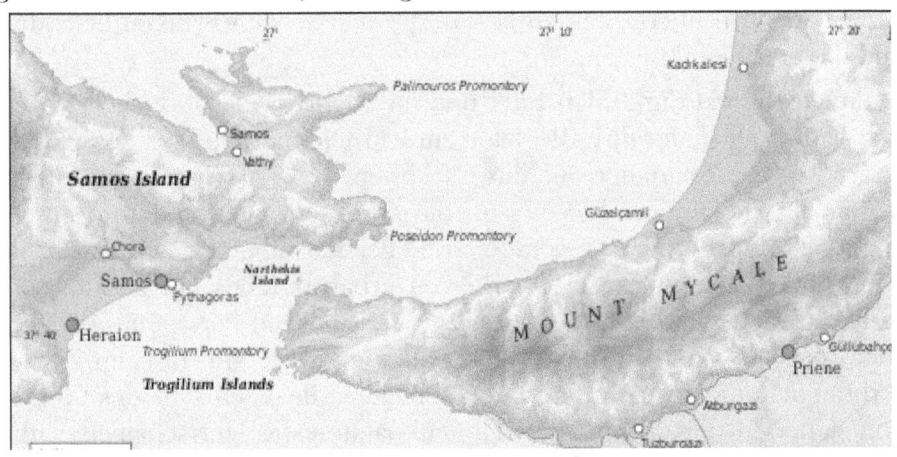

Die Griechen und Perser kämpften in der Schlacht von Mykale gegenüber der Insel Samos. *

Die Perser zogen ihre Schiffe auf den Strand und bauten eine Palisade aus Steinen und Baumstämmen um sie herum, aus der spitze Pfähle zum Schutz herausragten. Nachdem die Griechen ihren nächsten Zug diskutiert hatten, folgten sie den Persern in Richtung Festland. Als sie an der Palisade vorbeisegelten, entdeckten sie eine große Armee auf dem Strand, aber sie waren überrascht, dass keine Schiffe herauskamen, um sich ihnen zu stellen. Sie riefen den Ioniern in der persischen Armee auf Griechisch zu: „Männer von Ionien! Denkt an eure Freiheit! Gebt das an die anderen Griechen weiter!"

Der König Spartas, Leotychidas, hoffte, die ionischen Griechen würden auf seine Seite umschwenken oder zumindest das persische Misstrauen gegen die Ionier entfachen. Es hatte auf jeden Fall den letzteren Effekt, denn General Tigranes ließ den ionischen Griechen sofort die Waffen abnehmen. Die Spartaner und Athener brachten ihre

Schiffe auf den Strand und sprangen heraus, um gegen die übermäßig zuversichtlichen Perser zu kämpfen, die den Griechen gegenüber in der Überzahl waren und nicht erwarteten, dass Seeleute für Schlachten an Land ausgebildet waren.

Sie wussten nicht, dass alle spartanischen Jungen im Alter von sieben Jahren von zu Hause weggingen und in die Kaserne zogen, wo sie bis zum Alter von dreißig Jahren in der Kriegsführung ausgebildet wurden und mit ihren Mitstreitern zusammenlebten. Alle männlichen Spartaner lernten die tödliche Phalanx-Formation und übten verschiedene Manöver und Strategien, auch wenn sie später in der Marine ausgebildet wurden. Die athenischen Matrosen, die auch im Landkampf ausgebildet waren, stellten sich in der Mitte des Strandes auf, entschlossen, sich nicht von den Spartanern übertreffen zu lassen, die sich an den Flanken befanden und das Lager umkreisten.

Aufgeschreckt durch den Eifer und die Manöver der Griechen, zogen sich die Perser hinter ihre Blockade zurück. Die meisten flüchteten in die Berge, als die Spartaner auf ihre Nachhut stießen. Unglücklicherweise trafen die fliehenden Perser auf die Milesier, eine andere ionisch-griechische Gruppe, die gerade von Persien übergelaufen war. Sie schlachteten ihre einstigen Oberherren erbarmungslos ab. Diodor von Sizilien berichtete, dass an diesem Tag vierzigtausend Perser starben, aber auch die Griechen verloren viele Männer. Die griechischen Sieger verbrannten die persischen Schiffe, brachen die Seemacht des Xerxes und sicherten der griechischen Flottenkoalition die Herrschaft über die Meere.

Nach dem entscheidenden Sieg in Ionien traf König Leotychidas von Sparta mit den ionischen Griechen zusammen. „Kommt zurück und lebt in eurem Mutterland. In Griechenland seid ihr vor den Angriffen der Perser sicher, aber hier seid ihr zu verwundbar."

Doch die streitbaren Ionier lehnten seinen Vorschlag ab. „Wir sind schon seit sechshundert Jahren hier! Wir werden nirgendwo hingehen!"

Im Jahr 477 v. u. Z. gründeten die Ionier jedoch den Delischen Bund, eine Konföderation der ionischen griechischen Stadtstaaten und anderer griechischer Küstenstädte rund um die Ägäis, das Schwarze Meer und die Adria. Der Bund half jedem Stadtstaat, seine Autonomie zu bewahren, und gemeinsam unternahmen sie Angriffe auf Persien. Ihr Oberhaupt war Athen, und jeder Stadtstaat stellte Schiffe, Vorräte oder Geld für den Kampf gegen die Perser zur Verfügung.

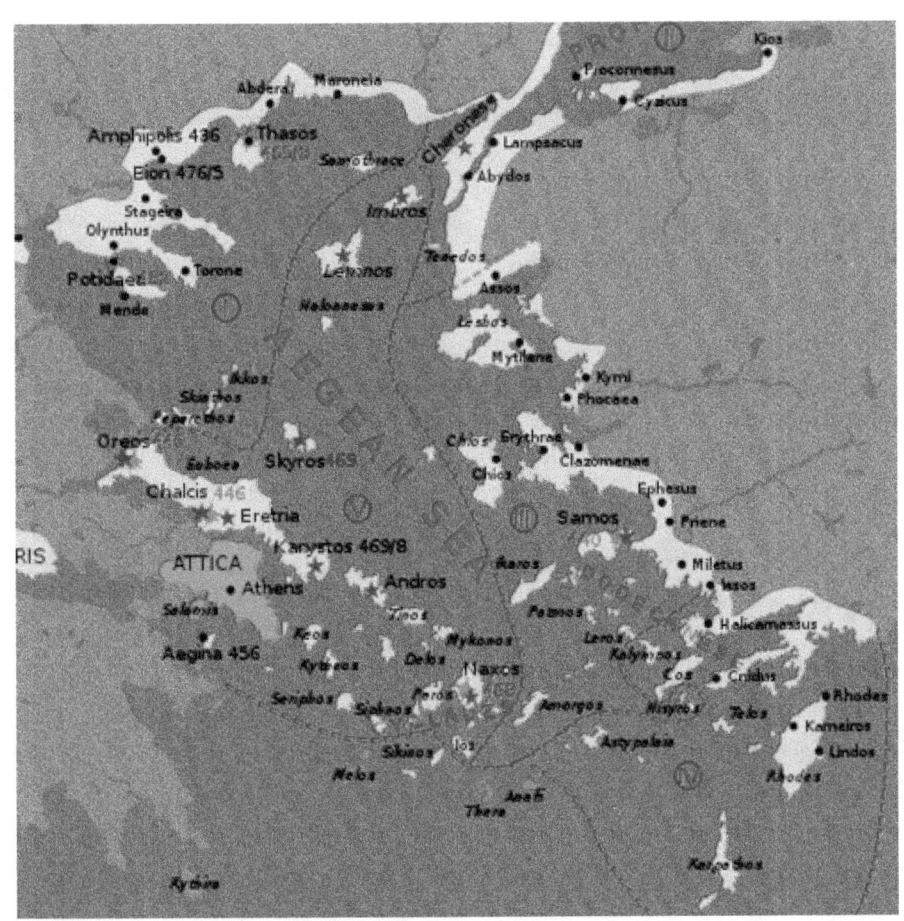

Die meisten der Küstenstadtstaaten am Ägäischen Meer schlossen sich dem Delischen Bund an."

Kimon, der in der Schlacht von Salamis gekämpft hatte, war der wichtigste Befehlshaber des Bundes. Er eroberte einstige griechische Gebiete von den Persern zurück und befreite die Ägäis von den dolopischen Piraten, die den Handel gestört hatten. Plutarch berichtet, wie eine Eroberung Kimon und seinen Verbündeten außergewöhnliche Kriegsbeute einbrachte: große Reichtümer und persische Gefangene. Kimon stellte seine Verbündeten vor die Wahl, entweder die Beute oder die Gefangenen zu nehmen, und sie griffen nach dem Gold und den prächtigen Gewändern, weil sie dachten, der persische Adel würde wertlose Sklaven abgeben. Kimon jedoch gab die Gefangenen gegen Lösegeld an ihre Familien frei und wurde dadurch sagenhaft reich. Herodot berichtet, dass er das Geld für die Flotte des Delischen Bundes und für die Versorgung der Armen verwendete.

Der athenische Historiker Thukydides, der zur Zeit von Artaxerxes I. und Dareios II. lebte, berichtete, dass sich der erste Feldzug des Delischen Bundes gegen die verbliebenen persischen Garnisonen in Thrakien richtete. Er fand um 476 v. u. Z. statt. Kimons Belagerung der Stadt Eion hatte das Ziel, Europa von jeglicher persischen Präsenz zu befreien. Aufgrund der Silberminen und der riesigen Wälder, die Holz lieferten, war Thrakien als Tor von Asien nach Europa von strategischer Bedeutung.

Kimon führte den Feldzug an, besiegte die Perser in einer Landschlacht und belagerte die Stadt Eion, wo der Fluss Strymon in die Ägäis mündet. Die Vorräte in der Stadt gingen zur Neige, und Kimon bot den Persern an, Europa auf sicherem Wege zu verlassen. Doch der Kommandant von Eion, Boges, lehnte ab, da er fürchtete, Xerxes würde ihn für feige halten. Stattdessen warf er die Gold- und Silbervorräte der Stadt in den Strymon und tötete dann seine Familie und seine Diener. Er errichtete einen riesigen Scheiterhaufen, auf dem er ihre Leichen verbrannte, und warf sich dann selbst ins Feuer. Kimon versklavte den Rest der hungernden Bevölkerung.

Nach und nach gaben die anderen persischen Städte an der Küste Thrakiens ihre Festungen auf und verließen Thrakien unter dem Druck des Delischen Bundes. Einige der einheimischen Thraker lehnten sich gegen die griechische Herrschaft auf und kollaborierten mit den Persern in einer Widerstandsbewegung. Kimon schlug die Aktion nieder, indem er mit nur vier Triremen dreizehn persische Schiffe kaperte und den Großteil der Perser vertrieb. Das letzte Bollwerk war die Stadt Doriskos, die die Griechen nicht erobern konnten. Ungefähr zum Zeitpunkt des Todes von Xerxes wurde der Gouverneur Mascames von Doriskos nach Persien zurückgerufen, womit die achämenidische Präsenz in Europa beendet war.

Xerxes' Rückkehr aus Griechenland nach Persien markierte den Übergang des Reiches von der Expansion zur Konsolidierung. Das Achämenidenreich hatte mit Aufständen wie in Ägypten und Ionien und Morden innerhalb der königlichen Familie, darunter mehrere Könige, zu kämpfen. Dennoch überstand das persische Reich diese Krisen mit Bravour. Die Achämeniden konzentrierten sich nun mehr auf die Straffung ihrer Verwaltung als auf die Ausdehnung der Reichsgrenzen. Nach seiner Rückkehr nach Persien konzentrierte sich Xerxes darauf, mehrere von seinem Vater begonnene Bauprojekte zu vollenden.

Diese Epoche markierte auch eine Wende in den Beziehungen zwischen Persien und Griechenland. Bis zu diesem Zeitpunkt war Persien der Aggressor und Griechenland der Verteidiger gewesen. Nun wendete sich das Blatt. Die Griechen waren selbstbewusster in ihren Manövern zu Lande und zur See, und anstatt sich einfach zu verteidigen, gingen sie in die Offensive und errangen entscheidende Siege gegen das persische Reich, die zum Kalliasfrieden führten.

Nach den demoralisierenden Verlusten in Griechenland und Ionien widmete sich Xerxes ein Jahrzehnt lang anderen Angelegenheiten innerhalb seines Reiches. Doch der Aufstieg des Delischen Bundes und die Kühnheit seines Anführers Kimon, der den Rest der anatolischen Halbinsel (Westtürkei) bedrohte, beunruhigten ihn zunehmend. Er musste Ionien zurückdrängen und einen dritten Vorstoß nach Griechenland unternehmen. Xerxes stellte eine Flotte von 340 Triremen zusammen, die von seinem Sohn Tithraustes befehligt wurde, und erwartete weitere 80 Schiffe von den Phöniziern. Xerxes plante, seine Flotte gleichzeitig mit seinem Landheer einzusetzen, das sich am Fluss Eurymedon in der südwestlichen Türkei sammelte. Seine Strategie bestand darin, sich durch Ionien vorzuarbeiten, jeden der rebellischen Stadtstaaten zurückzuerobern und schließlich von Ionien aus einen Angriff auf Thrakien und Griechenland zu starten.

Kimon segelte jedoch mit einer Flotte von 250 Schiffen von Athen zur ionischen Stadt Phaselis, die Xerxes als erste Stadt auf seinem Feldzug erobern wollte. Kimon überzeugte die Einwohner von Phaselis, dem Delischen Bund beizutreten. Tithraustes wollte die griechische Flotte nicht angreifen, bevor die phönizischen Streitkräfte eintrafen, und segelte in den Fluss Eurymedon. Doch Kimon beschloss, einen Präventivschlag zu führen.

Tithraustes brauchte mehr Platz für seine Schiffe und segelte zurück ins Mittelmeer, während Ariomandes, der persische Befehlshaber, den Landtruppen befahl, ins Landesinnere zu ziehen, um ihre Vorräte zu schützen. In der brutalen Seeschlacht wendeten beide Seiten brillante Taktiken an, aber die persische Flotte war Kimons ausgeklügelten Seemanövern nicht gewachsen. Die Griechen durchbrachen die Schiffsreihe der Perser, drehten schnell ab und rammten deren ungeschützte Hecks und Seiten, wobei sie viele Schiffe versenkten.

Laut Thukydides zog sich die verbliebene persische Flotte in den Fluss zurück, nachdem die Griechen über hundert persische Schiffe mitsamt ihren Besatzungen gekapert hatten. Sie setzten ihre Schiffe auf Grund

und sprangen an Land, um sich der Landarmee anzuschließen. Doch Kimon täuschte die Perser, indem er seine griechischen Krieger auf die gekaperten persischen Schiffe setzte, sie mit persischer Kleidung ausstattete und sie den Persern flussaufwärts hinterherschickte.

Kimons Schiffe erreichten das persische Lager, als die Nacht hereinbrach, und die Perser erkannten ihre Schiffe und hielten die verkleideten Griechen für Perser. Die Perser wurden unvorsichtig, und so griffen Kimon und seine Männer an. Sie töteten den Neffen von Xerxes, General Pheredates, und töteten und verwundeten viele ahnungslose Perser. Die Schlacht von Eurymedon war eine entscheidende Niederlage für Persien. Es verlor sein Territorium in Europa, und weitere ionische Griechen schlossen sich dem Delischen Bund an, aus dem bald das Athener Reich werden sollte.

Im Jahr 465 v. u. Z. führte eine Palastintrige zur Ermordung von König Xerxes und seinem ältesten Sohn, Kronprinz Dareios, durch den Kommandanten der königlichen Leibwache. Artaxerxes, der jüngere Sohn des Xerxes, rächte die Ermordung seines Vaters und Bruders, indem er den Leibwächter und seine Söhne tötete. Anschließend bestieg er den Thron des Achämenidenreiches. Es sollte nicht lange dauern, bis er im Konflikt mit dem weitreichenden, wachsenden athenischen Reich auf die Probe gestellt werden sollte. Dies geschah ausgerechnet in Ägypten.

Worin bestand das Interesse der Griechen an Ägypten? Diodor von Sizilien, ein griechischer Historiker aus dem 1. Jahrhundert v. u. Z., behauptete, dass die Griechen die ägyptische Stadt Heliopolis vor der Sintflut erbauten. Archäologische Funde deuten darauf hin, dass Hellenen (Griechen) und Ägypter während der Bronzezeit miteinander Handel trieben. Laut Herodot waren die ersten Griechen, die sich in Ägypten niederließen, ionische Piraten, die in Ägypten Schiffbruch erlitten. Der ägyptische Pharao Psammetich I. heuerte die Piraten an, um für ihn zu kämpfen, damit er seinen Thron von einem Usurpator zurückgewinnen konnte. Sobald er wieder König war, gewährte Psammetich den griechischen Piraten Land entlang des Nils, um sich niederzulassen, und schließlich wurde ihre Hafenstadt Naukratis zu einem bedeutenden Handelszentrum am Mittelmeer.

Kambyses hatte Ägypten während seiner kurzen Herrschaft erobert, aber Ägypten litt unter der persischen Herrschaft. Es rebellierte gegen Dareios den Großen und erneut gegen Xerxes I. Persien schlug beide Aufstände nieder, aber 460 v. u. Z. rebellierte Ägypten gegen die

Herrschaft von Artaxerxes I. Diese Rebellion wurde von zwei ägyptischen Prinzen angeführt: Inaros und Amyrtaeus. Inaros war König von Libyen und Enkel des ägyptischen Pharaos Psammetich III., der sich mit dem persischen König Kambyses angelegt und verloren hatte.

Diesmal verbündete sich Ägypten mit Athen, das zweihundert Schiffe unter dem Kommando von Charitimides von Zypern nach Ägypten umleitete. Die Griechen stimmten bereitwillig zu, sich in Ägyptens Konflikt mit Persien einzumischen. Sie brauchten Ägyptens Getreideüberschuss und wollten ihr blühendes Handelszentrum in Ägypten wiederherstellen. Die athenische Flotte segelte den Nil hinauf und griff fünfzig phönizische Schiffe an, die für Persien kämpften. Charitimides versenkte dreißig Schiffe und brachte die anderen zwanzig auf.

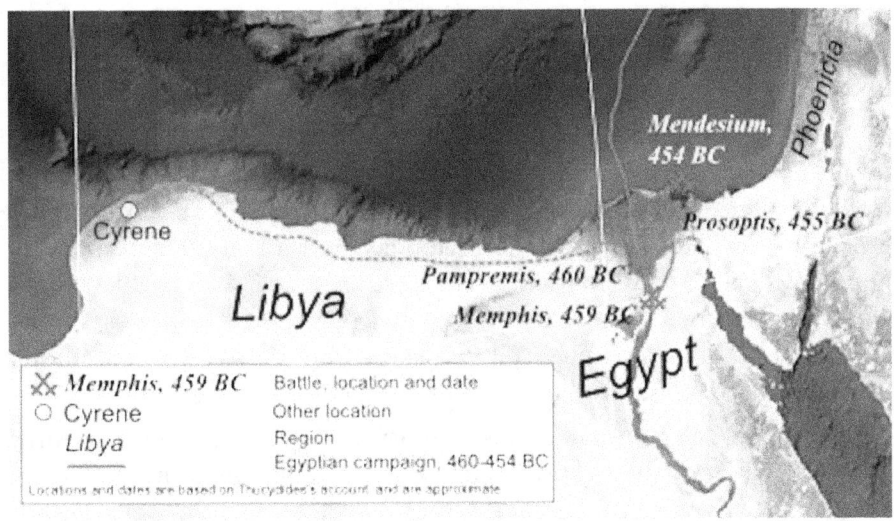

Athen verbündete sich mit den ägyptischen Rebellen gegen das persische Reich.⁸⁰

König Artaxerxes stellte ein 300.000 Mann starkes Heer zusammen, um den ägyptischen Aufstand niederzuschlagen. Diese Soldaten wurden von seinem Bruder Achämenes angeführt. Sie schlugen ihr Lager in der Nähe der Stadt Papremis am Nil auf und gerieten fast sofort in eine Schlacht mit der ägyptisch-griechischen Koalition. Die massiven persischen Streitkräfte waren zunächst überlegen, doch den Griechen gelang es, sie auszumanövrieren. Sie durchbrachen die Linie der Perser und töteten etwa ein Viertel der persischen Streitkräfte, darunter auch den Feldherrn Achämenes, dessen Leichnam die Griechen seinem Bruder, König Artaxerxes, übergaben.

Die Perser flohen in ihre ägyptische Hauptstadt Memphis am Nil, die wegen der weiß getünchten Ziegel des Palastes und der massiven weißen Mauern, die die Stadt umgaben, „Weißes Schloss" genannt wurde. Die ägyptisch-athenische Koalition belagerte Memphis über vier Jahre lang. Artaxerxes versuchte, die Athener abzulenken, indem er General Megabazos schickte, um die Spartaner zu bestechen, Athen anzugreifen, aber die Spartaner weigerten sich.

Megabazos stellte daraufhin eine Flotte von dreihundert Triremen zusammen, die mit Seeleuten aus Zypern, Kilikien und Phönizien besetzt waren, und verbrachte ein Jahr damit, sie für den Krieg auszubilden. Dann segelte er den Nil hinauf und besiegte schnell die griechisch-ägyptischen Truppen, die Memphis belagerten. Die Athener flohen auf die Insel Prosopitis im westlichen Nildelta, doch General Megabazos wandte einen alten persischen Trick an. Er leitete den Fluss um und machte die Insel vom Festland aus zu Fuß erreichbar. Nur wenige Athener überlebten, und die Ägypter kapitulierten vor Persien.

Der Sieg der Perser versetzte Athen in Panik. Der Delische Bund bewahrte seine Schatzkammer auf der zentral gelegenen, heiligen Insel Delos in den Kykladen auf, verlegte sie jetzt aber nach Athen. Die Verlegung der Schatzkammer erregte das Misstrauen der Ionier und anderer Mitglieder des Delischen Bundes, da sie glaubten, Athen würde das Geld für seine eigenen Zwecke und nicht für das Wohl des Bundes verwenden. In der Zwischenzeit schickten die Perser im Rausch des Sieges ihre Flotte aus, um die Insel Zypern zurückzuerobern.

Kimon, der von seinen politischen Rivalen geächtet und aus Athen verbannt worden war, kehrte nach einem Jahrzehnt zurück, gerade rechtzeitig, um einen griechischen Gegenangriff auf die persische Festung auf Zypern zu führen. Im Jahr 451 v. u. Z. griff seine Flotte mit zweihundert Schiffen zunächst die Stadt Citium an, doch Kimon starb in der Schlacht. Die athenische Führung verheimlichte seinen Tod vor ihren Truppen, um sie nicht zu entmutigen. Unter dem vermeintlichen Kommando Kimons gewannen die Griechen eine Doppelschlacht zu Lande und zu Wasser bei Salamis auf Zypern und vertrieben die Perser endgültig aus der Ägäis.

Der griechische Sieg auf Zypern beendete die griechisch-persischen Kriege. Der athenische Staatsmann Kallias handelte im Jahr 449 v. u. Z. einen dreißigjährigen Waffenstillstand zwischen dem Achämenidenreich und dem Delischen Bund aus. Die Athener kämpften im Ersten Peloponnesischen Krieg gegen die Spartaner, Thebaner und Korinther und wollten keine Schiffe und Truppen für den Kampf gegen Persien abziehen. Artaxerxes hatte ebenfalls andere Probleme in seinem immer noch riesigen Reich zu lösen. Er war bereit, den Griechen die Ägäis im Austausch gegen das Schwarze Meer zu überlassen.

Im Kalliasfrieden erkannte Persien die Autonomie der ionisch-griechischen Stadtstaaten an und erklärte sich bereit, keine Schiffe in die Ägäis zu entsenden und keine persischen Satrapen in einen Umkreis von drei Tagesmärschen um die Ägäis zu schicken. Die Griechen überließen Persien die Vorherrschaft über das Schwarze Meer, Zypern, Ägypten und die restlichen persischen Gebiete in der Westtürkei. Sowohl Griechenland als auch Persien hielten die Bedingungen des Friedens über die vereinbarten dreißig Jahre hinaus ein, ohne dass eines der beiden Reiche einen offenen Krieg gegen das andere führte.

Was geschah mit dem Delischen Bund? Der Hauptgrund für die Gründung des Bundes war die Abwehr der persischen Angriffe und die Erlangung der Unabhängigkeit der ionisch-griechischen Stadtstaaten. Doch obwohl diese Ziele mit dem Kalliasfrieden erreicht wurden, entließ Athen seine Verbündeten nicht aus dem Bund. Athen behielt die Kontrolle über die Gelder und der Delische Bund verwandelte sich in das Athenische Reich. Athen zwang die anderen Stadtstaaten, weiterhin Schiffe oder Geldmittel zu liefern. Anstatt die Gelder zum Nutzen aller Stadtstaaten zu verwenden, nutzten die Athener das Geld des Bundes für ein gewaltiges Bauprojekt mit Tempeln und Palästen in Athen.

Obwohl sich die Perser technisch gesehen an den Kalliasfrieden hielten, schmiedeten sie heimtückische Intrigen gegen Athen und Sparta und schürten die Flammen der hitzigen Rivalität zwischen den Städten. Ihre Einmischung gipfelte 431 v. u. Z. im Ausbruch des Zweiten Peloponnesischen Krieges, der Griechenland siebenundzwanzig Jahre lang mit unablässigen Kriegen schwächte. Im Jahr 412 v. u. Z. unterstützte Persien Sparta und seine Verbündeten gegen Athen, indem es Holz und Material für eine furchterregende Flotte unter der Führung von Lysander bereitstellte, die zur vernichtenden Niederlage des athenischen Reiches führte.

ABSCHNITT DREI:
VON XERXES II. ZU DAREIOS III.

Kapitel 9: Artaxerxes I. und Dareios II.

„Euer Wein, Herr." Der Mundschenk Nehemia überreichte Artaxerxes I. den goldenen Kelch.

Der König nippte langsam, ließ den Blick von seinem Palast auf dem Hügel über die Stadt schweifen, bis ein Diener seine Träumerei störte. „König der Könige, Ihr habt einen Besucher. Themistokles von Athen."

„Themistokles? Wie faszinierend!" Artaxerxes fragte sich, warum der Erzfeind seines Vaters sich an seinem Hof befand. Themistokles war der athenische Marinekommandeur gewesen, der seinen Vater, Xerxes, in dem Debakel von Salamis besiegt hatte.

„Ich hörte, er sei aus Athen geflohen, anstatt sich einem Verfahren wegen Verrats zu stellen," grübelte Artaxerxes.

„Er hat viele politische Feinde," antwortete Nehemia. „Vielleicht sucht er hier Asyl."

„Nun! Lasst uns sehen, was er anzubieten hat." Artaxerxes schritt in den Audienzsaal mit seinen mächtigen Säulen und erlesenen Basreliefs.

Themistokles verneigte sich tief vor Artaxerxes. „König der Könige, wie Ihr wisst, war ich einst der Feind eures Vaters. Aber wie Ihr ebenfalls wisst, können sich die Umstände in der Welt der Politik rasch ändern, insbesondere in Athen. Meine bösen Gegner haben mich fälschlicherweise angeklagt und jede Verteidigung ist hoffnungslos. Daher biete ich mich Euch an."

Artaxerxes runzelte die Stirn: „Du würdest Athen verraten?"

Der athenische General Themistokles suchte Zuflucht an Artaxerxes Hof."

„Leider ist Athen nicht die edle Stadt, die sie einst war. Ich biete mich selbst an, mein Wissen über Athen und meine militärischen und politischen Fähigkeiten. Ich werde Euch helfen, das Übel, das Athen Euch angetan hat, zu rächen und Persien wird Griechenland erobern! Ich erbitte mir nur ein Jahr aus, um die Sprache und die Gebräuche Persiens zu lernen. Dann werde ich Euer treuer Diener sein."

Artaxerxes lächelte. „Willkommen! Ich schätze Deinen Dienst. Nach Deinem Studienjahr werde ich Dich zum Gouverneur von Magnesia ernennen. Und was ist mit Deiner Familie? Bringe Sie her! Wir machen es ihnen bequem. Ich war gerade im Begriff, auf die Jagd zu gehen. Schließt Du dich mir an? Wir haben vieles zu besprechen."

Mit der Herrschaft von Artaxerxes begann die „kulturelle Phase" des Achämenidenreiches. In dieser Ära ersetzte die in Westasien weit verbreitete aramäische Sprache die elamitische und persische Sprache bei

Hofe. Mit dem Zoroastrismus, der Verehrung des alten indo-iranischen Gottes Ahura Mazda, entstand eine Art Monotheismus. Die offene Kriegsführung Persiens gegen Griechenland ging in geheime Machenschaften über, um die beiden Mächte Athen und Sparta zu zerrütten.

Artaxerxes, der „Langhändige" (laut Plutarch war seine rechte Hand länger als seine linke), war als gelassener, umsichtiger und großzügiger Herrscher bekannt. Unmittelbar nachdem Artaxerxes I. den Thron bestiegen hatte, kam es zu einer Revolte in Baktrien. Nach einer unentschiedenen ersten Schlacht gewann Artaxerxes die zweite Schlacht, als „ihnen der Wind ins Gesicht blies", was sich offenbar auf einen Sandsturm bezog.[1] Artaxerxes baute den Palast in Susa wieder auf, nachdem er niedergebrannt war, und vollendete die Hundert-Säulen-Halle in Persepolis.

Artaxerxes schlug den ägyptischen Aufstand erfolgreich nieder, doch sein Bruder Achämenes starb in dem Konflikt, was seiner Mutter das Herz brach. Der Anführer des Aufstandes, Inaros, floh in die uneinnehmbare ägyptische Festung Byblos, die der persische General Megabyzos nicht überwinden konnte. Also bot Megabyzos Inaros und den sechstausend griechischen Kriegern, die ihn begleiteten, die Kapitulation an. „König Artaxerxes wird euch nichts antun, und die Griechen können nach Hause zurückkehren."

Persien begann unter Kyros dem Großen mit der Münzprägung. Diese Münze zeigt Artaxerxes I.[87]

---

[1] *Photius' Excerpt of Ctesias' Persica,* Livius. https://www.livius.org/sources/content/ctesias-overview-of-the-works/photius-excerpt-of-ctesias-persica/#34.

Die Rebellen unterwarfen sich General Megabyzos, der sie zu Artaxerxes I. brachte. Als Artaxerxes Inaros sah, wollte er ihm die Kehle aufschlitzen, weil er seinen Bruder getötet hatte, doch Megabyzos ging dazwischen und erklärte ihm die Vereinbarung, die er mit Inaros getroffen hatte. Artaxerxes lenkte ein, aber seine Mutter Amestris war wütend, dass er die Mörder ihres Sohnes am Leben ließ. Fünf lange Jahre lang bedrängte sie Artaxerxes, ihr zu erlauben, Rache zu üben. Schließlich übergab Artaxerxes ihr Inaros, und Amestris spießte ihn auf drei Pfählen auf und enthauptete die fünfzig Griechen, die nicht geflohen waren, als sie die Gelegenheit dazu hatten.[i]

Tief gekränkt zog Megabyzos in seine Provinz Syrien, wo er auf die Griechen traf, die dem Zorn des Amestris entkommen waren. Er stellte ein Heer von 150.000 Mann auf und lehnte sich gegen Artaxerxes auf, der General Usiris mit 200.000 Mann schickte, um die Rebellion niederzuschlagen. Megabyzos und Usiris, Männer, die einst Waffenbrüder gewesen waren, stürmten auf ihren Pferden aufeinander zu und verwundeten einander. Usiris durchbohrte mit seinem Speer den Oberschenkel von Megabyzos und erlitt Verletzungen an Oberschenkel und Schulter, die ihn vom Pferd warfen. Megabyzos drehte sich um und fing Usiris auf, als dieser fiel. Er befahl seinem Arzt, Usiris zu behandeln, und schickte ihn zurück zu Artaxerxes.

Artaxerxes entsandte eine weitere Streitmacht gegen Megabyzos. Diesmal wurden die Männer von Artaxerxes' Neffen Menostanes angeführt, der von Megabyzos mit zwei Pfeilen in Schulter und Kopf verwundet wurde. Obwohl Menostanes nicht tödlich verwundet wurde, floh er mit seinen Männern vom Schlachtfeld, und Megabyzos errang einen weiteren glänzenden Sieg. An diesem Punkt schaltete sich Artaxerxes' Bruder Artarios (Menostanes' Vater) ein. Er zog los, um Megabyzos zu treffen.

„Megabyzos! Wir blicken auf eine lange Geschichte zurück, und du hast unserem König und seinem Vater mit großer Tapferkeit und Auszeichnung gedient. Warum wirfst du jetzt alles weg, nach deiner glänzenden Karriere? Komm mit meinem Bruder, dem König, ins Reine."

„Artarios, ich bin bereit, mich mit meinem König Artaxerxes zu versöhnen. Aber ich kann den Gedanken nicht ertragen, an den Hof zurückzukehren und die Königinmutter Amestris zu sehen. Das würde

---

[i] *Ctesias' Persica.*

das Grauen dessen, was sie Inaros angetan hat, den ich zu beschützen geschworen habe, wieder heraufbeschwören. Wenn ich in meiner Satrapie in Syrien bleiben kann, werde ich mit meinem König Frieden schließen."

Artarios überbrachte seine Botschaft an Artaxerxes, und sogar Amestris drängte ihren Sohn, Megabyzos zu vergeben, da er ein einflussreicher und legendärer Kriegsheld war. Was, wenn er Ärger mit den ionischen Griechen schürte? Artaxerxes begnadigte Megabyzos, zwang ihn aber zu einer letzten Reise an den persischen Hof, um die Begnadigung entgegenzunehmen.

Als Kyros der Große Babylon eroberte, erlaubte er den Syrern, Medern, Juden und anderen Menschen, die von den Assyrern und Babyloniern umgesiedelt worden waren, in ihre Heimat zurückzukehren. Er gab die aus dem jüdischen Tempel entwendeten Schätze zurück und finanzierte den Wiederaufbau des Tempels in Jerusalem. Fast fünfzigtausend Juden kehrten zur Zeit von Kyros in ihre Heimat zurück. Dort trafen sie auf die Babylonier, die Jahrhunderte zuvor von König Esarhaddon von Assyrien zwangsumgesiedelt worden waren.

Diese angestammten Babylonier herrschten über die persische Satrapie von Israel. Sie hetzten gegen den Wiederaufbau Jerusalems und seines Tempels während der Regierungszeiten von Dareios, Xerxes und Artaxerxes. Dareios hatte das Edikt des Kyros untersucht und die Fertigstellung des Tempels erlaubt. Doch Israels Statthalter Rheum schickte einen Brief an Artaxerxes I., in dem er ihn warnte, dass die Juden den Grundstein für Jerusalem gelegt hatten und die Mauern bald fertigstellen würden. „Wenn sie diese Stadt wiederaufbauen, werden sich die Juden weigern, ihren Tribut zu zahlen, und du wirst die Provinz westlich des Euphrat verlieren."

Artaxerxes schrieb zurück: „Ich habe eine Untersuchung der Aufzeichnungen angeordnet und festgestellt, dass Jerusalem tatsächlich eine Brutstätte des Aufruhrs gegen viele Könige war. Rebellion und Aufruhr sind dort normal! Gib den Befehl, dass diese Männer ihre Arbeit einstellen sollen. Diese Stadt darf nicht wiederaufgebaut werden!"[i]

Im siebten Jahr seiner Herrschaft hatte Artaxerxes jedoch einen Sinneswandel in Bezug auf Jerusalem. Vielleicht wurde er von seinem jüdischen Mundschenk Nehemia beeinflusst. Er schrieb an Esra, den

---

[i] Ezra 1-4, Tanach: Ketuvim: Book of Ezra.

jüdischen Priester und Schriftgelehrten, und wies ihn an, den Tempel in Jerusalem mit Silber und Gold aus der babylonischen Schatzkammer und freiwilligen Spenden der Juden zu verschönern.

Vierzehn Jahre später erhielt Nehemia, der Mundschenk des Artaxerxes, Besuch von seinem Bruder Hanani, der in Jerusalem lebte, wo die Lage düster war. Man hatte ihnen erlaubt, den Tempel fertigzustellen, aber Hanani erzählte Nehemia, dass die Mauern und Tore der Stadt immer noch in Trümmern lagen. Am nächsten Tag saß Artaxerxes mit seiner Königin zusammen und bemerkte, dass etwas seinen Mundschenk beunruhigte. „Warum schaust du so traurig?", fragte er.

Nehemia war erschrocken, denn in der Nähe des Königs musste man immer fröhlich sein. Aber er sagte dem König, dass er um die Stadt seiner Vorfahren trauerte. „Was kann ich tun, um zu helfen?" fragte Artaxerxes.

Nehemia sprach ein kurzes Gebet und antwortete dann: „Schick mich nach Juda, damit ich die Mauern Jerusalems wiederaufbaue."

Artaxerxes stimmte zu, Nehemia zu schicken, um Jerusalems Mauern und Tore wiederaufzubauen. Er stellte auch Holz zur Verfügung, schickte bewaffnete Truppen mit Nehemia, um ihn zu bewachen, und ernannte ihn zum Statthalter von Juda.[i]

Noch bevor Artaxerxes im Jahr 449 v. u. Z. dem Kalliasfrieden zustimmte, zog er einen Krieg der List und Bestechung gegen Griechenland vor. Offene Kämpfe kosteten ihn das Leben seiner Bürger und ein Vermögen an Schiffen und anderen militärischen Kosten. Artaxerxes beschloss, die anhaltenden Spannungen zwischen Sparta und Athen geschickt auszunutzen. Er finanzierte den Aufbau von Spartas Militär und bezahlte neue Schiffe für die Flotte. In der Zwischenzeit beschwichtigte er das Misstrauen der Athener, indem er seine Abgesandten mit Geschenken und blumigen Versprechungen schickte. Dann lehnte er sich zurück und wartete darauf, dass der schwelende Konflikt zwischen Athen und Sparta in einen offenen Kampf ausbrach.

Er brauchte nicht lange zu warten. Im Jahr 460 v. u. Z. brachen mit dem Ersten Peloponnesischen Krieg Feindseligkeiten in Südgriechenland aus. Da Athen in einen Krieg mit Sparta und anderen Städten verwickelt war, war die Zeit reif für Artaxerxes, Athen zu vernichten. Er berief

---

[i] Nehemiah 1-2, Tanakh: Ketuvim: Book of Nehemiah.

Themistokles, der ein hilfreicher Berater in griechischen Angelegenheiten gewesen war, um seinen Schwur zu erfüllen, Athen zu vernichten. Als es zu einem direkten Angriff auf Athen kam, hatte Themistokles Zweifel. Wie würde er in die Geschichte eingehen, wenn er seine Mutterstadt verriet? Anstatt Artaxerxes zu helfen, beging er Selbstmord.

Mit seiner Frau, Königin Damaspia, hatte Artaxerxes I. nur einen Sohn, Kronprinz Xerxes II. Aber mit seinen Konkubinen hatte er siebzehn weitere Söhne. Seine babylonische Konkubine Alogyne war die Mutter von Sogdianos, und eine andere babylonische Konkubine, Cosmartidene, war die Mutter von Ochos. Er hatte mindestens eine Tochter, Parysatis, von einer weiteren babylonischen Konkubine, Andia. Parysatis heiratete ihren Halbbruder Ochos, als ihr Vater noch lebte. Ehen zwischen Halbgeschwistern waren im alten Persien und Ägypten kein Tabu, vor allem nicht in Königsfamilien. Artaxerxes I. und seine Königin starben 424 v. u. Z. am selben Tag, vielleicht an der gleichen Krankheit.

Kronprinz Xerxes II. bestieg den Thron und regierte nur fünfundvierzig Tage, bevor sein Halbbruder Sogdianos ihn betrunken im Schlaf ermordete. Sogdianos bestieg den Thron, regierte aber trotz hoher Bestechungsgelder für sein Militär nur sechs Monate, bevor er zweien seiner Halbgeschwister zum Opfer fiel: seiner Schwester Parysatis und seinem Bruder Ochos. Parysatis war klug und intrigant und half ihrem Ehemann/Halbbruder Ochos, Sogdianos den Thron zu entreißen und ihn durch Ersticken in Asche hinzurichten.

Diese Drachme zeigt Dareios II. [89]

Nachdem er den Thron an sich gerissen hatte, bestieg Ochos ihn unter dem Namen Dareios II. und regierte zwanzig Jahre lang. Er und Parysatis hatten dreizehn gemeinsame Kinder, von denen allerdings alle bis auf fünf im Säuglingsalter starben, was vielleicht auf die problematischen rezessiven Gene der Bruder-Schwester-Ehe zurückzuführen war. Der griechische Historiker Ktesias, der als Leibarzt der königlichen Familie im Palast lebte, schilderte Parysatis als eine mächtige Frau und Dareios' wichtigste Ratgeberin in politischen Angelegenheiten. Königin Parysatis verstand es, jeden, der eine Bedrohung für Dareios' Herrschaft darstellte, zu identifizieren und auszuschalten.

Wenn in der Antike ein neuer König den Thron bestieg, stellten rivalisierende Nationen gewöhnlich seine Stärke auf die Probe. Das Gleiche galt für die Länder innerhalb des ausgedehnten Achämenidenreiches. Sie revoltierten häufig, selbst wenn ein legitimer König gekrönt wurde. Als Dareios II. den Thron bestieg, indem er seinen Bruder ermordete, der seinen einzigen legitimen Bruder ermordet hatte, zögerte das Reich zunächst, ihn als rechtmäßigen Herrscher zu akzeptieren.

Verschiedene Provinzen revoltierten, darunter die Ägypter unter Amyrtaeus, der die achtundzwanzigste Dynastie Ägyptens begründete. (Amyrtaeus war ihr einziger Pharao.) Ägypten vertrieb die Perser erfolgreich aus dem Nildelta, das für das Achämenidenreich eine wichtige Getreidequelle und ein wichtiges Handelszentrum war. Sogar Dareios' eigener Bruder Arsites rebellierte gegen ihn und verbündete sich mit den Griechen. Dareios bestach die Griechen, um Arsites auszuliefern, und versprach, sein Leben zu schonen, aber Königin Parysatis überzeugte ihn, ihn in die Asche zu werfen, damit er erstickte.

Der Sohn von König Dareios II., Artaxerxes II., heiratete Stateira, die Tochter eines bedeutenden Adligen, und ihr Bruder Terituchmes heiratete Dareios' Tochter Amestris. Terituchmes liebte jedoch seine schöne Halbschwester Roxana, eine Kriegerin mit hervorragenden Fähigkeiten im Speerwurf und Bogenschießen. Er wollte seine Schwester heiraten, aber er war bereits mit der Königstochter verheiratet, und so verschwor er sich mit dreihundert Komplizen, um Amestris zu ermorden und die Herrschaft über das Reich zu übernehmen.

König Dareios erfuhr von dem Komplott und beauftragte seinen Freund Udiastes, Terituchmes zu ermorden. Königin Parysatis ordnete die Hinrichtung von Roxana und dem Rest von Terituchmes' Familie an, einschließlich aller Frauen außer ihrer Schwiegertochter Stateira. Sie verschonte Stateira, weil Artaxerxes II. sie sehr liebte und um ihr Leben flehte, aber Dareios warnte Parysatis, dass sie diese Entscheidung später bereuen würde.

Während Mord und Chaos die königliche Familie erschütterten, öffneten die Ereignisse in Griechenland den Persern die Tür. Sie hegten immer noch den Wunsch, Athen zu vernichten. Alles drehte sich um den gutaussehenden, schillernden und verwegenen General Alkibiades, der beschuldigt wurde, die heiligen Statuen in Athen geschändet zu haben. Alkibiades floh nach Sparta, um einem Todesurteil zu entgehen, machte sich aber bald bei Spartas König Agis unbeliebt, weil er eine Affäre mit dessen Frau hatte.

Alkibiades floh daraufhin nach Ionien und stellte sich unter den Schutz des persischen Satrapen Tissaphernes. Er führte einen Staatsstreich in Athen an, der die Demokratie abschaffte und sie 410 v. u. Z. durch eine Oligarchie (Regierungsrat) von vierhundert Männern ersetzte. Die demokratisch gesinnte Flotte Athens lag jedoch in Samos in Ionien vor Anker und weigerte sich, die neue Regierung zu akzeptieren. Ohne von seinen politischen Machenschaften zu wissen, ernannten die Matrosen Alkibiades zu ihrem Befehlshaber. Er führte die abtrünnige Flotte im Triumph über die spartanisch-persische Flotte am Hellespont in der Schlacht von Kyzikos an.

Den Persern schwirrte der Kopf. War Alkibiades nicht ihr Verbündeter? Mehr als alles andere war Alkibiades ein Opportunist, seine einzige Loyalität galt ihm selbst. Bevor das Achämenidenreich wusste, was geschah, hatte der Sieg in Ionien die Athener dazu veranlasst, die Oligarchen zu vertreiben und die Demokratie wiederherzustellen. Sie segelten über die Ägäis und brachten die Ionier wieder unter die Kontrolle des athenischen Reiches. Zu diesem Zeitpunkt trat Dareios II. auf den Plan und erwies sich als hervorragender Oberbefehlshaber.

Wie schon sein Vater vor ihm unterstützte Dareios Sparta finanziell. Er beauftragte seine Phönizier mit dem Bau von Kriegsschiffen, um die spartanische Flotte aufzufüllen, während er mit seiner eigenen Flotte den größten Teil der ionischen Stadtstaaten zurückeroberte. Dieser Schritt bedeutete den endgültigen Bruch des Kalliasfriedens. Der zweite Sohn von Dareios II., Kyros (der Jüngere), schloss während dieses Feldzugs ein Abkommen mit General Lysander von Sparta. Er half Sparta gegen Athen, indem er Lysander mit seinen Einkünften aus Anatolien unterstützte. Kyros half dabei, Lysander zum Herrscher eines gemeinsamen Griechenlands zu machen, als Gegenleistung für die Unterstützung bei einem geplanten Staatsstreich gegen seinen älteren Bruder nach dem Tod seines Vaters.

Lysander und seine zweihundert Schiffe, die von Persien zur Verfügung gestellt worden waren, sowie seine spartanische Flotte stellten 405 v. u. Z. die Athener am Hellespont in der Seeschlacht von Aegospotami. Die ahnungslosen Athener hatten ihre Schiffe an Land gezogen, um die Rümpfe zu trocknen, die nach einiger Zeit durchnässt waren. Sie wussten, dass Lysander in der Nähe war, aber er hatte sich die letzten beiden Male nicht auf einen Kampf eingelassen, so dass sie sich keine allzu großen Sorgen machten. Doch dann griff Lysander plötzlich an, tötete dreitausend Seeleute und brachte ihre Flotte auf oder zerstörte sie – nur sechs Schiffe entkamen.

Lysander segelte dann nach Griechenland und belagerte Athen, bis es sich ergab. Der Peloponnesische Krieg in Griechenland wurde durch persische Einmischung ausgelöst und durch persische Einmischung beendet – mit Sparta als Sieger. Die Athener übergaben ihre Flotte und lösten ihr Reich auf. Lysander riss die Befestigungsmauern Athens nieder, und Sparta verlangte einen enormen Tribut. Athen stellte keine Bedrohung für das Achämenidenreich dar, bis Philipp II. und sein Sohn, Alexander der Große, Jahrzehnte später Griechenland vereinigten.

Gerade als der Peloponnesische Krieg endete, erkrankte Dareios II. in Babylon. Er starb 404 v. u. Z., und sein ältester Sohn Artaxerxes II. wurde sein Nachfolger. Es kamen jedoch glaubwürdige Gerüchte auf, dass Dareios' zweiter Sohn, Kyros der Jüngere, plante, Artaxerxes II. zu töten und den Thron zu usurpieren. Kyros wurde verhaftet, doch seine Mutter, Parysatis, verteidigte ihren Lieblingssohn standhaft und erreichte, dass die Anklage fallen gelassen wurde. Kyros zog sich in seine Satrapie Lydien und Ionien zurück, bis sich die Lage in Persien wieder beruhigt hatte. Die Gerüchte trafen natürlich zu. Aber Kyros wartete ab, bis Artaxerxes' Wachsamkeit nachließ und die Umstände für seinen Sturz reif waren.

Kyros der Jüngere stellte ein großes Heer von etwa dreiundzwanzigtausend Mann zusammen, darunter zehntausend griechische Söldner und ein spartanisches Kontingent. Unter dem Vorwand, einen Feldzug gegen den Stamm der Pisidier im Taurusgebirge zu führen, marschierte er stattdessen nach Südosten, bevor Artaxerxes II. erkannte, was geschah, und Truppen zusammenstellte, um ihm in Babylonien entgegenzutreten. Als die Truppen gegeneinander antraten, bestand Kyros' Hauptziel nicht darin, die gegnerische Seite zu besiegen, sondern seinen Bruder zu töten. Wenn Artaxerxes tot war, konnte er den Thron besteigen.

Zu diesem Zweck befahl Kyros seinem griechischen Befehlshaber Klearchos, seine Männer in die Mitte zu verlegen, gegenüber von Artaxerxes. Dies widersprach der klassischen griechischen Phalanx-Formation, bei der die stärksten Kräfte auf jeder Seite standen, insbesondere auf der rechten Flanke. Aus Angst, die Perser könnten sie überrumpeln, ignorierte Klearchos den Befehl von Kyros. Kyros, der nur über eine dünne Unterstützung in der Mitte verfügte, stürmte auf seinen Bruder zu, wurde aber niedergeschlagen, bevor er ihn töten konnte. Artaxerxes II. war nun der unangefochtene König des Achämenidenreiches.

Kapitel 10: Artaxerxes II.

„Ein Waffenstillstand!", zischte Lysander, als er zusah, wie die mächtige persische Brigade mit ihren Kriegsrossen ankam. „Drei Monate, hat er gesagt! Ich führe Verhandlungen wegen der Unabhängigkeit Griechenlands in Ionien, hat er gesagt! Stattdessen hat er seine Bewaffnung verdoppelt."

Der persische Satrap Tissaphernes stolzierte zu Lysander und Spartas König Agesilaos herüber. „König Agesilaos, ich befehle Euch, Asien sofort zu verlassen oder Euch auf den Krieg vorzubereiten!"

Die Spartaner blickten finster drein ob Tissaphernes' Doppelzüngigkeit. Welche Chance hatte ihre spärliche Streitmacht von achttausend Mann? Aber König Agesilaos war unerschrocken, geradezu fröhlich. „Tissaphernes, ich bin Euch zu Dank verpflichtet! Indem Ihr einen Meineid begangen habt, habt Ihr die Feindseligkeit des Himmels auf euch selbst gezogen. Jetzt werden uns Griechen die Götter zulächeln."

Der Kampf um die ionisch-griechischen Kolonien leitete ein weiteres Kapitel im Verhältnis zwischen Persien und Sparta ein, in dem sie sich von Verbündeten zu Feinden und wieder zu Verbündeten wandelten. Artaxerxes II. regierte fünfundvierzig Jahre lang und konzentrierte sich auf Infrastruktur- und Bauprojekte, während er ein reges Familienleben führte, zu dem mehr als dreihundert Konkubinen und über hundert Söhne gehörten. Plutarch sagte, er habe sogar eine (oder mehrere) seiner Töchter geheiratet, aber die griechischen Historiker liebten es, ihren Geschichten Dramen und Skandale hinzuzufügen, die sich möglicherweise ereignet hatten oder auch nicht. Artaxerxes musste sich mit einem weiteren ägyptischen Aufstand und einer Rebellion seiner

Satrapien auseinandersetzen, und er konnte nicht widerstehen, sich in die anhaltenden Konflikte Griechenlands einzumischen.

Diese Goldmünze (Dareikos) zeigt Artaxerxes II."

Nachdem Persiens Verbündeter Sparta Athen pulverisiert hatte, trat Sparta an die Stelle Athens als beherrschende Macht der griechischen Welt. Lysander tauschte die demokratischen Regierungen in den griechischen Stadtstaaten gegen Oligarchien aus, die jeweils von einem ihm treu ergebenen spartanischen Militärgouverneur geführt wurden. Er baute im Grunde ein persönliches Imperium auf. Athen lehnte sich gegen Lysanders Oligarchie der „Dreißig Tyrannen" auf und verlor. Aber König Pausanias von Sparta erlaubte Athen, seine Demokratie wiederaufzunehmen, und zügelte Lysanders unkontrolliertes Machtspiel.

Artaxerxes' Vater Dareios hatte sich mit Sparta gegen Athen verbündet und 412 v. u. Z. die meisten ionischen Stadtstaaten erobert, wobei Persien die Oberherrschaft innehatte. Artaxerxes II. war sehr verärgert darüber, dass Sparta Männer entsandt hatte, um den gescheiterten Staatsstreich von Kyros dem Jüngeren zu unterstützen. Schlimmer noch: Sparta stiftete einen Aufstand der ionischen Griechen gegen das Achämenidenreich an. Die ständigen Kriege hatten Spartas Krieger dezimiert, und nur dreißig konnten sich den Widerstandskämpfern anschließen. Aber Spartas neuer König Agesilaos und Lysander stellten eine Armee von zweitausend frisch befreiten Heloten und sechstausend Griechen aus verbündeten Stadtstaaten zusammen.

Lysander war in seinem Element, als sie 396 v. u. Z. an der ionischen Küste ankamen. Er hatte dort den Großteil seiner militärischen Karriere verbracht und die meisten der spartanischen Führer ernannt. König Agesilaos fühlte sich bevormundet und in den Schatten gestellt und beschloss, Lysander nach Abschluss des Feldzugs in Ephesos zurückzulassen, weit weg von Sparta. In Ionien forderte der persische Gouverneur Tissaphernes einen dreimonatigen Waffenstillstand, während er Botschafter zu Artaxerxes II entsandte, um die Unabhängigkeit der ionisch-griechischen Stadtstaaten zu auszuhandeln.

Xenophon, ein Athener, der sich als Söldner bei Agesilaos verpflichtet hatte, sagte, der spartanische König stimme dem Waffenstillstand zu. Obwohl er wusste, dass Tissaphernes ihn hintergangen hatte, indem er nach Verstärkungen schickte, hielt er seinen Teil der Abmachung ein. Als Tissaphernes den spartanischen Truppen befahl, Asien sofort zu verlassen, befahl Agesilaos zuversichtlich, sich auf die Schlacht vorzubereiten und alarmierte die ionischen Griechen in der Gegend, sich auf den Krieg vorzubereiten. Er schickte Depeschen zu den übrigen griechischen Stadtstaaten in Asien, damit diese ihre Regimenter schickten.

In der Erwartung, dass die spartanischen Truppen sein Hauptquartier in Karien angreifen würden, verlegte Tissaphernes seine Infanterie dorthin und stationierte seine Kavallerie am Fluss Mäander. Aber Agesilaos führte seine Armee in die entgegengesetzte Richtung, plünderte die Region Sardes und häufte Schätze an. Es dauerte drei Tage, bis Tissaphernes erkannte, dass Agesilaos nicht nach Karien kommen würde. Dann marschierte er nach Sardes. Diese Verzögerung gab den Spartanern Zeit, einen Hinterhalt zu legen. Sie töteten sechshundert Perser und schlugen den Rest in die Flucht.

Der verärgerte Artaxerxes ließ Tissaphernes enthaupten und ersetzte ihn durch seinen Wesir Tithraustes, der neue Friedensbedingungen anbot. Tithraustes sagte, die ionischen Stadtstaaten könnten autonom regieren, wenn sie Artaxerxes Tribut zahlten. Er gab Agesilaos dreißig Talente, damit er das Gebiet verließ. Doch dann bestach Tithraustes Theben und Korinth, ehemalige Verbündete Spartas, die über Spartas imperialistische Herrschaft verärgert waren, gegen Sparta zu kämpfen. Ein anderer persischer Satrap, Pharnabazos, besuchte Griechenland ebenfalls, um die Stadtstaaten für einen Krieg gegen Sparta zu bestechen. Die Bestechung funktionierte und der Korinthische Krieg tobte acht Jahre lang und lenkte Sparta von Ionien ab.

Theben verbündete sich mit Athen, und Sparta rief Lysander aus Asien zurück. Er sollte Verbündete aus Nordgriechenland mitbringen und sich mit König Pausanias von Sparta in Südgriechenland treffen, um Haliartos, die Schwesterstadt Thebens, zu belagern. Lysander traf als Erster ein, ohne zu wissen, dass thebanische Truppen in der Nähe waren, und griff Haliartos an, ohne auf Pausanias zu warten. Die Thebaner griffen von hinten an und töteten Lysander, woraufhin die Spartaner mit den Thebanern auf den Fersen flohen. Mit einer ihrer Lieblingstaktiken, dem plötzlichen Anhalten und Herumwirbeln, überraschten die Spartaner die Thebaner und töteten viele von ihnen. Dennoch gelang es ihnen nicht, Haliartos einzunehmen, und auch Pausanias gelang es nicht, als er schließlich eintraf.

Die Spartaner verbannten König Pausanias, weil er zu spät zur Schlacht gekommen war. Sein junger Sohn Agesipolis wurde gemeinsam mit Agesilaos, den die Spartaner aus Ionien zurückriefen, König. Während Agesilaos auf dem Landweg zurückmarschierte, segelte seine Flotte unter dem Kommando seines Schwagers Peisandros von Knidos im Südwesten Ioniens zurück nach Griechenland. Doch seine Flotte wurde plötzlich von einer persisch-phönizischen Flotte unter dem Kommando von Pharnabazos und einer athenischen Flotte unter dem Kommando von General Konon angegriffen.

Die in Panik geratene spartanische Flotte änderte ihren Kurs, lief auf Grund und ließ ihre Schiffe zurück, um zu fliehen, wobei sie von ihren Verfolgern niedergemacht wurde. Die Perser und Athener erbeuteten fünfzig Schiffe und töteten Peisandros. Diese Katastrophe bedeutete das Ende der Flotte Spartas und seiner Vorherrschaft über die anderen griechischen Stadtstaaten, die bald darauf von Athen zurückerobert wurden. Konon und Pharnabazos segelten nach Südgriechenland, um die Küste des Peloponnes zu überfallen. Pharnabazos finanzierte den Wiederaufbau der langen Mauern von Athen als Dank für die Unterstützung des persischen Feldzugs.

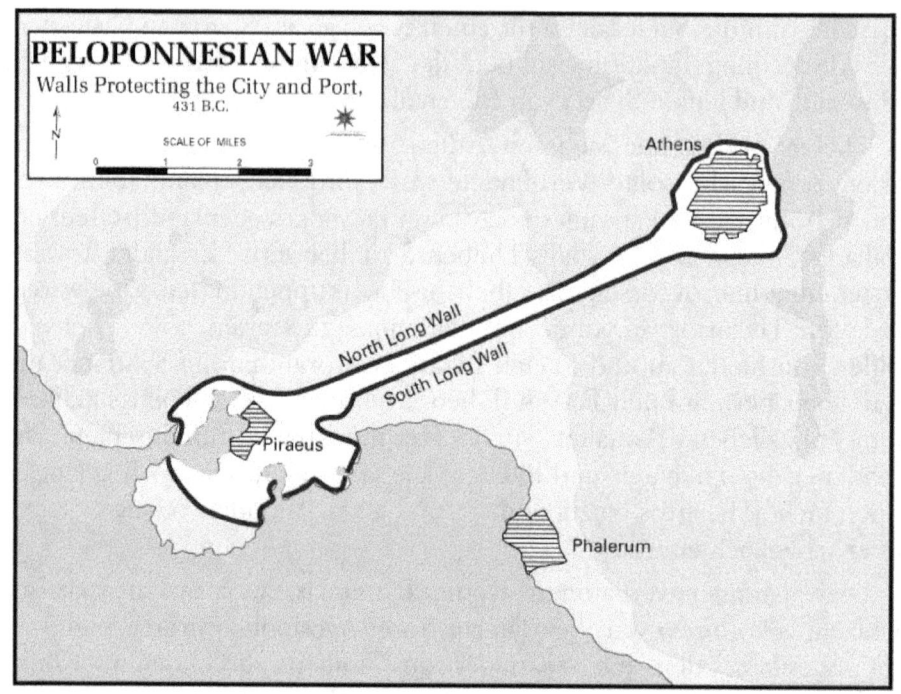

Die Mauern umgaben Athen und reichten sieben Meilen bis zum Hafen von Piräus.⁸⁵

Als König Agesilaos nach Sparta zurückmarschierte, griff plötzlich eine Koalition aus Athenern, Korinthern, Thebanern und anderen Griechen an. Beide Seiten stellten sich in Phalanx auf dem Schlachtfeld auf, aber anstatt stetig auf ihre Gegner zuzumarschieren, rannten die Spartaner auf die Koalitionstruppen zu, was diese so entmutigte, dass sie die Flucht antraten. Nun, alle außer den Thebanern, die die spartanische Phalanx umzingelten und ihr Lager plünderten. Die Spartaner drehten um und griffen die Thebaner an. Anstatt zu fliehen, versuchten die Thebaner, *durch* die spartanische Phalanx *hindurchzulaufen*, um sich ihren Verbündeten anzuschließen. Dieser selbstmörderische Fehler kostete sechshundert Thebaner das Leben.

Durch den Einfluss von König Artaxerxes beendete der Frieden des Antalkidas 387 v. u. Z. den Korinthischen Krieg. Persien war nun wieder mit Sparta befreundet und gab sein Bündnis mit Athen auf. Da Athen nicht bereit war, an den Verhandlungstisch zu kommen, bewachten die Spartaner die Meerenge der Dardanellen und ließen keine Getreidelieferungen nach Athen gelangen, bis die Stadt kapitulierte. Persien behielt die Souveränität über die ionisch-griechischen Stadtstaaten, und die übrigen griechischen Stadtstaaten erhielten ihre autonome Herrschaft zurück. Artaxerxes garantierte den Vertrag und versprach, seinen Zorn über jeden auszuschütten, der die Bedingungen nicht einhielt.

Die Region des Nildeltas in Nordägypten hatte sich gegen Dareios II., den Vater von Artaxerxes, aufgelehnt, dem es nicht gelang, sie zurückzuerobern. In dem Jahr, in dem Dareios starb, krönte sich Amyrtaios, der Anführer der ägyptischen Revolte, zum Pharao von Ägypten. Doch während Artaxerxes eine Streitmacht für den Einmarsch in Ägypten bereitstellte, wurde er durch den versuchten Staatsstreich seines Bruders abgelenkt und ließ sich in den griechischen Konflikt verwickeln. Nachdem er die Griechen auf Linie gebracht hatte, konzentrierte sich Artaxerxes auf Ägypten.

Kurz nachdem er den Frieden mit Antalkidas geschlossen hatte, schickte Artaxerxes II. eine Armee nach Ägypten. Seine Satrapen Tithraustes und Pharnabazos hatten ihm im Griechenlandkonflikt gute Dienste geleistet, und so schickte er sie zusammen mit Abrocomas, dem Satrapen von Syrien, um Ägypten wieder unter seine Kontrolle zu bringen. Artaxerxes startete den Feldzug mit 200.000 persischen Soldaten, 500 Schiffen und 12.000 griechischen Söldnern.

Die ägyptischen Ingenieure machten sich an die Arbeit und hinderten die Perser daran, den Nil und seine Nebenflüsse hinaufzufahren, indem sie die Flüsse aufstauten. Sie behinderten die persische Infanterie, indem sie Felder überfluteten, über die diese marschieren musste. Daraufhin kam es zu Unstimmigkeiten zwischen Pharnabazos und den griechischen Söldnern. Schließlich trat der Nil über die Ufer, und die Ägypter verdoppelten ihre Entschlossenheit, ihr Land zu verteidigen.

Nach drei Jahren brutalen Widerstands durch die unnachgiebigen Ägypter zogen sich die persischen Truppen in Schimpf und Schande zurück. Ägypten war nun autonom und wurde von mehreren ägyptischen Dynastien regiert, bis Artaxerxes' II. Sohn, Artaxerxes III., es schließlich zurückeroberte. Die Ägypter wehrten sich nicht nur erfolgreich gegen die Perser, sondern zettelten auch Aufstände in anderen Satrapien des Achämenidenreiches an. Drei aufeinanderfolgende Pharaonen - Nektanebo I., Tachos und Nektanebo II. - unterstützten mehrere Satrapien bei dem Versuch, sich vom Achämenidenreich zu lösen.

Der erste Satrap (Statthalter), der sich 372 v. u. Z. auflehnte, war Datames, der einst Leibwächter von Artaxerxes gewesen war und sich im Kampf ausgezeichnet hatte. Artaxerxes ernannte ihn zum Satrapen von

Kappadokien, als sein Vater, der vorherige Satrap, starb. Er diente Artaxerxes treu und erhielt von ihm den Auftrag, Ägypten zurückzuerobern, als Pharnabazos scheiterte. Datames' Feinde am persischen Hof ließen ihn jedoch befürchten, dass er seine Stellung und wahrscheinlich sogar sein Leben verlieren würde. Anstatt in Ägypten einzumarschieren, zog er sich mit seiner Armee nach Kappadokien zurück. Wütend befahl Artaxerxes II. den benachbarten Satrapien Lydien und Lykien, den Aufstand niederzuschlagen, doch sie konnten Datames' Streitkräfte nicht überwältigen.

Ariobarzanes, der Satrap von Phrygien, schloss sich Datames im Jahr 366 v. u. Z. bei seiner Rebellion an. Als sein Bruder Artabazos versuchte, sein Amt einzufordern, weigerte sich Ariobarzanes, es aufzugeben. Ariobarzanes erhielt für seine Rebellion finanzielle Unterstützung von König Agesilaos II. von Sparta. Auch Athen sympathisierte mit seiner Sache. Ariobarzanes wurde jedoch gekreuzigt, nachdem sein Sohn Mithridates ihn an Artaxerxes verraten hatte.

Orontes I. war Satrap von Armenien und Schwiegersohn von Artaxerxes II., da er dessen Tochter Rhodogune heiratete. Artaxerxes war unzufrieden mit einer militärischen Expedition, die Orontes nach Zypern geführt hatte, entließ ihn aus der armenischen Satrapie und schickte ihn nach Mysien in der nordwestlichen Türkei. Orontes stellte ein Söldnerheer zusammen und schloss sich mit Datames und Ariobarzanes zusammen, verriet sie dann aber an Artaxerxes in der Erwartung, von seinem Schwiegervater entlastet und belohnt zu werden.

Ein weiterer Rebell war Rheomithres, der sich 362 v. u. Z. dem Aufstand anschloss. Er wurde von seinen Gefolgsleuten nach Ägypten geschickt, um den ägyptischen Pharao Tachos um Hilfe zu bitten. Er kehrte mit fünfzig Schiffen und fünfhundert Talenten zurück. Er war der Held des Aufstands, bis er, wie Orontes, seine Mitverschwörer verriet, sie in Ketten legte und sie zu Artaxerxes schickte. Datames und viele andere Aufständische starben 362 v. u. Z. in der Schlacht, aber Artaxerxes begnadigte die meisten Überlebenden.

In der Zwischenzeit erlebte Athen ein Comeback in Griechenland, nachdem man erkannt hatte, dass vergangene Fehleinschätzungen die Stadt fast in den Untergang geführt hatten. Im Jahr 378 v. u. Z. riefen sie den Zweiten Athenischen Bund ins Leben, der sich jedoch erheblich vom Ersten unterschied. Alle Stadtstaaten, die Mitglied waren, behielten in diesem dezentralen Bündnis ihre lokale Autonomie. Athen förderte demokratische Regierungen, und jedes Mitglied eines Stadtstaates hatte das gleiche Stimmrecht. Dieser unauffällige Ansatz begann, die Macht Spartas zu brechen.

Sparta brach den Frieden des Antalkidas nur fünf Jahre nach dessen Inkrafttreten, indem es 382 v. u. Z. eine spartanische Garnison in Theben aufstellte, weil es die expandierende Herrschaft Thebens unterdrücken wollte. Artaxerxes griff zu dieser Zeit nicht ein, wahrscheinlich wegen seines Engagements in Ägypten. General Pelopidas und andere thebanische Regierungschefs flohen nach Athen und schmiedeten Pläne, wie sie Spartas Herrschaft stürzen könnten. General Epaminondas blieb in Theben zurück und bildete die jungen Männer der Stadt heimlich in der Kriegsführung aus.

Drei Jahre später drangen ein Dutzend Exulanten, darunter Pelopidas, heimlich wieder in Theben ein, töteten mit Hilfe der jungen Männer die von Sparta eingesetzte Oligarchie und umzingelten die spartanische Festung. Die Spartaner kapitulierten und verließen Theben unversehrt, doch dies löste einen Krieg zwischen den beiden Stadtstaaten aus. Sparta griff die Region innerhalb von sieben Jahren dreimal an. Theben vermied größere Konfrontationen und ging mit Guerillataktiken gegen Sparta vor. Gleichzeitig bildete Thebens militärischer Führer Gorgidas die aus dreihundert Vollzeitkriegern bestehende „Heilige Bande" in Militärtaktik, Waffentechnik und Reitkunst aus.

In der gewaltigen Schlacht von Leuktra im Jahr 371 v. u. Z. konnte Theben die Macht Spartas über Griechenland entscheidend brechen. Sie endete fast in einer Katastrophe für Theben, als die Spartaner die Stadt nach einem schnellen Marsch nach Norden überraschten. Als die Thebaner merkten, dass die Spartaner kamen, hatten sie kaum Zeit, sich zu versammeln, um ihre nur sieben Meilen entfernte Stadt zu verteidigen. Die Spartaner waren der thebanischen Infanterie zahlenmäßig überlegen, doch die Thebaner setzten eine innovative Phalanx-Formation ein und schlugen die Spartaner zurück. Dieser außergewöhnliche und unerwartete Sieg erhob Theben zur neuen vorherrschenden Macht in Griechenland.

Artaxerxes schaltete sich schließlich ein und schickte Delegierte nach Delphi, um den *Allgemeinen Frieden* zwischen Sparta und Theben zu schließen. Die Verhandlungen scheiterten jedoch, als Theben sich weigerte, Spartas historisches Gebiet Messenien, das zwischen Theben und dem Meer lag, zurückzugeben. Daraufhin finanzierte der persische Delegierte Philikos, der ein Machtgleichgewicht zwischen Theben, Sparta und Athen anstrebte, eine neue Armee für Sparta, indem er zweitausend Söldner anheuerte.

Im Jahr 367 v. u. Z. schickten mehrere griechische Stadtstaaten Abgesandte zu Artaxerxes II. und versuchten, seine Unterstützung zu gewinnen. Artaxerxes schlug einen neuen Friedensvertrag vor, in dem Messenien unabhängig werden sollte und Athen seine Flotte aufgeben musste. Diese Idee gefiel niemandem in Griechenland, außer den Thebanern. Sparta und Athen beschlossen, die aufständischen persischen Satrapen zu unterstützen, um das Achämenidenreich zu destabilisieren, und schickten Truppen zur Unterstützung von Ariobarzanes in Phrygien. Athen schickte auch dem Pharao Tachos in Ägypten militärische Unterstützung.

Die Folgen der verpatzten Friedensverhandlungen von Artaxerxes II. führten nicht nur zu Problemen innerhalb seines eigenen Reiches, sondern auch zu einem explosionsartigen Anstieg der Macht der Thebaner, die mit ihren neuen Phalanxmanövern und ihren furchterregenden Langspeeren zahlreiche Schlachten gewannen. Sie kontrollierten große Teile des Peloponnes und fielen in Makedonien ein, wo sie den Königssohn Philipp II. als Geisel nahmen. Sie ahnten nicht, dass der Junge ihre militärischen Taktiken erlernen und sie dann als Erwachsener überwältigen würde. Und nicht nur das: Er würde auch seinen Sohn Alexander ausbilden, der eines Tages das Achämenidenreich erobern sollte.

Die Mütter der Königinnen und die Hauptfrauen der achämenidischen Könige übten erheblichen Einfluss auf ihre Söhne und Ehemänner aus. Der König nahm seine Mahlzeiten gewöhnlich mit der einen oder anderen ein, und Nehemia, der Mundschenk von Artaxerxes I., erwähnt, dass die Königin neben ihrem Mann saß. Die prominenten königlichen Frauen waren nicht irgendwo in einem Harem versteckt, sondern nahmen aktiv am Hofleben teil. Mehrere Historiker berichten, dass die königlichen Frauen die persischen Könige auf ihren Feldzügen begleiteten. Später in der Geschichte nahm Alexander der Große die Mutter, die Frau und die Töchter von König Dareios III. in seinem Lager neben dem Schlachtfeld gefangen.

Die willensstarke Mutter von Artaxerxes II., Parysatis, war die wichtigste Beraterin seines Vaters gewesen, und sie übte weiterhin Einfluss auf Artaxerxes aus, was sie in eine Rivalität mit seiner geliebten Frau Stateira brachte. Stateira verkehrte mit dem einfachen Volk, was sie bei den Bürgern des Reiches beliebt machte. Aus bitterer Eifersucht ermutigte Parysatis Artaxerxes, sich viele Konkubinen zu nehmen, und ließ keine Gelegenheit aus, Stateira zu beleidigen. Schließlich ermordete sie Stateira, indem sie die eine Seite eines Messers mit Gift bestrich und einen kleinen gebratenen Vogel in zwei Hälften schnitt. Sie bot Stateira die Seite an, die das Gift berührt hatte, während sie die andere Hälfte aß. Artaxerxes konnte seine mächtige Mutter nicht bestrafen, aber er folterte ihre Eunuchen und ließ den Diener hinrichten, der ihr bei dem Mord geholfen hatte.

Artaxerxes II. widmete sich eifrig Bauprojekten im ganzen Reich, insbesondere in Persien. Er restaurierte den prächtigen Palast in Susa, den Dareios I. errichtet hatte, und baute die Befestigungsanlagen von Susa wieder auf. In der Stadt Ekbatana in Medien errichtete er eine neue Apadana, seine große Audienzhalle, die mit bezaubernden Säulen gesäumt war, die ein Dach trugen. Drei ihrer vier Seiten waren offen, es war eine Art kunstvolle Veranda. Außerdem schmückte er Ekbatana mit reizvollen Skulpturen. Im ganzen Reich ließ er zahlreiche Tempel für die Göttin Anahita errichten und – typisch für die persischen Könige – sein eigenes Grabmal in Persepolis bauen. Es enthielt ein Flachrelief von ihm selbst und Vertretern aller Ethnien seines weit verzweigten Reiches.

Diese Darstellung der Apadana von Persepolis könnte ein Spiegelbild derjenigen von Ekbatana sein. [86]

Plutarch zufolge wollte Artaxerxes die Nachfolgefrage vor seinem Tod regeln, damit sein Erbe nicht einen Putschversuch wie er selbst durch seine Bruder Kyros erleiden musste.[i] Sein ältester Sohn aus der Ehe mit seiner Königin war Dareios, aber sein jüngerer Sohn Ochos schmiedete einen Plan, um die Ernennung seines Vaters zum Kronprinzen zu erreichen. Er machte seiner Halbschwester Atossa, der Lieblingstochter des Artaxerxes, den Hof, weil er dachte, sein Vater würde sie als nächste Königin wollen. Doch Artaxerxes ernannte seinen fünfzigjährigen Sohn Dareios zum Thronfolger.

Doch dann bat Dareios seinen Vater um die Hand Aspasias, die die Gemahlin von Kyros dem Jüngeren gewesen war. Artaxerxes fand dies unangemessen und ernannte Aspasia zur Priesterin der Anahita, was bedeutete, dass sie für den Rest ihres Lebens sexuell keusch sein musste. In seiner Verzweiflung schloss sich Dareios einigen Verschwörern an, die ein Attentat auf Artaxerxes in dessen Bett planten. Als der König von dem Komplott erfuhr, entkam er, indem er sich in ein verborgenes Zimmer hinter seinem Bett schlich. Er befahl, Dareios zu enthaupten.

Nach dem Tod von Dareios hatte Ochos neue Hoffnungen, Kronprinz zu werden, aber er hatte immer noch zwei Rivalen. Ariaspes war der einzige verbliebene Sohn von Königin Stateira, und Arsames war der Sohn einer Konkubine, aber der Liebling seines Vaters. Ochos gaukelte Ariaspes vor, sein Vater wolle ihn töten, und in seiner Verzweiflung beging er Selbstmord. Artaxerxes weinte um Ariaspes und verdächtigte Ochos, konnte es aber nicht beweisen. Daraufhin tötete Ochos Arsames, und Artaxerxes II., der bereits dem Tode nahe war, starb 358 v. u. Z. vor Kummer.

---

[i] Plutarch, *The Parallel Lives: The Life of Artaxerxes* (The Loeb Classical Library edition) https://penelope.uchicago.edu/Thayer/E/Roman/Texts/Plutarch/Lives/Artaxerxes*.html

Kapitel 11: Artaxerxes III. und die zweite Eroberung Ägyptens

Nachdem er auf seinem blutigen Weg zum Thron die aussichtsreichsten Anwärter ausgeschaltet hatte, nahm Ochos 358 v. u. Z. die Krone an und trug den Thronnamen Artaxerxes III. Der makedonische Historiker Polyainos sagte, Ochos habe gemeinsam mit den Eunuchen, Verwaltern und Wachen des Palastes den Tod seines Vaters zehn Monate lang geheim gehalten, um seine Herrschaft zu festigen. In der Zwischenzeit fälschte er Briefe, angeblich von seinem Vater, in denen Ochos als Erbe genannt wurde. Sobald Ochos' Untertanen ihn als König anerkannten, kündigte er den Tod von Artaxerxes II. an und rief eine Trauerzeit aus. Dennoch hatte er immer noch über hundert Brüder, die ihn herausfordern konnten. Laut dem römischen Historiker Justin massakrierte er die meisten königlichen Männer – achtzig an einem Tag. Er tötete sogar einige seiner Schwestern.

Ein Jahr vor diesem Blutbad bestieg Philipp II. den Thron von Makedonien, einem ausgedehnten Land nördlich von Griechenland mit wenig Bedeutung oder Macht. Durch eine Reihe von Attentaten innerhalb der königlichen Familie war es in Aufruhr geraten und stand vor der Auslöschung durch seine starken und kriegerischen Nachbarn. Philip verbrachte seine Jugend als Geisel in Theben und kehrte dann nach Makedonien zurück, bestens geschult in taktischen Fertigkeiten und bereit, seinem Militär neue Strategien beizubringen.

Er führte seine tödliche neue Waffe vor, die Sarissa, eine riesige Lanze mit einer Länge von bis zu sechs Metern und einem Gewicht von über fünf Kilo. Philip setzte die Sarissen in seiner furchterregenden neuen Phalanx-Formation ein. Die Ausbildung seiner Armee war der erste Schritt in seinem atemberaubenden Plan, ganz Griechenland zu verschlingen. Aber das war nur der Anfang seiner Ambitionen. Sein ultimatives Ziel war es, mit einer massiven griechischen Koalitionsarmee das Achämenidenreich zu überwältigen und dessen nächster König zu werden. Konnte Artaxerxes III. (Ochos) der Herausforderung standhalten?

Plutarch sagte über Artaxerxes III: „An Grausamkeit und Blutgier übertraf er alle." Die alten Berichte über Artaxerxes III. stimmen darin überein, dass er das personifizierte Böse war. Der moderne Historiker Leo Mildenberg argumentiert jedoch, dass Artaxerxes III. in der Antike das Opfer schlechter Presse war. Er weist darauf hin, dass Artaxerxes III. ein relativ gütiger Herrscher war, nachdem er seine Nachfolge geregelt hatte. Der energiegeladene Artaxerxes III. stärkte das Reich, indem er sein einstiges Ansehen und seine Macht zurückerlangte. Kunst, Architektur und Münzprägung erlebten während seiner Regierungszeit eine kulturelle Renaissance, die von wirtschaftlichem Wohlstand begleitet wurden.[i]

Artaxerxes Ochos brachte dem Reich neues Vertrauen und Stabilität und sorgte für eine Zunahme des lokalen Handels und des Außenhandels. Während seiner Herrschaft erlahmte die griechische Wirtschaft, während der achämenidische Handel in der westlichen Ägäis und im Mittelmeer florierte. Der Athener Redner Isokrates drängte Philipp II. vehement, in das achämenidische Reich einzumarschieren und stöhnte: „Den Barbaren geht es besser als den Griechen." (Die Griechen nannten jeden, der kein griechisches Wort sprach, bárbaros oder „Schwätzer").

Artaxerxes III. regierte sein weitreichendes Reich als Konföderation mit einer zentralen Behörde. Er stärkte die Position der Satrapen über ihre Provinzen fast bis zur politischen Autonomie. Eine positive Eigenschaft war seine Fähigkeit, gegenseitiges Vertrauen mit seinen Satrapen aufzubauen, was dazu beitrug, die Stabilität innerhalb des

---

[i] Leo Mildenberg, „Artaxerxes III Ochus (358 - 338 B.C.): A Note on the Maligned King," *Zeitschrift Des Deutschen Palästina-Vereins (1953-)* 115, no. 2 (1999): 201-27. http://www.jstor.org/stable/27931620.

Reiches aufrechtzuerhalten. Der erste Rebell war Artabazos, der Satrap von Phrygien.

Artabazos' älterer Halbbruder Ariobarzanes hatte sich gegen Artaxerxes II. aufgelehnt, der ihn durch Kreuzigung hinrichten ließ. Die Brüder waren die Söhne von Pharnabazos II., dessen zweite Frau, Apame, die Tochter von Artaxerxes II. war, womit Artabazos der Enkel des Königs war. Artabazos wurde Satrap von Phrygien, doch sein Onkel, König Artaxerxes III., wollte ihn töten lassen. Artabazos stammte väterlicherseits von Dareios dem Großen ab. Da seine Mutter Prinzessin Apame war, betrachtete Artaxerxes ihn als Rivalen um den Thron.

Artabazos erkannte die Gefahr und rebellierte mit Hilfe eines Heeres athenischer Söldner und verbündete sich mit Memnon und Mentor von Rhodos, den Brüdern seiner Frau. Artabazos' Tochter Barsine heiratete ihren Onkel Mentor, nach dessen Tod heiratete sie Memnon. Mit seinen griechischen Verbündeten errang Artabazos 355 v. u. Z. einen überwältigenden Sieg in Phrygien gegen drei benachbarte Satrapen, den die Griechen jubelnd als „zweites Marathon" bezeichneten.

Wutentbrannt forderte Artaxerxes Ochos Athen auf, Artabazos die Unterstützung zu entziehen. Aus Angst vor persischen Vergeltungsmaßnahmen gab Athen nach, so dass Artabazos verzweifelt ein thebanisches Heer von fünftausend Mann rekrutierte, das erneut gegen Artaxerxes' Streitkräfte triumphierte. Artaxerxes III. bestach daraufhin die Söldner des Artabazos und nahm ihn schließlich gefangen. Doch Memnon und Mentor kämpften weiter für Artabazos und konnten ihn befreien.

Artabazos floh mit Memnon und seiner großen Familie nach Makedonien. Philipp II. nahm sie freundlich auf, und Artabazos schloss Freundschaft mit seinem Sohn Alexander (dem Großen). Sie blieben fast ein Jahrzehnt in Makedonien, und mehrere Historiker berichten, dass Artabazos' Tochter Barsine Alexanders Frau oder Geliebte wurde. Ersteres ist unwahrscheinlich, da sie mit Mentor verheiratet war. Dennoch könnte sie Alexanders Geliebte gewesen sein, als Mentor in Ägypten als Söldner für Pharao Nektanebo II. kämpfte. Nachdem sie nach Asien zurückgekehrt war, marschierte Alexander später ein. Er nahm sie zusammen mit der Familie von König Dareios III. gefangen, so dass sie zu dieser Zeit seine Geliebte geworden sein könnte.

Nektanebo schickte Mentor mit viertausend Söldnern in den Kampf für die phönizische Stadt Sidon, die sich gegen Artaxerxes III. aufgelehnt hatte. Mentor war ein außergewöhnlich fähiger General, der zunächst mehrere Siege errang, bis er 346 v. u. Z. von den Persern gefangen genommen wurde. Artaxerxes Ochos schätzte die Lage ab: Er konnte den Aufständischen töten oder sich sein Wissen zunutze machen. Artaxerxes bot Mentor Gnade an und schickte ihn dann zurück nach Ägypten, um auf der Seite der Perser zu kämpfen.

Mentors sensationelle Siege in Ägypten bewirkten die Begnadigung seines Bruders Memnon und seines Schwiegervaters Artabazos. Beide Männer kehrten 342 v. u. Z. nach Asien zurück und informierten Artaxerxes III. über die Pläne Philipps II. zur Invasion des persischen Reiches. Zwölf Jahre später kämpften Artabazos und seine Söhne gegen die makedonisch-griechische Invasion. Nachdem er verloren hatte, ergab sich Artabazos seinem alten Freund Alexander, der ihn zum Berater und Satrap von Baktrien machte.

Mildenberg stellt fest, dass Artaxerxes Ochos gegenüber Artabazos gnädig war. „Ochos musste hinter seinem Vater aufräumen und sich mit den Aufstandsversuchen in den fünfziger Jahren befassen. Die wenigen beteiligten persischen Rebellen flohen ins Ausland oder baten nach ihrem völligen Scheitern in Susa um Begnadigung. Ochos rächte sich in keiner Weise, schon gar nicht an Artabazos, aber moderne Historiker scheinen seine Großzügigkeit immer noch als selbstverständlich zu betrachten."[i]

Der Versuch des Vaters von Artaxerxes Ochos, Ägypten zurückzuerobern, hatte mit einem schmählichen Misserfolg geendet, aber er war entschlossen, sich durchzusetzen. Diodor schrieb, er sei „unkriegerisch" gewesen, also blieb er wahrscheinlich zu Hause, schickte aber seine Generäle 351 v. u. Z. auf einen Feldzug nach Ägypten, wo er sich mit Pharao Nektanebo II. anlegte. Der Pharao hatte jedoch starke Unterstützung durch griechische Söldner und die persischen Streitkräfte waren unerfahren und übervorsichtig. Die achämenidischen Streitkräfte erlitten nach einem Jahr Krieg eine schwere Niederlage und zogen sich zurück. Dennoch war Artaxerxes fest entschlossen, Ägypten zurückzuerobern, zumal sein anfänglicher Misserfolg bei den Phöniziern und Zyprioten Verachtung auslöste, was zu neuen Aufständen führte.[ii]

An der phönizischen Küste des Libanon lag Sidon, eine der ältesten Städte der Welt. Sie ist seit 4000 v. u. Z. ununterbrochen bewohnt.

---

[i] Mildenberg, „Artaxerxes III Ochus," 212.
[ii] Diodorus Siculus, *Library of History*, Volume II: Book XVI, Loeb Classical Library Edition. https://penelope.uchicago.edu/Thayer/E/Roman/Texts/Diodorus_Siculus/16C*.html.

Sidon, das durch seinen Seehandel sehr reich wurde, war mindestens seit dem 8. Jahrhundert v. u. Z. auch für seine Herstellung von Glas und Purpurfarbstoff aus der Meeresschnecke Murex trunculus bekannt. Als Phönizien an Persien fiel, wurde Sidon zum Regierungssitz und militärischen Hauptquartier der Achämeniden in der Region. Die Sidonier waren zunehmend gereizt vom Überlegenheitskomplex der Perser und führten den Rest der Phönizier in einen Unabhängigkeitskampf.

Die Phönizier verbündeten sich mit Pharao Nektanebo von Ägypten gegen ihren gemeinsamen Feind Persien. Als Seefahrernationen verfügten sowohl Ägypten als auch Phönizien über viele Schiffe für eine gemeinsame Flotte, und die Ägypter stellten viertausend griechische Söldner unter der Führung von Mentor. Die Feindseligkeiten gegen die Perser begannen mit der Abholzung des königlichen Parks, den die persischen Könige in Phönizien nutzten. Sie verbrannten die für die persischen Kriege unterhaltenen Lagerhäuser für Pferdefutter und verhafteten die unverschämten persischen Aristokraten, die ihnen das Leben schwergemacht hatten.

Artaxerxes Ochos war wütend über den neuen Aufstand in Phönizien und bereitete sich auf einen Krieg vor, doch dieses Mal würde er seine Männer anführen. Er stellte 300.000 Infanteristen, 30.000 Reiter, 300 Kriegsschiffe und 500 Versorgungsschiffe mit Lebensmitteln, Waffen und Belagerungsmaschinen zusammen. Normalerweise bedienten sich die persischen Könige der Phönizier und Ägypter, um ihre Kriegsschiffe zu bemannen, aber in diesem Fall kämpfte er gegen beide Länder, so dass er auf griechische Söldner angewiesen war. Während Artaxerxes III. von Babylon nach Phönizien marschierte, führten die persischen Satrapen von Syrien und Kilikien ihre gemeinsamen Armeen zum ersten Angriff auf Phönizien. General Mentor schlug sie vernichtend und vertrieb sie.

Unterdessen erklärten sich die neun Städte der großen Insel Zypern vor der Küste des Libanon, inspiriert von Ägypten und Phönizien, für unabhängig von Persien. Empört bat Artaxerxes Idrieus, den Herrscher von Karien an der Südwestküste der Türkei, seine Infanterie und Kavallerie nach Zypern zu schicken. Idrieus schickte vierzig Triremen und achttausend Soldaten nach Zypern, die von Phokion von Athen und dem abgesetzten König Evagoras II. befehligt wurden, dessen Familie Zypern seit dem Fall von Troja regiert hatte. Phokion und Evagoras sammelten bei ihrem ersten Angriff auf die wohlhabende Insel so viel Kriegsbeute, dass die syrischen und kilikischen Truppen herbeieilten, um mitzukämpfen und selbst Beute zu machen. Dadurch verdoppelte sich die Zahl der persischen Truppen auf der Insel, was bei den zyprischen Königen Panik auslöste. Alle bis auf den Herrscher von Salamis ergaben sich den Persern.

Als Artaxerxes III. mit seinem riesigen Heer in Phönizien eintraf, erkannte der Herrscher von Sidon, Tennes, dass seine Männer die Perser unmöglich besiegen konnten. Er schloss einen geheimen Pakt mit Ochos. Er würde Sidon aufgeben und mit Artaxerxes gegen Ägypten kämpfen, wo er die besten Häfen kannte. Tennes verließ Sidon mit fünfhundert Soldaten und einhundert Elitesoldaten, die sich mit den anderen phönizischen Führern treffen wollten.

Stattdessen übergab Tennes die führenden Bürger an Artaxerxes, der sie wegen Anstiftung zum Aufstand hinrichtete. Zu diesem Zeitpunkt näherten sich fünfhundert weitere sidonische Adlige, die nichts von Tennes' Doppelzüngigkeit wussten, Artaxerxes und schwenkten Olivenzweige als Zeichen des Friedens. Artaxerxes rief Tennes zu sich und sagte: „Die Kapitulation der Sidonier zu akzeptieren, reicht mir nicht aus. Ich muss den Rest des Reiches in Angst und Schrecken versetzen, damit sich niemand mehr auflehnt. Mein Ziel ist es, Sidon völlig zu vernichten. Sorgt dafür, dass das geschieht!"

Artaxerxes Ochos befahl seinen Bogenschützen, die fünfhundert mit Olivenzweigen winkenden Sidonier zu erschießen. In der Zwischenzeit schmiedete Tennes mit Artaxerxes' griechischen Söldnern einen Plan, um die Truppen des Königs in die Stadt zu führen, und verriet ihnen, wie sie hineingelangen konnten. Tennes' Doppelzüngigkeit endete mit seiner Hinrichtung, da Artaxerxes ihn nicht länger brauchte. In Erwartung des persischen Angriffs verbrannten die sidonischen Bürger ihre Schiffe, um zu verhindern, dass sich jemand davonschlich, anstatt zu kämpfen.

Doch als sie sahen, dass König Artaxerxes und seine Männer in die Stadtmauern eingedrungen waren und in den Straßen herumschwärmten, gaben sie alle Hoffnung auf. Nachdem sie ihre Familien und Diener in ihren Häusern versammelt hatten, verriegelten die Sidonier ihre Türen und brannten ihre Häuser nieder. Vierzigtausend kamen dabei ums Leben, und viel Gold und Silber schmolz in den Flammen. Die anderen phönizischen Städte unterwarfen sich sofort Artaxerxes.[i]

---

[i] Diodorus Siculus, *Library of History*, Volume II: Book XVI.

Unmittelbar nach der Auslöschung von Sidon entsandte Artaxerxes seine Streitkräfte mit seinen griechischen Verbündeten aus Argos, Ionien und Theben nach Ägypten. Artaxerxes war der Meinung, dass er und sein Vater einen Fehler begangen hatten, als sie ihre Generäle bei deren gescheiterten Versuchen, Ägypten zurückzuerobern, nicht begleitet hatten. Sein Vater hatte eine Laissez-faire-Haltung gegenüber dem Streit zwischen seinen Generälen, und Artaxerxes hatte das Gefühl, dass es seinen eigenen Generälen an Selbstvertrauen und taktischen Fähigkeiten mangelte. Diesmal war er ein tatkräftiger Befehlshaber, der seine Offiziere fest im Griff hatte. Artaxerxes' führender General war sein bester Freund und Wesir, der Eunuch Bagoas, der ihn und einen Großteil seiner Familie später ermorden sollte.

Bei der Durchquerung der Sinai-Halbinsel musste die Armee die Sümpfe von Barathra durchqueren und verlor dabei viele Männer im Treibsand. Der Wind wehte den Sand von den umliegenden Wüstendünen über die Oberfläche des tiefen Sumpfes. Die Sümpfe schienen Teil der Wüste zu sein, bis man hineinging und unter die Oberfläche sank, da man in dem dichten Morast nicht schwimmen konnte. Nachdem sie den Sumpf durchquert hatten, erreichten die Männer die Stadt Pelusium, wo einer der Nilzuflüsse in das Mittelmeer mündet. Es war die gleiche Stadt, die Kambyses zuvor mit Katzen, Hunden, Ibissen und Widdern besiegt hatte.

Pharao Nektanebo hatte Pelusium mit zwanzigtausend spartanischen Söldnern, zwanzigtausend Libyern, sechzigtausend Ägyptern der Kriegerkaste und unzähligen Kriegsschiffen, die im Fluss anlegten, verstärkt. Am ersten Tag stürmten die thebanischen Verbündeten der Perser rücksichtslos auf die Stadt zu, um zu beweisen, dass sie bessere Krieger waren als die Spartaner. Die Schlacht an diesem Tag war ein unentschiedener Kampf zwischen den beiden griechischen Fraktionen.

Obwohl Pharao Nektanebo II. über eine beeindruckende Verteidigung verfügte, wurde ihm seine Selbstüberschätzung zum Verhängnis. Er hatte die Perser bisher immer besiegt und rechnete fest damit, es auch diesmal zu schaffen. Er weigerte sich, das Kommando mit seinen sehr erfahrenen athenischen und spartanischen Generälen zu teilen. In dieser Nacht überquerte der persisch-griechische General den Fluss in einem Boot, das von Ägyptern geführt wurde, deren Familien von den Persern als Geiseln gehalten wurden. Er fuhr in einen geheimen Kanal ein und lieferte sich am Fuße der Stadtmauern eine Schlacht, in der er über fünftausend Ägypter tötete.

Pharao Nektanebo war entsetzt und floh nach Süden in die Hauptstadt Memphis. Die Perser nahmen Pelusium mit ihrem alten Trick ein: Sie leiteten den Fluss um, bis er ausgetrocknet war, und brachten dann Belagerungsmaschinen bis zu den Mauern. Als die Katapulte die Mauern durchbrachen, reparierten die griechischen Söldner sie schnell mit Holz. So ging es mehrere Tage lang, bis die Griechen merkten, dass Nektanebo und die Ägypter die Stadt verlassen hatten. Sie ergaben sich, und Artaxerxes erlaubte ihnen, mit dem, was sie an Plünderungen aus Pelusium auf dem Rücken tragen konnten, nach Griechenland zurückzukehren.[i]

General Mentor und Bagoas eroberten eine ägyptische Stadt nach der anderen, rissen ihre Mauern nieder und plünderten die Tempel. Der Frevel schürte großen Hass auf die Perser. Einige Jahrzehnte später begrüßten die Ägypter Alexander den Großen als ihren Befreier von Persien. Nektanebo II. floh mit seiner Familie und so vielen Besitztümern, wie er tragen konnte, nach Äthiopien. Der überwältigende Sieg brachte die Kontrolle über die ägyptischen Handelshäfen und die Getreideversorgung, was zu einem erheblichen Wirtschaftswachstum in Persien führte.

Diese Münze zeigt Artaxerxes III. als ägyptischen Pharao [87]

---

[i] Diodorus Siculus, *Library of History*, Volume II: Book XVI.

Im Jahr 340 v. u. Z. erlebte das Achämenidenreich seine erste Begegnung mit Makedonien, als die beiden Mächte in Thrakien aufeinandertrafen. Mehrere Stämme hatten Teile Thrakiens beherrscht, bis es unter Dareios dem Großen unter die Kontrolle des Achämenidenreiches kam. Nachdem die Griechen die Perser aus Thrakien vertrieben hatten, wurde es in vier Königreiche aufgeteilt. Doch nun eroberte König Philipp II. von Makedonien Städte und errichtete mazedonische Garnisonen in Thrakien.

König Kersebleptes regierte das Odrysenreich, das größte thrakische Königreich. Er hatte versucht, Thrakien zu vereinen, was ihn in Konkurrenz zu Philipp II. brachte. Im Jahr 352 v. u. Z. verlor er eine Schlacht gegen Philipp und musste seinen Sohn als Geisel nach Makedonien schicken. Nun wehrten die Thraker einen weiteren Angriff Philipps II. von Makedonien bei Perinth ab, einer strategisch wichtigen Stadt am Marmarameer, direkt westlich des Hellespont. Artaxerxes hatte zunächst einen Freundschaftsvertrag mit Philipp geschlossen, war aber über die makedonischen Eroberungen in unmittelbarer Nähe des persischen Territoriums beunruhigt und schickte Truppen zur Unterstützung nach Thrakien.

Die achämenidischen Satrapen konnten Philipp II. erfolgreich aus der Stadt Perinth zurückdrängen, doch Artaxerxes' Reaktion war für ihn ungewöhnlich unentschlossen. Als Philipp sich zurückzog, verfolgte Artaxerxes Ochos ihn nicht und versuchte auch nicht, Thrakien zurückzuerobern, das als Pufferzone zwischen Makedonien und den Gebieten des Achämenidenreiches diente. Seine Generäle hatten bewiesen, dass sie ihre Truppen schnell mobilisieren konnten, und so schien er zu selbstsicher zu sein. Artaxerxes unterschätzte die Bedrohung, die von Makedonien ausging, und ermöglichte mit seinem glanzlosen Feldzug Entwicklungen, die sich später für seinen Nachfolger Dareios III. als tödlich erwiesen und zum Untergang des Achämenidenreiches führten.

Nachdem Artaxerxes bei der Rückeroberung Ägyptens und der Niederschlagung von Aufständen in Sidon, Kleinasien und Zypern große Erfolge erzielt hatte, erfreute er sich eines stabilen und blühenden Reiches. Das alles brach zusammen, als Bagoas ihn vergiftete. Der Historiker Diodor beschrieb Bagoas als habgierig und verräterisch, und das war er auch, aber er war der engste Freund von Artaxerxes III. Artaxerxes bewunderte Bagoas für seine Kühnheit und vertraute ihm bedingungslos. Er ernannte Bagoas zum Wesir und machte ihn damit zum zweitwichtigsten Mann im Reich. Doch Bagoas entwickelte sich zu einem machtgierigen Größenwahnsinnigen.

Der Tod von Artaxerxes Ochos III. durch Vergiftung brachte seinen Sohn Arses (Artaxerxes IV.) auf den Thron. Arses hatte ältere Brüder, aber Bagoas inszenierte die Ereignisse, um ihn zu krönen, in der Erwartung, er könne den Jungen leicht manipulieren und durch ihn regieren. Während der zweijährigen Regierungszeit von Artaxerxes Arses IV. schloss König Philipp II. von Makedonien seine Eroberung ganz Griechenlands ab, um sich auf die Invasion des persischen Reiches vorzubereiten.

König Arses war unruhig unter der Fuchtel von Bagoas und versuchte, ihn zu vergiften, scheiterte jedoch und wurde seinerseits von Bagoas vergiftet. Artaxerxes III. hatte zu Beginn seiner Herrschaft die meisten männlichen Thronanwärter ausgerottet. Bagoas vergiftete alle verbliebenen Erben, so dass in der direkten Linie von Artaxerxes III. keine männlichen Nachkommen mehr am Leben waren.

Schließlich brachte Bagoas einen jungen Mann auf den Thron, den er für den Urenkel von Dareios II. hielt. Doch Dareios III. erwies sich als zu eigensinnig und gerissen für Bagoas' Geschmack. Zeit für eine weitere Vergiftung! Doch Dareios sollte kein weiteres Opfer von Bagoas werden. Da er einen Mordanschlag vermutete, reichte Dareios Bagoas seinen Becher. „Bringt einen Toast auf mich aus!"

Bagoas starrte auf den Rotwein in dem goldenen Kelch und versuchte verzweifelt, einen Ausweg zu finden. Aber es gab keinen. Er hob den Kopf und hob den Kelch. „Auf den Sieger!"

Als Dareios' Diener den toten Körper von Bagoas aus dem Raum trugen, lehnte er sich auf seinem Thron zurück. Jetzt konnte er sich darauf konzentrieren, das Reich zu regieren und sich seiner größten Herausforderung zu stellen: Makedonien.

Kapitel 12: Dareios III. und Alexander der Große

Zwei Jahrhunderte zuvor hatte Daniel der Seher eine Vision, in der er sich in Elam am Fluss bei Susa befand. Er blickte auf und sah einen Widder mit zwei langen Hörnern, von denen eines länger war als das andere, obwohl das längere Horn erst später zu wachsen begonnen hatte als das kürzere. Der Widder stieß alles um, was ihm im Westen, Norden und Süden in den Weg kam, und niemand konnte sich ihm widersetzen. Er tat, was er wollte, und wurde sehr groß.

 Plötzlich tauchte aus dem Westen ein zottiger Ziegenbock mit einem riesigen Horn zwischen den Augen auf, der so schnell das Land überquerte, dass er den Boden nicht einmal berührte. Wütend stürzte es sich auf den Widder mit den zwei Hörnern, schlug ihn und brach ihm beide Hörner ab. Nun war der Widder hilflos und die zottelige Ziege schlug ihn nieder und zertrat ihn. Der zottelige Ziegenbock wurde immer mächtiger, aber sein großes Horn wurde auf dem Höhepunkt seiner Kraft abgebrochen. Vier prominente Hörner wuchsen an seiner Stelle.

 Als Daniel versuchte, die Vision zu verstehen, erschien ihm der Engel Gabriel. Vor Schreck fiel Daniel mit dem Gesicht zu Boden, aber Gabriel half ihm auf die Füße. „Menschensohn, der Widder mit zwei Hörnern steht für die Könige von Medien und Persien. Der zottige Ziegenbock steht für den König von Griechenland und das große Horn zwischen seinen Augen stellt den ersten König des griechischen Reiches dar. Die vier herausragenden Hörner, die das eine große Horn ersetzten, zeigen, dass das griechische Reich in vier Königreiche zerbrechen wird, aber keines so groß sein wird wie das erste."[i]

Es war jetzt 336 v. u. Z. und Dareios III. schritt mit gerunzelter Stirn auf seinem Balkon hin und her. Er hatte die Satrapie Armenien regiert, die ihm von Artaxerxes III. für seine Tapferkeit in der Schlacht verliehen worden war, aber er hatte sich nie vorgestellt, König des gesamten Achämenidenreiches zu sein. Und was sollte er mit Philipp II. machen?

Während Bagoas die gesamte achämenidische königliche Familie ermordet hatte, hatte Philipp von Makedonien ganz Griechenland mit Ausnahme von Sparta erobert. Die griechischen Stadtstaaten waren im Korinthischen Bund zusammengeschlossen und hatten unter dem Oberbefehl Philipps II. dem Achämenidenreich den Krieg erklärt. Für sie war es ein heiliger Krieg, eine Strafe dafür, dass die Perser über ein Jahrhundert zuvor die Tempel Athens entweiht und niedergebrannt hatten.

Philipps jahrelange Intrigen und mühsame Arbeit hatten ihre Früchte getragen. Alles war vorbereitet, um eine riesige griechische Streitmacht nach Persien zu führen. Philipp hatte gerade eine Vorhut von zehntausend makedonischen Soldaten über den Hellespont nach Asien geschickt. Sie hatten bereits die Küstenstädte von Troja bis Milet eingenommen. Dareios wischte sich den Schweiß von der Stirn. Konnte er Philipp aufhalten?

In diesem Moment stürzte Dareios' Wesir herein. „Majestät!", keuchte er. „Ich habe erstaunliche Neuigkeiten! Philipp II. ist tot!"

„Was? Tot? Was ist passiert?" Dareios drehte sich ungläubig um.

„Mord, Majestät! Seine verschmähte Geliebte hat ihn erstochen!"

Darius lachte. „Mein Erzfeind wurde von einer Frau getötet?"

„Nein, Majestät, von seinem Leibwächter. Philipp feierte gerade die Hochzeit seiner Tochter, als sein Leibwächter plötzlich seinen Dolch zückte und ihn erstach!"

„Ich kann mein Glück nicht fassen!" rief Dareios aus. „Und was bedeutet das? Ist Alexander jetzt König?"

„Ja! Und ich glaube, die makedonische Bedrohung ist beseitigt! Philipps Armee ist auf einem kleinen Brückenkopf bei Abydos konzentriert. Wer weiß, ob der junge Alexander Philipps Mission

---

[i] Daniel 8. Tanakh: Ketuvim: Book of Daniel.

fortsetzen will? Und wenn ja, könnte er das? Er ist erst zwanzig, und ich bezweifle, dass er die Griechen zusammenhalten kann, wenn sein Vater tot ist. Ich habe gehört, dass Athen, Theben und Thessalien bereits aus dem Bund von Korinth ausgetreten sind, und Thrakien hat sich aufgelehnt."

Dareios III. wäre vielleicht nicht so schadenfroh gewesen, wenn er mehr über Alexander gewusst hätte. Ja, Alexander war erst zwanzig Jahre alt, aber der große Philosoph Aristoteles unterrichtete ihn in seiner Kindheit, und sein Vater Philipp II. bildete ihn während seiner Jugend auf dem Schlachtfeld aus. Im Alter von achtzehn Jahren errang Alexander mit seinem Vater einen epischen Sieg gegen Athen und Theben in der Schlacht von Chaironeia. Als er den Thron bestieg, war er bereits ein brillanter General und ein versierter Staatsmann. Er war sogar bereit, den Feldzug seines Vaters gegen das Achämenidenreich anzuführen. Doch zunächst musste er Griechenland wieder in die Schranken weisen.

Es dauerte fast zwei Jahre, um Griechenland wieder auf Linie zu bringen. Zunächst kapitulierten die südlichen griechischen Staaten und entschuldigten sich für ihre Auflehnung. Dann zähmte Alexander die nördlichen Staaten, aber Athen und Theben revoltierten währenddessen erneut. Alexander machte Theben dem Erdboden gleich und versklavte seine Bürger, was Athen zur Kapitulation veranlasste. Wieder einmal war ganz Griechenland mit Ausnahme von Sparta unter einem Anführer vereinigt: Alexander. Mit über fünfzigtausend Mann und sechstausend Schlachtrössern machte Alexander sich mit seinem schlauen und erfahrenen General Parmenion auf in Richtung Hellespont und marschierte 334 v. u. Z. durch Ionien. In der Zwischenzeit überquerte seine Flotte von 120 Kriegsschiffen mit 38.000 Mann Besatzung die Ägäis.

Dareios III. blieb zu Hause in seinem Palast in Persepolis in Persien und ging davon aus, dass Alexander nur Ionien angreifen würde. Zweifellos konnten seine gewitzten, kampferprobten Satrapen die Griechen in die Flucht schlagen. Darius ahnte nicht, dass Alexander das gesamte Achämenidenreich ins Visier genommen hatte. Doch einer seiner Generäle, Memnon von Rhodos, wusste es besser. Jahrzehnte zuvor war er mit seinem Schwager Artabazos nach Makedonien geflohen, als ihr Aufstand in Phrygien gegen Artaxerxes II. gescheitert war. Er kannte Philipp II. und Alexander persönlich, und er kannte ihre Pläne und die Fähigkeiten des makedonisch-griechischen Militärs.

Memnon hatte bereits gegen die früheren Vorstoßtruppen Philipps II. gekämpft, die 336 v. u. Z. nach Ionien geschickt worden waren. Nach der Ermordung Philipps hatte Memnon die demoralisierten Makedonier in der Nähe des Flusses Mäander besiegt und sie nach Europa zurückgetrieben. Nun, da er und die persischen Satrapen Alexanders Annäherung verfolgten, drängte er auf eine Strategie der verbrannten Erde. „Brennt die Felder nieder, fällt die Obstbäume, nehmt alle Vorräte mit und verlegt alle ins Landesinnere. Wenn er seine Armee nicht mehr ernähren kann, wird er gezwungen sein, das Land zu verlassen. Und gib König Dareios Bescheid, dass die Spartaner die anderen griechischen Städte angreifen sollen, damit Alexanders Truppen abziehen und nach Hause gehen, um ihre Städte zu verteidigen."

Doch die persischen Satrapen trauten Memnon nicht ganz, schließlich war er ethnisch griechisch. „Warum sollten wir unsere eigenen Nahrungsquellen und Vorräte zerstören? Wenn wir weglaufen, sehen wir rückgratlos aus, was die Griechen anspornen wird. Nein, wir marschieren los, um ihn am Fluss Granikos zu treffen."

Die persischen Truppen hatten sich auf dem hohen Bergrücken am Ostufer des Granikos aufgereiht und warteten auf die makedonisch-griechischen Truppen. Alexanders Männer mussten durch das Wasser waten und den Kamm hinaufklettern, um gegen die Perser anzutreten. Die Perser hatten den Vorteil, dass sie bergauf lagen und Pfeilsalven abfeuerten, die die Sonne verdunkelten. Sie beobachteten die Ankunft von Alexanders Armee, aber es war bereits später Nachmittag, so dass sie nicht damit rechneten, dass er den Fluss vor dem Morgen überqueren würde.

Stattdessen stellten sich Alexanders Truppen schnell in Formation auf: Kavallerie an den Flanken und Infanterie in der Mitte in der tödlichen makedonischen Phalanxformation. Seine bulgarischen Speerwerfer, Elite-Infanterie und Bogenschützen befanden sich ebenfalls auf der rechten Seite. Plötzlich stürmte die Kavallerie über den Fluss und das Ufer hinauf. Während die Perser mit der Kavallerie, die den Kamm hinaufkam, kämpften, stürzte sich der Rest des Heeres in den Fluss und watete hinüber, um einen Hagel von Speeren und Pfeilen abzuwehren.

Charles le Bruns Darstellung des Angriffs von Spithridates auf Alexander von hinten.⁸⁸

Auf der Spitze des Bergrückens angekommen, durchbohrte Alexander sofort Dareios' Schwiegersohn Mithridates mit seinem Speer im Gesicht. Spithridates, der persische Satrap von Ionien und Lydien, kam hinter Alexander her und versetzte ihm mit seiner Streitaxt einen Schlag gegen den Kopf. Sein Helm zersprang in zwei Teile, aber erstaunlicherweise blieb Alexander unverletzt. Spithridates hob seinen Arm, um erneut zuzuschlagen, doch in diesem Moment durchbohrte Alexanders Busenfreund Kleitos der Schwarze Spithridates mit seinem Speer.

Die griechische Infanterie hatte es über den Fluss geschafft und stürmte mit ihren tödlichen, achtzehn Fuß langen Sarissen den Hügel hinauf. Die bereits angeschlagene persische Kavallerie floh nach Halikarnassos, während die Griechen die persische Infanterie in der Mitte dezimierten. Nach der schrecklichen Niederlage der Perser kapitulierten die meisten ionischen Stadtstaaten, die unter persischer Kontrolle standen, schnell, mit Ausnahme von Milet und Halikarnassos, die wichtige persische Flottenstützpunkte waren. Alexander belagerte die beiden Häfen erfolgreich und legte die persische Flotte lahm.

Endlich angespornt, Alexander persönlich zu bekämpfen, führte Dareios III. sein kolossales Heer an, als Alexander sich Kilikien an der Mittelmeerküste näherte. Dareios überraschte Alexander, als er ihm in der schmalen Küstenebene zwischen dem Golf von Issos und dem Nur-Gebirge in den Rücken fiel. Alexander wendete seine Truppen und stellte sich Dareios entgegen. Seine Einheiten nahmen schnell dieselbe Formation an, die sie bei Granikos angewandt hatten: die makedonische Phalanx in der Mitte, General Parmenion und die griechische Kavallerie auf der linken Seite und Alexanders Kavallerie und Elite-Infanterie auf der rechten Flanke.

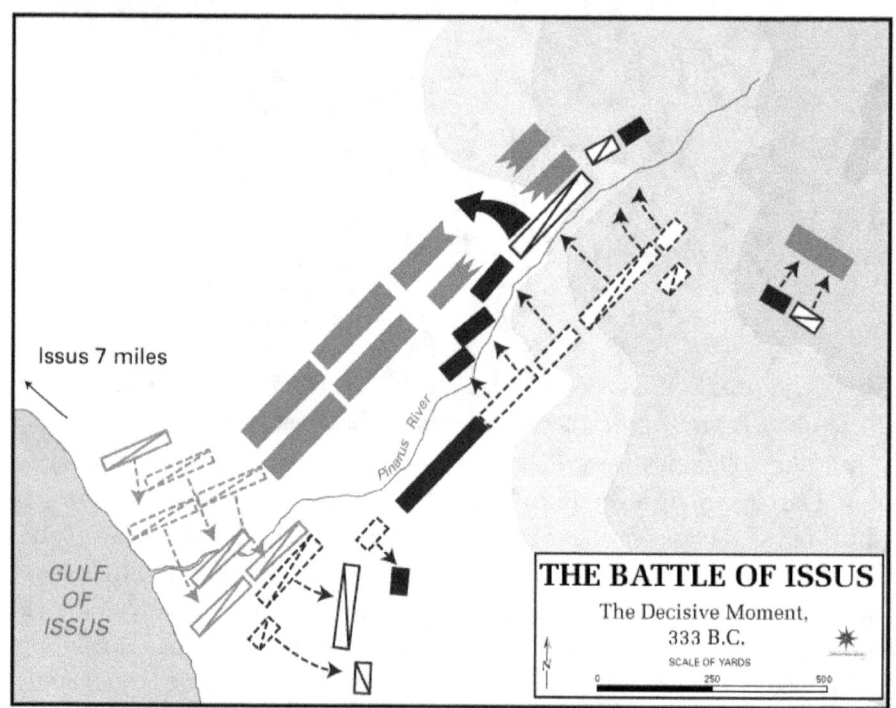

In der Schlacht von Issos überquerte Alexander den Fluss Pinaros von Süden aus.⁸⁹

Die Perser stellten sich nördlich des Flusses Pinaros auf, mit ihrer schweren Kavallerie auf der rechten Seite, nahe dem Meer, und Dareios mit seiner griechischen Söldnerinfanterie in einer Phalanxstellung in der Mitte. Seine persische Infanterie war auf der linken Seite bis zum Vorgebirge aufgereiht, wobei einige den Fluss überquerten und auf die rechte Flanke der Makedonen stießen. Die persische Kavallerie führte den Angriff über den Fluss und traf auf die griechische Kavallerie von General Parmenion.

Während die beiden Kavallerien am Strand aufeinander trafen, stürzte sich Alexanders Kavallerie auf der rechten Flanke mit voller Geschwindigkeit in den Fluss, das gegenüberliegende Ufer hinauf und genau zwischen die Infanterie der Perser, um die Linien zu durchbrechen. Währenddessen behinderten die Tiefe des Flusses und die starke Strömung Alexanders griechische Infanterie mit ihren schweren Sarissen und Panzern. Die griechischen Söldner am Nordufer zwangen sie zu einem vorübergehenden Rückzug.

Doch Alexanders Kavallerieangriff störte die persische Infanterie und ermöglichte es der von Alexander zu Fuß geführten makedonischen Elite-Infanterie auf der rechten Flanke, den Fluss ungehindert zu überqueren. Sie durchbrachen die persische Linie. Dann sprang Alexander auf ein Pferd und führte seine Gefährten (die makedonische Kavallerie) zum Angriff auf König Dareios und seine Leibwächter. Dareios, der vor Angst zitterte, dreht seinen Wagen um und floh mit seinen Leibwächtern.

Zu diesem Zeitpunkt erkannte Alexander, dass Parmenions Kavallerie und seine mittlere Infanterie in einer verzweifelten Lage waren. Anstatt Dareios zu verfolgen, zerschmetterte er die persische Infanterie von hinten und erhielt dabei einen Schwertstich in den Oberschenkel. Gleichzeitig leistete Parmenion hartnäckigen Widerstand gegen die persische Kavallerie. Schließlich bemerkten die persischen Truppen, dass König Dareios geflohen war. Sie hielten kurz inne, warfen einen Blick auf die makedonischen Sarissen und flohen mit Alexanders Truppen auf den Fersen in die Berge.

Die Schlacht von Issos war eine weitere vernichtende Niederlage für das Achämenidenreich. Das Volk war demoralisiert, weil Dareios sein Militär mitten in der Schlacht im Stich gelassen hatte. Und was noch schlimmer war: Er ließ seine Frauen zurück. Alexander nahm die persische Königinmutter, die Königin, und die beiden Töchter des Dareios gefangen, die den König auf seinem Feldzug begleitet hatten. Er behandelte die königlichen Frauen und Mädchen freundlich und heiratete später Stateira II., eine der Töchter.

Im Jahr 332 v. u. Z. arbeitete sich Alexander an der Mittelmeerküste entlang. Alle phönizischen Städte mit Ausnahme von Tyros ergaben sich und setzten damit die persische Flottenpräsenz im Mittelmeer vollständig außer Gefecht. Das antike Tyros leistete sieben Monate lang Widerstand, bis Alexanders Feuerschiffe und Belagerungstürme es in die Knie zwangen. Er massakrierte alle wehrfähigen Männer und versklavte die Frauen und Kinder. Während Alexander in Phönizien weilte, erhielt er einen Brief von König Dareios, in dem er Friedensbedingungen anbot: „Ich gebe dir meine Freundschaft, meine Tochter zur Frau, eine große Zahlung für die Rückgabe meiner Frauen und ganz Ionien."

Alexander lehnte das Angebot ab und zog weiter nach Gaza. Seine Ingenieure sagten ihm, dass sie ihre Belagerungsmaschinen in Gaza nicht einsetzen könnten, da die Stadt auf einem hohen Hügel liege. Doch Alexander weigerte sich, ihre Prognose zu akzeptieren.

Da die Stadt, die auf einem Hügel lag, zu hoch war, um die Mauern mit den Geschossen der Belagerungsmaschinen zu treffen, bauten sie einen Hang daneben, rollten ihre Belagerungsmaschinen hinauf und zerstörten die Mauern von Gaza. Alexander wurde erneut von einem Hochgeschwindigkeitspfeil verwundet, der seine Schulter durch seinen Schild durchbohrte. Dann zog Alexander in Ägypten ein und wurde als Befreier von der persischen Unterdrückung gefeiert. Selbst der persische Satrap verbeugte sich vor ihm und übergab ihm die Schatzkammer.

König Dareios schrieb einen weiteren Brief an Alexander, in dem er noch großzügigere Friedensbedingungen anbot. „Ich gebe dir die Hälfte meines Reiches, meine Tochter zur Frau und ein Vermögen in Gold."

Alexander schnaubte. „Ich habe bereits ein Vermögen durch die Städte, die ich erobert habe, erworben. Ich habe deine beiden Töchter, und ich will das ganze Achämenidenreich, nicht die Hälfte!"

Das Scheitern der Friedensverhandlungen führte zur Schlacht von Gaugamela im heutigen Nordirak. Dareios zog mit doppelt so vielen Männern wie Alexander in die Schlacht, mit Kriegselefanten aus Indien und mit Streitwagen, deren Räder mit Klingen bestückt waren. Die Griechen und Mazedonier hatten noch nie gegen Elefanten gekämpft und auch mit Streitwagen hatten sie wenig Erfahrung. Dennoch besaßen sie die bessere Ausbildung und Kampferfahrung als die persischen Streitkräfte.

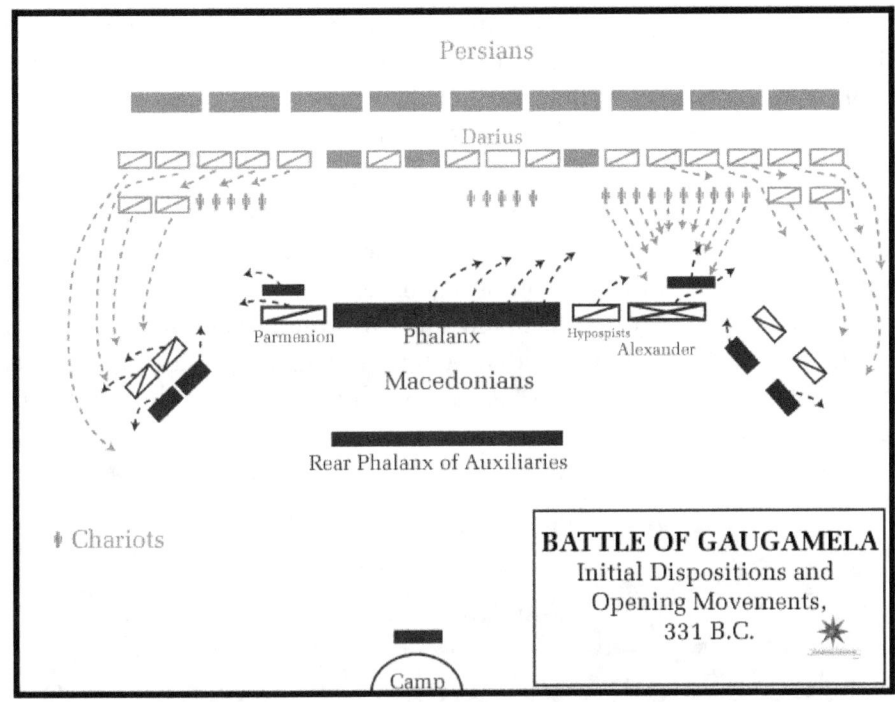

Dareios griff zu Beginn der Schlacht von Gaugamela Alexanders rechte und linke Flanke an, während Alexander sich darauf konzentrierte, das Zentrum und die linke Flanke der Perser anzugreifen."

König Dareios positionierte sich erneut mit seiner Infanterie in der Mitte. Seine Kavallerie aus Ionien, Indien, Mesopotamien, Medien und Anatolien befand sich auf seiner linken Flanke, begleitet von griechischen Söldnern und der gut ausgebildeten Infanterie der Unsterblichen. Auf seiner linken Seite befand sich seine Kavallerie aus Baktrien, Skythien und anderen zentralasiatischen Stämmen. Alexander benutzte dieselbe Aufstellung, die er schon immer benutzt hatte. Er ritt mit seiner makedonischen Kavallerie auf der rechten Flanke, seine Infanterie in der Mitte und Parmenion auf der linken Seite mit der griechischen und thrakischen Kavallerie.

Während Parmenion die linke Flanke gegen den Angriff der asiatischen Kavallerie stabil hielt, marschierte Alexanders Infanterie in der Mitte in einer immer breiter werdenden, fächerförmigen Phalanxstellung vor. In der Zwischenzeit führte Alexander seine Kavallerie ganz nach rechts, um Dareios' linke Flanke aus dem Weg zu räumen, wodurch das Zentrum der Perser ungeschützt bleiben würde. Sein Plan ging auf. Die Mittellinie der Perser lichtete sich und ermöglichte es der griechischen Infanterie, sie zu durchdringen, als die wilde skythische Kavallerie seine rechte Flanke in einer wütenden Attacke angriff. Die Skythen hätten die Makedonier überwältigt, doch die bulgarischen Speerwerfer halfen, sie zu besiegen.

Dareios schickte daraufhin seine Streitwagen aus, deren Klingen aus den Rädern ragten und einem Mann oder einem Pferd die Gliedmaßen am Knie abtrennen konnten. Doch die Griechen und Makedonier traten einfach zur Seite, um den Streitwagen den Weg freizumachen, und griffen dann die Wagen von hinten an. Zu diesem Zeitpunkt befanden sich die meisten Krieger auf beiden Seiten im Nahkampf, doch angesichts der wuchtigen makedonischen Sarissen drehte Dareios noch einmal um und rannte vom Schlachtfeld.

Dareios III. floh (erneut) vom Schlachtfeld, wie auf dieser Elfenbeinschnitzerei dargestellt. "

Ähnlich wie in der Schlacht von Issos eilte Alexander Parmenions linker Flanke zu Hilfe und verlor in dem brutalen Konflikt sechzig seiner mazedonischen Elitekavalleristen. Nachdem Alexanders Streitkräfte die Schlacht entscheidend gewonnen hatten, sammelte General Parmenion die Beute ein, darunter auch die Elefanten, die offenbar nicht im Kampf eingesetzt worden waren. In der Zwischenzeit verfolgte Alexander Dareios, dem es aber gelang, nach Osten zu entkommen. Daraufhin marschierte Alexander mit seinen Truppen in Babylon ein, wo ihn das

Volk mit großem Tamtam als neuen König von Persien begrüßte. Alexander machte Babylon zu seinem Hauptquartier für den Rest seines kurzen Lebens.

König Dareios floh mit den Überresten seiner königlichen Garde nach Ekbatana. Später traf er sich mit seiner baktrischen Kavallerie, zweitausend griechischen Söldnern und General Bessos, dem Satrapen von Baktrien. Dareios plante, sich zu erholen, ein neues Heer zusammenzustellen und Alexander erneut entgegenzutreten. Er beschloss, sich in die flachen Ebenen Baktriens zu begeben, wo er seine Kavallerie im Kampf besser einsetzen konnte als in den Bergen Mediens.

Doch seine Männer zogen sich zurück, da sie einen weiteren Angriff Alexanders fürchteten, bevor sie ihre Streitkräfte aufgebaut hatten. Schließlich inszenierte Bessos einen Staatsstreich, fesselte Dareios und warf ihn in einen Ochsenkarren, gerade als Alexander zu einem Überraschungsangriff ansetzte. Bessos und seine Männer spießten Dareios mit ihren Speeren auf und rannten davon, während die Makedonier Dareios verblutend am Straßenrand fanden. Alexander hatte gehofft, Dareios lebend zu fassen. Traurig nahm er dem letzten persischen König des Achämenidenreiches den Siegelring ab und schickte den Leichnam des Dareios zurück nach Persepolis, wo er ein Staatsbegräbnis erhielt und in einem königlichen Grab beigesetzt wurde.

Nach seiner Ankunft in Baktrien erklärte sich Bessos zum neuen König des östlichen Teils des Reiches (Zentralasien) und übernahm den Thron unter dem Namen Artaxerxes V. Doch sein Reich zerfiel schnell. Seine Landsleute flohen aus dem Land, ergaben sich Alexander oder erlitten Niederlagen. Selbst die Baktrier erkannten, dass ein Sieg gegen Alexander aussichtslos war. Und was hatte das für einen Sinn? Alexander schien die meisten einheimischen Führer an Ort und Stelle zu belassen und das Regierungssystem des Achämenidenreiches zu übernehmen. Doch wenn sie Bessos schützten, riskierten sie Alexanders Zorn.

Aus pragmatischen Gründen übergaben die Baktrier Bessos den Makedoniern, die ihn entkleideten und nackt und mit Seilen gefesselt zu Alexander brachten. Alexander folgte dem persischen Protokoll für Königsmord, ließ Bessos öffentlich auspeitschen und schnitt ihm Nase und Ohren ab. Dann schickte er ihn nach Ekbatana, wo der Bruder des Dareios seine Kreuzigung beaufsichtigte.

Nachdem der Tod von Dareios III. gerächt war, drang Alexander nach Osten vor und eroberte den Rest des Achämenidenreiches.

Schließlich erreichte er den Fluss Jaxartes, die östlichste Grenze des Reiches. Der letzte Feldzug war brutal für seine Männer, die kampfesmüde waren und sich danach sehnten, zu ihren Familien zurückzukehren. Auch für Alexander war er hart. Ein Pfeil durchbohrte sein Wadenbein und brach es, und dann traf ihn ein Stein am Kopf, so dass er eine Zeit lang weder sehen noch sprechen konnte.

Alexander nahm die persischen Bräuche und die Kleidung an, was seine Männer seltsam fanden. Außerdem wurde er zunehmend unberechenbar und psychisch labil, was vielleicht eine kollektive Folge mehrerer Kopfverletzungen war. Er tötete sogar seinen engen Freund, Kleitos den Schwarzen, im betrunkenen Zustand. Im Jahr 327 v. u. Z. nahm er Roxana, eine sogdische Prinzessin, gefangen und heiratete sie. Nach Alexanders Tod brachte sie sein einziges bekanntes Kind zur Welt. Nachdem er das Hindukusch-Gebirge überquert hatte, um den indischen Subkontinent zu erkunden, kehrte Alexander schließlich nach Babylon zurück. Er veranstaltete eine Hochzeit, um achtzig persische Prinzessinnen mit seinen Offizieren zu verheiraten und die makedonische und persische Elite in einer symbolischen Zeremonie seines neuen kulturübergreifenden Reiches zusammenzuführen. Alexander heiratete am selben Tag Prinzessin Stateira, die Tochter des Dareios, und Parysatis II, die Tochter von Artaxerxes III.

Doch 323 v. u. Z. erkrankte Alexander an einem Fieber und starb zwei Wochen später im Alter von zweiunddreißig Jahren, nachdem er alle Schlachten, an denen er teilgenommen hatte, gewonnen hatte. Nach seinem Tod stürzte das persische Reich ins Chaos. Roxana ermordete seine persischen Ehefrauen, und sie und ihr Sohn von Alexander wurden später selbst vergiftet. Alexanders neues Reich umfasste nun das gesamte ursprüngliche persische Reich sowie Griechenland, Thrakien und den größten Teil der restlichen Balkanhalbinsel. Wie konnte eine Person über drei Kontinente herrschen, und wer sollte es sein? Schließlich teilten seine Generäle das Reich auf, obwohl die Konflikte über diese Entscheidung jahrzehntelang andauerten. Ein Großteil des asiatischen Teils des persischen Reiches lebte als Seleukidenreich weiter, das fast 250 Jahre lang unter griechischer Herrschaft überlebte.

ABSCHNITT VIER: DIE ALTPERSISCHE GESELLSCHAFT, KULTUR UND REGIERUNG

Kapitel 13: Kunst, Kultur und Religion

Die alten Perser hinterließen ein beeindruckendes Erbe an Kunst, Kultur und religiöser Toleranz. Als multiethnisches Reich nahmen sie eine Vielzahl von Kulturen auf, behielten aber die Kernelemente der alten iranischen Lebensweise bei. Die Achämeniden waren äußerst innovativ und entwickelten verblüffende neue Techniken in Kunst und Technologie. Sie waren ein unglaublich visuelles Volk, das leuchtende Farben und komplizierte Kunstwerke schätzte und dessen faszinierende Kunst und Architektur auch heute noch die Fantasie anregt.

Als sich die Perser im alten Iran niederließen, wurden sie ein mehrsprachiges Volk. Sie sprachen ihre alte indo-iranische Sprache, die als Ariya oder Altpersisch bekannt ist, aber da sie in der Nähe des Volkes von Elam lebten und sich mit diesem vermischten, sprachen sie auch Elamitisch. Als sie in den Iran kamen, waren sie noch nicht alphabetisiert und übernahmen das Elamitische als ihre Schriftsprache. Unter der Herrschaft von Dareios dem Großen oder vielleicht auch schon unter Kyros dem Großen entwickelten die Perser jedoch eine schriftliche Form ihrer alten Sprache. Es handelte sich um eine Keilschrift, die von links nach rechts geschrieben wurde und sechsunddreißig phonetische Zeichen sowie mehrere Logogramme oder Piktogramme enthielt.

Das Achämenidenreich verwendete Elamitisch in Wort und Schrift für die Verwaltung und die Kommunikation mit seinen weit verstreuten Provinzen von der Zeit Kyros des Großen bis zu Dareios dem Großen.

Tontafeln, auf denen finanzielle und verwaltungstechnische Details des täglichen Lebens festgehalten wurden, waren in elamitischer Sprache verfasst. Die großen Inschriften der Könige, die in den Fels gehauen wurden, waren jedoch in drei Sprachen verfasst: Elamitisch, Altpersisch und dem babylonischen Dialekt des Akkadischen. Höchstwahrscheinlich benutzten die Perser Elamitisch, aber im Rest des Reiches wurde es nicht verwendet. Nach 458 v. u. Z. scheint das Elamitische ausgestorben zu sein, da es nicht mehr in Dokumenten auftaucht. Zur Zeit von Artaxerxes II. waren die Inschriften in Altpersisch so unvollkommen, dass es ein Hinweis darauf ist, dass die Schreiber die Sprache nicht mehr verstanden oder nicht mehr häufig verwendeten.

Als Kyros das Reich gründete, sprachen die Menschen in Mesopotamien und der Levante (Syrien, Libanon und Israel) Varianten der semitischen Sprachgruppe, vor allem Babylonisch-Akkadisch, Aramäisch und Hebräisch. Das geschriebene Aramäisch hatte den Vorteil, dass es ein Alphabet gab. Es war viel einfacher, zweiundzwanzig Buchstaben zu lernen, die phonetische Laute repräsentierten, als sich die rund tausend Zeichen der Keilschrift zu merken. Gesprochenes und geschriebenes Aramäisch wurde zur Verkehrssprache im gesamten Reich., Zur Zeit von Artaxerxes I. ersetzte es Altpersisch und Elamitisch in der Verwaltung.

Im nordwestlichen Teil des Reiches war Ionien ethnisch griechisch, und seine Bürger sprachen und schrieben Griechisch. Dareios I. ließ am Bosporus zwei steinerne Denkmäler mit Inschriften auf Griechisch und Aramäisch aufstellen, was darauf hindeutet, dass die diplomatischen Beziehungen zu den ionischen Griechen auf Aramäisch und Griechisch geführt wurden. Bei der Kommunikation mit dem griechischen Festland bedienten sich die Perser der griechischen Sprache, oft durch Übersetzer.

Zu den Banketten für den persischen Adel gehörten goldene Trinkgefäße und kannelierte Schalen."

Die Griechen, vor allem die strengen Spartaner, hielten den Lebensstil der Perser für etwas übertrieben, insbesondere ihre Vorliebe für guten Wein, ausgezeichnetes Essen und Feste. Als König Dareios III. sein Reich gegen Alexander den Großen verteidigte, nahm er dreihundert Köche und siebzig Mundschenke mit auf seinen Feldzug. Aber auch die einfachen Perser feierten gerne aufwendige Partys zu Geburtstagen.

Sie rösteten ein ganzes Pferd, ein Kamel oder einen Ochsen (oder vielleicht alle drei, wenn sie reich waren). Eine wichtige Regel, die man sich merken sollte, war, während des Essens niemals mit vollem Mund zu sprechen, das war der Gipfel des unhöflichen Verhaltens. Die Festlichkeiten konnten tagelang andauern, und nach dem Verzehr des gebratenen Fleisches gab es eine endlose Auswahl an Nachspeisen. Die Perser spotteten über die Griechen, die normalerweise keine Nachspeisen aßen, und sagten, sie würden den Tisch hungrig verlassen. Nach dem Verzehr der vielen süßen Köstlichkeiten genossen sie Wein und Musik.

Da die Perser in einem heißen Wüstenklima lebten, lagerten sie ihre Lebensmittel und ihren Wein unterirdisch in Ziegelkammern, um sie kühl zu halten. Die alten Perser waren Weinkenner und starke Trinker.

Die Griechen, die ihren Wein stets verdünnt tranken, fanden es skandalös, dass die Perser Wein in voller Stärke tranken. Herodot schrieb, dass das Betrinken ein wesentlicher Bestandteil der Entscheidungsfindung der persischen Führer war:

> „Wenn eine wichtige Entscheidung zu treffen ist, diskutieren sie die Frage, wenn sie betrunken sind. Am nächsten Tag legt der Hausherr des Hauses, in dem die Diskussion stattgefunden hat, die Entscheidung nüchtern zur erneuten Prüfung vor. Wenn sie sie immer noch billigen, wird sie angenommen, wenn nicht, wird sie verworfen. Umgekehrt wird jede Entscheidung, die sie im nüchternen Zustand treffen, im betrunkenen Zustand noch einmal überdacht."[i]

Herodot schrieb auch über den persischen Brauch der Proskynese oder des Auf-dem-Gesicht-Liegens vor Königen oder anderen Höhergestellten:

> „Wenn die Perser einander auf der Straße begegnen, kann man sehen, ob die, die sich begegnen, von gleichem Rang sind. Anstatt sich mit Worten zu begrüßen, küssen sie sich auf den Mund, ist aber einer von ihnen dem anderen unterlegen, so küssen sie sich auf die Wangen, und ist einer von viel geringerem Rang als der andere, so fällt er vor ihm nieder und betet ihn an."[ii]

Nach der Eroberung des Reiches übernahm Alexander der Große viele persische Bräuche, unter anderem verlangte er von seinen Militäroffizieren die Proskynese. Die Griechen waren an die Demokratie gewöhnt und empfanden Alexander als größenwahnsinnig, weil er von ihnen erwartete, dass sie sich ihm zu Füßen warfen.

Die alten Perser legten großen Wert darauf, die Wahrheit zu sagen. Sie betrachteten eine Person als rechtschaffen, wenn sie beständig ehrlich und integer lebte. Ihr Beharren darauf, nicht zu lügen und konsequent die Wahrheit zu sagen, erregte die Bewunderung der Griechen. Herodot sagte, dass ein persischer Junge seine Kindheit damit verbrachte, drei wesentliche Dinge zu lernen: wie man reitet, einen Pfeil schießt und die Wahrheit sagt. Für die Perser war Lügen eine große Schande, ja sogar eine Kardinalsünde. Sie waren der Meinung, dass man sich nicht

---

[i] Herodotus, *Histories*, 1.133.
[ii] Herodotus, *Histories*, 1.134.

verschulden solle, denn jemandem Geld zu schulden, führe oft zu Lügen.

Auf Lügen konnte manchmal die Todesstrafe stehen, und es konnte jemanden in die persische Vorstellung der Hölle schicken. Sie glaubten, dass die, die immer rechtschaffen die Wahrheit sprachen, in das Haus des Liedes und des guten Gedankens kommen würden, wo sie den Gott Ahura Mazda auf seinem Thron und die himmlischen Lichter sehen würden. Die törichten Lügner hingegen gingen in das Haus der Lügen, die Heimat der Daevas (dämonische Gottheiten) des Chaos und der Unordnung, die nicht in der Lage sind, Wahrheit von Lüge zu unterscheiden. Dort würden sie in erbärmlicher Dunkelheit leiden.

Kyros der Große sagte nichts über seine persönliche Religion, doch nach der Eroberung Babylons betete er öffentlich den babylonischen Hauptgott Marduk an. Vielleicht wollte er damit den Babyloniern gefallen und seine Herrschaft über sie legitimieren. Auf dem Kyros-Zylinder spricht er davon, von Marduk gesegnet zu sein. „Marduk, der große Herr, schenkte mir als mein Schicksal die große Großzügigkeit dessen, der Babylon liebt, und ich suchte ihn jeden Tag in Ehrfurcht auf."[i]

Kyros stellte auch den Tempel von Jerusalem wieder her, den Nebukadnezar geplündert und zerstört hatte, gab die Tempelschätze zurück und bezahlte für die Restaurierung. „Der Herr, der Gott des Himmels, hat mir alle Königreiche der Erde gegeben, und er hat mich beauftragt, ihm einen Tempel in Jerusalem zu bauen, das in Juda liegt."[ii]

Kyros allgemeine Politik, die für seine Nachfolger richtungsweisend war, bestand aus Wohlwollen gegenüber den eroberten Völkern und der Unterstützung ihrer religiösen Systeme. Er bemühte sich, Ungerechtigkeiten zu korrigieren, die frühere Herrscher einem Volk oder seinen Göttern angetan hatten. Er brachte Kultbilder zurück, die die babylonischen Könige aus anderen Städten nach Babylon gebracht hatten, und ließ Tempel im ganzen Reich reparieren. Kyros und die anderen achämenidischen Könige zeigten außergewöhnliche religiöse Toleranz gegenüber der Vielfalt der Religionen, die in den weiten Bereichen des Reiches praktiziert wurden. Alle Menschen im Reich waren frei, die Götter ihrer Wahl zu verehren.

Herodot bemerkte, dass die Perser keine Götterbilder hatten. Er stellte fest, dass die persischen Götter keine menschenähnlichen,

---

[i] Cyrus Cylinder, trans. Irving Finkel (The British Museum). https://www.britishmuseum.org/collection/object/W_1880-0617-1941
[ii] Ezra 2:2, Tanakh: Ketuvim: Book of Ezra.

fehlbaren Persönlichkeiten hatten. Im Gegensatz dazu heirateten seine eigenen griechischen Götter, bekamen Kinder, begingen Ehebruch, betrogen und bekämpften sich gegenseitig und waren von Natur aus ziemlich menschlich. Er sagte, die Perser würden die höchsten Berge besteigen, um ihrem Hauptgott zu opfern, und auch der Sonne, dem Mond, der Erde, dem Feuer, dem Wasser und den Winden Opfer darbringen.

Während der Achämenidenzeit wurde die zoroastrische Religion im Iran populär und verbreitete sich im ganzen Reich. Der Zoroastrismus entwickelte sich aus der alten vedischen Religion, aus der auch der Hinduismus hervorging. Die Anhänger der vedischen Religion besaßen weder Götzen noch Tempel. Sie opferten Tiere an einem heiligen Feuer und tranken einen berauschenden Saft aus der Soma-Pflanze, der eine halluzinogene Wirkung hatte.

Ein vedischer Priester namens Zarathustra (Zoroaster auf Griechisch) hatte eine Offenbarung, während er Opfer darbrachte. Der Gott Ahura Mazda erschien ihm. Nach dieser Vision begann Zarathustra zu lehren, dass Ahura Mazda der oberste Gott sei. Durch seinen heiligen Geist Spenta Mainyu schuf Ahura Mazda die Erde, die Menschen und alles Gute. Sechs andere Geister, die Amesha Spenta, schufen den Rest des Universums. Die giftige böse Energie von Angra Mainyu brachte jedoch Chaos in diese neue Schöpfung, so dass das Gute und das Licht das Böse und die Dunkelheit bekämpfen müssen.

Der Zoroastrismus war in gewisser Weise monotheistisch, da er einen einzigen höchsten Gott verehrte, doch gab es mehrere kleinere Gottheiten mit denselben Namen wie die vedischen, iranischen und hinduistischen Götter. Die Priester sangen und beteten zur Amesha Spenta und den Yazatas (kleinere göttliche Wesen). Artaxerxes II. betete zu Ahura Mazda, aber auch zu Mithra, dem Sonnengott, und zu Anahita, der Wassergöttin, und baute ihr in Babylon, Medien und Persien Tempel. Dies war offenbar das erste Mal, dass Kultbilder in persischen Tempeln auftauchten.

Dieses Bild stellt die Göttin Anahita dar, die von Artaxerxes II. verehrt wurde. "

Die alten Perser, die den Zoroastrismus praktizierten, begruben oder verbrannten ihre Toten nicht, sondern praktizierten „Himmelsbestattungen". Sie legten die Körper ihrer Verstorbenen auf einen Berg, damit sie von den Geiern gefressen werden konnten. Sie glaubten, dass das Begraben von Leichen, die verwesten, die Erde verunreinigen würde. Nachdem das Skelett sauber und von der Sonne gebleicht worden war, sammelten sie die Knochen ein und legten sie in Kalkgruben. Der Brauch der Himmelsbestattung ist ein Überbleibsel des ursprünglichen vedischen Glaubens und wird noch heute von den Zoroastriern in Indien und den tibetischen und mongolischen Buddhisten praktiziert.

Wie Herodot feststellte, beteten die alten Perser im Allgemeinen unter freiem Himmel, meist auf einem Berggipfel, und bauten nicht oft Tempel. Allerdings wurden im östlichen Iran, in Afghanistan und Turkmenistan mehrere Tempelanlagen gefunden, die bis ins 14. Jahrhundert v. u. Z. zurückreichen. An keiner der Stätten befanden sich Kultbilder (Idole), da diese nicht Teil der frühen Religion der Perser waren. Es gab jedoch Beweise für die Anbetung des Feuers, die Teil des alten vedischen Kultes war.[i]

Die Befestigungstafeln oder Gründungstafeln von Persepolis (506 und 497 v. u. Z.), die in der Fundamentschicht der Stadtmauern gefunden wurden, verweisen auf die Verehrung sowohl elamitischer als auch iranischer Götter und beschreiben Priester und Rituale, erwähnen aber keine Tempel. Dareios der Große rühmte sich in einer Inschrift des Wiederaufbaus der Ayadana (Tempel), die von Gaumata dem Weisen, der sich als Kambyses' Sohn Bardiya ausgab, zerstört worden waren. Dareios erwähnte jedoch nicht, wo sich die Tempel befanden oder welche Götter dort verehrt wurden. Xerxes I. schrieb, dass es in seinem Reich einen Tempel für die Daeva (Dämonen)-Verehrung gab, den er zerstörte und damit das Gebiet reinigte. Aber wir haben keine Ahnung, um welche Länder und welche Tempel es sich handelte.

Ein in Sistan, im östlichen Iran, gefundener Tempel wurde zu Lebzeiten von Kyros dem Großen erbaut, aber nach etwa einem Jahrhundert wieder aufgegeben. Die Lehmziegelstruktur war quadratisch, mit Räumen in jeder Ecke und drei großen Altären in der Mitte des Hofes, was auf eine Triade von Göttern hindeutet. Asche und verbrannte

---

[i] Michael Shenkar, „Temple Architecture in the Iranian World before the Macedonian Conquest," *Iran & the Caucasus* 11, no. 2 (2007): 169–71. http://www.jstor.org/stable/25597331.

Knochen deuten auf Tieropfer hin, die von den alten Zoroastriern ebenso wie von vedischen Anbetern und anderen Religionen praktiziert wurden. Zwei quadratische, turmähnliche Strukturen in Pasargadae, der wichtigsten achämenidischen Hauptstadt zur Zeit von Kyros, scheinen Tempel zu sein.[i]

Als die nomadischen Perser in den Iran kamen, beeinflussten die antiken Kulturen, denen sie begegneten, ihren künstlerischen und architektonischen Stil. Die Perser waren Assimilatoren, die Anleihen bei den Kulturen des Irans und des gesamten Reiches machten und diese Ideen zu einem unverwechselbaren persischen Aussehen verschmolzen. Ihre Aneignung anderer Bräuche veranlasste Herodot zu der Bemerkung: „Die Perser nehmen mehr fremde Bräuche an als alle anderen".

Die Stadt Persepolis in der Nähe des Zagros-Gebirges ist ein hervorragendes Beispiel für persische Architektur. Kyros der Große wählte diesen Ort für sein religiöses Zentrum oder seine zeremonielle Hauptstadt. Er entwarf die eleganten Gebäude der neuen Stadt, die ihm vorschwebte, aber erst Dareios der Große begann mit der Umsetzung von Kyros' Plänen. Dareios veranlasste den Bau von fünf Hallen mit prächtigen Eingängen und sein Sohn Xerxes vollendete den größten Teil der Bauarbeiten.

Der Höhepunkt der Architektur von Persepolis war die prachtvolle Apadana, die Königshalle, in der die Untertanen ihrem Monarchen Tribut zollten und Geschenke erhielten. Stierfiguren ruhten an der Spitze der majestätischen, zwanzig Meter hohen Säulen, die das Dach stützten. Zwei hohe, mit Flachreliefs geschmückte Treppen führten zum nördlichen und östlichen Ende des Saals. Die Reliefs zeigten die verschiedenen Ethnien des Reiches in ihrer charakteristischen Kleidung und präsentierten dem König Tribute, darunter ein Nilpferd der Ägypter. Exquisite Gärten umgaben die Apadana.

Xerxes baute auch das Tor aller Völker in Persepolis. Es handelte sich um eine prächtige Halle auf einem 25 Meter großen Platz, der von vier 16,5 Meter hohen Säulen geziert wurde. Es diente als Tor zur Westmauer der Stadt für Könige aus anderen Ländern und Satrapen aus dem ganzen Reich. Zwei Lamassus (himmlische geflügelte Stiere mit menschlichen Köpfen) bewachten die Schwelle vor dem Bösen.

---

[i] Michael Shenkar, „*Temple Architecture*," 172-8.

Lamassus, Stier mit menschlichem Kopf, bewachten das Tor aller Völker."

Der tatkräftige König Dareios I. baute auch Susa, die Sommerhauptstadt Persiens, wieder auf und gestaltete die von Kyros dem Großen entworfenen exquisiten Gärten. Emaillierte Schnitzereien mit farbenprächtigen Tieren und Palmen schmückten den Palast und die Apadana. Zwei der Reliefs waren besonders interessant. Eine Kreatur hatte einen Löwenkörper mit Flügeln und den Kopf eines Menschen. Ein weiteres auffälliges Bild war ein weißes Einhorn vor einem hellblau glasierten Kachelhintergrund. Es hatte Adlerschwingen, einen Löwenschwanz und ein spiralförmiges Horn.

Dieses Einhorn schmückte die Apadana in Susa."

Kyros der Große wurde in einem freistehenden Grab in Pasargadae beigesetzt, aber vier achämenidische Königsgräber wurden auf einem hohen Felsen nordwestlich von Persepolis eingemeißelt. Inschriften weisen darauf hin, dass Dareios I. im ersten Grab beigesetzt wurde. Bei den anderen handelt es sich wahrscheinlich um Xerxes I., Artaxerxes I. und Dareios II. Jedes Grab hat einen kreuzförmigen Eingang, der in einen kleinen Raum führt, in dem sich der Sarkophag befand, mit Flachreliefs an der Felswand, die den jeweiligen König und ein Ereignis aus seinem Leben darstellen.

Die Perser waren schon in der frühen Achämeniden-Dynastie für ihre Landschaftsgärten bekannt. Kyros der Jüngere soll General Lysander erzählt haben, dass er jeden Tag gärtnere, wenn er nicht gerade auf Kriegszügen sei. Lysander besuchte den von Kyros dem Jüngeren angelegten Garten in Sardes und bewunderte seine rechteckige Symmetrie, die in Reihen gepflanzten Bäume und die in der Luft schwebenden Düfte. Persische Gärten verfügten über Pavillons, Brunnen, Teiche und sonnige Bereiche, die mit schattigen Ruhezonen kombiniert waren. Die Gärten waren oft mit einem Innenhof verbunden, der durch Gewölbebögen abgetrennt war.

Die Perser entwickelten eine bemerkenswerte Technologie für den Zugang zu Wasser in ihren trockenen Gebieten, um ihre wertvollen Gärten zu pflegen. Wichtiger noch: Sie verfügten über Wasser für den

Verbrauch und den Anbau von Nahrungsmitteln. Ihr Qanat-Bewässerungssystem leitete das Wasser aus einem unterirdischen Aquädukt herauf, anstatt wie die Mesopotamier und Ägypter Flusssysteme zu nutzen. Das unterirdische System ermöglichte den Wassertransport über große Entfernungen ohne große Verdunstung und war resistent gegen Überschwemmungen, Erdbeben und Zerstörung durch Feinde. Die Anzapfung des unterirdischen Grundwasserspeichers sorgte auch in Dürrezeiten für eine relativ konstante Wasserzufuhr. Die Perser bauten das Qanat-System mit einem schrägen Tunnel, der von den Grundwasserleitern ausging, und mit unregelmäßigen vertikalen Schächten, die das Wasser nach oben brachten.

Diese künstlerische Darstellung zeigt den Palastgarten von Persepolis."

Der unermüdliche Dareios der Große baute die Königsstraße der Achämeniden, ein interkontinentales Straßennetz, das sich über 2.400 Kilometer von Persien bis zum Ägäischen Meer erstreckte. Für die Strecke von Susa nach Sardes benötigte man zu Fuß neunzig Tage. Zweige der Straße reichten im Süden bis nach Indien und Ägypten, im Osten bis ins heutige Afghanistan, im Norden bis in die heutige Türkei und im Westen bis zum Hellespont und nach Europa. Die Königsstraße diente nicht nur dem Landverkehr, sondern verband auch Flüsse, Kanäle und Seehäfen und umfasste einen Kanal, der vom Nil zum Roten Meer führte.

Der Oxus-Schatz aus Gold- und Silberschmiedearbeiten, der am Fluss Oxus entdeckt wurde, zeugt von der exquisiten Kunstfertigkeit des

Achämenidenreiches. Der Fluss Oxus verlief zwischen dem heutigen Afghanistan und Turkmenistan, dem angestammten Heimatland der Perser. Die Schmuckstücke, Münzen, Figuren und andere Gegenstände wurden von den Tempelpriestern zum Schutz während eines Aufstandes am Flussufer versteckt und nie wiedergefunden. Eine ungewöhnliche Trockenzeit senkte den Flusspegel und legte den Schatz im Jahr 1880 frei.

Die komplizierte Handwerkskunst zeigt spektakuläre metallurgische Fähigkeiten, die auf ägyptische und assyrische Einflüsse schließen lassen. Viele der eleganten Stücke scheinen aus Goldblech geschnitten zu sein. Der Schatz weist auf die bedeutende Produktion von Silber- und Goldschmuck im Persischen Reich hin, das viele der künstlerischen Zentren der antiken Welt umfasste.

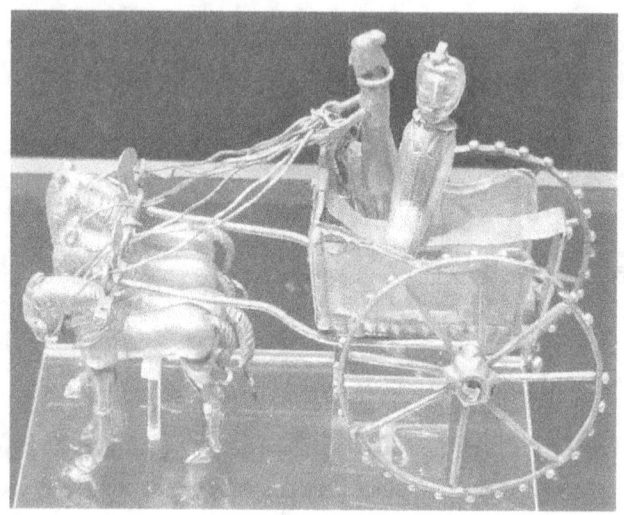

Dieser goldene Miniaturwagen vom Oxus-Fluss zeugt von erlesener Edelmetallkunst.

Das Achämenidenreich vereinte zahlreiche Kulturen aus drei Kontinenten zu einer einzigen Supermacht. Die Perser respektierten alle Kulturen und Religionen und förderten eine Gesellschaft, in der jeder die verschiedenen Ethnien, die sich miteinander vermischten, schätzen und von ihnen lernen konnte. Sie verschmolzen dieses Wissen und Können zu ihrer eigenen, unverwechselbaren Kultur, die Architektur, Technologie und Kunst über Jahrhunderte hinweg beeinflusste. Die persische Kultur lebt in einer lebendigen, einzigartigen Mischung aus alten und modernen Innovationen weiter.

Kapitel 14: Militärtaktik

Die persische Militärmaschinerie war das Rückgrat des Achämenidenreiches. Sie diente nicht nur der Expansion des Reiches durch Eroberungen, sondern auch zur Aufrechterhaltung der Ordnung in den weit verstreuten Provinzen und dem Schutz der Grenzregionen vor Invasionen. Beginnend mit den Persern und ihren medischen Verwandten wandelte sich das Militär mit der Eroberung neuer Nationen eroberte und assimilierte neue Krieger mit neuen Fähigkeiten und Taktiken. Das achämenidische Militär war nicht länger eine medisch-persische Armee, sondern eine internationale Macht, die die antike Welt erschütterte.

Das Achämenidenreich (559-330 v. u. Z.) begann mit einer Streitmacht von bis zu 150.000 Medern und Persern. Sie eroberten neue Regionen und schlossen Bündnisse mit anderen, wodurch Zehntausende neuer Krieger hinzukamen. Die kleinste Einheit der Armee war eine zehnköpfige Truppe, die Dathaba. Zehn Dathaba-Trupps bildeten eine Kompanie, die Satabam genannt wurde, und zehn dieser Trupps bildeten ein Tausend-Mann-Regiment, das Hazarabam. Zehn dieser Regimenter bildeten eine Division, die Haivarabam genannt wurde. Uniformen in verschiedenen Farben kennzeichneten die verschiedenen Einheiten.

Das Militär des Achämenidenreiches bestand aus drei Kategorien: Teilzeitsoldaten, Vollzeitprofis und die Elitedivision, die Herodot die „Unsterblichen" nannte. Die Sparabara-Krieger kämpften während der militärischen Saison zwischen der Frühjahrspflanzung und der Herbsternte. Wenn sie sich nicht auf einem Feldzug befanden, waren sie Bauern, Hirten oder Handwerker. Sie wurden jedoch von Jugend an im Bogenschießen und anderen Kampffertigkeiten gut ausgebildet.

Die Zeichnung zeigt drei Ethnien (unter vielen) in Xerxes' Armee: einen persischen Fahnenträger auf der linken Seite, einen Armenier in der Mitte und einen Kappadokier auf der rechten Seite."

Die Sparabara trugen gesteppte Leinenrüstungen und hatten Erfahrung mit dem zehn Fuß langen „Apfelträger"-Speer, benannt nach seinem bronzenen Gegengewicht. Die Sparabara setzten diese langen Speere in der vordersten Linie der persischen Streitkräfte ein. In der Regel hielten sie ihre großen rechteckigen Weidenschilde nebeneinander, um eine Mauer zu bilden, aus der die Speere herausragten, um jeden Angreifer aufzuspießen. Hinter ihnen schleuderten die Speerwerfer ihre Waffen, während die Bogenschützen Pfeile über ihre Köpfe hinweg abfeuerten. Die Weidenschilde hielten zwar Pfeile ab, waren aber ein schlechter Schutz gegen die achtzehn Fuß langen Sarissen von Alexander dem Großen.

Kyros der Große erkannte schnell, dass er ein vollwertiges Militär brauchte, um mit internen und externen Bedrohungen und langen Feldzügen in fernen Ländern fertig zu werden. Er bildete eine professionelle Landarmee namens Spada, die aus Infanterie, einer Kavallerie aus Schlachtrössern, Kamelen und einigen Streitwagen bestand. Das Berufsheer bestand aus Kriegern aus anderen Teilen des Reiches. Später heuerten die Perser griechische Söldner an, die einen beträchtlichen Teil ihrer Streitkräfte ausmachten. Sie erhielten kostenloses Essen und einen Gold-Dareikos pro Monat als Sold. Obwohl das achämenidische Militär Bürger aus dem ganzen Reich und griechische Söldner einsetzte, bevorzugte es die iranischen Stämme, die mehr Soldaten stellten, aber weniger Tribut zahlten. Neben den ethnischen Persern stellten die Meder die zweitgrößte Streitmacht, zu der auch viele Generäle des Reiches gehörten. Auch die Baktrier und andere ostiranische Stämme stellten viele Kämpfer.

Zu den professionellen Streitkräften gehörte eine Elitetruppe, die Herodot die „Unsterblichen" nannte. Es handelte sich dabei um hochqualifizierte Infanteristen und einige Kavalleristen, die genau zehntausend Mann zählten. Noch besser ausgebildete Männer befanden sich in der Reserve. Wenn ein Unsterblicher verwundet wurde, schwer erkrankte oder in der Schlacht fiel, sprang sofort ein Reservesoldat an seiner Stelle ein. Die Unsterblichen dienten auch als kaiserliche Garde.

Die Unsterblichen waren die persische Elitedivision des achämenidischen Militärs.

Die meisten Unsterblichen waren Perser, aber auch einige Meder und andere Iraner waren darunter. Die Unsterblichen trugen Helme aus Bronze und entweder bronzene Brustpanzer oder Schuppenpanzer: kleine Platten aus Metall, Leder oder Horn in überlappenden Reihen. Ihre Schlachtrösser trugen ebenfalls einen Bronzeschutz an Kopf, Brust und Widerrist. Sie trugen einen Bogen über der Schulter und einen Köcher mit Pfeilen bei sich. Sie kämpften auch mit kurzen Speeren, Schwertern, Schleudern und Dolchen. Während die meisten Armeen mit lautem Kriegsgeschrei aufeinander losgingen, marschierten die

Unsterblichen unheimlich still auf den Gegner zu. Der Feind spürte ein leichtes Zittern unter seinen Füßen, wenn zehntausend Männer auf ihn zustürmten, aber alles, was er hörte, war ein leises Klirren der Waffen und ein gleichmäßiges Stampfen der Füße. Diese psychologische Taktik verunsicherte die feindlichen Truppen so sehr, dass sie manchmal kampflos flohen.

Kamele, Maultiere und Wagen folgten den Unsterblichen und transportierten ihre Diener, Konkubinen, besondere Speisen und Vorräte. Die glasierten Kachelreliefs in den persischen Hallen zeigen die Unsterblichen in knöchellangen Tuniken, aber diese Kleidung war mit ziemlicher Sicherheit für zeremonielle Zwecke bestimmt, da sie für die Kriegsführung zu schwerfällig gewesen wäre. Auf dem Schlachtfeld trugen sie wahrscheinlich enganliegende Hosen oder gemusterte Leggings mit kurzen Tuniken, wie es auch die regulären persischen Soldaten taten.

Persische Jungen aus führenden Familien begannen ihre militärische Ausbildung im Alter von fünf Jahren, andere Jugendliche im Alter von fünfzehn Jahren. Sie wurden im Reiten und Striegeln von Pferden, im Laufen, Bogenschießen, Speerwerfen und Schwertkampf unterrichtet. Durch wiederholtes Exerzieren, lange Märsche und karge Mahlzeiten entwickelten sie Disziplin. Sie traten mit zwanzig Jahren in den aktiven Militärdienst ein, und Berufssoldaten schieden mit fünfzig Jahren aus. Die Teilzeitsoldaten dienten, wenn sie für Feldzüge oder einzelne Schlachten einberufen wurden. Jede Satrapie verfügte über eine eigene Armee, die schnell eingesetzt werden konnte, wenn in der Region ein dringender Bedarf bestand.

Von Anfang an waren die Perser und Meder erfahrene Reiter, so dass ihre Infanterie stets von einer tödlichen Kavallerieabteilung begleitet wurde. Kyros der Große vergrößerte den Anteil seiner Kavallerie in seinen späteren Jahren von etwa zehn Prozent seiner Streitkräfte auf zwanzig Prozent. Xerxes I. marschierte mit einer Elitekavallerie von 1.000 Mann an der Spitze gegen Griechenland, weiter hinten standen 100.000 Mann reguläre Kavallerie. Das achämenidische Militär kämpfte mit über zehntausend Reitern gegen Alexander den Großen. Aus den Beschreibungen verschiedener Schlachten geht hervor, dass von Xerxes I. bis Dareios III. ein Eliteregiment von eintausend Reitern bestand. Bei diesen Soldaten handelte es sich wahrscheinlich um persische Adlige auf Pferden aus dem persischen Kernland.[1]

---

[1] Michael B. Charles, „Achaemenid Elite Cavalry: From Xerxes to Darius III," *The Classical*

Die persischen Wagenlenker setzten vier Pferde ein, um Zwei-Mann-Wagen zu ziehen, die schwerer waren als die babylonischen und ägyptischen Wagen. Ein Mann lenkte die Pferde, während der andere mit Speeren oder Pfeilen kämpfte. An den Rädern der persischen Streitwagen waren Sensen befestigt, mit denen Beine abgetrennt oder Arterien durchtrennt werden konnten. Als der Satrap Pharnabazos unerwartet auf ein Heer griechischer Soldaten traf, tötete er einhundert Männer und schlug den Rest mit nur zwei Sensenwagen und vierhundert Reitern in die Flucht.

Kyros der Große benutzte Kamele üblicherweise als Packtiere auf seinen Feldzügen. In der Schlacht von Thymbra setzte er sie jedoch an der Front ein, was die lydischen Pferde, die noch nie Kamele gesehen oder gerochen hatten, in Angst und Schrecken versetzte, so dass sie vom Schlachtfeld flohen. Mehr als sechs Jahrzehnte später setzte Xerxes bei seiner zweiten Invasion Griechenlands Tausende von arabischen Bogenschützen auf Kamelen ein. Als König Dareios III. in der Schlacht von Gaugamela gegen Alexander antrat, postierte er fünfzehn Kriegselefanten aus Indien in der Mitte seiner Frontlinie. Sie versetzten die griechischen Truppen so sehr in Angst und Schrecken, dass Alexander dem Gott der Angst ein Sonderopfer darbrachte. Der Einsatz der Elefanten in der eigentlichen Schlacht wird jedoch nicht erwähnt.

Die persischen, elamitischen, medischen und skythischen Bogenschützen des achämenidischen Militärs versetzten ihre Gegner in Angst und Schrecken. Sie benutzten einen ungeheuer starken Kompositbogen aus Holz, Horn und Tiersehnen, der mit Tierharz zusammengeleimt war. Diese Bögen schossen tödliche Pfeile mit drei Klingen und Spitzen aus einer Kupferlegierung ab. Obwohl die Perser auch im Nahkampf mit Speeren, Schwertern und Äxten kämpfen konnten, zogen sie es vor, mit ihren überlegenen Bogenschießkünsten aus der Ferne zu kämpfen. Die Bogenschützen trugen ihre Köcher zum schnellen Nachladen oft an der Hüfte und konnten bis zu zehn Pfeile in einer Minute abschießen und nachladen. Eine Abteilung von 10.000 Bogenschützen konnte bis zu 100.000 Pfeile in einer Minute abschießen.

Quarterly 65, no. 1 (2015): 14-34. http://www.jstor.org/stable/43905638.

Diese Elfenbeinschnitzerei zeigt einen persischen Kavallerie-Bogenschützen in der Schlacht von Gaugamela.[50]

Die Perser übernahmen von den Skythen die Sagaris-Kampfaxt oder den Sagaris-Kriegshammer. Sie hatte einen langen, dünnen Stiel, der fast einen Meter lang war, und entweder einen stumpfen Metallhammerkopf oder eine schwere Klinge trug. Sie war leicht genug, um einhändig zu Pferd oder zu Fuß eingesetzt zu werden, konnte aber auch Rüstungen und Helme durchbohren.

Kriegsingenieure gewannen oft Schlachten für die persischen Streitkräfte. In Babylonien und Ägypten leiteten sie Flüsse in Bewässerungskanäle um, damit die Truppen durch sonst unpassierbare Flüsse waten oder Belagerungsmaschinen an die Stadtmauern heranrollen konnten. Die Ingenieure marschierten den achämenidischen Truppen voraus, um Brücken und Straßen zu bauen oder zu reparieren. Schon lange vor Xerxes' Ein-Meilen-Brücke über die Meerenge der Dardanellen hatten sie Bootsbrücken gebaut. Die Ingenieure von Dareios I. konstruierten eine 760 Meter lange Bootsbrücke über den Bosporus. Xenophon berichtet von einer Brücke mit siebenunddreißig Booten über den Tigris und sieben Schiffen über den Mäander.

Das Achämenidenreich verfügte über ein erstaunliches Kommunikationssystem. Angenommen, eine Satrapie im westlichen Teil des Reiches revoltierte oder wurde überfallen. In diesem Fall konnte die Nachricht den König in Persien schnell erreichen, so dass er sich unverzüglich um den Notfall kümmern konnte. Die berittenen Kuriere stürmten die Königsstraße hinunter und wechselten ihre Pferde in regelmäßigen Abständen an den Wegstationen. Sie benutzten Feuersignale von Türmen auf Berggipfeln aus. Der Einsatz von Licht- und Spiegelsignalen in der Ägäis ermöglichte es der Marine, innerhalb von Stunden Nachrichten über den Ausgang von Schlachten auf dem griechischen Festland zu erhalten.

Kyros der Große und seine Nachfolger setzten Belagerungsmaschinen ein, bei denen es sich um acht Meter hohe, mobile Türme auf einem Rollwagen handelte. Acht Ochsen zogen jeden Turm, in dem zwanzig Soldaten Platz fanden. Die Höhe des Turms ermöglichte es den Bogenschützen, von den oberen Brüstungen ihre Pfeile über die Stadtmauern zu schießen. Sie konnten auch Feuergeschosse abfeuern. Die Belagerungsmaschinen wurden auch auf dem Schlachtfeld eingesetzt, um von den hohen, geschützten Türmen aus Pfeile oder schwerere Geschosse abzuschießen.

Der Tross für die gewaltigen achämenidischen Armeen war ein riesiges Unternehmen mit Gepäckzügen, Versorgungsschiffen, Köchen, Ärzten und anderen Elementen, die für die Unterbringung von Zehntausenden von Kriegern benötigt wurden. Ein Teil des Trosses reiste dem Heer voraus, um Trinkwasser, Lagerplätze und Weideflächen für die Pferde, Maultiere und Kamele auszukundschaften. Zusätzlich zu ihren Triremen, die keine Laderäume für Lebensmittel und andere lebenswichtige Dinge hatten, setzte die persische Marine Versorgungsschiffe ein, die bis zu fünfhundert Tonnen transportieren konnten. Außerdem setzten sie Transportschiffe ein, die jeweils dreißig Pferde transportieren konnten.

Ist Xerxes wirklich mit einem Millionenheer in Griechenland einmarschiert? Einige Quellen sprechen von bis zu drei Millionen Menschen, einschließlich des Trosses und der Flotte. Das Achämenidenreich hatte damals eine geschätzte Bevölkerung von fast fünfzig Millionen Menschen, so dass eine Million Mann durchaus möglich sein könnte. Allerdings ist die logistische Herausforderung, eine Million Männer für einen monatelangen Feldzug fern der Heimat zu verpflegen, unvorstellbar. In den Berichten wird erwähnt, dass ihnen oft das Trinkwasser ausging und dass die Armee auf dem Rückweg nach Asien hungerte.

Das persische Militär begann eine Schlacht in der Regel mit der Entsendung der Kavallerie, um die feindlichen Linien zu durchbrechen. Die Reiter warfen Speere, feuerten Pfeile ab und versuchten, den Gegner von der Seite anzugreifen. Sie versuchten, ihre Gegner zu einem Haufen zusammenzutreiben, um sie zu einem leichten Ziel für ihre Bogenschützenabteilung zu machen, die Tausende von Pfeilen pro Minute abschießen konnte. Wenn sich der Feind zerstreute, anstatt sich zusammenzuschließen, konnten die Reiter und Wagenlenker ihn leicht ausschalten.

Diese Taktik erforderte ausreichend flaches Gelände, auf dem die Kavallerie und die Streitwagen leicht manövrieren konnten. Außerdem war es hilfreich, einen undisziplinierten Gegner zu haben, der nicht sehr mobil war. Wenn die Perser gegen die Skythen kämpften, verloren sie oft, weil die gesamte skythische Streitmacht beritten war und sich schnell in verschiedenen Formationen bewegen konnte. Die Perser taten sich schwer mit Schlachten in Griechenlands bergigem, felsigem Gelände, in dem die Pferde nicht gut manövrieren konnten. Die Griechen fanden Wege, die von den Persern bevorzugte Strategie des Fernkampfes mit Kavallerie und Pfeilen zu umgehen. Sie kämpften von den Bergen aus oder zwangen die Perser, auf engen Schlachtfeldern zu kämpfen, wo der Nahkampf die einzige Option war.

Die angestammte Heimat der Perser war das zentralasiatische Binnenland, doch das Achämenidenreich stellte die erste kaiserliche Flotte der Welt auf. Da sie nicht an Schiffe gewöhnt waren, machten sie sich die Phönizier zunutze, die sich kampflos Kyros dem Großen unterworfen hatten und seitdem zumeist loyale Bürger des Reiches waren. Die Phönizier waren seit prähistorischen Zeiten ein Seefahrervolk und Experten im Schiffsbau und in der Seekriegsführung. Die Perser setzten auch ägyptische und griechische Söldner für den Bau und die Bemannung ihrer Schiffe ein.

Der erste achämenidische König, der eine Flotte einsetzte, war Kambyses bei der Eroberung Ägyptens. Danach übte die Flotte des Reiches ihre Macht in der östlichen Ägäis, im Schwarzen Meer, im Mittelmeer und im Persischen Golf aus. Die Flotte operierte auch mit kleineren Schiffen auf dem Tigris, Euphrat, Nil und Mäander.

Ihre ersten Schiffe wurden Triremen genannt, waren etwa 36 Meter lang, fünf bis sechs Meter breit und konnten bis zu 300 Mann befördern. Der Name kam von den drei Ruderreihen, mit denen das Schiff zusammen mit einem quadratischen Segel angetrieben wurde. Der Tiefgang (der Teil unter Wasser) war gering, nur etwa 90 Zentimeter, so dass die Matrosen sie leicht an Land ziehen konnten, was sie auch oft taten. Bei Höchstgeschwindigkeit, die die Schiffe in dreißig Sekunden erreichen konnten, erreichten sie etwa zwölf Knoten pro Stunde und verfügten bei Schiffsgefechten über eine ausgezeichnete Beweglichkeit auf See. Aus dem Bug ragte ein bronzener Rammsporn in Form einer langen, spitz zulaufenden Pike hervor, mit dem die Rümpfe der feindlichen Schiffe aufgespießt und aufgeschlitzt wurden. Die Matrosen benutzten Enterhaken, um an feindlichen Schiffen festzumachen. Die meisten Schiffe verfügten über zwei Katapulte, um Steine oder brennende Geschosse auf den Gegner zu schleudern. Die persischen Triremen verfügten über 170 Ruderer und nahmen weitere Marinesoldaten für den Kampf mit.

Sie mussten ihre Schiffe alle paar Tage auf den Strand setzen, um sie zu trocknen, da sie sich mit Wasser vollsaugten, was manchmal unangenehm wurde, wenn der Feind in der Nähe war. Die achämenidische Flotte führte später weitere Schiffstypen ein. Dazu gehörten die größeren Quinqueremen, die zusätzliche Männer und Waffen aufnehmen konnten, sowie die kleineren Pentekonter und Triakonter, die wendiger waren und sich besser für die Flussfahrt eigneten.

Die persischen Flottenstützpunkte befanden sich an der Küste Phöniziens, auf der Insel Zypern, in Kilikien auf dem Festland nordöstlich von Zypern und in Kyme in Ionien. Außerdem verfügten sie über einen Flottenstützpunkt am Schatt al-Arab, wo die Flüsse Euphrat und Tigris zusammenfließen und in den Persischen Golf münden. Kleinere Stützpunkte befanden sich in Halikarnassos an der Südwestküste der heutigen Türkei, in Tripolis im Nordlibanon, auf Samos in Ionien und im Nildelta (wenn Ägypten nicht gerade revoltierte). Das Achämenidenreich unterhielt auch Handelssiedlungen entlang des Persischen Golfs und des Arabischen Meeres, darunter Oman, Bahrain, Jemen und der indische Subkontinent.

In der Anfangszeit der achämenidischen Flotte unter Kambyses verfügte die Flotte über etwa dreihundert Triremen mit rund einundfünfzigtausend Ruderern. Unter Dareios dem Großen verdoppelte sich die Flotte auf sechshundert Triremen und war ein entscheidender Faktor bei der Eroberung von Ionien und Thrakien. Unter seinem Sohn Xerxes verdoppelte sich die Zahl der persischen Kriegsschiffe nochmals auf 1.200 Kriegsschiffe, 3.000 Transportschiffe und mindestens 36.000 Mann Besatzung.

Doch die Flotte erlitt bei Salamis eine apokalyptische Niederlage gegen die griechischen Koalitionsflotten, wobei sie zusätzlich zu den in einer früheren Schlacht und zwei Stürmen verlorenen Schiffen viele weitere verlor. Die persische Flotte erholte sich nie wieder vollständig. Unter Xerxes' Sohn Artaxerxes I. erlitt die Flotte des Reiches einen weiteren katastrophalen Verlust von zweihundert Schiffen am Fluss Eurymedon, was das Ende ihrer Präsenz in der Ägäis bedeutete. Eine weitere demütigende Niederlage erfolgte 450 v. u. Z. auf Zypern.

Obwohl das persische Militär schließlich von Alexander dem Großen besiegt wurde, herrschte es über zwei Jahrhunderte lang als führende Kriegsmacht der Welt. Durch militärische Eroberungen breitete es sich von einer bescheidenen Provinz im heutigen Iran auf drei Kontinente aus und war damit das größte Reich, das es in der antiken Welt je gab. Die Eroberungen der Perser zeichneten sich durch ihre kriegerischen Fähigkeiten und ihre humane Behandlung der eroberten Völker aus, die sich unterwarfen. Viele Regionen, die vom Achämenidenreich angegriffen wurden, ergaben sich eher, als dass sie bis zum bitteren Ende Widerstand leisteten, da sie sich der Güte der Perser bewusst waren.

Kapitel 15: Herrschaft, Verwaltung und Wirtschaft

Das Achämenidenreich war der weltweit erste erfolgreiche Versuch einer groß angelegten Globalisierung, der verschiedene Ethnien und Nationen aus drei Kontinenten in einer politischen Einheit zusammenführte. Durch Handel und gemeinsamen Militärdienst vermischten sich die verschiedenen ethnischen Gruppen miteinander und lernten voneinander. Die persischen Könige ermutigten zum Austausch von Ideen und Bräuchen, förderten ein hohes Maß an Autonomie der lokalen Regierungen und sorgten für eine florierende Wirtschaft.

Die persischen Könige beherrschten ihr kolossales Reich mit erstaunlich bescheidener Kontrolle. Kyros der Große gab ein Beispiel für Toleranz und Aufgeschlossenheit, was zum achämenidischen Frieden (*Pax Achaemenica*) führte. Diese Stabilität unterschied sich deutlich von den vorangegangenen Konflikten zwischen den Staaten des Nahen Ostens, insbesondere von den drei Jahrhunderten brutaler Herrschaft unter dem Assyrerreich.

Kyros war dafür bekannt, dass er besiegte Monarchen freundlich behandelte und ihnen oft eine Position an seinem Hof oder als Statthalter über ihr eigenes oder ein anderes Reich anbot. Sein Respekt für die verschiedenen Religionen und Kulturen verschaffte ihm die Wertschätzung der eroberten Völker und führte zu einer friedlichen Herrschaft. Ein Problem, mit dem er konfrontiert wurde, waren die alten Rivalitäten zwischen den verschiedenen Nationalitäten, die nun sein

Reich bildeten. Kyros ging damit um, indem er jede ethnische Gruppe respektierte, aber auch den Austausch von Ideen durch den gemeinsamen Militärdienst und Handel untereinander förderte. Wie Kyros' Biograf Reza Zarghamee feststellte, „scheint Kyros verstanden zu haben, dass die Menschen von bestimmten Grundbedürfnissen angetrieben werden: der Erhaltung der sozialen Ordnung und der lokalen Autonomie".[i]

Zu den Kernelementen des Verwaltungssystems des Achämenidenreiches gehörte ein strukturierter Staat mit miteinander verbundenen Provinzen. Das Straßennetz förderte den Handel und die Kommunikation und ermöglichte die schnelle Verlegung von Truppen, was zu relativem Frieden und Wohlstand beitrug. Xenophon, ein Grieche, der als Söldner für Kyros den Jüngeren kämpfte, sah in Kyros dem Großen ein Vorbild an Staatskunst, das „alle anderen Monarchen in den Schatten stellte" und seine Untertanen dazu brachte, ihm gefallen zu wollen.

Die bemerkenswerte Toleranz, die Kyros und seine Nachfolger walten ließen, war eine Frage der politischen Zweckmäßigkeit. Wenn sie das Volk bei Laune hielten, waren Revolten weniger wahrscheinlich. Die achämenidischen Könige entwickelten ein nachhaltiges politisches Konzept und setzten einen Standard für die Staatskunst, den künftige Herrscher übernahmen. Nach der Eroberung des Achämenidenreiches ließ Alexander der Große die bereits bestehende Regierung im Wesentlichen bestehen.

Der einzige Bereich, in dem die Toleranz der achämenidischen Herrscher auf die Probe gestellt wurde, waren Revolten. Wenn Satrapien rebellierten, wurden sie schnell und hart bestraft. Die persischen Könige betrachteten Aufstände als persönlichen Angriff, als ein Versäumnis, ihr göttliches Recht auf Herrschaft und ihr Wohlwollen gegenüber ihren Bürgern anzuerkennen. Selbst wenn es Jahrzehnte dauerte und die Bemühungen mehrerer Könige erforderlich waren, wie im Falle Ägyptens, waren die Könige unnachgiebig, wenn es darum ging, abtrünnige Nationen wieder in die Schranken zu weisen.[ii]

Unter Kyros dem Großen fungierten fünf Hauptstädte als Verwaltungszentren des Mammutreichs. Er nutzte weiterhin die Städte

---

[i] Reza Zarghamee, *Discovering Cyrus*, 12.

[ii] Maria Brosius, *A History of Ancient Persia: The Achaemenid Empire* (Hoboken, NJ: Wiley Blackwell, 2020), 1-2.

Babylon, Susa (die alte Hauptstadt Elams) und Ekbatana (die Hauptstadt Mediens) und machte Sardes (die Hauptstadt Lydiens) zum Verwaltungszentrum der westlichen Satrapien. Außerdem errichtete er Pasargadae als seine erste Hauptstadt. Sie befand sich in der Provinz Fars, wo er und sein Sohn Kambyses begraben wurden. Dareios der Große fügte später Persepolis als Hauptstadt hinzu. Warum so viele Hauptstädte? Der König zog ständig im Reich umher, wenn er nicht auf Feldzügen war, um die Bindung zu seinen Untertanen zu stärken. Auch das saisonale Wetter machte einige Orte zu bestimmten Zeiten des Jahres attraktiver.

Der Tachara-Palast in Persepolis diente zeremoniellen Zwecken, war aber wahrscheinlich keine königliche Residenz.

Interessanterweise haben Archäologen in einigen Hauptstädten wie Persepolis kein Gebäude gefunden, das als privater Wohnbereich des Königs diente. Die großen Apadana-Hallen dienten dazu, Hof zu halten, aber es gab keinen Ort, an dem der König und sein Gefolge schlafen, essen oder sich entspannen konnten. Wir wissen, dass Persepolis zur Zeit Alexanders des Großen niederbrannte, so dass es vielleicht hauptsächlich aus hölzernen Bauten bestand, die im Feuer verbrannten. Eine andere Theorie besagt jedoch, dass die Könige auf ihren Reisen in aufwendigen Zelten oder Pavillons wohnten, was eine Verbindung zu ihrer nomadischen Vergangenheit herstellen würde.[i]

Höflinge und Diener umkreisten den König am persischen Königshof, während er die wirtschaftlichen, militärischen, politischen und religiösen Angelegenheiten verwaltete. Er traf sich mit seinen Beratern, um die

---

[i] Ali Bahadori and Negin Miri, „The So-called Achaemenid Capitals and the Problem of Royal Court Residence," *Iran*, (2021) DOI: 10.1080/05786967.2021.1960881.

beste Vorgehensweise festzulegen, empfing Huldigungen von Würdenträgern, die ihn besuchten, und gab Feste für seine Adligen und sogar für das einfache Volk.[i] Er verkehrte auch mit seiner Familie: der Königinmutter, seiner Königin, seinen Brüdern und Schwestern, seinen Konkubinen und seinen Kindern, deren Zahl bei einigen der späteren Achämenidenkönige in die Hunderte ging.

Ein hoher Beamter, der „Meister der Tausend" genannt wurde, herrschte über den inneren Hof des Königs, in dem die Familie des Königs, persönliche Sklaven und Diener, königliche Leibwächter und die ranghöchsten Adligen saßen. Jeder, der eine Audienz beim König wünschte, musste sich an ihn wenden. Ein Beamter, der dem König regelmäßig Bericht erstattete, war sein Hauptspion, der als „Auge des Königs" bekannt war. Der Mundschenk des Königs befand sich fast immer in seiner Gegenwart, er war ein Diener, aber auch ein Vertrauter.

Im äußeren Hof waren die Köche, Bäcker, Weinkellner, Stallknechte, Übersetzer, Verwalter und Ärzte mit ihren Aufgaben beschäftigt. Die Mitarbeiter des äußeren Hofes kamen aus dem ganzen Reich. Die königlichen Eunuchen, die in ihrer Jugend kastriert worden waren, hatten viele Funktionen inne, oft bis hinauf zum Wesir des Königs, zu Militärgenerälen und Beratern. Sie dienten als Leibwächter und Diener im Harem und als Übersetzer und Boten, die zwischen dem inneren und dem äußeren Hof verkehrten.

Der persische König saß auf einem Thron mit Löwenfüßen und hoher Lehne und stützte seine Füße auf einen Schemel. Die meisten Menschen, die seine Gegenwart betraten, mussten sich vor ihm niederwerfen und seine Füße küssen. Der König hatte einen inneren Kreis von Beamten. Im Buch Esther ist von sieben Prinzen oder engen Beratern des Königs die Rede, die Perser und Meder waren. Sie waren möglicherweise verwandt und hatten den höchsten Rang im Königreich. Sie trafen sich regelmäßig mit dem König, der sie stets um ihren Rat bat.[ii]

Die Königinmutter war die ranghöchste Frau am Hof und stand sogar über der Königin. Von der Mutter Dareios' des Großen, Irdabama, ist überliefert, dass sie ihre Privatgüter verwaltete, den Kauf und die Verteilung von Lebensmitteln überwachte und die Hofbeamten befehligte. In seiner Abwesenheit fungierte sie sogar als Stellvertreterin des Königs. Sie reiste mit ihrem Gefolge durch das Königreich, oft

---

[i] Esther 1:1-8, Tanakh: Ketuvim: Book of Esther.
[ii] Esther 1:13-14.

unabhängig vom König. Eine königliche Zeltstadt begleitete den König und seine Familie auf militärischen Feldzügen. Im Zentrum des königlichen Zeltkomplexes stand das Zelt des Königs, das nach Osten ausgerichtet war und von den Zelten seiner Mutter, seiner Frau und seiner Töchter umgeben war. Seine Söhne und andere männliche Verwandte dienten gewöhnlich als Generäle und lagerten bei ihren Männern.

Wenn Persien neue Regionen eroberte, verweilte der König oder ein hochrangiger General eine Weile dort, um die neue Verwaltungsstruktur einzurichten und Regierungsführer zu ernennen. Der ernannte Gouverneur (Satrap) konnte derselbe sein wie zuvor oder der König konnte einen seiner Söhne oder einen bevorzugten Offizier auswählen, den er ehren wollte. Sobald alles eingerichtet war, brachen der König und sein Militär zu ihrem nächsten Ziel auf und überließen dem neu ernannten Satrapen die Leitung der Provinz (Satrapie). Das alltägliche Leben der Bürger verlief ähnlich wie zuvor.

Kyros der Große hatte sechsundzwanzig Satrapien, die seiner Zentralregierung unterstanden, und Dareios der Große erhöhte die Zahl der Satrapien auf sechsunddreißig. Der Satrap oder „Beschützer der Provinz" war der oberste Führer einer Satrapie oder Region. Der örtliche Satrap zog die Steuern ein, fungierte als „oberster Richter" für Straf- und Zivilsachen, sorgte für die Instandhaltung der Straßen und die Sicherheit vor Banditen und ernannte und überwachte die örtlichen Beamten.

Ein Militärgeneral, der dem König unterstand, rekrutierte und bildete eine lokale Armee für die Satrapie aus. Diese Armee schützte die Provinz und konnte vom König zu militärischen Einsätzen herangezogen werden. Ein Staatssekretär, der sowohl dem Satrapen als auch der Zentralregierung Bericht erstattete, führte Buch über Aufzeichnungen und Verwaltungsangelegenheiten. Zu seinen Aufgaben gehörte auch die Überwachung der Einziehung von Steuern und Abgaben. Obwohl jede Satrapie über ein hohes Maß an Autonomie verfügte, schickte das „Auge des Königs" seine nachrichtendienstlichen Beamten durch das ganze Reich, um jede sich anbahnende Situation zu überwachen.

Das altpersische Wort „dāta" bedeutete Gesetz und wurde verwendet, um auf das unveränderliche „Gesetz der Meder und Perser"[i], das königliche Gesetz für das Reich und das göttliche Gesetz zu verweisen.

---

[i] Esther 1:19 & Daniel 6:6-15, Tanakh: Ketuvim: Book of Esther & Book of Daniel.

Xerxes sprach vom Gesetz der persischen Gottheit Ahura Mazda, und Artaxerxes bezog sich auf das hebräische „Gesetz des Gottes des Himmels". Xerxes sagte, dass derjenige, der sowohl das Gesetz des Königs als auch das göttliche Gesetz befolge, „glücklich wird, während er lebt, und gesegnet, wenn er stirbt."

Die Perser glaubten, dass das Recht des Königs zu regieren und alle rechtlichen Befugnisse von Gott verordnet waren. Seit Dareios I. finden sich Hinweise auf das königliche Gesetz in babylonischen Aufzeichnungen, die Steuerzahlungen und Gerichtsverfahren vor einem Richter dokumentieren, der das königliche Gesetz zu befolgen hatte. Dareios führte ein neues, auf persischem Recht basierendes Gesetzbuch ein, das sich auf das Rechts- und Justizsystem des Reiches auswirkte. Alle vom König erlassenen Dekrete hatten Gesetzeskraft.[i]

Das achämenidische Gesetzbuch unterschied sich von den früheren Gerichtsverfahren im Nahen Osten. In der Antike konnten Menschen auf der Grundlage des Eids einer Person oder eines Gottesurteils für schuldig oder unschuldig befunden werden. Ein Beispiel für eine Prüfung aus dem babylonischen Gesetzbuch von Hammurabi war, dass sich eine Frau in den Fluss werfen musste, wenn sie des Ehebruchs beschuldigt wurde. Wenn sie ertrank, war sie schuldig, und wenn die Frau überlebte, war sie unschuldig. Gerichtsverfahren für bestimmte Verbrechen waren in den antiken Gesetzbüchern weit verbreitet. Im Gegensatz dazu verlangte das achämenidische Recht, dass vor Gericht rationale Beweise für Schuld oder Unschuld vorgelegt werden mussten, beispielsweise mehrere Zeugen. Eine weitere Änderung im Rechtssystem bestand darin, dass die Aussage einer Frau nun vor Gericht akzeptiert wurde, was auf den verbesserten Status der Frauen in der Gesellschaft hinwies.[ii]

Ein hervorragendes Kommunikationssystem war von entscheidender Bedeutung, um die Zentralregierung über die Ereignisse in dem Reich, das sich vom indischen Subkontinent bis zur Ägäis erstreckte, auf dem Laufenden zu halten. Die Königsstraße, die Zentral- und Westasien durchquerte, unterstützte militärische Bewegungen und den Handel und ermöglichte den schnellen persischen Postdienst mit *pirradaziš (Boten)*. Ein aus Persien gesandter Brief konnte innerhalb von sieben Tagen in Sardes eintreffen.

---

[i] „Dāta," *Encyclopaedia Iranica*. Vol. VII, Fasc. 1 (2011): 114-15. https://www.iranicaonline.org/articles/data.

[ii] „Achaemenid Judicial and Legal Systems," *Encyclopaedia Iranica*, Vol. XV, Fasc. 2 (2012): 174-77.

Über hundert Relaisstationen entlang der Strecke ermöglichten es Pferden und Postboten, sich abzulösen. Herodot war von dem persischen Postdienst so beeindruckt, dass er die Worte schrieb, die heute in Stein gemeißelt über den Türen des Postamtes in der *Eighth Avenue* in New York City stehen: „Weder Schnee noch Regen, noch Hitze, noch die Dunkelheit der Nacht hält diese mutigen Boten davon ab, die ihnen zugedachten Aufgaben zügig zu erfüllen."

Das Achämenidenreich umfasste etwa drei Dutzend Satrapien mit unterschiedlichen lokalen Wirtschaftssystemen. Regionen wie Ionien, Babylonien, Ägypten und Phönizien verfügten über gut entwickelte und wohlhabende Volkswirtschaften, die auf dem See- und Flusshandel und einer jahrhundertelangen Hochkultur basierten. Andere Gebiete waren dezentralisiert und entwickelten sich aus Subsistenzlandwirtschaft oder Hirtengemeinschaften. In einigen Regionen waren Wirtschaft und Bevölkerung durch Dürre oder unaufhörliche Kriege vernichtet worden.

Im gesamten Reich war die Landwirtschaft der wichtigste Wirtschaftszweig, insbesondere der Anbau von Getreide wie Gerste oder Weizen sowie von Gemüse und Obst wie Gurken, Erbsen, Äpfeln und Datteln. Weintrauben wurden für die Herstellung von Wein angebaut, der ein beliebtes Wirtschaftsgut war. In Persien, Medien und Nordmesopotamien wurde viel Vieh gezüchtet, das Milchprodukte lieferte, die im ganzen Reich beliebt waren. Auch die Fischerei war ein florierender Wirtschaftszweig.

In vielen der von Persien eroberten Regionen gab es bereits ein System der Landverteilung, bei dem ein Teil des Landes dem Adel, ein Teil den Tempeln und ein Teil privaten Besitzern gehörte. Letzteres war oft in kleine Familiengrundstücke und größere Plantagen aufgeteilt, die von Pächtern bewirtschaftet wurden. Zwei Änderungen, die die achämenidischen Herrscher einführten, waren eine genaue Landvermessung und eine Umverteilung des Landes. Die ertragreichsten Ländereien wurden zwischen dem König, dem Adel, wohlhabenden Geschäftsleuten und (in Ägypten und Babylonien) den Tempeln aufgeteilt.

Das dem König zugewiesene Land diente der Viehzucht für die Fleischproduktion. Dort baute man auch Getreide und andere Dinge an, die von der königlichen Familie und ihrem Gefolge verbraucht wurden. Ein Teil des „Königslandes" wurde von und für das Militär bewirtschaftet. Zur militärischen Ausbildung der Jugendlichen gehörten auch landwirtschaftliche Fertigkeiten, die Soldaten bestellten das Land selbst, wenn sie nicht auf Feldzügen waren, oder verpachteten die Parzellen. Ein Teil des „königlichen" Besitzes gehörte der Königin, den königlichen Prinzen und anderen Adligen wie den Satrapen. Buchhaltungsunterlagen belegen, dass Schafe und Wein an die Königin geschickt wurden und dass Hirten die Herden der Krone hüteten, deren Zahl in die Tausende ging. Aufzeichnungen zeigen, dass die Frau von Dareios II., Königin Parysatis, Felder in der Region Nippur in Babylonien besaß, die sie an ein Familienunternehmen verpachtete.

Die Krone besaß auch einige der Werkstätten und Handwerksbetriebe. So produzierte und exportierte Phönizien beispielsweise Glaswaren und Purpurfarbstoff. Die Ägypter, Babylonier und Ionier stellten Kleidung aus Baumwolle und Leinen her. Die Werkstätten im Besitz der Krone produzierten Waren oder Dienstleistungen für den königlichen Hof und beschäftigten mehr als sechzehntausend Arbeiter, darunter Steinmetze, Zimmerleute, Winzer, Weber und andere Spezialisten.

In Sardes unter Krösus geprägte goldene Löwe-Stier-Münze, um 561-546 v. u. Z.

Etwa ein Jahrhundert vor der Herrschaft von Kyros dem Großen begann man in der Antike, Münzen in flacher, runder Form mit einem Bild auf einer Seite zu prägen. Sie stammten ursprünglich aus Lydien, das später Teil des Achämenidenreiches wurde, aber das Münzwesen hatte sich noch nicht auf Persien ausgedehnt, als Kyros an die Macht kam. In der Antike verwendeten die Mesopotamier Talente, Minas und Schekel als Zahlungsmittel, die nicht die Form einer Münze hatten, sondern Silber- oder Goldstücke mit einem bestimmten Gewicht waren. Die Perser übernahmen diese Währung, verwendeten aber weiterhin ihr altes Tauschsystem.

Als Kyros Lydien eroberte und sich mit dessen König Krösus anfreundete (nachdem er ihn fast verbrannt hatte), beschloss er 546 v. u. Z., in seinem Reich Münzen zu verwenden. Er übernahm die bereits bestehende lydische Münzprägung: die kroesidische Löwen- und Stiermünze, die in Sardes in Lydien geprägt wurde (das zur achämenidischen Hauptstadt für die westlichen Satrapien wurde). In Sardes wurden weiterhin die neuen Münzen des Reiches geprägt, und das Reich akzeptierte Münzen aus Griechenland als gesetzliches Zahlungsmittel und umgekehrt.

Um 500 v. u. Z. führte Dareios der Große eine neue Münzprägung ein: den Gold-Dareikos und den Silber-Siglos. Anstelle der doppelten Rückseitenprägung der ursprünglichen Münzen verwendete er eine einfache Rückseitenprägung. Er ersetzte den Löwen und den Stier durch das Bild des Königs, der mit einem Bogen und einem Speer läuft. Ein Gold-Dareikos, der ungefähr dem babylonischen 8,33-Gramm-Schekel entsprach, entsprach 20 Silber-Sigloi oder 25 griechischen Drachmen.

Dareios der Große stellte die Münzprägung auf den Gold-Dareikos mit seinem Bildnis um."

Als ihre Stadtstaaten oder Länder an das Achämenidenreich fielen, bestand die einschneidendste Veränderung für die Menschen darin, dass sie Tribut an Persien zahlen mussten. Unter Kyros dem Großen und Kambyses zahlten die Satrapen Tribut, meist in Form von Geschenken. Dabei handelte es sich in der Regel um Spezialitäten der Region wie Edelmetalle, Edelsteine, Holz, Stoffe, Pferde oder Nahrungsmittel wie getrocknete Fische, Trockenfrüchte oder Getreide. Die Höhe des Tributs hing vom Reichtum der Satrapie ab, davon, ob sie Perser oder mit den Persern verwandt waren und davon, ob sie sich schnell ergaben oder Persien zu einer langen, teuren Belagerung zwangen.

Einige Satrapen zahlten eine Geldsteuer anstelle von oder zusätzlich zu den „Geschenken". Unter Dareios dem Großen, der 519 v. u. Z. ein standardisiertes, koordiniertes Steuersystem einführte, wurden die Zahlungen in Silber erhöht. Die Steuern basierten auf einer genauen Vermessung der Ländereien der einzelnen Satrapien, ihrer Fruchtbarkeit und dem Ertrag der einzelnen Ernten in einem durchschnittlichen Jahr. Die Gebiete an der Peripherie des Reiches zahlten im Allgemeinen mehr in Waren als in Silber. Interessanterweise zahlten die Satrapen die Steuern mit silbernen Talenten, obwohl Silber- und Goldmünzen in Gebrauch waren.

Die drei erstaunlich wohlhabenden Provinzen des indischen Subkontinents zahlten fast ein Drittel des Tributs des gesamten Reiches: acht Tonnen Goldstaub sowie Elefanten, Elfenbein und Teakholz. Das reiche Babylon musste das Militär vier Monate lang ernähren und zusätzlich eintausend Silbertalente entrichten. Ägypten, Libyen, Kyrene und Barca lieferten 120.000 Maß Getreide und 700 Silbertalente. In den iranischen Satrapien waren die Steuern relativ niedrig. Elam zahlte dreihundert Talente und Medien vierhundert Talente, aber sie stellten auch viele Männer für das Militär zur Verfügung, was sich auf den Steuersatz auszuwirken schien. Persien zahlte keine Steuern, aber Tribut, hauptsächlich Schafe und anderes Vieh.

Die gesamte Levante (Syrien, Phönizien, Israel und Zypern) zahlte trotz des astronomischen Reichtums Phöniziens jährlich nur 350 Talente. Diese Länder hatten sich fast sofort Kyros dem Großen unterworfen. Phönizien war ein enormer Aktivposten in der Flotte des Reiches, da es ständig Schiffe baute und bemannte. Die wohlhabenden ionisch-griechischen Stadtstaaten zahlten nur vierhundert Talente pro Jahr für das gesamte Gebiet. Vielleicht wollten die persischen Könige das unbeständige Gebiet nicht in Unruhe versetzen, da die Griechen auf der anderen Seite der Ägäis bereit waren, ihren Verwandten gegen Persien zu helfen. Die ionischen Griechen stellten auch viele Männer für das Militär, insbesondere für die Seemannschaft. Die Stadtstaaten Anatoliens hatten relativ bescheidene Steuern zu entrichten: Phrygien zahlte 360 Talente, Lydien und Kilikien jeweils 500 Talente.

Die Reliefs von Persepolis zeigen die Bürger des Reiches, die dem König Tribut entrichten. "

Einige benachbarte Regionen, die zwar Verbündete waren, aber nicht zum Reich gehörten, schickten Tribute. Arabien zum Beispiel schickte jährlich tausend Talente Weihrauch. Das Achämenidenreich erhob auch Handelszölle, und die Sklavenmärkte mussten Steuern auf ihre Verkäufe entrichten. Im Gegensatz zum assyrischen Reich, das die Menschen mit hohen Steuern ausbluten ließ, war das achämenidische Steuer- und Tributsystem nachhaltig. Die Satrapien konnten den jährlichen Betrag ohne großes Leid entrichten. Die katastrophalen Kriege mit Griechenland leerten jedoch die persischen Staatskassen, und die persischen Könige wurden in ihrem Lebensstil immer verschwenderischer. Diese Veränderungen bedeuteten höhere Steuern für die Bürger, was zu einer Zunahme der Aufstände des verärgerten Volkes führte und die Invasion Alexanders des Großen begünstigte.

Schlussbemerkung

Das Erbe des Persischen Reiches hat Jahrtausende überdauert. Das Achämenidenreich spielte eine entscheidende Rolle in der Geschichte seiner Zeit im Nahen Osten, in Zentralasien und auf der Balkanhalbinsel. Es führte erfolgreich eine zentralisierte Regierung mit Satrapen ein, die ein bemerkenswertes Maß an lokaler Autonomie besaßen. Sein leistungsfähiges und effizientes Verwaltungssystem war bis zu diesem Zeitpunkt in der Weltgeschichte unerreicht, und es gelang ihm, Stabilität und Frieden in einem riesigen und vielfältigen Reich aufrechtzuerhalten. Es entwickelte eine hervorragende Infrastruktur im gesamten Nahen Osten. Ein Straßennetz über das Imperium hinweg, Kanäle, die wichtige Wasserstraßen verbanden, und ein schnelles Postsystem.

Das Reich der Achämeniden herrschte auch über ein multiethnisches, multikulturelles Reich, das seiner Zeit voraus war, indem es alle Ethnien respektierte und allen Menschen Religionsfreiheit gewährte. Seine Herrscher restaurierten und bauten sogar Tempel verschiedener Glaubensrichtungen wieder auf. Im Gegensatz dazu richteten die Athener Sokrates wegen „Gottlosigkeit" hin, weil er sagte, die griechischen Götter seien moralisch kompromittiert und die Menschen könnten nur mit einem rationalen und perfekten Gott einen moralischen Kompass haben.

Das Achämenidenreich setzte einen Standard für eine geordnete politische Verwaltung, die Alexander der Große übernahm. Man könnte sogar sagen, die Perser gaben den Griechen und Mazedoniern die Idee eines multikontinentalen, multikulturellen Imperiums. Zuvor existierten die Griechen als unabhängige Stadtstaaten und bekämpften einander ständig. Das Reich der Achämeniden zwang sie, sich zum Überleben zu vereinen. Als Philipp II. von Makedonien sah, was ein vereintes Griechenland zur Selbstverteidigung leisten konnte, kam ihm die Idee, dies zu nutzen, um das Achämenidenreich zu verschlingen.

Die effiziente und effektive Bürokratie des Achämenidenreiches hatte großen Einfluss auf seine nahöstlichen, mazedonischen, griechischen und iranischen Nachfolger. Sein vielseitiges Erbe überdauerte die nachfolgenden Reiche der Seleukiden, Parther und Sassaniden. Nach dem plötzlichen Tod Alexanders des Großen im Jahr 323 v. u. Z. teilten seine mazedonischen Generäle das Imperium auf. General Seleukos erhielt zunächst Babylonien und begann dann ein rücksichtsloses Expansionsprogramm, in dem er sich alles von Syrien bis Afghanistan aneignete und dabei das Seleukidenreich schuf.

Seleukos setzte mit der achämenidischen Toleranz aller Religionen und Kulturen fort. Koine, eine Varietät des Altgriechischen, wurde jedoch zur Lingua franca, da die stetige Einwanderung der Griechen in das Reich die hellenistische Kultur und den Aufstieg einer politischen Klasse brachte, die von griechischen Eliten geführt wurde. Dennoch nahmen die mazedonischen und griechischen Emigranten auch die persischen Bräuche und Technologien auf und bildeten eine griechisch-iranische kulturelle Melange, die in Wissenschaft, Mathematik und Kunst voranschritt.

Die politische Struktur des Seleukidenreichs führte das achämenidische System einer zentralisierten Regierung fort, wobei die Satrapen die Macht über eine dezentralisierte Verwaltung ausübten. Es überließ den Iran fast ein Jahrhundert lang sich selbst, wobei persische Könige Persis (Persien selbst) regierten, die ihren seleukidischen Oberherren Tribut zahlten. Der seleukidische Herrscher Antiochos I. (reg. 281-261 v. u. Z.) ernannte jedoch Andragoras zum Satrapen über ganz Iran. Wahrscheinlich war er ethnisch iranisch, aber die Perser und andere Iraner nahmen ihm den Verlust der Autonomie übel.

Die parthischen Stämme im Nordosten des Iran rebellierten 247 v. u. Z. gegen die Seleukiden. Ihre wachsende Macht in Verbindung mit den Kämpfen des Seleukidenreiches mit Rom, Armenien und Ägypten führte schließlich zum Zusammenbruch des Reiches. Unter dem neuen Partherreich besaßen die Perser und andere iranische Stämme als Vasallenkönigreiche lokale Autonomie und zahlten Tribut an die parthischen Könige, die sich als Erben des Achämenidenreiches ausgaben. Die parthischen Könige hielten das System der Satrapien mit Staaten außerhalb des Irans aufrecht.

König Ardaschir I. von Persien besiegte die Parther und gründete 224 u. Z. das Sassanidenreich. Es herrschte vier Jahrhunderte lang und stellte die persische Herrschaft über einen Großteil des früheren Territoriums des Achämenidenreiches wieder her, vom Mittelmeer bis nach Pakistan. Wie die achämenidischen Herrscher tolerierten die Sassaniden alle Religionen und Kulturen. Sie stellten jedoch die persische Kultur bewusst über die griechischen Bräuche. Auch sie hatten eine zentralisierte Regierung mit einer dezentralisierten Verwaltung der Schahr-Distrikte, die den früheren Satrapien ähnelten.

Als das Sassanidenreich 651 u. Z. an die islamischen Araber fiel, wurden seine hochstehenden Staats- und Verwaltungstraditionen und sein kulturelles Erbe an die islamischen Kalifate weitergegeben. Das Osmanische Reich und das Safawidenreich übernahmen die Organisationsprinzipien des Achämenidenreiches. Sein Einfluss ist auch heute noch in den Regierungen des Nahen Ostens zu spüren. Persien blieb bis zu seinem Niedergang im 19. Jahrhundert u. Z. eine bedeutende Macht im Nahen Osten und hat in letzter Zeit seine regionale Vormachtstellung wiedererlangt. Durch die Bewältigung anhaltender sozialer, wirtschaftlicher und politischer Herausforderungen hat der widerstandsfähige iranische Staat seine regionale Macht und seinen Einfluss ausgebaut.

Kyros der Große und das Achämenidenreich sind in den Köpfen der Iraner von heute noch immer überlebensgroß. Vor dem Achämenidenreich waren die iranischen Stämme der Unterdrückung durch ausländische Mächte schutzlos ausgeliefert. Kyros bewahrte die Freiheit und die kulturelle Identität der Perser und machte ihr Land zum größten Reich, das es je gab. Die heutigen Iraner betrachten ihn als den Vater ihres Volkes und den Gründer des ersten geeinten Staates im Iran. Sie erinnern sich mit außerordentlichem Stolz an die Geschichte von Kyros und das große Reich der Achämeniden.

Die Iraner betrachten Kyros als Helden, als sympathischen Führer und als Vorbild für eine wohlwollende Herrschaft. Er war ein Mann, der seiner Zeit voraus war. Kein Wunder, dass eine vorgeschlagene Friedensinitiative zwischen Iran und Israel im Jahr 2021 den Namen Kyros-Abkommen erhielt. Damit wird das Band der Freundschaft gefeiert, das auf die Befreiung Israels aus der babylonischen Gefangenschaft durch Kyros im Jahr 538 v. u. Z. zurückgeht.[i]

---

[i] Karmel Melamed, „Cyrus Accords' Old Seeds of Peace: Iran & Israel's Forgotten Friendship,"

In den letzten zwei Jahrzehnten hat sich eine spontane Tradition entwickelt. Tausende von Persern versammeln sich am Grab von Kyros dem Großen, um ihn am „Kyros-der-Große-Tag" zu ehren. Der inoffizielle Feiertag fällt auf den siebten Tag des Aban, den Tag im Oktober, an dem Babylon von Kyros erobert wurde. Bei einer kürzlichen Versammlung, bei der Horden von Menschen häufig in Gesang ausbrachen, erklärte ein Feiernder die Stimmung der Menge. „Wir zollen einem König Tribut, der die Menschen überall respektierte, unabhängig von ihrer religiösen oder ethnischen Herkunft.[i]

The Times of Israel, April 4, 2021. https://blogs.timesofisrael.com/cyrus-accords-old-seeds-of-peace-iran-israels-forgotten-friendship/.

[i] Alijani Ershad, „Thousands in Iran use King's Anniversary to Protest against Ruling Regime," *France 24: The Observers*, April 11, 2016. https://observers.france24.com/en/20161103-iran-cyrus-king-regime-protest.

Teil 2: Geschichte des Iran

Ein spannender Überblick über die Geschichte des Iran, von den alten Persern über das Persische Reich bis zum modernen Iran

Einführung

Der Iran liegt in Westasien, zwischen dem Kaspischen Meer im Norden und dem Persischen Golf im Süden, an der Schnittstelle zwischen der Levante und dem übrigen asiatischen Kontinent. Es ist wohl eines der am günstigsten gelegenen Länder Eurasiens. Das Land, das heute offiziell als Islamische Republik Iran bekannt ist, hat eine Bevölkerung von mehr als 85 Millionen Menschen und ist die sechstgrößte Landmasse in ganz Asien. Der Iran ist ein wichtiger regionaler und globaler Akteur und spielt seit langem eine wichtige Rolle in der Politik des Nahen Ostens. Aufgrund seiner geographischen Lage war die Region lange Zeit ein Treffpunkt antiker Zivilisationen, was zu einer Vermischung von Kulturen, Traditionen, Bräuchen und Lebensstilen geführt und eine einzigartige Geschichte hervorgebracht hat.

Trotz seiner reichen Kultur, seiner fesselnden Geschichte und seiner unverwechselbaren Identität neigt ein Großteil der westlichen Welt dazu, den Iran mit religiösem Fanatismus, veralteten politischen Strukturen und einem inhärenten Hass auf den Westen in Verbindung zu bringen. Diese Vorstellungen sind jedoch relativ neu, da sie größtenteils erst nach der iranischen Revolution von 1979 entstanden sind, als ein demokratisches Regime durch eine islamische Theokratie ersetzt wurde. Die Theokratie hat die iranische Lebensweise stark verändert und besteht bis heute fort.

Was viele Menschen nicht wissen oder besser gesagt nicht anerkennen, ist die Tatsache, dass es im Iran seit Tausenden von Jahren eine Zivilisation gibt, die sich verändert und an die Veränderungen in der Welt angepasst hat, bis schließlich der moderne souveräne Staat des 21. Jahrhunderts entstand, der heute die Islamische Republik Iran ist. Es gibt nicht viele Orte, an denen das Leben so weit zurückreicht wie in dem Gebiet, das heute vom Iran und seinen Randgebieten eingenommen wird. Aus diesem Grund ist die Beschäftigung mit der Geschichte Irans notwendig.

Das Anliegen dieses Buches ist es, einen umfassenden Überblick über die Geschichte Irans sowie über die Ursachen und Folgen jedes wichtigen Ereignisses in der Vergangenheit des Landes zu geben. Ziel ist es, die Geschichte spannend zu erzählen und einen soliden Hintergrund zum Thema zu bieten. In den einzelnen Kapiteln werden die wichtigsten Entwicklungen und Schlüsselfiguren der iranischen Geschichte behandelt und deren Auswirkungen auf die Gesellschaft, Kultur und Politik des Landes im Laufe der Jahrhunderte, von der Antike bis zum 21. Jahrhundert.

Der erste Teil des Buches behandelt die Geschichte des alten Iran bis zum Mittelalter. Wir werden über die Ursprünge der Völker sprechen, die vor Tausenden von Jahren in der Region lebten, und über die Gründung der ersten prähistorischen Siedlungen in der Region. Dann geht es weiter mit dem alten Persien. Wir untersuchen die Entstehung des berühmten altpersischen Reiches und vieler seiner größten Herrscher sowie seine endgültige Eroberung durch Alexander den Großen und die Herrschaft des Hellenismus in der Region. Diese Epoche ist eine der wichtigsten in der Geschichte Irans, da sie wesentlich zur Identitätsbildung des iranischen Volkes beitrug und schließlich zur Ankunft des Islams im 7. Jahrhundert u. Z.

Im mittleren Teil des Buches wird die Geschichte des Iran im Mittelalter behandelt, beginnend mit der Islamisierung der Region, zunächst unter Mohammed und später unter mehreren arabischen Kalifaten, die zu dominierenden regionalen Akteuren im frühen Goldenen Zeitalter des Islams wurden. Wir werden auch die globalen Entwicklungen behandeln, die den mittelalterlichen Iran prägten, einschließlich der berüchtigten Eroberungen der Region durch mehrere zentralasiatische Horden, nämlich die Mongolen und die Timuriden, vom 13. bis zum 16. Jahrhundert. Dieser Teil des Buches schließt mit einer Erörterung der Entstehung der Safawiden-Dynastie, die den Iran fast 250 Jahre lang regierte. Während der Safawidenzeit wurde der Iran zu einem der größten und mächtigsten Reiche Eurasiens und erlebte eine Reihe sozio-politischer und kultureller Veränderungen, die sein Erbe stark prägen sollten.

Der letzte Teil des Buches untersucht die letzten dreihundert Jahre der iranischen Geschichte, beginnend mit der Kadscharenzeit, die von 1797 bis 1925 dauerte und zur Entstehung des modernen Iran führte. Die frühneuzeitliche Geschichte des Iran ist für ihren hohen Grad an kultureller und sozioökonomischer Entwicklung bekannt. Anschließend werden wir die Demokratisierung des Iran mit der Weißen Revolution und den wichtigen Prozessen, die unmittelbar nach dem Ende des Zweiten Weltkriegs stattfanden, diskutieren. Darauf folgte die reaktionäre Islamische Revolution und die Errichtung eines theokratischen Regimes, das viele der in den vorangegangenen Jahrzehnten erzielten Fortschritte wieder rückgängig machte.

Es ist nicht immer einfach, sich in die Geschichte des Iran zu vertiefen, denn die Vielzahl der Ereignisse verlangt nach einer adäquaten Darstellung. Deshalb erhalten Sie hier einen Überblick über die wichtigsten politischen, sozialen und kulturellen Entwicklungen im Iran, die letztlich zur Entstehung des heutigen Iran geführt haben.

Kapitel 1: Iran: Was Sie wissen müssen

Geografie

Die Geografie Irans wird von Gebirgsregionen dominiert, die das Land praktisch umgeben, sowie von kleineren flacheren Landstrichen im Innern des Landes. Das Zagros-Gebirge, das sich fast vom Kaukasus bis zum Persischen Golf erstreckt, ist das größte Gebirge der Region. Im nördlichen Teil des Landes, südlich des Kaspischen Meeres, liegt das Elburs-Gebirge, dessen Gipfel zum Teil über 3000 m hoch sind. Hier befindet sich auch der berühmte Damawand-Gipfel, der über 5.600 Meter hoch ist und in der persischen Mythologie und Kultur eine zentrale Rolle spielt. Im Osten wird das Land durch kleinere Gebirgszüge von Pakistan und Afghanistan getrennt, die das Landesinnere umschließen und den Iran mit einer durchschnittlichen Höhe von etwa 1.300 Metern zu einem der höchstgelegenen Länder der Welt machen.

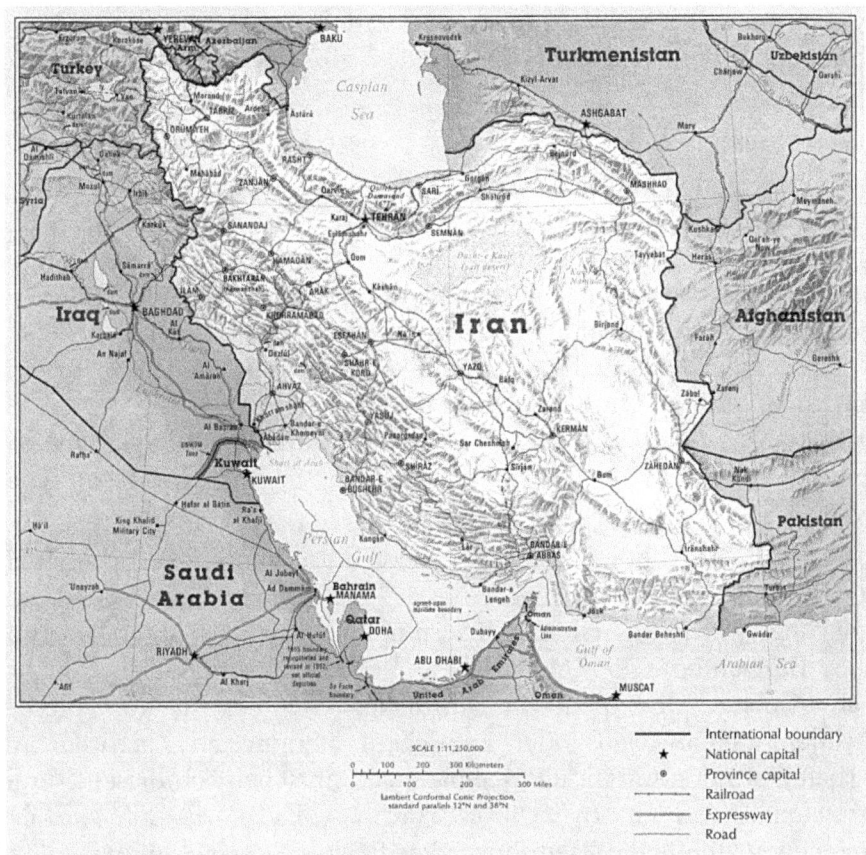

Karte des Iran.[55]

Die Nähe so vieler unterschiedlicher Gebirgsketten, die gemeinhin als Iranisches Hochland bezeichnet werden und die nach Ansicht von Geologen im Vergleich zu anderen Gebirgsketten der Welt relativ jung sind, hat zur Folge, dass die Region seismologisch sehr aktiv ist, was in verschiedenen Chroniken der persischen Geschichte immer wieder erwähnt wird. Im Herzen des iranischen Hochlandes liegen die Wüsten Kawir und Lut im Norden und Südosten des Iran. Diese beiden Wüsten sind extrem heiß und windig und gehören zu den unwirtlichsten Orten der Welt. Niemand lebt dort. Tatsächlich ist der größte Teil des iranischen Territoriums für Siedlungszwecke ungeeignet, da der Iran aus trockenem Land mit flachem Boden besteht. Es fehlt an Wasser, und das Land ist für die Landwirtschaft ungeeignet.

Trotz dieser Nachteile ist der Iran reich an Bodenschätzen. Seit der Antike wissen die Iraner um den Reichtum des Landes an verschiedenen Metallen wie Eisen, Zink, Kupfer und Blei. Der moderne Iran ist berühmt für seine Kohle-, Erdgas- und Erdölvorkommen, die im letzten Jahrhundert den Aufstieg des Landes zu einer mächtigen Nation ermöglichten.

Das iranische Volk

Historiker und Anthropologen gehen davon aus, dass der Begriff „Iran" erstmals im 3. Jahrhundert v. u. Z. von einem lokalen Herrscher verwendet wurde, der sein Reich Iranschahr nannte. Der Name leitet sich von den Ariern ab, einer Untergruppe der indogermanischen Völker, die langsam nach Indien und in den Iran einwanderten und sich ab 2000 v. u. Z. in den ersten Siedlungen und Stammesgesellschaften im Iran organisierten (das Industal hatte bereits eine eigene entwickelte Zivilisation). Es besteht daher Grund zu der Annahme, dass „Iran" eine Abwandlung des Wortes „Arier" ist und so viel wie „Land der Arier" bedeutet.

Im allgemeinen Sprachgebrauch hat sich das Wort „Iran" jedoch erst im 20. Jahrhundert durchgesetzt, da das Land meist als Persien bezeichnet wurde. „Persien" wiederum leitet sich von „Parahshe" ab, einer Bezeichnung der semitischen Völker Mesopotamiens für das Zagros-Gebirge. Es bedeutet möglicherweise „Land der Pferde". Nachdem die arischen (oder iranischen) Stämme im Zagros-Gebirge sesshaft geworden waren, übernahmen sie wahrscheinlich diesen Namen für sich und wurden so bei ihren Nachbarvölkern bekannt. Die alten Griechen nannten die Bewohner der Region „Perser" und ihr Land „Persien". Dieser Name blieb bis ins 20. Jahrhundert bestehen. Obwohl die Begriffe „Iran" und „Persien" nicht genau gleichbedeutend sind, da sich Letzterer ursprünglich auf die Länder des Zagros bezog und Ersterer von den arischen Völkern stammt, die sich nach und nach in der Region niederließen, weisen sie doch Ähnlichkeiten auf und wurden häufig verwendet, um sich auf dasselbe Volk und dasselbe Land zu beziehen.

Die demographische Situation des Iran ist weniger kompliziert. Heute besteht das Land hauptsächlich aus drei ethnischen Gruppen, die sich durch ihre Sprache unterscheiden: Iraner, Türken und Semiten. Persisch ist heute die am weitesten verbreitete Sprache im Land. Das moderne Persisch entwickelte sich aus dem Altpersischen durch die Assimilation von Kulturen und Völkern. Es verbindet heute Elemente des Arabischen mit der eher lokalen Pahlavi-Sprache. Zusammen mit dem kurdischen Dialekt, der von weit über 10 Prozent der kurdischstämmigen Bevölkerung des Landes gesprochen wird, bildet die persische Sprache heute die größte sprachlich-kulturelle Gruppe im Iran.

Dann gibt es die Turkvölker, die aus Zentralasien in die Region kamen, aber schließlich nach Westen wanderten und sich hauptsächlich in Anatolien niederließen. Dennoch spricht auch heute noch etwa ein Viertel der Iraner eine Variante der türkischen Sprache. Eine kleine Minderheit der iranischen Bevölkerung sind semitische Völker, die arabische Sprachen sprechen und hauptsächlich in der Region Chuzestan im Westen des Landes leben.

Was die Religion im Iran betrifft, so ist die Mehrheit der Bevölkerung wenig überraschend muslimisch. Schiitische Muslime machen etwa 89 Prozent der Bevölkerung aus, während etwa 10 Prozent Sunniten sind. Damit ist der Iran das größte Land mit einer schiitischen Bevölkerungsmehrheit. Aufgrund der historischen Feindschaft zwischen den beiden Gruppen hat der Iran schlechte Beziehungen zu seinen Nachbarstaaten, von denen die meisten sunnitisch geprägt sind. Das verbleibende eine Prozent der Bevölkerung setzt sich aus Christen, Juden und Angehörigen der zoroastrischen Religion zusammen.

Politische Geografie

Der Iran ist das siebzehntgrößte Land der Welt und erstreckt sich über eine Fläche von etwa 1.620.000 Quadratkilometern, die größtenteils aus unwirtlichem, trockenem Land, Bergen, Hügeln und Wüsten besteht. Aufgrund der rauen Geografie der Region hat der Iran seit jeher mit Schwierigkeiten bei der Verkehrsanbindung zu kämpfen. Die Gebirgsketten haben nur wenige Pässe, deren Überquerung aufgrund ihrer abgelegenen, hohen und unwirtlichen Lage lange Zeit mit großen Risiken verbunden war. Vor der Entwicklung einer modernen Infrastruktur stellten Wüsten ähnliche Hindernisse dar. Es gab keine effektive Möglichkeit, sie zu umgehen, zumal der Iran nur über einen einzigen Fluss verfügt, der für den Transport genutzt werden kann – den Karun – und selbst dieser fließt nur durch einen kleinen Teil des Landes.

Die Verkehrsinfrastruktur war so schlecht ausgebaut, dass man im Mittelalter etwa ein halbes Jahr brauchte, um das Land von Ost nach West zu durchqueren. Im Vergleich dazu gab es in Europa und in den Ländern der Levante selten solche Hindernisse. Das schwierige Gelände machte es fast unmöglich, eine zusammenhängende Infrastruktur zu schaffen, da die Ingenieure Schwierigkeiten hatten, sich in der rauen und unebenen Geografie der Region zurechtzufinden, um ein gutes Straßen- und Schienennetz zu aufzubauen.

Der Mangel an Verkehrsverbindungen war ein Hindernis für die Einführung eines zentralisierten politischen Systems. Da es kaum möglich war, Menschen, Ressourcen und Informationen schnell über das Hochland zu transportieren, war es oft schwierig, eine politische Einheit zu schaffen. Im Laufe der iranischen Geschichte entstanden verschiedene Regionen und Provinzen, die sich nicht nur weitgehend selbst regierten, sondern auch eigene Bräuche, Traditionen und Gesellschaften entwickelten.

Die größten Verwaltungseinheiten im Iran sind die Provinzen, von denen es 31 gibt. Ähnliche Verwaltungseinheiten haben im Laufe der Geschichte verschiedene Formen angenommen, sind aber in ihrem Wesen immer gleich geblieben. Der östliche und nordöstliche Teil des Landes ist als Chorasan bekannt, der aufgrund seiner relativ leicht zu durchquerenden Geografie das Haupteinfallstor der zentralasiatischen Völker in den Iran war.

Im Norden liegen die Provinzen Golestan, Mazandaran und Gilan, die alle an das Kaspische Meer grenzen. Aus diesem Grund weisen sie einige der einzigartigen Merkmale des gesamten Iran auf. Sie sind sehr dicht besiedelt und produzieren eine Vielzahl von Gütern, die der Rest des Landes nicht herstellen kann wie Zitrusfrüchte, Tee, Baumwolle und Meeresprodukte. Jahrhundertelang galten diese Regionen als die am meisten abgelegenen, da die Menschen nicht über die Mittel verfügten, sie mit den übrigen Provinzen Irans zu verbinden, was zu sozialen und kulturellen Unterschieden führte, die bis heute fortbestehen. Eine weitere fruchtbare Region des Landes liegt im Nordwesten. Die Provinz Aserbaidschan (nicht zu verwechseln mit der unmittelbar nördlich angrenzenden Republik Aserbaidschan) hat aufgrund ihrer Nähe zum kulturell anders geprägten Kaukasus wohl die stärkste regionale, eigenständige Identität.

Im Südwesten des Landes liegt die Region Fars, das Zentrum der alten persischen Zivilisation. Sie wird oft als das eigentliche Persien oder Persis bezeichnet. Hier konzentrierte sich ein Großteil der Macht des antiken Persiens, darunter die prachtvollen Städte Persepolis und Pasargadae, zwei der fünf Hauptstädte des Achämenidenreiches. Im Laufe der Zeit nahm ihre politische und wirtschaftliche Bedeutung ab, da sich das Zentrum Persiens immer weiter nach Nordwesten verlagerte. Fars ist nach wie vor eine der bekanntesten Provinzen des heutigen Iran und die Ruinen seiner antiken Städte sind beliebte Touristenattraktionen.

Wir haben bereits kurz die Provinz Chuzestan erwähnt, die im westlichsten Teil des Landes liegt und an die historisch bedeutenden Länder Mesopotamiens grenzt. Als Tor zum Westen hatte Chuzestan in den Augen der iranischen Herrscher schon immer eine besondere politische Bedeutung. Heutzutage ist es einer der ethnisch und kulturell vielfältigsten Orte im Iran, in dem die Mehrheit der arabischen Bevölkerung des Landes lebt.

Im Südosten schließlich liegen die am wenigsten entwickelten Provinzen des Iran: Kerman, Makran, Belutschistan und Sistan. Da sie an das heutige Pakistan grenzen und weit vom Zentrum des Landes entfernt liegen, ist es nicht verwunderlich, dass diese Gebiete von den iranischen Herrschern am wenigsten beachtet wurden. Aufgrund der harten klimatischen Bedingungen konnte sich das Leben in diesen Provinzen im Vergleich zu anderen Gebieten nie entfalten.

In aller Kürze: Das sozioökonomische System

Schließlich ist es notwendig, die sozioökonomische Struktur des Iran zu betrachten, da sie zusammen mit allen anderen oben genannten Faktoren das Leben des iranischen Volkes im Laufe der Geschichte geprägt hat.

Das Wichtigste, was man über die iranische Wirtschaft wissen muss, ist, dass im Gegensatz zu seinen mesopotamischen Nachbarn im Westen, die mit fruchtbaren Böden und Süßwasser gesegnet sind, der größte Teil des iranischen Landes für landwirtschaftlichen Anbau, zumindest was die Getreideernte betrifft, völlig ungeeignet ist. Aufgrund des Mangels an natürlicher Vegetation und der extrem hohen Temperaturen waren die antiken Völker, die den Iran ursprünglich bewohnten, größtenteils Nomadenstämme. Sie zogen mit ihrem Vieh und ihren Pferden regelmäßig umher, um genügend Weideland für ihre Tiere zu finden.

Im Gegensatz zu den zentralasiatischen Ebenen ist der Iran viel hügeliger, was für die Nomaden zusätzliche Anstrengungen bedeutete, um zu überleben. Um den harten klimatischen Bedingungen der Jahreszeiten zu entgehen, zogen sie im Sommer in die Berge, wo die Temperaturen relativ niedrig waren, und kehrten im Winter aus demselben Grund in niedrigere Lagen zurück. Trotz aller Entbehrungen war die nomadische Viehhaltung (insbesondere die oben beschriebene „vertikale" Viehhaltung) in der Antike eine weit verbreitete Wirtschaftsform.

Dies versorgte die iranischen Stämme natürlich mit Nahrung und anderen notwendigen Produkten wie Leder und Wolle, die zur Herstellung von Kleidung, Unterkünften und anderen Ausrüstungsgegenständen verwendet wurden. Als die Weidewirtschaft für das Überleben immer wichtiger wurde und die Zahl der Menschen innerhalb eines Stammes zunahm, schlossen sich benachbarte Stämme zusammen, um ihre Herden, die normalerweise über große Gebiete verteilt waren, besser kontrollieren zu können. Mit der Zeit beherrschten diese Stämme die lokale Geografie und erlernten andere Fähigkeiten, die ihnen das Überleben erleichterten, wie Reiten und Bogenschießen. Nach und nach wurden die verschiedenen Stämme zu den wichtigsten Akteuren in den Armeen der iranischen Staaten.

Interessanterweise war die Viehhaltung durch Hirtenstämme in der einen oder anderen Form bis ins 20. Jahrhundert hinein eine wichtige Tätigkeit im Iran. Noch in den 1930er Jahren gab es z.B. in den entlegensten Gebieten des Iran Stämme, die von der Zentralregierung weitgehend unabhängig und autonom waren. Mit den großen technologischen Fortschritten in allen Lebensbereichen im Zeitalter der Modernisierung und Globalisierung hat die Bedeutung der Nomadenstämme jedoch drastisch abgenommen. Viele haben sich schließlich angepasst und sich in ländlichen oder städtischen Gebieten im ganzen Land niedergelassen.

Eine ganz entscheidende Entwicklung, die die Wirtschaft des alten Iran prägte, war die Erfindung des Qanats, eines unterirdischen Kanals, der es der iranischen Bevölkerung ermöglichte, in der Nähe der wenigen vorhandenen Wasserressourcen, wie z.B. kleinen Bächen, Feldfrüchte anzubauen. Das System der Qanate, das im ganzen Land entwickelt und eingeführt wurde, war eine bahnbrechende Erfindung, die die Hänge des iranischen Hochlandes nutzte, um sauberes Wasser von höher gelegenen Ebenen in tiefer gelegene Gebiete zu transportieren und gleichzeitig den Wasserverlust durch Faktoren wie Verdunstung (da das Wasser unterirdisch floss) zu minimieren. Es war eine bemerkenswerte Errungenschaft der antiken Ingenieurskunst und erforderte ständige Anstrengungen, um es zu erhalten. Andernfalls hätte man mit Schäden, Erosion und Leckagen zu kämpfen gehabt.

Im Laufe der Zeit wurden die Qanate zu einem festen Bestandteil des iranischen Lebens, und das Netz wurde nach und nach erweitert, um den gesamten Wasserbedarf des Landes zu decken. Noch heute sind ihre Überreste in den ländlichen Gebieten des Landes zu sehen. Sie sind leicht an der Reihe von Löchern entlang der Kanäle zu erkennen, die früher dazu dienten, den Zustand des Qanats zu überprüfen, als er noch in Betrieb war.

Der Bau von Qanaten war die Aufgabe reicher Grundbesitzer, die Bauern zur Bewirtschaftung ihres Landes beschäftigten. Obwohl die Landwirtschaft nie die Stärke des Iran war und die Ernten viel geringer ausfielen als in den fruchtbareren Nachbarregionen, war diese Art von landwirtschaftlichem Unternehmen bis in die frühe Neuzeit die Haupttriebkraft der sozialen Hierarchie im Iran. Das System war zwar nicht ganz feudal, zumindest nicht in dem Maße wie in Europa, aber es funktionierte im Wesentlichen ähnlich. Die Angehörigen der Oberschicht besaßen im Wesentlichen das Land, auf dem die Bauern lebten und arbeiteten. Die Landbesitzer gaben einen kleinen Teil des Einkommens von diesem Land an die Arbeiter ab und behielten den Großteil für sich. Im Gegenzug boten die Landbesitzer den Arbeitern Schutz und finanzierten und überwachten den Bau der Qanate, die für ein Mitglied der Elite ebenso wichtig waren wie für einen Bauern.

Im Zuge der Modernisierung hat sich der Urbanisierungsgrad im Iran natürlich dramatisch erhöht und immer mehr Menschen sind in die großen städtischen Zentren gezogen. Dies trug zum Rückgang der inländischen Nahrungsmittelproduktion bei, da die landwirtschaftliche Lebensweise an Bedeutung verlor (die im Vergleich zu anderen Ländern ähnlicher Größe ohnehin nicht sehr ausgeprägt war). Heute macht die Landwirtschaft etwa 25 Prozent der iranischen Wirtschaft aus, und das Land produziert hauptsächlich Obst und Gemüse für Nischenmärkte wie Aprikosen und Rosinen. Dennoch konnte die Nahrungsmittelproduktion nicht mit dem Bevölkerungswachstum Schritt halten, so dass das Land etwa ein Viertel seiner Nahrungsmittel aus dem Ausland importieren muss.

Kapitel 2: Von der Vorgeschichte bis zum Altertum

Aufstieg und Fall der Elamiter

Es wird vermutet, dass die ersten primitiven Dauersiedlungen im Iran um 7000 v. u. Z. entstanden sind, nachdem jahrtausendelange Klimaveränderungen die Ebenen nicht nur bewohnbar gemacht, sondern ihnen auch ein Aussehen verliehen hatten, das dem heutigen sehr ähnlich ist. Während der Jungsteinzeit sollen im zentralen Teil des Zagros-Gebietes die ersten iranischen Siedlungen entstanden sein. Die archäologische Stätte Tepe Sialk, die auf etwa 6500 bis 5000 v. u. Z. datiert wird, ist eines der wichtigsten Beispiele für eine neolithische Siedlung in dieser Region.

In den folgenden zwei Jahrtausenden nahm die Zahl der neuen Siedlungen in der Region ab, da die Menschen allmählich zum nomadischen Hirtenleben übergingen, wie es im vorhergehenden Kapitel beschrieben wurde. Interessanterweise deuten archäologische Funde darauf hin, dass die Siedlungen, die nicht aufgegeben wurden, an Größe zunahmen.

Die Wissenschaftler wissen jedoch noch nicht, was zu dieser drastischen Veränderung der Lebensweise geführt hat. Wahrscheinlich war es eine plötzliche Klimaveränderung, die die Bemühungen um ein sesshaftes Leben als Ackerbauern erschwerte, insbesondere in dieser frühen Phase, in der sich die Landwirtschaft insgesamt noch in der Entwicklung befand. Viele Historiker vermuten auch, dass Menschen aus dem Iran langsam nach Westen in die fruchtbareren Gebiete Mesopotamiens zogen, wo die Lebensbedingungen besser waren.

Der Mangel an geeigneten Flächen für die Landwirtschaft wurde durch den Reichtum an natürlichen Ressourcen ausgeglichen. Die prähistorischen Völker scheinen sich dessen bereits um 5000 v. u. Z. bewusst gewesen zu sein, als die Menschen im iranischen Hochland begannen, Kupferwerkzeuge zu verwenden und Knochen und Feuerstein als Hauptwerkstoffe abzulösen. Obwohl Kupfer zu dieser Zeit das am häufigsten vorkommende und verwendete Material war, deuten archäologische Funde darauf hin, dass die Menschen in der Hochebene in der Nähe der heutigen Städte Isfahan, Kerman und Qazvin (heute Ghazwin) auch andere Metalle wie Blei, Gold und Silber abbauten und verwendeten.

Eine der am weitesten entwickelten Siedlungen war Schahr-e Suchte in der östlichsten Region des heutigen Sistan, in der Nähe des Hamun-Sees und des Flusses Helmand. Schahr-e Suchte, das auf etwa 4000 v. u. Z. zurückgeht und wahrscheinlich bis 1300 v. u. Z. existierte, blühte als eine der reichsten und größten Städte im Iran und seiner Umgebung auf und erreichte in seiner Blütezeit eine Bevölkerung von nicht weniger als 8000 Menschen. Aufgrund der Nähe zu Wasserquellen, die die Siedlung auch mit Fischen versorgten, und des Reichtums an verschiedenen Mineralien in der Region, wie z.B. Lapislazuli, ist Schahr-e Suchte bis heute eines der bedeutendsten Beispiele einer urbanisierten iranischen Gesellschaft in prähistorischer Zeit.

Die benachbarten Zivilisationen in Mesopotamien erreichten neue Stadien der Urbanisierung und Entwicklung, der Aufzeichnung ihres Lebens und des Übergangs zu den ersten staatsähnlichen Gesellschaften der Antike. Die frühen iranischen Völker erreichten nie ein ähnliches Niveau. Die Gruppen, die im westlichen Teil des Iran lebten, wie die Urartäer und die Lulubi, wurden in einigen mesopotamischen Schriften erwähnt, was bedeutet, dass sie in irgendeiner Form mit den Mesopotamiern in Kontakt standen. Allerdings konnten sie in Bezug auf die allgemeine Lebensqualität nie ganz mit den Mesopotamiern mithalten.

Es gab jedoch eine Gruppe von Menschen, die es mit ihnen aufnehmen konnte. Sie gelten als die erste iranische Zivilisation der Bronzezeit. Es waren die Elamiter, die aus dem südlichen Teil des iranischen Hochlandes in die Region Chuzestan kamen und sie schließlich beherrschten. Im Gegensatz zu anderen iranischen Völkern gelang es den Elamitern schon kurz nach ihrer Ankunft, etwa 3000 v. u. Z., eine eigene Sprache und Schrift zu entwickeln, auch wenn es Historikern nicht gelungen ist, die frühesten Formen ihrer Sprache vollständig zu entziffern. Aus den Texten ihrer Nachbarn, der Babylonier und Akkader, geht hervor, dass der elamische Staat um 2700 v. u. Z. eines der bedeutendsten Königreiche der Region war. Es erstreckte sich über einen großen Teil des heutigen Iran und entwickelte wahrscheinlich ein ausgedehntes Handelsnetz, das die östlichsten und westlichsten Siedlungen, einschließlich Schar-e Suchte, miteinander verband.

Bis etwa Mitte der 630er Jahre scheint das Königreich Elam drei verschiedene Perioden durchlaufen zu haben: die Alte Periode (2400-1600 v. u. Z.), die Mittlere Periode (1500-1100 v. u. Z.) und die Neo-Elamische Periode (1100-600 v. u. Z.). In dieser Periode erreichte das Königreich Elam neue Höhen der Entwicklung und Herrschaft im Südosten Irans und forderte die Nachbarstaaten heraus, um die Macht und Kontrolle über die Stadt Susa zu erlangen, die sich zu einem wichtigen regionalen Zentrum entwickelte. Tatsächlich gelang es dem Königreich Elam in seiner Blütezeit um 1175 v. u. Z. sogar, die Stadt Babylon anzugreifen und zu plündern, wobei eine der Säulen des Codex Hammurapi erbeutet und nach Susa gebracht wurde.

Obwohl die Elamiter zum „ersten iranischen Reich" wurden, wurden sie schließlich 639 v. u. Z. von den Assyrern vernichtet, als der assyrische König Assurbanipal Susa eroberte. Die Überreste des Reiches wurden schließlich von den ethnischen Iranern übernommen, die zu dieser Zeit langsam und in immer größerer Zahl in die zentralen und südlichen Teile des Iran vordrangen.

Der Beitrag des elamischen Reiches zur Entwicklung des Handels und der frühiranischen Kultur sowie seine Rolle bei der Herstellung von Beziehungen zu den fortgeschritteneren Völkern Mesopotamiens machen es zu einem der wichtigsten Teile der antiken iranischen Geschichte.

Die Awesta und die Geburt des Zoroastrismus

Um 2000 v. u. Z. erreichte die arische Gruppe der indoeuropäischen Völker den Iran, ließ sich dort dauerhaft nieder und gab dem Land schließlich seinen Namen. Ihre Ankunft fiel mit dem Niedergang mehrerer Zivilisationen im Nahen Osten, im Mittelmeerraum und im Industal zusammen. Historiker gehen davon aus, dass die Arier in vielen Fällen in diese Gebiete eindrangen, sie eroberten und die anderen

Kulturen nach und nach durch ihre eigene ersetzten, so auch auf der iranischen Hochebene.

Die Arier, die im Iran lebten, werden im Allgemeinen in zwei Gruppen unterteilt. Die erste Gruppe waren die Arier, die im westlichen Teil der Hochebene lebten. Sie sprachen schließlich die altpersische Sprache, während die andere Gruppe eine völlig andere Sprache sprach, die als Awesta bekannt ist. Sie lebten im Osten. Da über die Geschichte der Awesta-Iraner viel weniger bekannt ist als über die ihrer westlichen Pendants, ist es vielleicht besser, hier kurz auf sie einzugehen und dann zu den Ariern des Westens überzugehen, aus denen schließlich die altpersische Zivilisation hervorgehen sollte.

Der Name „Awesta" bezieht sich auf eine Sammlung heiliger Texte, Hymnen und Schriften der zoroastrischen Religion. Als Wiege der Anhänger des Awesta gelten die Länder des Airyanem Vaejah im östlichen Iran, im heutigen Pakistan und in Afghanistan, so dass die Beschreibung recht weit gefasst ist. Airyanem Vaejah wird in zoroastrischen und awestischen Schriften als Mittelpunkt der Welt und Geburtsort des legendären Zoroaster beschrieben. Es ist auch die Heimat des heiligen Berges Hara, der in der zoroastrischen Mythologie eine besondere Stellung einnimmt. Historiker vermuten, dass die genannten Gebiete die eigentliche Heimat der Awestaner waren.

Die Geschichte der Iraner in der awestischen Periode ist in zwei Teile gegliedert: altawestisch und jungawestisch. In der Übergangsphase zwischen den beiden Perioden fanden viele kulturelle und soziale Entwicklungen statt. Die altawestische Periode war gekennzeichnet durch eine einfache Gesellschaftsstruktur, einen für die damalige Zeit geringen Urbanisierungsgrad, fehlende Alphabetisierung und begrenzten Handel und Kontakt mit anderen Völkern. In der jüngeren awestischen Periode hingegen kam es zu einer Anpassung an die agrarisch-pastorale Lebensweise (die Kuh wurde als heiliges Wesen betrachtet), zur Gründung von Siedlungen und zur Etablierung früher Formen von familiären Sozialstrukturen ohne viele Hierarchieebenen. Die Gesellschaft der jüngeren awestischen Periode war im Wesentlichen in drei Klassen unterteilt: Krieger, Priester und Hirten. Dies war eine recht primitive, aber nützliche Einteilung.

Die Kultur der Awesten ist vor allem für ihre Religion, den Zoroastrismus, bekannt. Es wird angenommen, dass der große Prophet Zoroaster (Zarathustra), eine zentrale Figur in der Entstehung dieser Religion, unter den Awesten erschienen ist. Diese Hypothese ist erst in jüngster Zeit ins Blickfeld der Historiker gerückt. Traditionell wurde angenommen, dass Zoroaster in einem Ort namens Ray in der Nähe des heutigen Teheran geboren wurde. Man nimmt an, dass er irgendwann im 6. oder 7. Jahrhundert v. u. Z. geboren wurde, etwa zweieinhalb Jahrhunderte vor der Eroberung Persiens durch Alexander den Großen. Die Awesta-Schriften und die Gathas, die ältesten Texte des Zoroastrismus (vermutlich von Zoroaster selbst verfasst), deuten darauf hin, dass der große Prophet in der Region Airyanem Vaejah geboren wurde. Diese Vermutung wird durch die Ähnlichkeiten zwischen den Gathas und den Veden (den berühmten Texten der hinduistischen Religion in Indien) verstärkt und erscheint aufgrund der relativen Nähe der beiden Orte logischer.

Nach Zoroaster war die Gottheit, die er verehrte, der einzig wahre Gott, Ahura Mazda, der „weise Gott". Zu dieser Zeit betonten andere alte Religionen im Iran, wie in vielen anderen Teilen der Welt, die Heiligkeit astronomischer Objekte wie Sonne und Mond und verehrten Personifikationen von Naturphänomenen wie Wind und Regen. Dagegen wandte sich Zoroaster. Er verkündete, seine Visionen hätten ihm das eine transzendente Wesen offenbart, den Schöpfer aller Dinge und „Urvater der Gerechtigkeit". Ahura Mazda sei der Gott, der die Erde, die Sterne, den Mond und alles Lebendige erschaffen habe. Angra Mainyu hingegen war der „böse Zwilling" Ahura Mazdas und die Quelle allen Übels und aller Finsternis. Der Kampf der Menschen bestand darin, dem Weg Ahura Mazdas zu folgen, ein gutes und rechtschaffenes Leben zu führen und seine majestätische Natur zu preisen und zu feiern.

Der Zoroastrismus sollte bald zum zentralen Glauben der iranischen Kultur werden und die Region für immer prägen. Er baute auf den älteren Religionen auf und entwickelte sie in gewisser Weise weiter, indem er den Kampf zwischen Gut und Böse in den Mittelpunkt der Religion stellte. Zoroaster hinterließ einen bleibenden Eindruck nicht nur im Iran und bei seinem Volk, sondern auch bei anderen Kulturen, mit denen diese Religion in Berührung kam.

Die Meder

Die Awesten sind ein wichtiger Teil der Geschichte des antiken Iran, obwohl aufgrund ihrer Isolation von anderen fortschrittlichen und gebildeten Gesellschaften der damaligen Zeit nur wenig über sie bekannt ist. Wir wissen viel mehr über die Menschen, die im Norden und Südwesten Irans siedelten. Etwa im 9. Jahrhundert v. u. Z. sprechen alte mesopotamische Schriften von den Medern, die südlich des Elburs-

Gebirges im westlichen Teil des iranischen Hochlandes lebten und den fortgeschritteneren antiken Zivilisationen viel näher standen als die Awesten. Zahlreiche archäologische Funde in diesem Gebiet unterstützen diese Behauptung, da mehrere alte medische Siedlungen entdeckt und gründlich ausgegraben wurden.

Die Meder sind in der iranischen Geschichte wichtig, weil sie zusammen mit den Elamitern im Süden zu den ersten Iranern gehörten, die sich zu staatsähnlichen Gebilden zusammenschlossen. Historiker glauben, dass der Grund für ihren Aufstieg von einer primitiven nomadischen Stammesgesellschaft zu einer kohärenteren politischen Struktur im Kontakt mit ihrem expansionistischen westlichen Nachbarn Assyrien lag. Das assyrische Reich war eine der mächtigsten militärischen Gruppen im alten Mesopotamien, und sein Bedarf an Metallen und Pferden war wahrscheinlich der Grund für seine Expeditionen nach Osten in die iranischen Gebiete, die bereits 881 v. u. Z. begannen.

In den folgenden Jahrhunderten herrschten verschiedene assyrische Könige über die Meder, was dazu führte, dass sich die Meder zu einer überwiegend anti-assyrischen Fraktion zusammenschlossen, um den Eindringlingen Widerstand zu leisten. Schließlich berichten die assyrischen Aufzeichnungen von einem Mann namens Daiaukku, dem es gelang, die Meder zu einem Aufstand gegen die Assyrer zu vereinen und sie gegen Ende des 8. Jahrhunderts zu vertreiben. Dies stimmt mit den Berichten von Herodot überein, der erwähnt, dass ein Mann namens Deiokes der erste König der Meder wurde und fast fünfzig Jahre lang regierte. Er wurde berühmt für seine Bemühungen, die Assyrer zu besiegen.

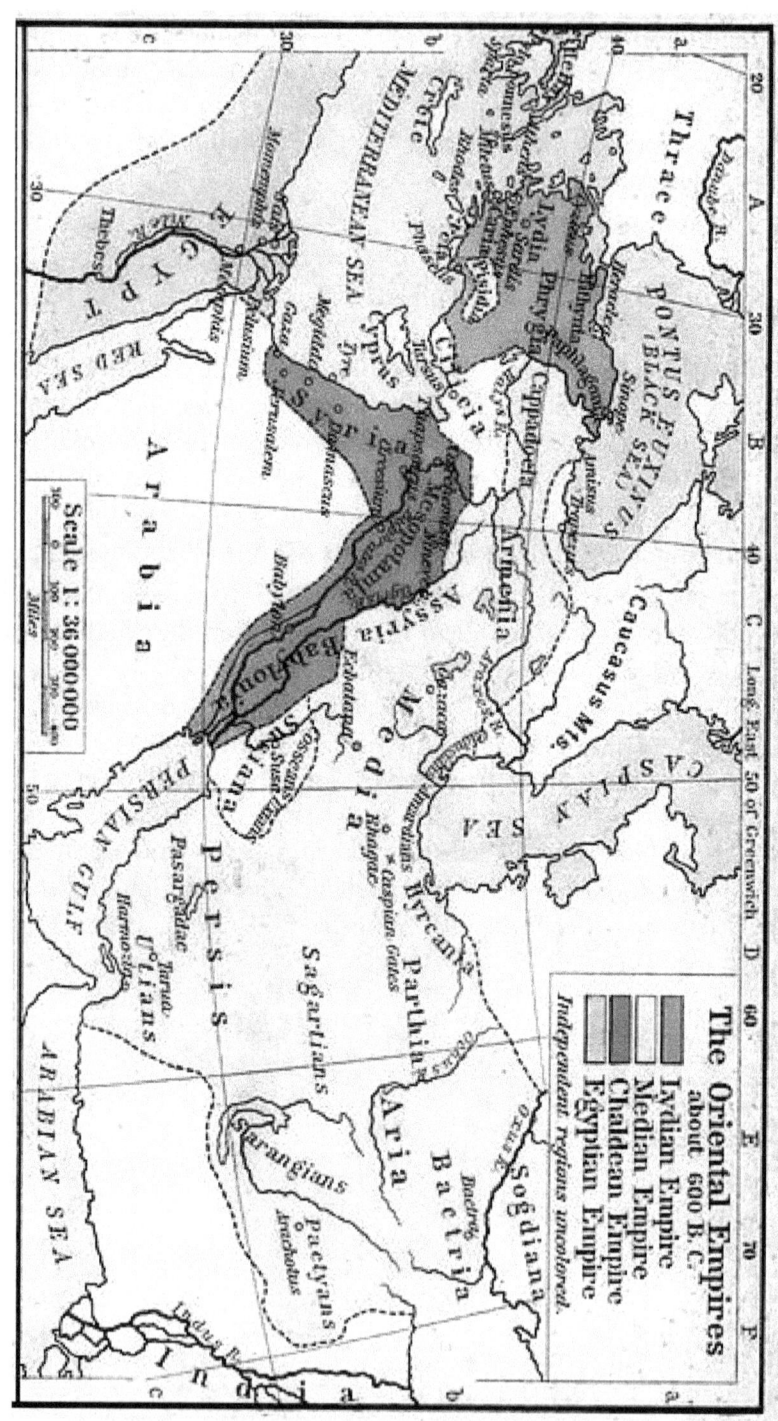

Das Reich der Meder in seiner größten Ausdehnung.⁶⁶

Die Meder traten in die Fußstapfen Daiaukkus und begannen ihren langen Kampf um die Befreiung vom assyrischen Joch. Schließlich bestieg Kyaxares, der Enkel Daiaukkus, um 625 v. u. Z. den Thron und schaffte es nicht nur, seine Rivalen zu besiegen, sondern das medische Reich zu einem der mächtigsten und wohlhabendsten Reiche der damaligen antiken Welt zu machen. Herodot berichtet, wie Kyaxares das medische Heer völlig umstrukturierte und skythische und assyrische Elemente einfließen ließ, um es professioneller und schlagkräftiger zu machen. Er verbündete sich auch mit anderen Iranern wie den Persern. Kyaxares verbündete sich mit Babylonien, dem Feind des assyrischen Reiches. Ende des 7. Jahrhunderts v. u. Z. besiegte er mit Hilfe seiner Verbündeten die Assyrer und eroberte zusammen mit Babylonien ihr Land.

Was die Herrschaft von Kyaxares so legendär macht, ist die Tatsache, dass er bis zu seinem Tod um 584 v. u. Z. nach Osten und Westen expandierte. Er zerstörte das Königreich Urartu in Armenien, fiel in Ostanatolien ein und eroberte dort Gebiete, bevor er Frieden mit dem alten lydischen Reich schloss, das Westanatolien beherrschte.

Die Herrschaft des Königs Kyaxares markierte den absoluten Höhepunkt des Medischen Reiches, das nach der Thronbesteigung von Kyaxares' Sohn Astyages allmählich zu zerfallen begann. In seiner größten Ausdehnung kontrollierte das Medische Reich ein riesiges Gebiet, das den größten Teil des heutigen Iran, Provinzen im Norden Mesopotamiens, Großarmenien, Westanatolien und Gebiete im Osten umfasste.

Kapitel 3: Das Persische Reich

Von Achämenes bis zu Kyros dem Großen

Südlich der Meder, in der historischen Provinz Fars oder Persis, zwischen den Flüssen Polvar und Kur, entstand um 700 v. u. Z. eine weitere Volksgruppe. Sie wurden Perser genannt und sollten später die Nachbarländer beherrschen und legendäre Reiche bilden, was sie zu den „eigentlichen" Vorfahren des Iran macht. Man nimmt an, dass die verschiedenen Stämme durch die legendäre Gestalt des Achämenes geeint wurden, der als ihr Anführer und Begründer der Dynastie der Achämeniden gilt, die Persien und sein Volk jahrhundertelang regierten.

Wie ihre Nachbarn im Norden, die Meder, waren auch die Perser sehr aktiv und standen in häufigem Kontakt mit den umliegenden Völkern. So kämpften die Perser um 670 v. u. Z. an der Seite der Elamiter gegen die einfallenden Assyrer. König Teispes, der Sohn des Achämenes, eroberte schließlich die elamische Hauptstadt Anshan. Nachdem er sein Reich vergrößert hatte, teilte er die Herrschaft zwischen seinen beiden Söhnen Kyros I. und Ariaramnes auf. Dies geht aus mehreren assyrischen Inschriften hervor, die Kyros I. um 640 v. u. Z. als Herrscher von Anshan erwähnen. Kyros' Sohn Kambyses I. akzeptierte später die Oberhoheit der Meder, da seine Herrschaft mit dem Aufstieg der Meder unter Kyaxares zusammenfiel. Während der Herrschaft des Königs Astyages über das Medereiches heiratete Kambyses dessen Enkelin Mandane. So wurde Kambyses I. aus der vierten Generation der Achämeniden-Dynastie zu Beginn des 6. Jahrhunderts v. u. Z. Herrscher von Anshan und den umliegenden Gebieten. Doch erst sein Sohn Kyros

II. sollte als einer der denkwürdigsten Herrscher der Antike in die Geschichte eingehen.

Als Kyros II. 559 v. u. Z. die Nachfolge seines Vaters antrat, hatte das medische Reich bereits viele im Westen liegende Königreiche zerstört und erobert, was die Babylonier beunruhigte. Sie verbündeten sich mit den Medern, obwohl sie der wachsenden Macht ihrer Verbündeten misstrauten. Historiker glauben, dass die Babylonier Kyros ermutigten, sich ihnen anzuschließen, um die Macht der Meder zu untergraben, was um 550 v. u. Z. zum Aufstand des jungen Königs gegen seinen Großvater, den medischen König Astyages, führte. Astyages marschierte mit einer großen Armee nach Anshan, um Kyros zu vernichten, wurde aber schließlich besiegt, obwohl die Geschichte nicht genau weiß, wie (wahrscheinlich, weil ein großer Teil seiner Truppen die Seiten wechselte und zu Kyros überlief). Irgendwie, vielleicht mit Hilfe des medischen Adels, gelang es Kyros, Astyages gefangen zu nehmen und die medische Hauptstadt Ekbatana zu erobern. Durch diesen Sieg gelang es Kyros, das persische und das medische Reich zu vereinen, und er erklärte sich zum „König der Könige und König der Länder". Da Kyros sowohl von der medischen als auch von der persischen Königsdynastie abstammte (er war der Sohn der Tochter des medischen Königs Astyages, Mandane, und des Sohnes des Achämeniden Kambyses I.), gelang es ihm, seine Position als rechtmäßiger Herrscher beider Reiche zu sichern und ein Reich aufzubauen, das seinesgleichen suchte.

Nach etwa einem Jahr marschierte Kyros II. von Persien ein und eroberte die iranischen Völker in Hyrkanien südlich des Kaspischen Meeres und in Parthien im Nordosten des Iran. Dann wandte er seine Aufmerksamkeit dem Westen zu, wo König Krösus von Lydien versuchte, die zentral- und ostanatolischen Provinzen zu erobern, die zuvor unter der Kontrolle des Medischen Reiches gestanden hatten. Kyros besiegte Krösus 547 v. u. Z. und eroberte die lydische Hauptstadt Sardis am Mittelmeer sowie alle anderen Gebiete, die zuvor unter der Herrschaft des lydischen Königs gestanden hatten.

Die zehnjährige Regierungszeit von Kyros zwischen der Eroberung Lydiens und der anschließenden Eroberung Babyloniens ist relativ schlecht erforscht, obwohl Historiker davon ausgehen, dass Kyros entweder die Expansion stoppte oder seine Macht im östlichen Iran konsolidierte. Dank Herodot wissen wir, dass Kyros II. 539 v. u. Z. in Babylonien einfiel, den unbeliebten König Nabonid besiegte und die antike Stadt Babylon belagerte. Kyros ging mit seinen Truppen siegreich aus der Belagerung hervor und eroberte Babylon und alle umliegenden Gebiete. Er erweiterte die Grenzen des Persischen Reiches um Mesopotamien.

Während seiner Herrschaft besiegte Kyros im Alleingang alle großen Fraktionen des antiken Nahen und Mittleren Ostens und legte den Grundstein für ein riesiges und mächtiges persisches Reich. Für seine Taten ging er als Kyros der Große in die Geschichte ein, ein Titel, der ihm nicht nur wegen seiner Eroberungen, sondern auch wegen seiner Weisheit und Regierungsfähigkeit verliehen wurde. Kyros war nicht nur ein großer Krieger und Taktiker, sondern auch ein gütiger und toleranter Herrscher. Er nahm den von ihm eroberten Völkern nie ihre Freiheiten. Als er zum Beispiel Nabonid besiegte und die Kontrolle über die babylonischen Länder übernahm, förderte er die Ausübung verschiedener regionaler Religionen, was die babylonischen Könige lange Zeit verboten hatten.

Über die letzten Lebensjahre von Kyros und die Einzelheiten seiner Herrschaft ist wenig bekannt. Dennoch wird man sich an Kyros den Großen vor allem wegen seiner großen Leistung erinnern, das Perserreich zu einer Regionalmacht im Nahen Osten zu formen.

Persien nach Kyros

Kyros II. wurde 530 v. u. Z. von seinem Sohn Kambyses II. beerbt, nachdem er im Alter von 70 Jahren im Kampf gegen einen Nomadenstamm gefallen war. Kambyses II. regierte im Vergleich zu seinem Vater relativ kurz, nämlich nur acht Jahre. Insgesamt erscheint seine Herrschaft eher geheimnisvoll und umstritten, wobei seine größte Leistung die Eroberung Ägyptens im Jahre 525 v. u. Z. war. Wie bei seinem Vater ist auch bei Kambyses wenig darüber bekannt, wie er das Reich regierte. Die meisten Primärquellen beschreiben seinen Feldzug in Ägypten und seine angebliche Schändung der dortigen Religion. Der junge König starb auf der Rückreise nach Persien, die genaue Todesursache ist unbekannt.

Nach dem Tod von Kambyses II. durchlebte Persien eine Zeit der Instabilität und der Unruhen. Obwohl die Einzelheiten der Ereignisse aufgrund widersprüchlicher Überlieferungen aus dieser Zeit bis heute unbekannt sind, bleibt das Gesamtbild gleich. Als Kambyses seine Reise von Ägypten in die Persis antrat, erhob sein Bruder Smerdis offenbar Anspruch auf den Thron. Nach Herodot und der einzigen anderen verfügbaren Quelle, die die Situation schildert (die Behistun-Inschrift im westlichen Iran), hatte Kambyses seinen wirklichen Bruder jedoch bereits heimlich ermordet. Der Anwärter war ein Betrüger. Dennoch ähnelte er dem Bruder des Königs so sehr, dass selbst Mitglieder der königlichen Familie ihm glaubten. In Wirklichkeit war der Betrüger höchstwahrscheinlich ein Mann namens Gaumata, ein gewiefter Priester der Magier, der die Gunst der Stunde nutzte und 522 v. u. Z. persischer Herrscher wurde. Über die Magier ist wenig bekannt, aber sie waren Priester des Zoroastrismus und anderer vor-awestischen Religionen.

Gaumata sollte nur kurze Zeit auf dem Thron sitzen, da Mitglieder des Königshofes und der persischen Aristokratie schließlich die Wahrheit herausfanden und ihn absetzten. Dareios I. bestieg den Thron. Wie Kyros, dessen Tochter er heiratete, sollte er schließlich als „der Große" bekannt werden. Nach der von Dareios in Auftrag gegebenen Behistun-Inschrift, die die Ereignisse des Sieges über den Usurpator schildert, besiegte Dareios nicht nur Gaumata, sondern machte auch viele Entscheidungen des Prätendenten rückgängig, zerstörte die von ihm erbauten Tempel und stellte die alten Bräuche in den Heiligtümern wieder her. Herodot berichtet, dass Dareios nach seiner Machtergreifung alle Magier brutal unterdrückte und dass seine Taten ständig zu Konflikten zwischen Magiern und Zoroastriern sowie zwischen Persern und Medern führten.

Es wurde auch spekuliert, dass Smerdis oder Bardiya, wie er im Altpersischen genannt wird, der wirkliche Bruder von Kambyses war, und dass Dareios den Thron eigentlich usurpierte, als er ihn absetzte. Jedenfalls wurde Dareios I. Ende 522 v. u. Z. zum König von Persien gekrönt und begann eine lange und erfolgreiche Herrschaft, die die Geschichte des Landes für immer prägen sollte.

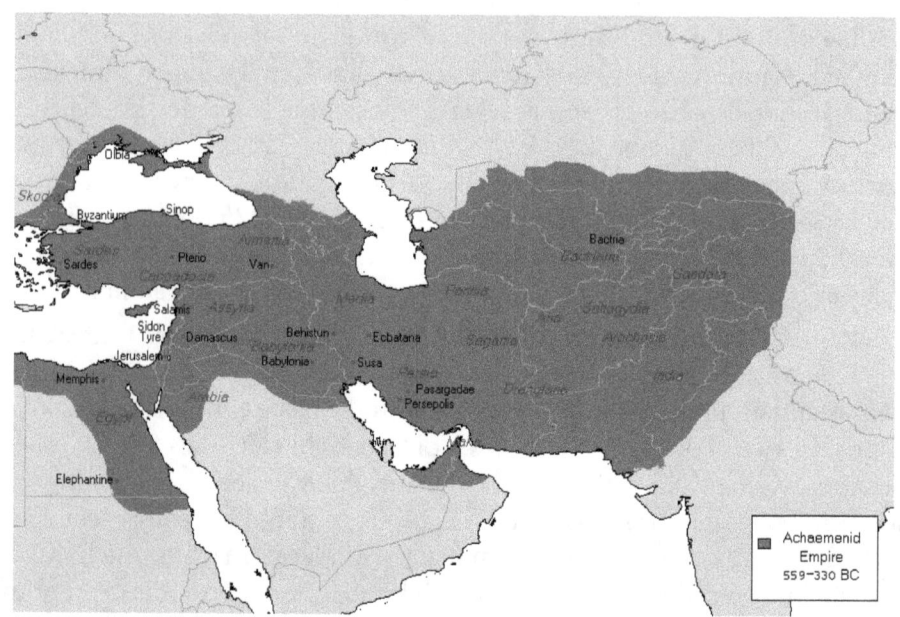

Das Achämenidenreich unter Dareios dem Großen.[57]

Nach seiner Krönung stand Dareios vor einer schwierigen Aufgabe. Kyros dem Großen war es gelungen, die Nachbarvölker zu unterwerfen und den Grundstein für das persische Weltreich zu legen. Dareios musste nun seine Herrschaft über seine zahlreichen Untertanen festigen, was ihm auch hervorragend gelang. Aufgrund der Machtkämpfe brachen in Persien mehrere Aufstände aus, die der neue König schließlich niederschlug. Insgesamt unterdrückte er elf Rebellionen und zwang jeden Herausforderer gnadenlos nieder. Darüber hinaus gelang es Dareios, die persischen Grenzen noch weiter auszudehnen, indem er die libyschen Gebiete an der nordafrikanischen Küste eroberte. Er drang auch nach Europa vor, eroberte Südthrakien und behauptete die persische Kontrolle im Osten bis nach Westindien.

In seiner größten Ausdehnung soll das Persische Reich unter Dareios I. fast fünfzig Millionen Untertanen besessen und sich über drei Kontinente erstreckt haben, von Nordafrika bis zum Indus und vom Kaukasus bis nach Mesopotamien. Dareios I. erhielt seinen Beinamen „der Große" aufgrund seiner hervorragenden Verwaltungspolitik, die die Art und Weise, wie das Reich regiert wurde, völlig veränderte und zur Schaffung eines stärkeren, kohärenteren Systems beitrug, das dezentral genug war, um regionalen Herrschern große Autonomie zu gewähren, aber Dareios den Respekt als den einzig wahren „König der Könige und Länder" einbrachte.

Die persischen Gebiete waren in zwanzig Provinzen unterteilt, die Satrapien genannt wurden. Jede dieser Provinzen hatte lokale Gouverneure, Satrapen genannt, die dem König jährliche Steuern und Abgaben zahlten. Die Satrapen wurden vom König und seinem Hof persönlich ernannt und waren immer adeliger Abstammung. Persis, die Zentralprovinz des Reiches, war von diesem System ausgenommen, da sie unter der direkten Herrschaft von Dareios selbst stand und von Steuern befreit war. Interessant an diesem System ist, dass es technisch gesehen keine Hauptstadt des Reiches gab, d.h. keinen Ort, an dem ein Großteil der Macht zentralisiert war. Der Hauptgrund dafür war wahrscheinlich die Tatsache, dass Dareios ständig auf Reisen war und sein Hof ihm überall hin folgte. Statt einer Hauptstadt gab es vier große Städte: Persepolis als zeremonielles Zentrum, Babylon, Ekbatana, die ehemalige Hauptstadt der Meder und Sommerresidenz des Königs, und Susa, die ehemalige Hauptstadt der Elamiter und Winterresidenz des Königs. In Friedenszeiten verbrachte der König wahrscheinlich die verschiedenen Jahreszeiten in diesen vier Städten. Er war ständig unterwegs und besuchte sie, wobei er sich oft persönlich um die Verwaltungsangelegenheiten der einzelnen Städte kümmerte und bei seinen Untertanen ein stärkeres Gefühl für die Monarchie weckte.

Es genügte nicht, die riesigen Ländereien des Reiches in verschiedene Satrapien aufzuteilen, denn Dareios erkannte, dass effiziente Reisemöglichkeiten von einem Ort zum anderen notwendig waren. So begann er während seiner Herrschaft, das bestehende Straßennetz seines Reiches erheblich zu erweitern und zu verbessern, indem er die berühmte Persische Königsstraße baute, die Sardis mit Susa verband und sich über 2.500 Kilometer erstreckte – eine unglaubliche logistische und infrastrukturelle Meisterleistung der Antike. Ein zusammenhängendes und gut ausgebautes Straßennetz war der Schlüssel zur regionalen Erschließung und ermöglichte kürzere Reisezeiten für Händler, Waren, Boten und Armeen.

Entlang der neuen Straßen errichtete Dareios in regelmäßigen Abständen verschiedene Stationen, an denen die Reisenden rasten und übernachten konnten. Er richtete auch eine Art Postdienst ein. Die königlichen Boten legten weite Strecken zurück und konnten, wenn sie müde wurden, an einer der Stationen entlang der Straßen rasten. Sie konnten ihre Nachricht einem anderen königlichen Boten anvertrauen, der dort ständig stationiert war, so dass beim Informationsaustausch keine Zeit verloren ging. Es versteht sich von selbst, dass dies eine erstaunliche

Verbesserung war, deren Aufrechterhaltung viel Aufmerksamkeit und Organisation erforderte.

Dareios bemühte sich auch um die Verbesserung der Schifffahrt und veranlasste den Bau mehrerer neuer Kanäle, wie z.B. den Kanal vom Nildelta zum Roten Meer, dessen Bau Dareios persönlich in Auftrag gab, als er 497 v. u. Z. nach Ägypten reiste.

Ebenso beeindruckend sind seine Wirtschaftsreformen. Nach fast einem Jahrhundert des Bestehens des Persischen Reiches sorgte Dareios dafür, dass im gesamten Reich die gleiche Währung – der Dareon – verwendet wurde, was wesentlich zur Regulierung der persischen Wirtschaft beitrug. Es folgte die Einführung eines einheitlichen Maßsystems. Dabei ging es vor allem darum, Münzen mit ähnlichem Gewicht und ähnlicher Form zu prägen, um ihren Gesamtwert zu bestimmen. Im ganzen Reich wurden sowohl Gold- als auch Silberdarstellungen geprägt. Das neue Straßennetz und die Münzreform belebten den Binnen- und Außenhandel.

Im Laufe der Geschichte ging die Herrschaft wirklich großer Monarchen fast immer mit einer Art kultureller Entwicklung oder Wiedergeburt einher, und Dareios der Große war keine Ausnahme. Die persische Kultur erlebte während seiner Herrschaft eine Blütezeit, was auf die Stabilität, den Wohlstand und den Frieden zurückzuführen ist, die die letzten Jahre von Dareios' Herrschaft kennzeichneten. Im Gegensatz zu seinen Vorgängern legte Dareios großen Wert auf alles Persische und war ein großer Förderer und Unterstützer der Kultur. Es wird angenommen, dass das altpersische Schriftsystem von ihm vollendet wurde, und die Tatsache, dass es viele Berichte über seine Herrschaft gibt, ist ein Beweis dafür.

Entscheidend ist jedoch, dass Dareios der prominenteste persische Monarch war, der erkannte, dass die Perser Teil einer größeren Gruppe von Völkern waren – der Arier (Iraner) – und er bezeichnete sich sowohl als Perser als auch als Arier. Auf seinem Grab, das sich etwa acht Kilometer nordwestlich von Persepolis befindet, steht der berühmte Satz: „Ich bin Dareios, der große König, König der Könige, König der Länder, in denen alle Arten von Menschen leben, König auf dieser großen Erde, weit und breit, Sohn von Hystaspes, ein Achämenide, ein Perser, Sohn eines Persers, ein Arier, von arischer Abstammung."

Diese Wiederbelebung der persischen Kultur ist auch durch den Bau zahlreicher prächtiger Stätten, Tempel und Burgen gekennzeichnet, die alle von Dareios in Auftrag gegeben wurden und von unterschiedlicher Bedeutung waren. In seinem Bestreben, diese architektonischen Wahrzeichen zu errichten, soll Dareios verschiedene Materialien aus unterschiedlichen Teilen seines Reiches verwendet haben – ein Detail, das den hohen Grad an Vernetzung und Handel bestätigt. Für den großen Palast, den er in Susa errichten ließ, verwendete er beispielsweise Lapislazuli, Stein, Gold und Ebenholz, die aus Baktrien, Elam, Lydien und Ägypten importiert wurden. Es ist wahrscheinlich, dass Handwerker und Künstler aus diesen Provinzen nach Susa kamen, um beim Bau des Palastes zu helfen. Unter seiner Herrschaft entstand Persepolis, ein wichtiges Zentrum der persischen Kultur. Die Stadt war von großen Mauern umgeben und beherbergte große Verwaltungs-, Finanz- und Ritualkomplexe. Aufgrund seines Kampfes gegen die Magier gilt Dareios auch als der erste Herrscher, der den Zoroastrismus zu einer quasi-offiziellen Religion des Reiches machte, wenngleich sein Nachfolger Xerxes definitiv dazu beitrug.

Schon früh in seiner Regierungszeit erkannte Dareios die Gefahren, die mit der Herrschaft über ein so großes und vielfältiges Reich verbunden waren. Die verschiedenen Aufstände, mit denen er sich in seinen ersten Regierungsjahren auseinandersetzen musste, zeugen davon. Um möglichen Aufständen und Herausforderungen für seine Herrschaft vorzubeugen, sorgte Dareios daher für eine Verbesserung des Militärs und für die Durchsetzung seiner Legitimität im Reich. Wie aus der Behistun-Inschrift hervorgeht, besiegte Dareios Bardiya mit Hilfe loyaler Perser. Dareios glaubte, sich auf die Perser am meisten verlassen zu können, da sie ihn viele Jahre lang unterstützt hatten. Deshalb stellten die Perser den größten Teil seines Heeres. Dareios schuf die berühmten Unsterblichen, eine Eliteeinheit von zehntausend Mann, die ausschließlich aus persischen Kriegern bestand.

Dareios betonte seine absolute Herrschaft über seine Untertanen und dass er der einzig wahre „König der Könige" sei. Er erinnerte sein Volk an seine königliche Abstammung von Achämenes, dem Gründer Persiens, und betonte, dass er der rechtmäßige Thronfolger sei, vielleicht um die Auffassung zu unterdrücken, er habe die Macht von Bardiya usurpiert. Nach der Behistun-Inschrift behauptete Dareios, er habe ein göttliches Recht zur Herrschaft über Persien, das ihm von Ahura Mazda verliehen worden sei, und er habe seine Macht und militärische Stärke durch den Sieg über den Usurpator Bardiya und durch den Sieg in vielen seiner Schlachten bewiesen.

Die Behistun-Inschrift verrät uns viel darüber, wie Dareios sich im Wesentlichen dadurch als wahrer Herrscher Persiens legitimierte, dass er vier der wichtigsten Eigenschaften in sich vereinte: königliches Blut, die Gunst des einen wahren Gottes, militärisches Geschick sowie Gerechtigkeit und Tugend. Tatsächlich galten diese vier Eigenschaften noch lange nach der Herrschaft von Dareios als unabdingbar für jeden Herrscher im Iran.

Dareios der Große war der hellste Stern des altpersischen Reiches und verwandelte es von einem ausschließlich auf Expansion ausgerichteten Staat in ein stabiles und blühendes Reich. Zum Zeitpunkt seines Todes im Jahr 486 v. u. Z. war es vielleicht das fortschrittlichste und mächtigste Reich.

Der Kampf um Griechenland

Xerxes I. bestieg 486 v. u. Z. nach dem Tod von Dareios I. den Thron und leitete damit eine für Persien sehr einflussreiche Epoche ein. Während der Herrschaft von Xerxes versuchte das Reich, seine Grenzen weiter nach Westen in die griechischen Länder Thrakien und Peloponnes auszudehnen. Als die Perser nach Westanatolien und Südthrakien expandierten, sahen die griechischen Staaten die Möglichkeit, sich dem Reich auf unterschiedliche Weise anzuschließen. Einige erkannten, dass die Zugehörigkeit zu einem größeren Reich wirtschaftliche Vorteile bringen und den Handel und Austausch zwischen Griechenland und dem Osten fördern würde. Andere wiederum waren der Ansicht, dass das Persische Reich, das exponentiell an Macht gewonnen hatte und zweifellos stärker war als das in mehrere rivalisierende Stadtstaaten gespaltene Griechenland, eine eindeutige Bedrohung für alles Griechische darstellte, von der lebendigen Kultur bis hin zur Wirtschaft.

Im Jahre 490 v. u. Z. erklärte Dareios, nachdem er die Skythen besiegt und das südöstliche Thrakien unter seine Kontrolle gebracht hatte, die persische Oberhoheit über alle griechischen Länder. Einige Stadtstaaten, vor allem Athen und Sparta, leisteten Widerstand. Bei Marathon errangen die Griechen einen knappen, aber bedeutenden Sieg über das persische Heer, das sie „bestrafen" sollte, so dass Dareios die Hoffnung auf eine Invasion Griechenlands aufgab. Dareios konnte und wollte keine Zeit für eine erneute Invasion aufwenden und beschloss stattdessen, eine freundlichere Politik gegenüber Griechenland zu verfolgen und sogar viele Griechen aufzunehmen und zu beschäftigen.

Mit dem Regierungsantritt von Xerxes änderte sich die persische Außenpolitik gegenüber Griechenland erneut. Der neue Herrscher betrachtete die Eroberung Griechenlands als ein Projekt, das sein Vater begonnen hatte und das er nun vollenden sollte. Xerxes plante eine Invasion kurz nach seiner Krönung und begann seinen Feldzug 480 v. u. Z., nachdem er eine viel größere Streitmacht aufgestellt hatte, als den griechischen Stadtstaaten zur Verfügung stand. Das persische Heer und die persische Marine marschierten über Thrakien ein und folgten der Ägäisküste. Ohne großen Widerstand drangen sie über Makedonien nach Griechenland ein. Berühmt ist die Schlacht bei den Thermopylen, in der die Perser ein kleines, aber entschlossenes Heer der Spartaner nach dreitägigem Kampf in den engen Gebirgspässen besiegten.

Nach den Thermopylen fiel eine griechische Stadt nach der anderen, darunter auch Athen, das Ende 480 v. u. Z. von den Persern geplündert wurde. Was Griechenland vor der völligen Zerstörung bewahrte, war der entscheidende Seesieg über die persische Flotte bei Salamis. Dank der Bemühungen des athenischen Feldherrn Themistokles lockten die Griechen die Perser in eine Falle und brachten sie in eine vorteilhafte Position. Da seine Flotte schwere Verluste erlitt, verringerten sich Xerxes' Chancen, ganz Griechenland zu erobern, erheblich, und er war gezwungen, sich nach Sardis zurückzuziehen und seine Invasionspläne aufzugeben, v.a. nach dem griechischen Sieg in der Schlacht von Plataä.

Dass es Persien nicht gelang, Griechenland zu unterwerfen, mag auf den ersten Blick befremdlich erscheinen. Welche Auswirkungen dies auf die Entwicklung beider Seiten hatte, ist unter Historikern umstritten. Die meisten sind der Meinung, dass die Niederlage Persiens in den beiden Feldzügen gegen die Griechen den Beginn eines langsamen Niedergangs Persiens markierte, der fast 150 Jahre später zur endgültigen Eroberung durch Alexander den Großen führte. Xerxes hatte viel Geld und Ressourcen in die Offensive gesteckt; dieses Geld und diese Ressourcen hätten für den weiteren Ausbau der Gebiete verwendet werden können, die der persische König bereits kontrollierte. Es scheint sicher, dass der Kampf um Griechenland für Persien nicht nur ein weiterer Grenzkrieg war.

Die Perserkriege waren jedoch, wie einige Historiker betont haben, kein Konflikt zwischen „Westen und Osten". Die Motive für Xerxes' Invasion waren ebenso materialistisch wie symbolisch: Es stimmt, dass er die von seinem Vater begonnene Eroberung beenden wollte, aber es stimmt auch, dass Griechenland eines der reichsten Länder der Antike war. Die Kontrolle über die wohlhabenden griechischen Städte würde der persischen Krone großen Reichtum bringen. Der Krieg ist ein gutes Beispiel dafür, dass ein zahlenmäßiger Vorteil nicht immer ausreicht. Die griechischen Armeen gehörten zu den besten der Welt; sie waren sehr diszipliniert, organisiert und professionell, und das war sicherlich der Hauptgrund für den erfolgreichen Widerstand gegen die Perser, die sich weniger auf Taktik als auf die Überwältigung des Feindes verließen.

Dennoch hatte der erfolglose Feldzug Auswirkungen auf Xerxes und das gesamte Reich. In den folgenden fünfzehn Jahren verzichtete Xerxes auf weitere gewagte Feldzüge und widmete sich stattdessen der Hofpolitik und dem Bau persischer Städte, insbesondere Persepolis. Es wird spekuliert, dass höfische Intrigen der Grund für seinen Untergang waren. Xerxes wurde 465 v. u. Z. ermordet und von relativ schwachen Königen abgelöst, die nur selten eine Expansionspolitik verfolgten. Die ineffektiven Veränderungen, die in den Jahrzehnten nach der Ermordung von Xerxes von den nachfolgenden Herrschern, beginnend mit Artaxerxes I., durchgeführt wurden, führten zu großer Unzufriedenheit unter den verschiedenen Völkern des Reiches. Die Steuern stiegen und die Korruption nahm rapide zu. Die unzufriedene Bevölkerung erhob sich immer wieder gegen die achämenidischen Herrscher, und der König ging rücksichtslos gegen die Aufständischen vor.

Als Artaxerxes III. 359 v. u. Z. König wurde, war die Situation außer Kontrolle geraten. Ständige Aufstände hatten zum Verlust Ägyptens geführt, und der Hof war in Intrigen und Machenschaften verstrickt. Rivalisierende Fraktionen mit unterschiedlicher Legitimität beanspruchten den persischen Thron, was den neuen König dazu veranlasste, Dutzende seiner Verwandten zu ermorden, um sich als wahrer Herrscher zu behaupten. Am Ende seiner Herrschaft war König Philipp II. von Makedonien zu einer Großmacht aufgestiegen. Er besiegte die griechischen Stadtstaaten, darunter Persiens langjährige Rivalen Athen und Sparta. Die Perser versuchten, Philipps Aufstieg zur Macht und die Vereinigung Griechenlands zu verhindern, doch anstatt militärisch einzugreifen, agierten sie hinter den Kulissen und versuchten auf verschiedene Weise, ihren Einfluss auf die verfeindeten Fraktionen geltend zu machen, z.B. durch Bestechung und Erpressung.

Artaxerxes starb ein Jahr nach der Vereinigung Griechenlands unter Philipp im Jahre 337 v. u. Z., wahrscheinlich vergiftet von seinem Arzt. Der Thron ging an Dareios III, den Großneffen des Artaxerxes. Dareios wurde nur König, weil sein Urgroßvater so viele seiner Verwandten getötet hatte. Dareios III. sollte es mit dem größten Herausforderer des Perserreiches zu tun bekommen. Sein Name war Alexander der Große, der Sohn Philipps II.

Wie es Alexander gelang, den Achämeniden ein Ende zu bereiten, ist eine lange und faszinierende Geschichte. Eine gründliche Darstellung dieses Ereignisses erfordert ein tiefes Eintauchen in komplizierte Details, um die Standpunkte beider Seiten darzustellen; sie verdient ein eigenes Buch. Da wir viel Geschichte zu behandeln haben, folgt hier die Kurzfassung. Alexander der Große marschierte auf die persischen Stellungen zu und besiegte sie in drei großen Schlachten in Anatolien: Granikos (334), Issos (333) und Gaugamela (331). Es gelang ihm, die Perser von der Halbinsel und aus Mesopotamien zu vertreiben.

Alexander der Große eroberte Ägypten, Babylon, Anatolien und Armenien mit relativer Leichtigkeit dank der Überlegenheit seiner Phalanx und seiner Hopliten. Als er das iranische Hochland erreichte, hatte er den größten Teil des persischen Heeres geschlagen. Dareios III. musste nach Osten fliehen, wurde aber schließlich von seinen eigenen Satrapen verraten, die den persischen Königen seit langem feindlich gesinnt waren. In den folgenden Jahren eroberte Alexander der Große alle wichtigen Provinzzentren und setzte damit dem Perserreich ein Ende. Er eroberte alle Länder des Reiches und leitete eine Phase der Hellenisierung im Iran und im übrigen Vorderen Orient ein.

Kapitel 4: Eine neue Ära

Der hellenistische Iran

Als Alexander der Große 323 v. u. Z. starb, hatte er das größte Reich der Antike geschaffen, indem er alle Gebiete, die zuvor unter der Herrschaft der Achämeniden gestanden hatten, unter seine Kontrolle gebracht hatte. Sein Reich erstreckte sich von Makedonien bis an die nordwestliche Grenze Indiens. Das war eine gewaltige Leistung. Er war der mächtigste Mensch der Welt. Sie hatte auch großen Einfluss auf die griechische Kultur, die Alexander in den von ihm eroberten Ländern verbreitete. Die Zeit, die etwa vierhundert Jahre nach seinem Tod begann, war ein goldenes Zeitalter für die griechische Kultur, die das Leben in verschiedenen Gebieten beherrschte. Diese Epoche wurde als Hellenismus bezeichnet, wobei das altgriechische Wort Hellas für Griechenland verwendet wurde. Der Hellenismus prägte die Zukunft der Länder, die er erreichte, und hatte großen Einfluss auf die sozialen und politischen Prozesse, die in dieser Zeit stattfanden.

Zur Geschichte des hellenistischen Iran ist zu sagen, dass der Iran bzw. Persien nach der Eroberung durch Alexander lange Zeit nicht als eigenständiger Staat existierte. Zwei Jahre nach seinem unerwarteten Tod im Jahr 321 v. u. Z. trafen sich einige seiner Generäle in Triparadeisos, dem heutigen Libanon, um über seine Nachfolge zu beraten. Die Gebiete wurden in verschiedene Satrapien aufgeteilt, die sich von Griechenland bis nach Persien erstreckten und von einzelnen Kommandeuren verwaltet wurden. Als Erben wurden Alexanders Halbbruder Philipp Arrhidaios und dessen Sohn Alexander IV. eingesetzt. In den folgenden Jahrhunderten agierten die Herrscher der Satrapien jedoch weitgehend unabhängig und unterstanden nicht dem „König" in Makedonien (der Heimat Alexanders).

Diesen Satrapien und ihren Herrschern war gemeinsam, dass sie griechischen Ursprungs waren. Im Laufe der Zeit hellenisierten sie nach und nach die traditionell nichtgriechischen Länder. Dies führte zu einem der erstaunlichsten kulturellen Phänomene der Antike, als die griechische Kultur mit den vielen orientalischen Kulturen verschmolz. Nicht nur wurde die griechische Sprache, wenn auch oft in abgewandelter Form, zur am weitesten verbreiteten Sprache im Osten, sozusagen zur ersten „Verkehrssprache", sondern auch die griechischen Götter wurden in allen Satrapien verehrt. Elemente der lokalen Religionen wurden mit der griechischen Religion kombiniert, was zu vielen einzigartigen Details im Leben der einfachen Menschen führte. Aus diesem Grund unterscheidet sich das Wort „hellenistisch" von „hellenisch", wobei Letzteres „griechisch" bedeutet, während Ersteres sich auf die Mischung griechischer und orientalischer Kulturen bezieht.

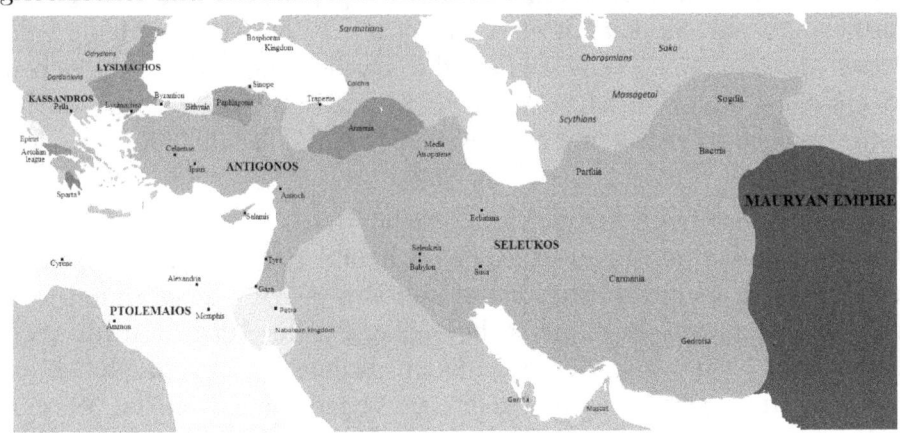

Die hellenistischen Nachfolgekönigreiche.[58]

Die verschiedenen hellenistischen Satrapien entwickelten sich unterschiedlich, wobei einige mehr Macht erlangten als andere und sich im Wesentlichen zu eigenständigen Königreichen mit eigenen erblichen Dynastien entwickelten. Einige von ihnen sind von besonderer Bedeutung. Da war das Ptolemäische Königreich, das die Länder Ägyptens und die nordafrikanische Küste umfasste. Es wurde von General Ptolemaios gegründet und entwickelte sich zu einem mächtigen Königreich, das bis 30 v. u. Z. bestand, bevor es von Rom erobert wurde. Das Königreich Pergamon wurde von der Attaliden-Dynastie regiert, die 150 Jahre lang die Länder Westanatoliens kontrollierte. Das Königreich

Baktrien lag an der östlichen Grenze der hellenistischen Welt und umfasste Gebiete in Zentralasien, Westindien und Ostpersien. Es war bekannt als das „Land der tausend goldenen Städte". Dann gab es das Seleukidenreich, ein Staat, der von seinem Gründer und ersten Satrapen, Seleukos I. von Babylonien, auf fast alle ehemaligen Gebiete der Achämeniden-Dynastie ausgedehnt worden war. Das Seleukidenreich war die größte überlebende Satrapie des Reiches Alexanders des Großen und erreichte seinen Höhepunkt in der Mitte des 3. Jahrhunderts v. u. Z. Es umfasste fast den gesamten alten Iran, Mesopotamien, Ostanatolien und die Levante.

Parthien

Im Jahre 238 v. u. Z. war der Iran noch im Besitz des hellenistischen Seleukidenreiches, als sich eine Konföderation von Stämmen, die südöstlich des Kaspischen Meeres lebten, zusammenschloss und rebellierte. Diese Stämme waren wahrscheinlich skythischen Ursprungs. Diese Stämme, die von ihrem König Arsakes geeint wurden, waren als Parther bekannt. Sie kamen etwa zur gleichen Zeit wie die Meder und Perser in den Iran. Wir kennen die Parther dank der zahlreichen griechischen und römischen Berichte über ihren Aufstieg zur Macht, bisher wurden jedoch keine historischen Dokumente der Parther selbst gefunden.

Jedenfalls ist bekannt, dass die Parther nach der Vereinigung der primitiveren Stämme unter Arsakes nach und nach die angrenzenden seleukidischen Gebiete übernahmen und sich bis zum 2. Jahrhundert v. u. Z. als bedeutende Regionalmacht etablierten. Ihr Aufstieg wurde auch durch den Niedergang der Seleukiden begünstigt, da das Reich in ständige Kriege gegen das ptolemäische Ägypten und Rom im Westen und gegen die Inder im Osten verwickelt war. Im Jahr 155 v. u. Z. beschloss Mithridates I. von Parthien schließlich, nach Westen zu expandieren. Sein langer Feldzug führte schließlich 141 v. u. Z. zur Eroberung der Stadt Seleukia in Mesopotamien.

In den folgenden Jahrzehnten festigten die Parther ihre Herrschaft über die iranischen Gebiete und wurden zu Rivalen des expandierenden Roms, was sich 53 v. u. Z. zeigte, als sie die Römer mit weniger Männern in der Schlacht von Carrhae in Südostanatolien besiegten. Dank ihrer nomadischen Herkunft aus den Ebenen Zentralasiens waren die Parther Meister der Reiterkriegführung und zeichneten sich in offenen Schlachten dadurch aus, dass sie sowohl leichte berittene Bogenschützen als auch schwere Kataphrakt-Reiter (gepanzerte Reiter) einsetzten, um die langsame und schwere römische Infanterie zu überlisten und zu zerschlagen.

In dieser Zeit erreichte das Partherreich seine größte Ausdehnung und umfasste im Wesentlichen alle ehemaligen seleukidischen und achämenidischen Gebiete, darunter Baktrien, Persien, Mesopotamien, den Südkaukasus und Teile Ostanatoliens. In den folgenden zwei Jahrhunderten stellten die Parther die größte Bedrohung für die Römer dar, die ihrerseits ihre Besitztümer beträchtlich ausweiteten und im Wesentlichen den westlichen Teil des Alexanderreiches eroberten.

Die Kultur der Parther, die noch tief in ihren zentralasiatischen Stammeswurzeln verwurzelt war, ist besonders interessant, wenn man ihre Beziehung zum Hellenismus betrachtet, da sie Elemente von beiden enthält. Im Gegensatz zu anderen Völkern besaßen die Parther keine eigene Sprache und Schrift. Sie benutzten Griechisch zur Kommunikation und für die Inschriften auf ihren Münzen. Die Religion der Parther war wahrscheinlich hauptsächlich der Zoroastrismus, was jedoch nicht bedeutet, dass die Parther anderen Religionen innerhalb ihrer Grenzen gegenüber intolerant waren, insbesondere wenn man sie mit den Römern vergleicht, die für die Verfolgung religiöser Minderheiten berüchtigt waren.

Der Aufstieg der Sassaniden

Den Höhepunkt seiner Macht erreichte das Partherreich in den Auseinandersetzungen mit Rom, die bis 218 u. Z. andauerten, als beide Seiten einen Friedensvertrag schlossen. Obwohl die Römer im Kampf gegen die Parther nie wirklich erfolgreich waren, verschlechterte sich die Lage für die Parther im Inneren allmählich. Um die Wende zum 3. Jahrhundert u. Z. hatte die parthische Herrscherdynastie der Arsakiden mehrere Jahrzehnte unglücklicher Ereignisse hinter sich, darunter mehrere Pestepidemien in den östlichen Regionen des Reiches und die Erschöpfung der natürlichen Ressourcen, vor allem der Metalle, durch deren ständige Verwendung in den Kriegen. Außerdem war die politische Struktur des Partherreiches nicht mehr so stark und fortschrittlich wie beispielsweise in Rom. Jahrhundertelang waren die parthischen Könige auf die Expansion nach Westen angewiesen, um ihre Schatzkammern zu füllen und ihre Herrschaft gegenüber ihren Untertanen zu behaupten.

So gipfelten die inneren Kämpfe im Jahre 205, als sich die aufgebrachte Bevölkerung der Region Persis gegen den König auflehnte. Auch nach der Vernichtung der Achämeniden durch Alexander und der anschließenden Besetzung persischer Gebiete durch die Seleukiden und Parther blieb die Persis eine der autonomsten Regionen. Andererseits war die politische Struktur, die sich nach Alexanders Tod über die hellenistischen Länder erstreckte, an den meisten Orten nicht wirklich kohärent, so dass diese Tatsache keine große Überraschung sein sollte. Vor dem Aufstand wurde beispielsweise in der Persis noch weitgehend Altpersisch (Pahlavi) gesprochen, während die übrigen altpersischen Provinzen zum hellenistischen Griechisch übergegangen waren.

Der Aufstand, der im Jahre 205 begann, war der Anfang vom Ende der Parther. Ein lokaler Garnisonskommandant namens Ardaschir führte die Rebellen gegen die Nachbarländer der Persis und besiegte die Fürsten, die die parthische Oberhoheit noch akzeptierten. Ardaschir gelang es, seine Position deutlich zu festigen. Parthien war immer noch instabil, als König Artabanos V. den Thron bestieg. Irgendwann schickte er die Hauptstreitmacht der Parther in den Krieg gegen die Römer im Westen. Der König musste seinen Feldzug unterbrechen, um zu versuchen, die Rebellen niederzuschlagen, aber es war zu spät.

Im Jahre 224 besiegten Ardaschir und seine Anhänger Artabanos V. Zwei Jahre später eroberten sie die Hauptstadt Ktesiphon am Tigris. Nachdem er die meisten parthischen Fürsten des Reiches besiegt hatte, wurde Ardaschir zum neuen König der Könige gekrönt, was den Beginn eines neuen persischen Reiches unter einer anderen Dynastie markierte. Zu diesem Zeitpunkt war es mehr als 500 Jahre her, dass Alexander der Große die Achämeniden vernichtet hatte.

Ardaschir begründete die Sassaniden-Dynastie, die in den nächsten vier Jahrhunderten über den Iran herrschen sollte. Der Name „Sassaniden" leitet sich von einem Mann namens Sasan ab, der entweder Ardaschirs Vater oder Großvater war und wahrscheinlich in irgendeiner Weise mit früheren Herrschern des Iran verwandt war, entweder direkt durch Blutsverwandtschaft oder um ein Gefühl der Legitimität zu schaffen. Jedenfalls behaupteten die Sassaniden oft, von der legendären Dynastie der Kayanier abzustammen, die in zoroastrischen Texten erwähnt wird. Auch wenn keine klare Linie zwischen ihnen und den Sassaniden gezogen werden kann, muss die Erzählung vom neuen König der Könige, der aus derselben Provinz stammte wie die Achämeniden, dem Volk attraktiv erschienen sein.

Ardaschir wurde 240 von Schapur I. abgelöst, der auf den Eroberungen seines Vaters aufbaute und das Sassanidenreich weiter ausdehnte. Während seiner gesamten Regierungszeit kämpfte Schapur I.

in Anatolien und der Levante gegen Rom. Nachdem er aus Antiochia vertrieben und drei Jahre später zu einem Friedensvertrag gezwungen worden war, erneuerte Schapur 258 den Kampf mit Rom um Syrien, ging diesmal als Sieger hervor und konnte sogar große Teile der römischen Armee, darunter Kaiser Valerian, gefangen nehmen. Noch hunderte Jahre lang kämpften Sassaniden und Römer um die umstrittenen Provinzen.

Im weiteren Sinne kann der Konflikt zwischen Rom und dem sassanidischen Iran als ein Zusammenprall der Kulturen interpretiert werden, insbesondere wenn es um Orte wie Armenien geht, eine wichtige Region, in der beide Seiten ihre eigenen Interessen hatten. Die Aufzeichnungen zeigen, dass während der Herrschaft Schapurs der Zoroastrismus die „offizielle" Religion der Sassaniden war und die Perser ihre eroberten Untertanen zur Konversion zwangen. In Armenien war es nicht anders. Es wurde in den 250er Jahren von Schapur erobert, der Sassanidenkönig setzte seinen Sohn als Provinzherrscher ein und zwang die Bevölkerung zur Konversion. Die Armenier leisteten Widerstand und konnten mit Hilfe der Römer zwanzig Jahre später die einfallenden Perser aus ihrem Land vertreiben und die alte parthische Dynastie der Arsakiden wieder an die Macht bringen. Armenien nahm das Christentum als offizielle Religion an, was die Sassaniden, die Armenien als ihre Einflusssphäre betrachteten, noch mehr verärgerte. Schließlich teilten Rom und Persien Armenien in zwei Teile, wobei der östliche Teil unter zoroastrische sassanidische Vasallen gestellt wurde, während der westliche Teil unter das Protektorat Roms (damals das Byzantinische Reich) fiel.

Der sassanidische Iran war nicht nur eine sehr fähige Militärmacht, sondern ist auch wegen der Entwicklung seiner Gesellschaftsstruktur von besonderer historischer Bedeutung. Diese war viel fortschrittlicher und kohärenter als die der vorhergehenden iranischen Reiche. Der Brief von Tansar ist die Hauptquelle, auf die sich Historiker stützen, wenn sie das sozio-politische Leben der Sassaniden untersuchen. Der Brief soll von einem zoroastrischen Priester im 3. Jahrhundert während der Herrschaft von Ardaschir verfasst und einige Jahrhunderte später unter König Chosrau I. Anuschirwan überarbeitet worden sein. Der Brief gilt als Propaganda, da er König Ardaschir als edlen und ehrlichen Mann darstellt, der die wahre zoroastrische Religion wiederherstellte, die während der Partherzeit in Verruf geraten war. Er könnte als eine Art Rechtfertigung für Ardaschirs Rebellion gegen Parthien und für die

„offizielle" Proklamation des Zoroastrismus als einzig wahre Religion des sassanidischen Staates gedient haben.

Neben der Darstellung der Bedeutung des Zoroastrismus teilt der Brief von Tansar die Gesellschaft in vier Klassen ein, an deren Spitze die Priester stehen, gefolgt von den Kriegern, den Gelehrten und den Handwerkern. Diese hierarchische Gliederung war ein wesentliches Element des sassanidischen Iran. Sie war zwar nicht so streng wie das indische Kastensystem, wurde aber dennoch hoch geachtet und ermöglichte eine begrenzte soziale Mobilität. Der Herrscher hatte nicht nur dafür zu sorgen, dass jede Klasse in ihrem Bereich prosperierte und stabil blieb, sondern auch dafür, dass die höheren Klassen ihre Privilegien nicht ungerechtfertigt zur Unterdrückung der in der Hierarchie unter ihnen Stehenden nutzten. Dieses Detail unterstreicht die Tatsache, dass eine der wichtigsten Eigenschaften der alten iranischen Könige der Sinn für Ehre und Gerechtigkeit war und dass die Stärke der Monarchie direkt zur Stärke ihres Volkes führte.

Die Bedeutung und der Status der iranischen Könige spiegeln sich in ihren prunkvollen und oft übertriebenen Titeln wider. So lautete der vollständige Titel Schapurs I. „Der Verehrer Mazdas, des Gottes Schapur, König der Könige Irans und des Nicht-Iran, aus dem Geschlecht der Götter, Sohn des Verehrers Mazdas, des Gottes Ardaschir, König der Könige der Iraner, aus dem Geschlecht der Götter, Enkel des Papak, König des Reiches Iran". Es ist offensichtlich, dass die iranischen Könige großen Wert auf ihre edle Abstammung und ihren göttlichen Status legten, der ihnen von Ahura Mazda verliehen wurde. Obwohl dieses Phänomen nicht nur in der iranischen Kultur zu finden ist, da die Vorstellung, dass ein Gott einem Herrscher das Recht zu herrschen verleiht, in der ganzen Welt verbreitet ist, gingen die Sassanidenkönige vielleicht noch einen Schritt weiter. Sie glaubten, dass der König über eine besondere, sichtbare göttliche Aura verfügte, die *Farr* genannt wurde.

Die sassanidische Epoche markiert eine Periode der Entwicklung in allen Aspekten des Lebens im Iran, da die Könige sich immer mehr in die täglichen Angelegenheiten des Reiches einmischten, vielleicht mit dem Ziel, ein Gefühl der Nähe zur Bevölkerung zu schaffen, was zu mehr Unterstützung und Loyalität seitens der Untertanen führen würde. Die ersten sassanidischen Monarchen gründeten neue Städte und erweiterten die Bewässerungssysteme, um die Landwirtschaft im gesamten Reich zu fördern, wobei sie auf der fortschrittlichen Infrastruktur aufbauten, die

Dareios der Große geschaffen hatte. Diese Maßnahmen förderten das städtische Leben im Iran und kurbelten die Wirtschaft an, indem sie den regionalen Handel förderten. Die Aneignung von mehr unbebautem Land im Reich wirkte sich positiv auf die Einnahmen der sassanidischen Königsfamilie aus und trug zu einer stärkeren Zentralisierung der Macht bei.

Der Zoroastrismus war als eine der Grundlagen der sassanidischen Herrschaft fest verankert. In der Zeit der Hellenisierung nach der Eroberung Persiens durch Alexander den Großen wurden viele zoroastrische Heiligtümer und Tempel zerstört oder durch regionale Kulte ersetzt, die Elemente verschiedener Kulturen enthielten. Nach der Errichtung der sassanidischen Monarchie wurde dies rückgängig gemacht. Obwohl das Reich ethnisch vielfältig blieb, drängten die sassanidischen Herrscher auf eine stärkere Zentralisierung von Macht und Ressourcen, und sie glaubten, dass die Ausübung einer einzigen Religion im Reich dafür von entscheidender Bedeutung sei. So wurden die Kulte, die während des Partherreiches entstanden waren, im 5. oder 6. Jahrhundert fast vollständig ersetzt.

Schon bald nach seiner Gründung entwickelte der sassanidische Staat eine hierarchische Struktur der zoroastrischen Priester, wobei der König für die Ernennung des Oberpriesters an der Spitze zuständig war. Tansar, der Verfasser des oben erwähnten Briefes, soll der erste Oberpriester unter Ardaschir gewesen sein. In seinen Schriften spricht er von einer besonderen Beziehung zwischen Staat und Religion und behauptet, dass die Einheit von „Kirche und Staat ... aus einem Schoß geboren, miteinander verbunden und niemals zu trennen" sei.

Eine der wichtigsten Errungenschaften des Zoroastrismus war die Sammlung alter religiöser Texte und Hymnen, die über Jahrhunderte hinweg mündlich überliefert worden waren. Verschiedene sassanidische Herrscher stellten die zoroastrische Awesta zusammen und überwachten ihre Aufzeichnung in verschiedenen Schriften, um sowohl die alten iranischen Dialekte zu berücksichtigen, in denen die Texte historisch gesprochen wurden, als auch um sie den Sprechern der gemeinsamen Pahlavi-Sprache (Mittelpersisch) zugänglich zu machen. Diese Politik förderte das religiöse Lernen und drängte auch auf die Einführung einer offiziellen gesprochenen Sprache im gesamten Reich, was die Herrschaft der Sassaniden weiter zentralisierte. Auch die nicht-religiöse Gelehrsamkeit wurde in dieser Zeit gefördert, was zur Entstehung eines der ersten nationalen Geschichtsepen, des *Khwaday-Namag* (Buch der

Herrscher), führte, das vom Königshof und der zoroastrischen Priesterschaft in Auftrag gegeben und überwacht wurde.

Auch das iranische Rechtssystem erfuhr während der Sassanidenzeit Verbesserungen. Das System legte großen Wert auf Gerechtigkeit, insbesondere auf den König als Förderer und Garanten der Gerechtigkeit in der Gesellschaft. Alle Untertanen des Reiches waren unabhängig von ihrem sozialen Status an das Gesetz gebunden. Unter der Aufsicht des Königs wurden im ganzen Reich Gerichte eingerichtet, und die Rechtspraxis basierte hauptsächlich auf zoroastrischen Prinzipien. Verschiedene Prozesse wurden aufgezeichnet und als Beispiele für zukünftige Fälle ähnlicher Verbrechen herangezogen. All diese Praktiken wurden schließlich im frühen 7. Jahrhundert im *Buch der tausend Urteile* zusammengefasst, das im Wesentlichen als Rechtskodex des Reiches diente.

Schließlich unterstreicht der Brief von Tansar die Bemühungen König Ardaschirs, Grenzen zwischen der sassanidischen Aristokratie und dem einfachen Volk zu ziehen. Es scheint, dass die Unterschiede zwischen den beiden Klassen einen großen Teil der sassanidischen Gesellschaft ausmachten. Der Adel war nicht nur viel mächtiger, sondern zeigte seinen Status auch in allen Bereichen, von der Kleidung bis zum Besitz. Er verkehrte selten mit Angehörigen der unteren Schichten, und Eheschließungen zwischen ihnen waren verboten. Tatsächlich aber vermehrte der Adel seinen Reichtum, seine Macht und seinen Einfluss immer mehr, was für die sassanidische Königsfamilie bald zu einem Problem wurde.

Chosrau I.

Gegen Ende des 5. Jahrhunderts sahen sich die Sassaniden mit einer Reihe von Herausforderungen konfrontiert, wie sie für jedes Großreich, unabhängig von seiner Größe und Macht, unvermeidlich sind. Zuvor war das Reich vor allem in Kämpfe mit den Römern um die angrenzenden Gebiete verwickelt gewesen, nachdem es im Osten bereits ein einigermaßen gefestigtes Zentrum errichtet hatte. Der Südkaukasus und Großarmenien waren die Hauptstreitpunkte zwischen beiden Seiten, doch unter König Kavad I. sahen sich die Sassaniden mit einem großen soziokulturellen Problem im eigenen Land konfrontiert. Seit Jahrzehnten hatten die Angehörigen der unteren sozialen Schichten, die nicht dem Adel oder der Aristokratie angehörten, mit sich verschlechternden Lebensbedingungen zu kämpfen. Es ist nicht verwunderlich, dass sie mit ihrer sozialen Stellung unzufrieden waren.

Sie fanden ihren Vorkämpfer in Mazdak, einem zoroastrischen Priester, der schnell viele Anhänger gewann und die treibende Kraft hinter den Reformen in der iranischen Gesellschaft war. Mazdak und seine Anhänger forderten eine Verbesserung der Lebensbedingungen der Bevölkerungsmehrheit und protestierten gegen Ungleichheit und Ausbeutung durch die Aristokratie. Sie waren der Meinung, dass der rücksichtslose, ungleiche Wettbewerb die Ursache für das Übel in der Welt sei, und wollten zumindest die Kluft zwischen den beiden Extremen der sassanidischen Gesellschaft verringern. Mazdak schlug vor, das Land, das die Haupteinnahmequelle des Adels darstellte, aufzuteilen und umzuverteilen, um mehr Menschen zu Landbesitz und Reichtum zu verhelfen. Darüber hinaus setzte er sich für eine Stärkung der Rolle der Frau in der iranischen Gesellschaft ein, was zu dieser Zeit ungewöhnlich war.

Interessanterweise gefielen König Kavad I., der nicht annähernd so viel Geschick für die Regierungsführung hatte wie einige seiner Vorgänger, Mazdaks Vorschläge zunächst, zumindest in der Theorie. Er wollte die Unterstützung der Bauern gewinnen und die Macht der Aristokraten beschneiden. Die Berichte aus dieser Zeit deuten jedoch darauf hin, dass Kavad von der zoroastrischen Geistlichkeit und dem Adel überwältigt wurde. In dem daraus resultierenden politischen Chaos verlor er seine Macht.

Im Kampf um die Nachfolge unterstützten Priester und Aristokraten die Einsetzung eines der Söhne Kavads, Chosrau I., als neuen König. Vermutlich beeinflussten sie ihn zu einer antimazedonischen Haltung. Nach seiner Thronbesteigung ermordete Chosrau I. Mitglieder der königlichen Familie und ließ Mazdak 528 in die Hauptstadt Ktesiphon kommen. Mazdak glaubte wahrscheinlich, der König wolle mit ihm über seine unterschiedlichen Ansichten bezüglich der sozialen Struktur des Reiches sprechen, doch Mazdak wurde gefangen genommen und hingerichtet. In den Monaten nach Mazdaks Hinrichtung wurden seine Anhänger von Chosraus Regime brutal unterdrückt. Chosrau wurde zu einem der standhaftesten Verteidiger des traditionellen Zoroastrismus und erlangte für seine Taten große Anerkennung beim sassanidischen Adel und der zoroastrischen Geistlichkeit.

Unter Chosrau I. sollte die sassanidische Monarchie weiter gefestigt werden, was der König nach einer Zeit der Instabilität im Reich für unbedingt notwendig hielt. Er beschloss, das Verwaltungssystem des Reiches zu verbessern und führte ein neues Steuersystem ein, das auf

Landbesitz basierte und das der König nach monatelangen Landvermessungen und Volkszählungen einführte. Damit wurde die Macht der größten Adelsfamilien des Reiches eingeschränkt und eine neue Einnahmequelle für die königliche Schatzkammer geschaffen. Die Mitglieder der Dehqan (Klasse der Landbesitzer) profitierten stark von Chosraus Reformen, entwickelten sich zu einer starken Mittelschicht und wurden zu einem wichtigen Teil der Wirtschaft. Sie stellten auch einen großen Teil der sassanidischen Armee und wurden zu einer der bevorzugten sozialen Gruppen des Königs. Chosrau I. investierte auch viel in die Modernisierung der sassanidischen Infrastruktur und finanzierte die Reparatur vieler alter Straßen, die die großen Städte miteinander verbanden.

Chosrau I. ging in die Geschichte ein, weil er den Krieg gegen die Byzantiner wiederaufnahm, die sich in gewisser Weise von ihrer eigenen instabilen Periode erholt hatten und unter Kaiser Justinian wieder zu einem starken regionalen Akteur geworden waren. Etwa 22 Jahre nach Beginn der sassanidischen Invasion im Jahr 540 gelang es den Truppen Chosraus, in byzantinisches Gebiet einzudringen und Antiochia sowie einige nordöstliche Provinzen Anatoliens unter ihre Kontrolle zu bringen wodurch der sassanidische Monarch Zugang zum Schwarzen Meer erhielt.

Im Jahr 562 schlossen beide Seiten einen Friedensvertrag. Nach diesem Erfolg feierte Chosrau weitere militärische Triumphe und besiegte einige der Fraktionen, die das Sassanidenreich umzingelten. Im Osten vertrieb er mit Hilfe der Türken die Weißen Hunnen. Im Kaukasus besiegte er die Chasaren, die als strategische Verbündete der Byzantiner den Sassaniden in dieser Region ein Dorn im Auge waren. Nicht zuletzt verteidigte er erfolgreich die Arabische Halbinsel gegen einen Angriff der abessinischen Äthiopier und konnte den Jemen als sassanidisches Protektorat etablieren. Als der Krieg mit dem Byzantinischen Reich in den 570er Jahren wieder aufflammte, waren die Sassaniden eindeutig in der besseren Position, auch wenn der mangelnde Einsatz beider Seiten zu keinem eindeutigen Ergebnis führte.

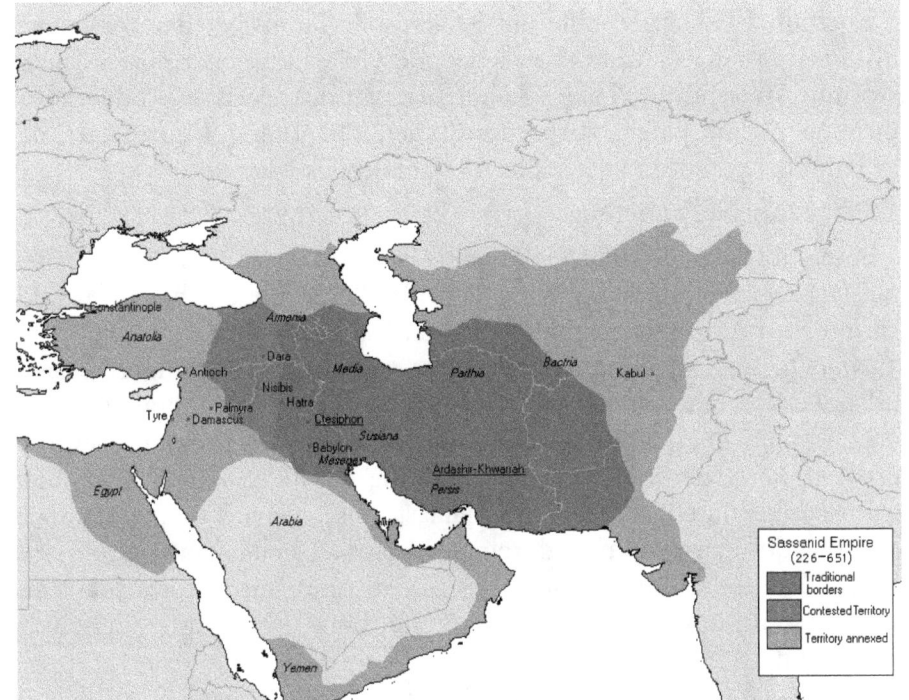

Das Persien der Sassaniden in seiner größten Ausdehnung.[59]

Wegen seiner Verdienste um das Reich wurde Chosrau I. *Anuschirwan* genannt, was so viel bedeutet wie „von unsterblicher Seele". Er war ein Herrscher, der nur einmal in einer Generation den Thron bestieg. Seine Politik berührte fast jeden Aspekt des sassanidischen Lebens, und seine Herrschaft war ein Symbol für den Wohlstand und die Dominanz des Reiches.

Doch wie die Geschichte wiederholt gezeigt hat, stürzte das Sassanidenreich fast unmittelbar nach Chosraus Tod erneut in eine Periode des Chaos, und die Zukunft des Reiches war in Gefahr. Diesmal tauchten die Aufständischen im Nordosten des Iran auf und bestanden hauptsächlich aus dem parthischen Adel, der mit den Reformen Chosraus, die seine Macht geschwächt hatten, unzufrieden war. Die nachfolgenden sassanidischen Herrscher befanden sich in einem ständigen Kampf mit dem parthischen Adel, bis König Chosrau II. Parwis den Aufstand im Jahr 602 endgültig niederschlug. Diesem Sieg konnte der Sassanidenherrscher weitere Gebietseroberungen in der Levante folgen lassen und erreichte 619 sogar Ägypten. Seine Herrschaft fand schließlich ein grausames Ende, als er 628 von rivalisierenden Kräften im eigenen Land abgesetzt wurde.

Kurzum, Chosrau I. sollte der letzte große Herrscher der Sassaniden sein, und das Reich sollte nie wieder die Größe erreichen, die es unter Chosrau Anuschirwan hatte. Stattdessen wurde der Iran Ende des 7. Jahrhunderts mit einem sozio-historischen Phänomen konfrontiert, das das Land für immer prägen sollte: die Geburt des Islams.

Die arabische Eroberung

Insgesamt lässt sich die Geschichte des Iran in zwei große Epochen unterteilen: die vorislamische Periode, die Geschichte von der Entstehung der ersten iranischen Zivilisationen bis zum Fall der Sassaniden, und die islamische Periode, die im 7. Jahrhundert begann und fast 1500 Jahre andauerte. Der Grund für diese Trennung liegt in den enormen kulturellen, sozialen und politischen Veränderungen, die der Iran nach der arabischen Eroberung und der darauf folgenden Islamisierung durchlief. Der augenfälligste Unterschied ist natürlich die Ablösung des Zoroastrismus durch den Islam als neue Staatsreligion, was massive kulturelle und soziale Folgen hatte und dazu führte, dass der Zoroastrismus in den folgenden Jahrhunderten fast vollständig verschwand.

Der Beginn der islamischen Ära bedeutete auch das Ende der Sassaniden, einer der einflussreichsten Dynastien, die das Land je gesehen hatte. Kurzum: Soziale und politische Umwälzungen dieser Größenordnung sind in der Welt selten, doch wenn sie stattfinden, hinterlassen sie in der Regel Spuren, die Jahrhunderte überdauern. Die Geburt einer neuen Religion, des Islams, kann sicherlich als eine solche Entwicklung angesehen werden.

Bevor wir uns der arabischen Eroberung zuwenden, die den Islam in den Iran brachte, sollten wir einen kurzen Blick auf die Geschichte Arabiens werfen. Es ist wichtig zu verstehen, dass sich das ursprüngliche nomadische Stammesleben im Iran, bei dem das Pferd im Mittelpunkt stand, allmählich in eine vollwertige, staatlich orientierte Zivilisation verwandelte, während die Völker der arabischen Halbinsel einen ähnlichen Wandel in ihrer Lebensweise viel langsamer vollzogen. Ein großer Teil Arabiens war selbst zur Zeit der Sassaniden noch nomadisch geprägt, auch wenn in einigen Gebieten feste Siedlungen und Städte entstanden waren. Das Verhältnis zwischen den alten persischen Herrschern und den Arabern war überwiegend feindselig. Die nomadischen arabischen Stämme führten häufig Invasionen in die benachbarten mesopotamischen Länder durch, die sie wegen ihres Reichtums anzogen.

Die iranischen Herrscher mussten Mesopotamien also nicht nur gegen die Römer verteidigen, sondern auch gegen arabische Plünderer, die immer wieder in die ländlichen Gebiete Mesopotamiens einfielen. Zeitweise stellten die Araber sogar eine noch größere Bedrohung dar. So unternahmen sie unter der Herrschaft Schapurs II. einen ihrer kühnsten Feldzüge und belagerten die Hauptstadt der Sassaniden, Ktesiphon, die genau im Zentrum der mesopotamischen Ebene lag. Von Zeit zu Zeit griffen die Araber die iranische Golfküste an. Um die Region vor diesen Überfällen zu schützen, musste es eine Art iranische Marine geben.

Um der drohenden arabischen Gefahr zu begegnen, freundeten sich die sassanidischen Herrscher meist mit einer arabischen Dynastie an und etablierten deren Länder als eine Art Pufferstaat zwischen den sassanidischen Reichen und den gefährlichen arabischen Gebieten. Ein mächtiger Verbündeter im Süden half, die Zahl der schweren arabischen Einfälle bis zum Jahr 600 deutlich zu reduzieren. Manchmal half dies auch gegen die Byzantiner, da die Verbündeten der Sassaniden oft selbst Raubzüge gegen die Christen unternahmen.

Eine wichtige Entwicklung, die die Beziehungen zwischen Arabern und Persern stark beeinflusste, war natürlich die Entstehung des Islams und sein Aufstieg zu einer einflussreichen regionalen Religion in der Mitte des 7. Jahrhunderts. Es würde den Rahmen dieses Buches sprengen, die islamischen Glaubensinhalte und Prinzipien im Detail zu analysieren, aber wir müssen verstehen, dass die Lehren des Propheten Mohammed sehr schnell großen Anklang fanden. Dank der Bemühungen des verehrten Feldherrn Khalid ibn al-Walid wurden die arabischen Stämme vom Südwesten der arabischen Halbinsel bis zu den Grenzen Mesopotamiens unter dem Banner des Islams vereint. Die arabischen Stämme der gesamten Halbinsel schworen Abu Bakr, dem ersten Kalifen des Kalifats der Raschidun, Treue – dem arabischen Staat, der nach dem Tod des Propheten Mohammed im Jahr 632 als dessen Nachfolger entstand. Abu Bakr war auch der Herrscher von Medina und praktisch der gesamten muslimischen Welt.

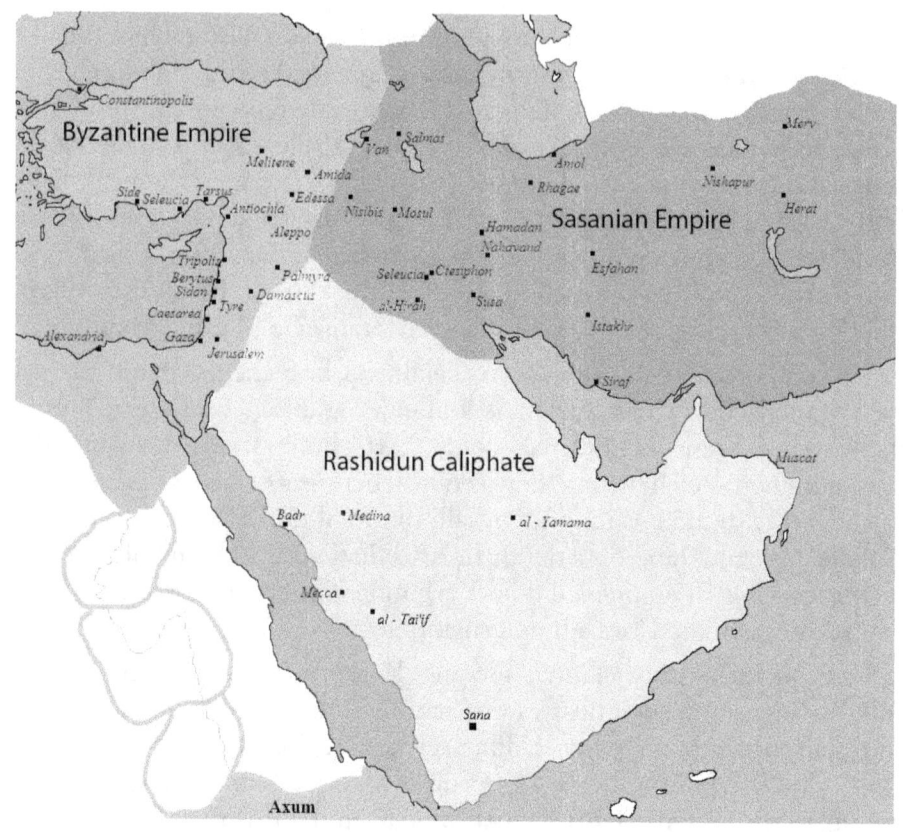

Karte des Mittleren Ostens um 640.⁶⁰

All dies fiel mit dem Niedergang des sassanidischen Iran nach dem Tod von Chosrau I. Anuschirwan zusammen. Erbfolgekriege und rivalisierende Adelsfamilien, die ihre eigenen Interessen verfolgten, schwächten das Reich, was der aufstrebenden arabischen Kriegsmaschinerie nicht entging. Anfang 634 unternahmen die Araber unter Khalid ibn al-Walid erste Vorstöße in das von den Sassaniden kontrollierte Mesopotamien, wurden aber von diesen unter ihrem neuen König Yazdegerd III. in der Schlacht an der Brücke im Oktober zurückgeschlagen.

Doch die Araber gaben nicht auf. Sie setzten ihre Kämpfe mit den sassanidischen Truppen in Mesopotamien fort und begannen schließlich 636 einen neuen Großangriff, diesmal unter ihrem neuen Kalifen Omar. Es gelang ihnen, die Sassaniden in der Schlacht von Kadesia Anfang 637 zu besiegen und sich direkten Zugang zu den reichen mesopotamischen Städten zu verschaffen, die sie einnehmen konnten. Der bereits zerrüttete sassanidische Staat war nicht in der Lage, den arabischen Invasoren

Widerstand zu leisten. Ktesiphon, oder al-Mada'in, wie es die Araber nannten, wurde belagert und ohne große Schwierigkeiten eingenommen. Während die sassanidische Armee in den Zentraliran floh, eroberten die Araber nach der Eroberung von Ktesiphon mit einer Reihe von Siegen bei Jalula und Nehawend das gesamte von den Sassaniden kontrollierte Mesopotamien und Teile der westlichen Provinz Chuzestan.

In den 630er Jahren traten die Araber als eine Macht in Erscheinung, mit der man rechnen musste, und das Kalifat dehnte sich zum ersten Mal außerhalb der Halbinsel in die Länder der Levante aus. Die in den eroberten Städten Mesopotamiens verbliebene Bevölkerung trat zum Islam über. Kalif Omar stand vor dem Dilemma, die Offensive auf iranisches Gebiet fortzusetzen. Zunächst zögerte der Kalif aus gutem Grund. Die iranische Hochebene war gefährlich und den Arabern unbekannt. Aber er konnte nicht zulassen, dass die Sassaniden sich neu formierten und ein großes Heer aufstellten, zumal er nach seinen verschiedenen Siegen gegen die Sassaniden das Momentum auf seiner Seite hatte. Besonders motiviert waren Omars Männer nach der Eroberung der Burg Nehawend, einem der wichtigsten Siege im arabisch-persischen Krieg. Schließlich beschloss der Kalif, den Kampf zum Feind zu tragen.

Anfang 642 hatten die Araber alle Vorbereitungen für die Eroberung Persiens abgeschlossen. Die Sassaniden waren nach dem Chaos der letzten vierzig Jahre immer noch unorganisiert und nicht darauf vorbereitet, eine Verteidigung aufzubauen, die die arabischen Eroberer überwältigen konnte. Omar erkannte diese Situation und beschloss, sie zu seinem Vorteil zu nutzen. Die Niederlage bei Nehawend hatte die Sassaniden weiter demoralisiert, und Yazdegerd war nach Osten geflohen, vielleicht in der Hoffnung, dass die Araber ihn nicht erreichen würden. Nachdem die Araber über die Provinz Hamadan ins Herz des Iran vorgedrungen waren, eroberten sie die zentrale Stadt Isfahan und teilten das sassanidische Herrschaftsgebiet im Wesentlichen in zwei Teile. Anschließend unternahmen sie Feldzüge nach Aserbaidschan und Fars, um diese Gebiete unter ihre Kontrolle zu bringen. Um 650 war der gesamte West- und Zentraliran in arabische Hände gefallen. Yazdegerd blieb im Osten. Nominell war er immer noch der Herrscher des Reiches, aber in Wirklichkeit war er nicht in der Lage, eine ausreichend große Streitmacht aufzustellen, um den Arabern Widerstand zu leisten. Er starb schließlich im Jahr 651, ermordet von seinen eigenen Leuten in der Stadt Merw, nördlich von Chorasan. Das Sassanidenreich war untergegangen.

Nach der Eroberung des westlichen Iran drangen die arabischen Truppen schnell in die östlichen Provinzen des Iran ein wie sie wenig Widerstand antrafen. Statt sich zu wehren, ergaben sich viele Bewohner Chorasans den Angreifern, um unnötiges Blutvergießen und Zerstörung zu vermeiden. Der Kampf um Sistan im Südosten war für die Araber schwieriger, aber schließlich besiegten sie die letzten Widerstandskämpfer und eroberten alle sassanidischen Gebiete. Anfang der 660er Jahre hatte sich das Kalifat der Raschidun, der erste muslimische Staat, als eines der mächtigsten Reiche der alten Welt etabliert, das Arabien, die Levante, Teile Ostanatoliens, den Südkaukasus, den gesamten Iran und sogar Teile Zentralasiens kontrollierte. Die arabische Eroberung des sassanidischen Persiens war abgeschlossen.

Der islamische Iran

Das islamische Zeitalter in der iranischen Geschichte begann mit der Zerstörung des Sassanidenreiches und der arabischen Eroberung Persiens. Trotz des schnellen und erfolgreichen Eindringens der Araber dauerte es mehrere Jahrzehnte, bis die Invasoren die iranischen Gebiete fest unter ihre Kontrolle brachten. Es gab viele soziokulturelle Unterschiede zwischen den beiden Völkern, und die Iraner weigerten sich hartnäckig, die Araber als ihre Oberherren anzuerkennen. Nichtsdestotrotz begann die Islamisierung des Iran, und diese massive Veränderung sollte den Lauf der iranischen Geschichte für immer verändern.

Die Bekehrung Persiens zum Islam vollzog sich langsam, an manchen Orten leichter als an anderen. Historische Aufzeichnungen deuten darauf hin, dass es bereits vor der arabischen Eroberung zumindest einen gewissen Kontakt mit der Religion gab. Salman Farsi (Salman der Perser) soll der erste Perser gewesen sein, der noch zu Lebzeiten des Propheten Mohammed den Islam annahm. Es wird angenommen, dass er den Propheten in den frühen Tagen des Kalifats in Medina persönlich getroffen hat. Nachdem er Muslim geworden war, unterhielt Salman Farsi weiterhin enge Beziehungen zu den Führern des Kalifats und wurde möglicherweise sogar zum Gouverneur von Ktesiphon ernannt, nachdem dieses von den Arabern übernommen worden war.

Tausende von Iranern schlossen sich den Arabern bei der Eroberung der sassanidischen Gebiete an, insbesondere nach dem Fall Mesopotamiens. Dies lässt sich dadurch erklären, dass die Hauptmotivation der arabischen Eroberungen im 7. Jahrhundert nicht darin bestand, die eroberten Völker zu zwingen, sich zur neuen Religion zu bekehren. Die Iraner, die sich den arabischen Heeren anschlossen, waren wahrscheinlich durch ihre eigenen persönlichen Interessen und Überzeugungen motiviert, insbesondere wenn man bedenkt, dass die sassanidische Herrschaft zu dieser Zeit in Trümmern lag. Als die Araber die Eroberung der sassanidischen Gebiete abgeschlossen hatten, soll etwa ein Viertel der Armee aus iranischen Rekruten bestanden haben, von denen die meisten zum Islam konvertiert waren.

Im Gegensatz zu den meisten anderen Ländern, die schließlich von den Arabern erobert wurden, gestaltete sich die Islamisierung des Iran weitaus schwieriger und fragmentierter, was vor allem auf die zahlreichen regionalen Unterschiede zurückzuführen ist, die damals in den verschiedenen Provinzen Persiens bestanden. An einigen Orten, wie in der östlichen Provinz Chorasan, verlief die Ausbreitung des Islams friedlich und effektiv. Die Städte der abgelegenen iranischen Provinz ergaben sich weitgehend kampflos und bauten schon früh relativ stabile Beziehungen zu den Arabern auf.

Außerdem hatten die Bewohner Chorasans und die Araber, die nun ihre Lehnsherren waren, gemeinsame Interessen: Sie mussten ihr Land vor den Einfällen der Turkvölker und Hunnen aus den Ebenen Zentralasiens schützen, die Chorasan in der Vergangenheit immer wieder heimgesucht hatten. Zu allen Zeiten waren arabische Garnisonen in Chorasan stationiert. Diese ständige Präsenz trug sicherlich zur Konversion vieler Untertanen bei, die auch durch die hohen Steuern, die die Araber von den nichtmuslimischen Einwohnern erhoben, ermutigt wurden. Die Steuer, die von den nicht-muslimischen Untertanen des Kalifats erhoben wurde, hieß Dschizya. Nicht-Muslime mussten diese Steuer zusätzlich zu den bereits bestehenden Abgaben an ihre Gouverneure entrichten. Aufgrund der hohen Dschizya-Sätze und der Intoleranz der Araber gegenüber denjenigen, die sich weigerten, sie zu zahlen, wurden viele Nicht-Muslime gezwungen, zum Islam überzutreten, darunter auch die Zoroastrier, von denen bekannt ist, dass sie in großer Zahl nach Osten, nach Indien, auswanderten.

Nach der Eroberung Persiens durch die Araber befand sich die muslimische Welt für kurze Zeit in einem ausgedehnten Bürgerkrieg, der als Erste Fitna bezeichnet wird, und im Jahr 661 zum Ende des Kalifats der Raschidun und zur Errichtung seines Nachfolgers, des Kalifats der Umayyaden, führte. Gegründet von Mu'awiya, einem ehemaligen Befehlshaber der Raschidun, der die Aufständischen während des fünfjährigen Bürgerkriegs anführte, errichteten die Umayyaden eine noch strengere Herrschaft im Iran und diskriminierten alle nicht-arabischen Untertanen des Reiches. Die Umayyaden sollten fast ein Jahrhundert lang die führende Dynastie der muslimischen Welt sein und einen Großteil der nordafrikanischen Küste und des südlichen Iberiens erobern.

In den 740er Jahren führte jedoch eine wachsende Stimmung gegen die harte Herrschaft zu einem Aufstand in Chorasan. Zu dieser Zeit gewann in der muslimischen Welt die Frage nach der Legitimität des Kalifen an Bedeutung. Viele Demonstranten glaubten, dass die Umayyaden nicht die rechtmäßigen Herrscher des Reiches seien, da sie nicht von dem Propheten Mohammed oder seiner Familie abstammten. Daher hätten sie kein Recht, die Muslime zu führen.

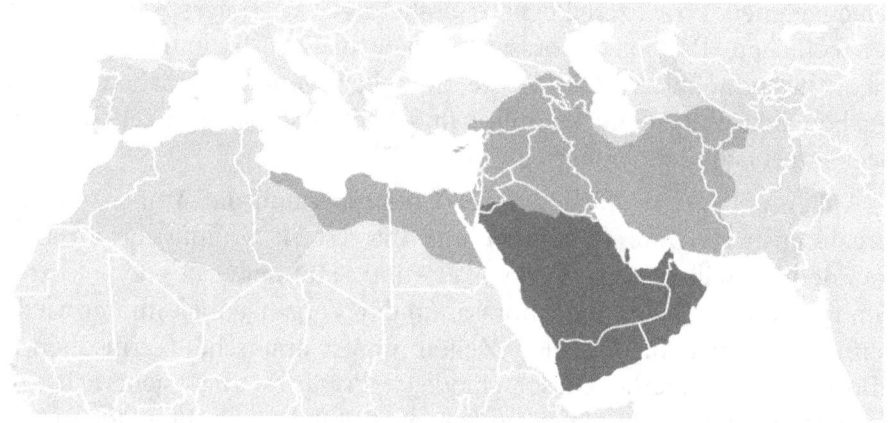

Die Ausbreitung des arabischen Kalifats: Dunkelbraun steht für die muslimische Welt zu Lebzeiten des Propheten Mohammed. Hellbraun steht für die muslimische Welt während des Kalifats der Rashidun. Gelb steht für die muslimische Welt während des Kalifats der Umayyaden.[61]

Schließlich schlossen sich die Nicht-Araber der Provinz 747 zu einer Revolution gegen das Kalifat der Umayyaden zusammen. Unter der Führung eines iranischen muslimischen Generals namens Abu Muslim gewannen die Nicht-Araber auf ihrem Marsch nach Westen immer mehr Unterstützung und erreichten schließlich Mesopotamien, wo der Großteil der Macht der Umayyaden konzentriert war. Im Jahr 750 gelang es den Rebellen, die Umayyaden zu stürzen und As-Saffah als neuen Kalifen einzusetzen. As-Saffah war ein Nachkomme von Abbas ibn Abd al-Muttalib, einem Onkel des Propheten Mohammed, was dem neuen Herrscher ein Gefühl der Legitimität verlieh, zumindest in höherem Maße als die „Usurpatoren" der Umayyaden. Das Kalifat der Abbasiden war geboren. Es war das dritte islamische Kalifat in der Nachfolge des Propheten Mohammed und markierte den Beginn einer neuen islamischen Epoche.

Die Gründung des abbasidischen Kalifats ist für die iranische Geschichte von besonderer Bedeutung, da die Iraner das Kalifat während seiner gesamten Existenz, vor allem in den ersten Jahrzehnten, stark beeinflussten. Zunächst muss noch einmal betont werden, dass die Abbasiden gegenüber den Minderheiten im Reich wesentlich toleranter waren als ihre Vorgänger. Dennoch kam es in den iranischen Provinzen zu zahlreichen Aufständen, die jedoch nicht in erster Linie auf mehr religiöse Freiheiten abzielten, auch wenn eine antiarabische Verschwörung zur Wiederherstellung der Macht des Zoroastrismus als eine der Ursachen vermutet wurde. Vielmehr waren die Aufstände des 8. Jahrhunderts in Herat, Aserbaidschan und Zarafshan politisch motiviert. Die lokale Bevölkerung war unzufrieden, da den iranischen Adelsfamilien nach der Übernahme des Kalifats viele Privilegien entzogen worden waren.

Insgesamt ist es jedoch nicht verwunderlich, dass die Iraner im Abbasiden-Kalifat eine wichtige Rolle spielten, da die Revolution, die die Umayyaden ablöste, ihren Ursprung in der Region Chorasan hatte. Die Historiker bezeichnen diesen Prozess als „Persifizierung" des Kalifats, die tatsächlich mit der Herrschaft des Kalifen Harun ar-Raschid begann, der ab 786 für etwa siebzehn Jahre regierte. Viele sassanidische und ältere iranische Ideen, Konzepte und Institutionen verschmolzen allmählich mit ihren arabischen Pendants, die ihre Grundlagen im noch relativ jungen Islam hatten. Persische Literatur wurde ins Arabische übersetzt und verändert, um islamische Prinzipien besser zu vermitteln. Iranische Rekruten stellten auch einen großen Teil der abbasidischen Armee.

Die Araber führten in ihren Verwaltungssystemen verschiedene Strukturen und Ämter ein, die vor allem iranischen Ursprungs waren. So setzten die arabischen Herrscher Wesire ein, die den heutigen Ministern entsprechen. Sie waren für verschiedene Verwaltungsaufgaben zuständig. Die Araber übernahmen das persische Münz- und Steuersystem. Viele Araber begannen, traditionelle persische Kleidung zu tragen, und auch die islamische Architektur übernahm viele Elemente aus alten iranischen Stilen. Der Einfluss der iranischen Kultur und die Präsenz vieler anderer unterschiedlicher Kulturen unter der Herrschaft der Abbasiden trugen dazu bei, dass sich das Kalifat von einem überwiegend arabischen Reich zu einem Reich wandelte, das sich mehr auf den Islam als auf ethnische oder kulturelle Unterschiede zwischen den Menschen konzentrierte.

Die Einführung des Islams im Iran hatte ebenfalls massive

Auswirkungen. Die iranische Form des Islams entwickelte sich unabhängig vom Rest der muslimischen Welt. Schließlich wurde diese Version des Islams den wandernden Turkvölkern Zentralasiens vorgestellt, die sich gegen Ende des 8. Jahrhunderts zunehmend nach Westen bewegten. Die Mongolen und Türken wurden schließlich die Herren des Nahen Ostens und gründeten das Seldschukenreich und später das Osmanische Reich. Die islamischen Bräuche und Traditionen lernten sie jedoch erst kennen, als sie die iranische Hochebene überquerten. Als sie die Gebiete eroberten, die zuvor von den Byzantinern, den arabischen Kalifaten und den persischen Dynastien gehalten worden waren, erwiesen sie sich als unerschütterliche Verteidiger des islamischen Glaubens und verbreiteten die aus der iranischen Kultur hervorgegangene Version des islamischen Lebens auf drei Kontinenten, von Nordafrika bis Osteuropa.

Kapitel 5: Der türkisch-mongolische Iran

Das iranische Intermezzo

Gegen Ende des 9. Jahrhunderts setzten die Abbasidenherrscher alte iranische Adelsfamilien als Herrscher über die verschiedenen persischen Provinzen des Reiches ein. Diese Praxis sollte bis zur Völkerwanderung und der anschließenden Eroberung des Iran durch die Turkvölker Zentralasiens andauern. Diese Periode, die durch eine Art Wiedergeburt der iranischen Kultur und Staatskunst gekennzeichnet ist, wird heute als „iranisches Intermezzo" bezeichnet. Sie begann mit der Gründung der Tahiriden-Dynastie durch einen iranischen General namens Taher, der aufgrund seiner Erfolge auf dem Schlachtfeld gegen die Abbasiden im Jahr 821 die Kontrolle über Chorasan erlangte. Im Gegensatz zur ursprünglichen Provinz unter den Achämeniden, Parthern und Sassaniden umfasste Chorasan nun auch Gebiete weit im Westen. Die Kontrolle über ein so großes Gebiet und über so viele Ressourcen bedeutete, dass die Tahiriden im Wesentlichen Herrscher über ihr eigenes Reich waren. Im Laufe der Zeit entwickelten sie eine besondere Beziehung zu den Kalifen der Abbasiden und übten ein hohes Maß an Autonomie über die von ihnen regierten Länder aus.

Im Laufe der nächsten hundert Jahre entstanden mehrere weitere iranische Dynastien, die die historischen persischen Gebiete übernahmen und von ihren arabischen Lehnsherren als Statthalter eingesetzt wurden. Diese Dynastien schufen eine besondere Mischung der persisch-islamischen Zivilisation, da sie in jeder Hinsicht ethnisch und kulturell Iraner waren, aber auch durch ihre neue Religion mit ihren muslimischen Brüdern verbunden waren.

Neben den Tahiriden entstand in Sistan, der südöstlichsten Region des Kalifats, eine mächtige iranische Dynastie. Sistan hatte sich für die Abbasiden aufgrund seiner Entfernung vom Zentrum der arabischen Zivilisation in der Levante als sehr schwer zu regieren erwiesen. Die Saffariden wurden die Herrscher von Sistan, aber im Gegensatz zu den Tahiriden verfolgten sie eine viel aggressivere Politik gegenüber ihren Nachbarn, einschließlich der abbasidischen Krone, der sie formal unterstanden.

Die Saffariden, gegründet von einem Mann namens Ja'qub ibn al-Layth al-Saffar, führten zunächst Krieg gegen die Nicht-Muslime, die in den angrenzenden Gebieten lebten, bevor sie ihre Aufmerksamkeit auf die abbasidischen Vasallen richteten. Im Jahr 873 besiegten sie sogar die Tahiriden. Drei Jahre später setzten die Saffariden ihre Bemühungen fort, drangen in die persischen Provinzen Fars und Kerman ein und erreichten fast Bagdad, um die Abbasiden zu stürzen. Schließlich wurden sie jedoch 876 von den arabischen Streitkräften besiegt und nach Sistan zurückgedrängt, wo sie noch jahrelang als Regionalherrscher verblieben. Die Saffariden-Dynastie spielt eine wichtige Rolle in der Geschichte des frühislamischen Iran, da sie die Ersten waren, die die Oberherrschaft der Abbasiden in Frage stellten und sich für die Wiederherstellung eines protonationalen, islamischen persischen Staates einsetzten.

Die Dynastie, die die Kontrolle über Bagdad übernehmen und die Abbasiden erfolgreich untergraben sollte, war die Buyiden. Sie entwickelte sich in der Region Daylam südlich des Kaspischen Meeres zu einer der wichtigsten Mächte im Iran. Unter der Führung von Ali Buyah und seinen Brüdern bauten die Buyiden rasch eine starke Armee auf und eroberten Gebiete in Zentral- und Südpersien, darunter die Stadt Schiras und den Rest der Region Fars. Im Jahr 945 drangen sie schließlich bis nach Chuzestan und in den Irak vor.

Zu dieser Zeit befand sich das Kalifat der Abbasiden in einer sehr instabilen Lage, da es gleichzeitig mehrere Kriege im Ausland führte und mit Aufständen im Inland zu kämpfen hatte, was es den Iranern relativ leicht machte, die Kontrolle über Bagdad zu übernehmen und den Kalifen weitgehend zu stürzen. Die Buyiden ersetzten ihn durch einen Marionettenkönig, Moti, und übernahmen die politische Macht von den Abbasiden. In den folgenden Jahrzehnten waren die Buyiden neben den

Saffariden im Südosten, zu denen sie meist neutrale Beziehungen unterhielten, eine der mächtigsten Dynastien im Iran.

Die Buyiden waren Anhänger der schiitischen Glaubensrichtung des Islams und betonten die Bedeutung des Blutes des Propheten Mohammed sowie ihre königliche Geschichte und Abstammung aus dem vorislamischen Iran. Damit trugen sie nicht nur wesentlich zur Verbreitung schiitischer Praktiken und Rituale bei, sondern übernahmen auch den Titel Schahanschah – König der Könige – von den sassanidischen Monarchen.

Eine weitere wichtige iranische Regionaldynastie, die über die persischen Gebiete des Abbasidenkalifats herrschte, war die Samaniden-Dynastie. Die Samaniden entstammten dem Adelsgeschlecht der Dehqan und kamen aus dem äußersten Osten des Iran. Sie beherrschten schließlich die Provinz Chorasan und die Region Transoxanien in Zentralasien. Die Samaniden waren vielleicht die erfolgreichste Dynastie dieser Zeit. Zunächst erhielten sie von den Kalifen in Bagdad die Statthalterschaft über Transoxanien, wo sie sich durch den Kampf und den Sieg über die nomadischen Turkstämme auszeichneten, die den islamischen Gemeinden, die formell unter der Kontrolle der Abbasiden standen, ein Dorn im Auge waren. Nach der Eroberung der Tahiriden durch die Saffariden drangen die Samaniden allmählich nach Westen vor, forderten die Saffariden in der Region Chorasan heraus und besiegten sie schließlich zu Beginn des 10. Jahrhunderts.

Die Samaniden kontrollierten den größten Teil Zentralasiens und blieben auch nach der Eroberung Bagdads durch die Buyiden den Kalifen der Abbasiden treu. Sie setzten zunehmend gefangene türkische Sklaven in ihren Armeen ein, anstatt die traditionellen persischen *Dehqan*-Korps zu verwenden. Diese Praxis verbreitete sich schnell in ganz Iran und Arabien.

Die Samaniden spielten jedoch auch eine wichtige Rolle bei der Wiederbelebung der persischen Kultur, indem sie ihre persische Abstammung betonten und eine neue Version der Pahlavi-Sprache sprachen, die sie in arabischer Schrift schrieben. Die Samaniden förderten die Übersetzung wichtiger arabischer Texte ins Persische und trugen zur Entwicklung der persischen Literatur und Kunst bei. Das berühmteste iranische Nationalepos, das *Schahnameh* („Buch der Könige"), entstand in dieser Zeit. Die Samaniden-Dynastie war ein einzigartiger Nachfolger der persischen Zivilisation, da sie ihre arabischen Oberherren und die von ihnen übernommene islamische Religion respektierte und einen großen Beitrag zur Verbreitung des Islams und der persischen Kultur in Zentralasien leistete.

Obwohl wir nicht auf die Entwicklung jeder einzelnen Dynastie während des iranischen Intermezzos eingehen werden, ist es wichtig zu verstehen, dass diese Periode eine Übergangsphase zwischen den arabisch dominierten Jahren nach dem Zusammenbruch der Sassaniden und der türkischen Eroberung Persiens und des restlichen Nahen Ostens darstellte. Während dieser Zeit unterhielten die islamischen Dynastien im Iran besondere Beziehungen zu den abbasidischen Kalifen in Bagdad, die im Wesentlichen als unabhängige Königreiche agierten, aber die arabischen Herrscher in unterschiedlichem Maße respektierten. Diese Spaltung und die Unfähigkeit der Abbasiden, ihre Kontrolle über den Iran aufrechtzuerhalten, verdeutlichten die grundlegende Schwierigkeit, den Iran zu kontrollieren. Ein Teil des Problems lag in dem extrem zerklüfteten Gelände und der mangelnden Verkehrsanbindung der entlegensten persischen Regionen. Aus diesem Grund wird die Herrschaft der regionalen Dynastien als eine der blühendsten Perioden des Iran seit dem Höhepunkt der Sassanidenherrschaft angesehen, da sie eine kohärentere Entwicklung einer neuen persisch-islamischen Kultur und Staatskunst ermöglichte, die sich schließlich aus zentralasiatischen Elementen zusammensetzte, was zu einem einzigartigen und denkwürdigen Abschnitt der iranischen Geschichte führte.

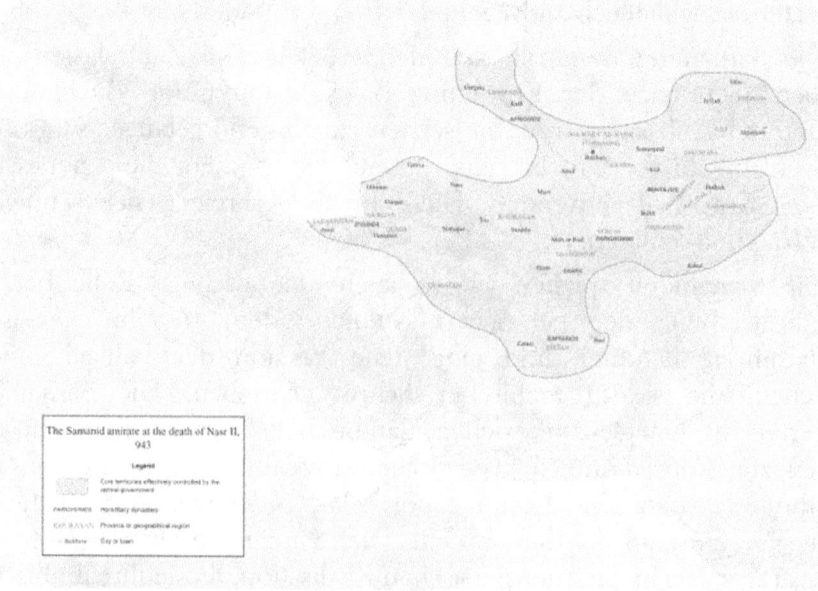

Die Sassanidenkalifate in der Mitte des 10. Jahrhunderts vor der Ankunft der Türken.[68]

Der türkische Iran

Gegen Ende des 10. Jahrhunderts begannen sich die Probleme der Samaniden-Dynastie abzuzeichnen, die vor allem in der schlechten Verwaltung der von ihnen kontrollierten Gebiete lagen, was nicht nur in diesem Teil der Welt der Fall war. Darüber hinaus wurde die Samaniden-Dynastie durch den zunehmenden Einsatz zentralasiatischer Söldner und Sklaven in ihren Armeen sowie durch die Islamisierung der benachbarten Turkvölker vor große Herausforderungen gestellt, die schließlich zu massiven Veränderungen in der gesamten politischen Landschaft der Region führten.

Irgendwann in der Mitte des 10. Jahrhunderts eroberte ein türkischstämmiger samanidischer Heerführer namens Alp-Tegin mit seinen Truppen die Stadt Ghazna (heute Ghazni) im heutigen Südafghanistan. Ghazna stand formell unter der Oberhoheit der Samaniden, aber die fehlende Verbindung zum Zentrum des Herrschaftsgebietes der Dynastie, wo sich der Großteil der Macht konzentrierte, führte schließlich zur Bildung eines völlig neuen Staates und einer von der Herrschaft der Samaniden unabhängigen Dynastie. Die Ghaznawiden, wie sie in der Geschichte genannt werden, sollten etwa zweihundert Jahre lang bestehen. In dieser Zeit unternahmen sie mehrere Raubzüge in die angrenzenden nicht-muslimischen Gebiete des heutigen Pakistan und Indien. Diese Raubzüge wurden aus rein religiösen Gründen organisiert und richteten sich zunehmend gegen die hinduistischen und buddhistischen Bevölkerungszentren in Punjab und im Ganges-Tal, was den Ghaznawiden den Ruf einbrachte, skrupellose Plünderer zu sein, da sie sich nie die Mühe machten, diese Gebiete unter ihre Kontrolle zu bringen, sondern sich mit der Beute zufriedengaben.

An den Grenzen der iranischen Gebiete bildeten sich weitere islamisch-türkische Dynastien, die ihre Macht durch die Eroberung benachbarter Länder und Nomadenstämme allmählich festigten und sich unter einem Herrscher, meist einem Kriegerkönig, vereinigten. So entstand im Norden der Ghaznawiden das Khanat der Kara-Khaniden, das schließlich 999 die samanidische Hauptstadt Buchara eroberte. Bis zur Mitte des 11. Jahrhunderts hatten sie den größten Teil der ehemals samanidischen Gebiete in Transoxanien erobert und führten ständig Kriege mit den benachbarten turkmenischen Häuptlingstümern. Nach der Eroberung durch die Samaniden wanderten die Turkvölker Zentralasiens langsam nach Westen, um die ehemals persischen Gebiete zu besetzen und sich mit ihrer Lebensweise vertraut zu machen.

Die seldschukische Invasion

Im frühen 11. Jahrhundert entstand eine weitere bedeutende turkmenische Dynastie, die den Lauf der iranischen und islamischen Geschichte für immer verändern sollte. Die seldschukischen Türken, gegründet von ihrem ursprünglichen Clanführer, einem Mann namens Seldschuk, trennten sich zunächst von den Chasaren, die die eurasische Steppe nördlich und nordöstlich des Kaspischen Meeres bewohnten und sich in der Nähe des Aralsees niederließen. Die Seldschuken wurden als große Krieger bekannt und boten zeitweise sogar den benachbarten turkmenischen Häuptlingen ihre Dienste an.

Unter der Führung der Brüder Tughrul-Beg und Tschagri begannen die Seldschuken ihre Expansion, durchquerten die Wüsten des heutigen Turkmenistan und fielen in die Region Chorasan ein, wo sie auf die Ghaznawiden trafen. Im Jahr 1038 eroberten die Seldschuken die Stadt Nischapur im Osten Irans, die ihnen als Hauptstadt dienen sollte, und riefen ein neues unabhängiges islamisches Sultanat aus. Zwei Jahre später errangen sie in der entscheidenden Schlacht von Dandanaqan einen weiteren Sieg über die Ghaznawiden, eroberten den größten Teil der westlichen Gebiete der Ghaznawiden und setzten ihre Expansion in das Herz des iranischen Hochlands fort.

Die Seldschuken waren skrupellose und erfahrene Krieger, die besonders gut zu Pferd waren und jeden Widerstand, auf den sie bei ihrer Expansion nach Westen stießen, mühelos überwanden. Unter der Führung von Tughrul-Beg unterwarfen sie rasch die persischen Fürsten, erreichten schließlich Bagdad und eroberten es 1055, womit sie der Dynastie der Buyiden ein Ende setzten. In den folgenden Jahrzehnten eroberten die Seldschuken weitere Gebiete im Westen und Norden und forderten die Byzantiner in Armenien, Georgien und Ostanatolien heraus, die sie größtenteils besiegten. Die Seldschuken, die sich als heilige Ghazi-Krieger im Namen des Islams verstanden, entwickelten sich rasch zur mächtigsten politischen Einheit im Nahen Osten, wodurch der Einfluss des Byzantinischen Reiches in den umkämpften Gebieten stark zurückging.

Die Seldschuken waren überwiegend Nomadenstämme, die von Kriegerhäuptlingen angeführt wurden. Da sie nur Erfahrung im Kampf hatten, waren sie nicht wirklich in der Lage, die von ihnen eroberten Länder zu regieren und zu verwalten. Nach dem Tod von Malik Schah I. im Jahr 1092 erreichte das Seldschukenreich seine größte Ausdehnung und umfasste Outremer, Anatolien, den Kaukasus, Mesopotamien,

Persien und Transoxanien – ein riesiges Gebiet, das ein kohärentes Verwaltungssystem erforderte. Daher übernahmen die Seldschuken die Regierungssysteme der von ihnen eroberten persischen Dynastien, insbesondere der Samaniden. Die seldschukischen Herrscher beschäftigten persische Wesire, Bürokraten und Berater, denen sie die Verwaltung des Reiches anvertrauten.

Der vielleicht bedeutendste persische Staatsmann war Nizam-al-Mulk, der als Hauptwesir und Berater von Alp Arslan und Malik Schah diente und schließlich alle Praktiken und Theorien der iranischen Herrschaftswerte in einem Verwaltungshandbuch namens *Siyasatnama* zusammenfasste. Das *Siyasatnama* wurde zu einem Leitfaden für die seldschukischen Herrscher und beeinflusste sie mit persischen Regierungskonzepten bis zum Zusammenbruch des Sultanats im 12. Jahrhundert.

Obwohl die Seldschuken ethnisch türkischen Ursprungs waren, bedeutete ihre Herrschaft über den Iran nicht, dass die türkische Kultur die iranische dominierte. Alle Aspekte des seldschukischen Lebens, vielleicht mit Ausnahme der Kriegsführung, waren stark von den Samaniden oder dem persisch-islamischen Einfluss geprägt. Die Kultur blühte im Reich, als das Seldschukenreich seine größte Ausdehnung erreichte. Die Künste, insbesondere die Poesie, wurden stark gefördert, und die Seldschukenzeit brachte einige der berühmtesten Dichter des Nahen Ostens aller Zeiten hervor, darunter Omar Khayyam. Auch in den Bereichen Wissenschaft und Geschichte wurden Fortschritte erzielt.

Vor allem aber waren die Seldschuken für die Entwicklung und Stärkung des sunnitischen Islam verantwortlich, den die Turkvölker seit dem späten 9. Jahrhundert zunehmend angenommen hatten. Als die Seldschuken den Nahen Osten beherrschten, war das Fatimiden-Kalifat in Ägypten die andere große islamische Macht der Welt, aber ein entschiedener Förderer des schiitischen Islams, der sich als natürlicher Rivale des seldschukischen Sultanats darstellte. Den Seldschuken oblag es daher, den sunnitischen Islam als den wahren Zweig des Islams zu fördern und zu verteidigen. Sie förderten die Gründung und Verbreitung der Madrasas, der ersten Bildungseinrichtungen, in denen die Grundsätze des sunnitischen Islam und seine Gesetze gelehrt wurden. Die Madrasas entstanden nach und nach in allen seldschukischen Gebieten und behielten über Jahrhunderte hinweg ihren besonderen Bildungsstatus.

Die islamische Gelehrsamkeit erreichte ein so hohes Niveau, dass sie schließlich zur Entstehung des Sufismus führte, einer neuen und einzigartigen Form des sunnitischen Islam, die eine persönlichere und emotionalere Religionsausübung betonte. Der Sufismus verband Elemente des rituellen Mystizismus mit der traditionelleren asketischen muslimischen Lebensweise und schuf so eine überzeugende Version des sunnitischen Islam, die sich rasch im gesamten Seldschukenreich verbreitete. Mitte des 12. Jahrhunderts wurde er sogar institutionalisiert, was ein weiterer Beleg dafür ist, dass die Seldschukenzeit trotz der Oberhoheit der türkischen Herrscher durch eine Blüte der persisch-islamischen Kultur gekennzeichnet war.

Die Mongolen und Timuriden

Trotz der großen Erfolge konnte sich das Seldschukenreich nicht lange halten. Mitte des 12. Jahrhunderts, nach dem Tod einiger der mächtigsten und einflussreichsten Sultane, begann eine Phase des raschen Niedergangs. Nach der Ermordung von Nizam al-Mulk im Jahr 1092 begannen die Seldschukenprinzen, um den Thron zu kämpfen. Da sich kein klarer Favorit abzeichnete, beschlossen die Fürsten, das zentralistische Sultanat aufzugeben und in verschiedenen Teilen des Reiches eigene Dynastien zu gründen. Dies bedeutete das Ende des Sultanats, führte aber nicht zwangsläufig zu einem Wiederaufleben der iranischen Dynastien in den persischen Gebieten.

Zu Beginn des 13. Jahrhunderts sah sich der Iran der aufkommenden Bedrohung durch die Mongolen ausgesetzt, einem neuen kriegerischen Reich aus den asiatischen Steppen, das alle Widerstände überwand und alle benachbarten Stämme und Reiche eroberte. Unter der Führung des legendären Dschingis Khan erreichten die Mongolen 1219 den östlichen Iran, dezimierten die lokalen Herrscher und verwüsteten große Teile Chorasans. Städte wie Nischapur und Balch wurden von den Mongolen völlig zerstört. Im Gegensatz zu den Türken, die einige Jahrhunderte zuvor in den Iran eingedrungen waren und ihn erobert hatten, waren die Mongolen keine Muslime, und ihre Invasionen waren keine Religionskriege. Vielmehr waren die von Dschingis Khan geeinten mongolischen Stämme durch den Krieg zur gefährlichsten Kriegsmaschinerie ihrer Zeit zusammengeschweißt worden, die auf ihren Eroberungszügen jeden mühelos besiegte.

Die mongolischen Invasionen wurden 1223 für kurze Zeit unterbrochen, setzten sich aber 1255 unter Hulagu Khan, dem Enkel Dschingis Khans, fort. Zwischen 1255 und 1260 gelang es den mongolischen Armeen, die stärker und erfahrener waren als alles, was das uneinige islamische Reich aufbieten konnte, den gesamten Nahen

Osten zu plündern und nicht nur den Iran, sondern auch Mesopotamien, Syrien, Armenien und den Kaukasus zu verwüsten. Im Jahre 1258 eroberten und plünderten die Mongolen Bagdad und töteten den abbasidischen Kalifen, der trotz all der Jahre der Unruhen seinen symbolischen Status behielt, auch wenn er keine reale politische Macht über seine „Untertanen" besaß. Für die nächsten dreihundert Jahre sollten die Mongolen die Herren des Iran sein.

Es ist wichtig zu verstehen, dass die mongolischen Eroberungen nach Dschingis Khans Tod unter seinen Nachfolgern aufgeteilt wurden. Das Reich war einfach zu groß, um von einem einzigen Herrscher effektiv regiert zu werden. Deshalb gründete Hulagu Khan einen eigenen mongolischen Staat in Westasien, der die iranischen Gebiete, das nördliche Mesopotamien, Ostanatolien und den Südkaukasus kontrollierte. Sein Reich wurde als Ilkhanat bekannt und entwickelte sich zu einem mächtigen Staat neben der Goldenen Horde, einem weiteren mongolischen Staat, der Gebiete vom nördlichen Kaspischen Meer bis nach Russland umfasste.

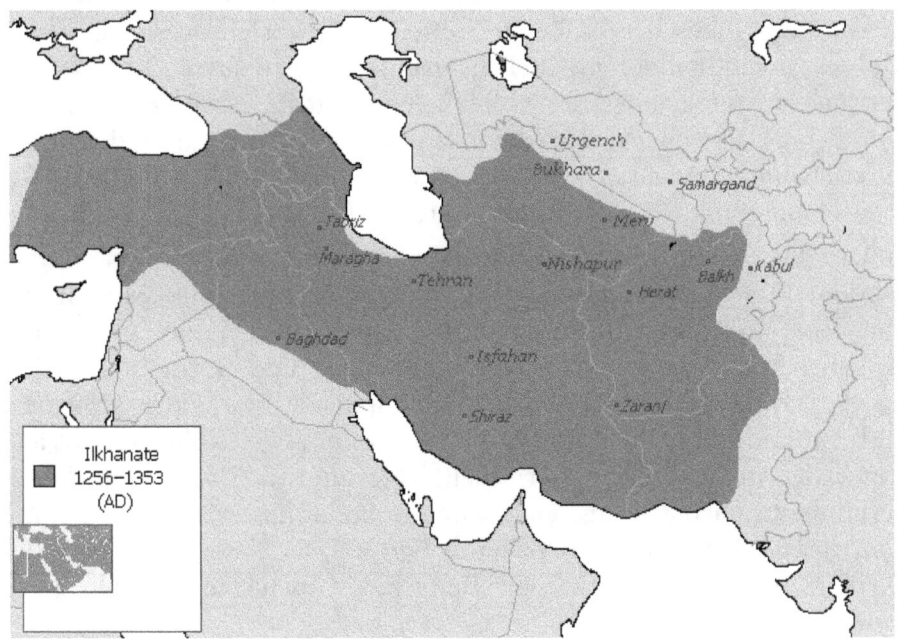

Das Ilkhanat von 1256 bis 1353.[68]

Ein entscheidender Wendepunkt in der Geschichte des Ilkhanats war der Übertritt zum Islam unter Ghazan Khan, der von 1295 bis 1304 regierte. Ghazan Khan war ein seltener mongolischer Herrscher, da er sich sehr für die Kultur seines Reiches und seines Volkes interessierte.

Möglicherweise unter dem Einfluss seines iranischen Wesirs Rashid-al-Din führte er eine Reihe von sozialen und administrativen Reformen im Ilkhanat ein, darunter natürlich auch seine Entscheidung, eine neue Religion anzunehmen. Dennoch war dem Ilkhanat nur eine relativ kurze Lebensdauer beschieden und es zerfiel bis 1335 unter verschiedenen mongolischen Generälen in kleinere, sich bekriegende Fürstentümer.

In der zweiten Hälfte des 14. Jahrhunderts kam ein weiterer zentralasiatischer Eroberer in den Iran, dem es in wahrhaft mongolischer Manier gelang, bis zum Ende des Jahrhunderts den gesamten Iran und den übrigen Nahen Osten zu unterwerfen. Um 1380 fiel der Iran zum ersten Mal dem Zorn Timurs zum Opfer, nachdem der legendäre Eroberer mongolischer Abstammung, der möglicherweise mit Dschingis Khan selbst verwandt war, seine Macht in Zentralasien bereits gefestigt hatte. Im Wesentlichen wiederholte Timur den Eroberungsweg seiner Vorfahren, aber er erreichte noch viel mehr.

Persien war bei Timurs Ankunft zersplittert, da es unter den Nachfolgedynastien des Ilkhanats aufgeteilt worden war, was Timur die Eroberung iranischer Gebiete erleichterte. Der gesamte Iran, Mesopotamien und der größte Teil Anatoliens fielen an den Kriegsherrn, der auch in die Länder der Goldenen Horde im Norden und in die ägyptischen Besitzungen der Mamluken im Heiligen Land einfiel. Sogar bis nach Indien wagte er sich vor. Innerhalb eines halben Jahrhunderts stieg Timur zum mächtigsten und gefürchtetsten Mann der Welt auf.

Der Iran sollte unter der Dynastie der Timuriden wieder vereint werden. Obwohl das mongolische Joch schwer war, passte sich das iranische Volk schnell an seine neuen Herrscher an. Nach der eigentlichen Invasion beruhigte sich die Lage und wurde stabiler. In dieser Zeit des relativen Friedens, der durch die Macht der Mongolen und Timuriden gesichert wurde, blühte die iranische Kultur erneut auf. Unter der mongolischen Herrschaft lebte zum Beispiel der vielleicht berühmteste Dichter Irans, Hafez, der so berühmt war, dass er sich mit dem großen Timur selbst getroffen haben soll, da dieser die Werke des Dichters schätzte. Auch in den Bereichen Geschichte und Geografie wurden Fortschritte erzielt.

Dennoch hatte der Iran unter mongolischer Herrschaft nie die Möglichkeit, ein Nationalstaat zu werden. Es dauerte mehrere Jahrhunderte, bis die Iraner die Eroberer endgültig aus ihrem Land vertrieben und es für sich zurückerobern konnten.

Kapitel 6: Die Safawiden

Vom Orden zur Dynastie

Nach Timur zerfielen die timuridischen Länder unter seinen Nachfolgern in mehrere Dynastien, die jedoch regionale Machtzentren blieben und die Kontrolle über die eroberten Gebiete behielten. Schließlich entstand in diesen Ländern eine iranisch-islamische Dynastie, die sich von einem religiösen Orden zu einem souveränen iranischen Nationalstaat wandelte, der über mehrere Entwicklungsstufen zur modernen Islamischen Republik Iran wurde. Die Safawiden-Dynastie, die nach jahrzehntelangen Kämpfen und politischen Manövern in der Zeit der Timuridenherrschaft im Iran gegründet wurde, herrschte fast drei Jahrhunderte lang und entwickelte sich zu einem der mächtigsten iranischen Staaten seit der arabischen Eroberung im 7. Jahrhundert.

Eine mächtige Dynastie ist jedoch nur die zweite Hälfte der Geschichte der Safawiden. Bevor die Safawiden zu einer vollwertigen Königsfamilie werden konnten, die über Millionen von Menschen herrschte, musste der Orden der Safawiden gegründet werden. Er wurde im 13. Jahrhundert von einem Sufi-Gläubigen namens Scheich Safi al-Din in der südwestlichen kaspischen Provinz Gilan ins Leben gerufen. Bis 1301 war er mit seinem Orden nordwestlich in die Stadt Ardabil gezogen. Er und seine Anhänger halfen den Bürgern der Stadt und organisierten die Khanqah, ein spirituelles Zentrum der Sufis, in dem sie die Armen beherbergten und versorgten. Schließlich wurde die Khanqah in Ardabil zu einem wichtigen Ort für Sufi-Pilger und erlangte sogar die Anerkennung von Timur selbst, unter dem die Safawiden weitere Privilegien erhielten, wie z.B. die Möglichkeit, Steuern zu erheben.

Der Safawidenorden entwickelte sich mehr als ein Jahrhundert lang, bis sein vierter Führer und Nachkomme von Safi al-Din, Scheich Jonayd (Junayd), begann, den Orden zunehmend zu militarisieren, viele Anhänger als Ghazis zu rekrutieren und Angriffe auf benachbarte nichtmuslimische Gebiete, insbesondere im Kaukasus, zu beginnen. Zu dieser Zeit waren die ehemaligen timuridischen Eroberungen im Nahen Osten zwischen den beiden großen Monarchien aufgeteilt worden: Qara Qoyunlu (Schwarze Schafe), die die Gebiete im Nordwesten des Iran, im Irak, in Aserbaidschan und im Südkaukasus kontrollierten, und Aq Qoyunlu (Weiße Schafe), die hauptsächlich über Ostanatolien herrschten.

Nachdem der Herrscher von Qara Qoyunlu, Jahan Shah, in der Region an Einfluss gewonnen hatte, wurde er gegenüber den Safawiden misstrauisch und zwang Jonayd, das Reich zu verlassen. Der safawidische Herrscher emigrierte in das Gebiet von Aq Qoyunlu und suchte dort Schutz bei einem mächtigen Monarchen der Weißen Schafe namens Uzun Hasan. Uzun Hasan brachte ihm großen Respekt entgegen und er heiratete sogar seine Schwester, bevor er schließlich 1459 versuchte, nach Ardabil zurückzukehren. Dieser gewagte Schritt sollte ihm jedoch den Tod bringen.

Scheich Jonayds kleiner Sohn Haydar stand bis zu seiner Volljährigkeit unter dem Schutz von Uzun Hasan und heiratete schließlich eine von Hasans Töchtern. Als Haydar volljährig wurde, übernahm er die Führung des Safawidenordens von seinem Vater und führte die von ihm begonnenen Bemühungen fort, die schließlich dazu führten, dass die Safawiden zu einer eigenständigen politischen Bewegung wurden. Unter Haydars Führung erfand und verwendete der Safawidenorden die symbolträchtigen zwölfteiligen roten Hüte. Sie symbolisieren die Unterstützung des Ordens für den sogenannten Zwölfer-Zweig des schiitischen Islams, der sich auf die zwölf göttlichen Imame, die geistigen Nachfolger des Propheten Mohammed, konzentriert. Diese besondere Kleidung war unter den türkischen Stammesanhängern des Safawidenordens weit verbreitet und brachte ihnen den Spitznamen Kizilbasch („Rotkopf") ein. Im Laufe der Zeit wurden die Kizilbasch zu den eifrigsten Anhängern der Safawiden und stellten einen großen Teil ihrer Armee.

Haydar, der Scheich der Safawiden, versuchte, seinen Vater zu rächen, der in einem Hinterhalt der Truppen von Aq Qoyunlu getötet worden war, indem er eine Militärexpedition in die Provinz Schirwan im

Ostkaukasus, dem heutigen Aserbaidschan, unternahm. Obwohl es Haydar gelang, das Land von Schirwan zu überfallen und zu plündern, wurde er von Prinz Yaqub (Ya'qub) von den Weißen Schafen gestellt, der den safawidischen Anführer 1488 mit viertausend Mann besiegte.

Scheich Haydars ältester Sohn wurde 1494 von der Elite der Aq Qoyunlu gefangen genommen und ermordet, möglicherweise aus Furcht, dass ein starker Safawidenorden die Einheit des Reiches gefährden könnte, zumal das Reich nach dem Tod von Prinz Yaqub 1490 in Aufruhr geraten war. Die beiden anderen Söhne Haydars wurden ins Exil gezwungen und flohen in die Provinz Gilan, wo sie unter dem Schutz loyaler Schiiten aufwuchsen. Der jüngste Sohn Haydars, Prinz Ismail, sollte die Führung des Ordens übernehmen.

Unter Ismail erlebte der Orden der Safawiden in der schiitischen Bevölkerung eine Renaissance, die wahrscheinlich auf eine intensive Propaganda zurückzuführen ist. Ismail wurde nicht mehr nur von seinen religiösen Anhängern als Sufi-Imam (muslimischer religiöser Führer) oder von seinen Ghazi als Kriegsherr angesehen. Stattdessen gewann Ismail neue Anhänger, indem er behauptete, über Imam Mousa al-Kazem ein Nachkomme des Propheten Mohammed zu sein, und sich selbst als den verheißenen „verborgenen Imam" bezeichnete, eine messianische Gestalt der Zwölferschia, die in einer Zeit des Aufruhrs erscheinen und Frieden und Gerechtigkeit in der islamischen Welt wiederherstellen sollte. Dies hob Ismail auf eine andere Ebene, und die überwiegende Mehrheit der Kizilbasch-Anhänger aus seinem Stamm übernahm diese Idee und verehrte ihn fast wie eine Gottheit.

Natürlich haben Historiker festgestellt, dass diese merkwürdige Entwicklung nicht einfach so geschehen sein konnte, vor allem angesichts der Tatsache, dass Ismail erst zwölf Jahre alt war, als er 1499 als neuer Führer der Kizilbasch aufbrach, um die verlorenen Gebiete der Safawiden zurückzuerobern. Die meisten Gelehrten glauben, dass die Geschichte von Ismail als dem verborgenen Imam eine sorgfältig verbreitete Idee der schiitischen Elite von Gilan und der erfahreneren Anhänger der Safawiden war, vielleicht um mehr Anhänger zu gewinnen und die Macht zurückzugewinnen.

Porträt von Ismail I. Schah."

Dennoch gelang es Scheich Ismail, gerade dann an Boden zu gewinnen, als die schiitische Welt ihn am dringendsten zu brauchen schien. Sein astronomischer Aufstieg zur Macht fiel mit dem Zerfall von Aq Qoyunlu in mehrere rivalisierende Dynastien in verschiedenen Teilen des Nahen Ostens zusammen, einschließlich der Provinz Gilan, die von der Kar-Kiya-Dynastie regiert wurde. Im Jahr 1500 machte sich Ismail mit etwa siebentausend Kizilbasch-Truppen aus der ostanatolischen Region Erzincan auf, Ardabil zurückzuerobern und seinen Vater und Großvater zu rächen. Angeblich gelang es Ismail mit seiner viel kleineren Streitmacht, das Heer von Schirwanshah Farrukh Yasar zu vernichten und in den folgenden Jahren ganz Schirwan zu erobern, wobei bis 1503 auch Baku und Täbris eingenommen wurden. In den folgenden zehn Jahren eroberte Ismail, der den traditionellen persischen Titel Schah annahm, die meisten der übrigen iranischen Provinzen und nahm Fars, Hamadan und Gorgan ein. Bis 1508 hatte er den Iran weitgehend wiedervereinigt. Ismail zwang auch die Safawiden, seine Oberhoheit über seine Untertanen im Kaukasus, in Chuzestan und in Kurdistan anzuerkennen, wodurch er im Wesentlichen die Kontrolle über wichtige Städte wie Tiflis und Bagdad erlangte.

Schah Ismails beeindruckende militärische Leistungen verschafften ihm einen hervorragenden Ruf in der muslimischen Welt. Nach Jahren der Expansion sah sich der safawidische Herrscher mit zwei zukünftigen Feinden seines Reiches konfrontiert: dem Osmanischen Reich im Westen und den usbekischen Khanaten im Osten. Beides waren sunnitische Staaten und damit natürliche Rivalen der Safawiden. Tatsächlich führte Ismail einen Feldzug in den Osten und besiegte in der Schlacht von Merw die einfallenden usbekischen Armeen in Chorasan, tötete ihren Anführer Muhammad Shaybani Khan und schickte dessen abgetrennten Kopf als Geschenk an den osmanischen Sultan. Im Laufe der Zeit erwies sich die Rivalität zwischen den Safawiden und den Osmanen für beide Seiten als sehr kostspielig, und beide Reiche waren ständig in militärische Aktivitäten verwickelt.

Obwohl Ismail die sunnitischen Osmanen immer wieder provozierte und beleidigte, sollte das erste Zusammentreffen im Kampf für die Safawiden nicht gut ausgehen. Nachdem Selim der Grimmige den osmanischen Thron bestiegen hatte, erkannte der neue Herrscher die Gefahr, die vom Safawidenreich und seinen Anhängern und Unterstützern in Anatolien ausging. Er unterdrückte Zehntausende von schiitischen Kizilbasch im osmanischen Anatolien und zwang sie zur Auswanderung nach Osten. Schah Ismail sah sich gezwungen, de facto als Verteidiger aller Schiiten in der muslimischen Welt aufzutreten und versammelte etwa vierzigtausend Männer. Sie marschierten westwärts in osmanisches Gebiet.

Im August 1514 kam es in der Westtürkei zur Schlacht von Chaldiran zwischen den Osmanen und den Safawiden. Ismail erwartete, dass seine Kizilbasch-Reiter den Feind vernichtend schlagen würden, wurde jedoch enttäuscht, da die Osmanen eine defensive Position einnahmen, um feindlichen Kavallerieangriffen auszuweichen, und ihre technische Überlegenheit nutzten, um die Safawiden mit Kanonen und Musketen gnadenlos zu vernichten. Zudem waren die Osmanen den Safawiden zahlenmäßig überlegen, was den Verlauf der Schlacht weiter zu ihren Gunsten veränderte. Schließlich zwang die Macht des osmanischen Schießpulvers das traditionellere Heer der Safawiden zum Rückzug, wobei Ismail verwundet wurde und aus der Schlacht fliehen musste.

Es war die erste große Niederlage Schah Ismails und ein Schock für den Safawiden-Monarchen. Chaldiran hatte auch eine große symbolische Bedeutung, da die Osmanen ihre militärische Überlegenheit gegenüber ihren Rivalen demonstrieren konnten und im Namen des sunnitischen

Islam über den schiitischen Islam triumphierten. Die Safawiden wurden schließlich aus einigen ihrer westlichsten Gebiete vertrieben, darunter auch aus Täbris, das kurzzeitig von Selim dem Grimmigen besetzt war. Der osmanische Sultan beschloss jedoch nach 1515, den Feldzug gegen die Safawiden nicht fortzusetzen.

Cavalier Ghezelbach. Epoque Séfévide
Qezelbash cavalryman, Safavid period

Ein typischer Kizilbasch-Soldat im frühen safawidischen Persien.⁶⁵

Safawidisches Schiitentum und Tahmasp I.

Die Niederlage von Chaldiran hatte katastrophale Folgen für das Safawidenreich und insbesondere für Schah Ismail selbst, der es nie wieder wagte, seine Armeen in die Schlacht zu führen. Es war, als hätte der Schah den Willen verloren, Verantwortung zu übernehmen. Bis zu seinem Tod im Jahr 1524 zog er sich von allen Staatsgeschäften zurück und trank viel. Für das Reich ergaben sich neue Grenzen des safawidischen Einflusses, und die Türken gewannen in Ostanatolien und Mesopotamien an Bedeutung. Auch im Osten schlugen die Usbeken zurück und machten den Safawiden die Provinz Chorasan streitig, das historisch persische Gebiet, das stets vor den Angriffen aus Zentralasien lag. Kurzum, Chaldiran brachte das Wachstum des Reiches zum Stillstand und zwang die Safawiden, ihre Expansionsstrategie zu überdenken und kohärentere Grenzen und Verwaltungen in den von ihnen kontrollierten Gebieten zu schaffen.

So beschränkte sich das Reich der Safawiden aufgrund verschiedener Faktoren weitgehend auf die historisch von persischen Völkern bewohnten Gebiete, die in der Vergangenheit die Wiege so vieler mächtiger Dynastien gewesen waren. Es überrascht nicht, dass dies einen entscheidenden Einfluss auf die Entwicklung der safawidischen Identität hatte, die schnell Elemente der iranischen Kultur aufnahm und eine neue, einzigartige dynastische Ära hervorbrachte.

Der größte Einfluss der Safawidenzeit auf den Iran war natürlich die klare und feste Etablierung des schiitischen Zwölfer-Islam als offizielle Staatsreligion. Nach den anfänglichen Eroberungen Ismails wurde die Idee des schiitischen Extremismus, die vor allem die Kizilbasch-Stammesvölker angezogen hatte, weitgehend zurückgedrängt und eine traditionellere Version des Zwölfer-Islam gefördert. Es muss jedoch eingeräumt werden, dass der Prozess der Verbreitung des schiitischen Islams relativ effektiv und ungehindert verlief, vielleicht im Gegensatz zu der weit verbreiteten Meinung, dass die sunnitisch dominierten Provinzen des Iran sich der Konversion von einem Zweig des Islams zum anderen widersetzten.

Zwar war der sunnitische Islam zur Zeit der Herrschaft der Safawiden die populärere der beiden Glaubensrichtungen im Iran, doch gab es in vielen Regionen, insbesondere im Westen des Landes, auch schiitische Gemeinschaften. Die schiitische Vorstellung, die die Bedeutung des Blutes Mohammeds hervorhebt, hatte immer einen Platz in der Volkskultur, so dass es nicht besonders notwendig war, sie den Sunniten aufzuzwingen. Die sunnitischen Ulama – die religiöse Elite des Landes, die über große Autorität und sogar richterliche Befugnisse verfügte – wurden nach und nach durch schiitische Imame ersetzt, die die gleichen Aufgaben übernahmen und dadurch mehr Menschen dazu brachten, schiitische Muslime zu werden. Dieser Prozess vollzog sich jedoch allmählich und zog sich über mehrere Jahrzehnte hin.

Die politischen Feinde des safawidischen Iran waren vor allem sunnitische Gruppierungen. Tatsächlich war der sunnitische Islam seit der Bekehrung der Turkvölker zum Islam während des iranischen Intermezzos, viele Jahrhunderte bevor die Safawiden an die Macht kamen, in Zentralasien am stärksten vertreten. Die anhaltende Herrschaft verschiedener zentralasiatischer Völker über den Iran und den Rest des Nahen Ostens führte dazu, dass der sunnitische Islam in diesen Regionen vorherrschend wurde. So ist es nicht verwunderlich, dass die Usbeken im Osten und die Osmanen im Westen (beide türkischen Ursprungs aus Zentralasien) die beiden Hochburgen des Sunnitentums waren. Es ist auch nicht verwunderlich, dass der Kampf gegen diese Nationen zur Entwicklung des Kampfes der Schia gegen die Sunniten führte.

Schließlich nahm der Einfluss der schiitischen Ulama im Safawidenreich drastisch zu, was zur Herausbildung einer ausgeprägten sozialen Klasse führte, die das Reich beeinflusste. Die Safawidenherrscher trugen zur Entwicklung einer hierarchisch gegliederten klerikalen Gesellschaft bei. Der Klerus wurde mit verschiedenen Privilegien ausgestattet und erhielt Ländereien, die zuvor dem Staat gehörten. Später erhielten die Mitglieder der Ulama das Recht, auf den von ihnen kontrollierten Ländereien Steuern zu erheben, was zu ihrem Machtzuwachs und ihrem Aufstieg zur herrschenden Schicht der safawidischen Gesellschaft beitrug. All dies führte schließlich zu einer Erhöhung ihres Status, da immer mehr von ihnen behaupteten, von einem der zwölf Imame abzustammen, und daher glaubten, mehr Legitimität und Autorität über die anderen zu besitzen.

Unter Schah Tahmasp, der 1524 die Nachfolge Ismails antrat, nahm die Bedeutung der schiitisch-muslimischen Geistlichkeit im Safawidenreich stark zu. Der Schah, selbst ein gläubiger Anhänger des Islams, bat die Imame häufig um politischen Rat, den sie ihm gerne erteilten. Schon früh in seiner Regierungszeit sah sich der junge Schah mit dem Problem konfrontiert, dass viele Stämme der Kizilbasch nach der Niederlage Schah Ismails bei Tschaldiran enttäuscht waren. Sie sahen ihn nicht mehr als unbesiegbaren geistlichen Führer an und versuchten, die Macht seines Nachfolgers zu untergraben. Nach jahrelangen Feldzügen gegen die Kizilbasch gelang es dem neuen Schah 1533, das Problem zu lösen. Er zwang sie, ihm und allen nachfolgenden Herrschern der Safawiden die Treue zu schwören. Die Niederlage Ismails bei Tschaldiran und die daraus resultierende Enttäuschung seiner Anhänger dürfte auch einer der Gründe für den Machtzuwachs der schiitischen Geistlichkeit gewesen sein.

Die Herrschaft Tahmasps war geprägt von der ständigen Bedrohung durch die Osmanen, die zu dieser Zeit zweifellos weitaus mächtiger und stärker waren als die Safawiden. Dies veranlasste den Schah der Safawiden, die Hauptstadt des Reiches von Täbris in die Stadt Qazvin nordöstlich des heutigen Teheran zu verlegen. Um die osmanische Macht indirekt herauszufordern, eroberte und unterwarf er erfolgreich den christlichen Kaukasus. Viele christliche Kaukasier wurden entweder gezwungen, zum Islam zu konvertieren, oder in den Iran deportiert, wo die safawidischen Herrscher sie in ihren Armeen als neues Truppenkorps namens *Ghilman* (ähnlich den *Dewschirme* bei den Osmanen) einsetzten. 1555 unterzeichnete Tahmasp einen Friedensvertrag mit dem Osmanischen Reich, in dem er gezwungen wurde, seine Besitzungen im Kaukasus mit den Osmanen zu teilen. Die Safawiden gaben auch die Kontrolle über den größten Teil Mesopotamiens einschließlich Bagdad ab, behielten jedoch die Kontrolle über ihre historische Hauptstadt Täbris.

Schah Abbas

Auf den Tod Tahmasps folgten zwölf Jahre Bürgerkrieg im safawidischen Iran. Der Schah hatte Schwierigkeiten, einen seiner Söhne zu seinem Nachfolger zu ernennen, und nach seinem Tod erhoben verschiedene Fraktionen, die unterschiedliche Kandidaten unterstützten, Anspruch auf den Thron. Nach mehr als einem Jahrzehnt politischer Manöver wurde 1588 Abbas, der dritte Sohn von Schah Mohammad Chodabanda (der Erstgeborene von Tahmasp und „offizieller" Schah des Reiches in dieser Zeit des Chaos), zum neuen Schah gekrönt. Schah Abbas war der einflussreichste Herrscher der Safawiden und regierte die nächsten vierzig Jahre. Er führte das safawidische Persien in seine Blütezeit.

Porträt von of Schah Abbas I., dem Großen.⁶⁶

Um seine Macht zu festigen, unternahm Schah Abbas eine Reise, um die Gunst des Volkes der Kizilbasch zurückzugewinnen. Diejenigen, die sich dem Schah gegenüber loyal verhielten, wurden von ihm bevorzugt behandelt. Er fand für die Kizilbasch einen Platz in seiner Armee als Schahsevan (Liebhaber des Schahs), was dazu beitrug, die strengen Stammesgrenzen zwischen den Kizilbasch zu überwinden. Auch die Armee wurde erheblich verbessert, da Schah Abbas erkannte, dass die Safawiden in Bezug auf militärische Technik und Taktik, die von den rivalisierenden Osmanen schnell übernommen worden waren, im Rückstand waren. In gewisser Weise versuchte Schah Abbas, die Safawiden-Armee, die zuvor stark vom Kizilbasch-Korps abhängig gewesen war, zu dezentralisieren. Zu diesem Zweck rekrutierte der Schah verstärkt ausgebildete persische Musketiere und Artilleristen. Außerdem schuf er eine völlig neue königliche Kavallerieeinheit, die ausschließlich aus *Ghilman* bestand.

Diese dringend notwendigen Veränderungen führten schließlich zu einer kurzen Phase der militärischen Vorherrschaft der Safawiden über ihre Feinde, zunächst über die Usbeken im Osten und später über die osmanischen Türken im Westen. 1598 wurden die Usbeken schließlich aus Chorasan vertrieben und die Stadt Herat fiel wieder unter die Kontrolle der Safawiden. Zwischen beiden Seiten wurden neue Grenzen gezogen. Ab 1603 führte Schah Abbas seine Männer persönlich in mehreren Feldzügen gegen die Osmanen und drängte sie aus weiten

Teilen des Irak bis an die Grenzen Ostanatoliens zurück. Später besiegten die Safawiden ein riesiges osmanisches Heer unter dem osmanischen Großwesir Khalil Pascha, lockten ihn bei Täbris in eine Falle, schlossen ihn ein und errangen einen entscheidenden Sieg. Bis 1624 gelang es den Safawiden, Bagdad zurückzuerobern und sich als regionale Großmacht zu etablieren.

Schah Abbas war für das Safawidenreich das, was Peter der Große für Russland oder Sultan Suleiman der Prächtige für das Osmanische Reich war: Ein einflussreicher, charismatischer absolutistischer Monarch, dem es durch seine brillante Regierungsführung gelang, die politische Landschaft seiner Zeit rasch zu verändern. Wie bei anderen erfolgreichen absolutistischen Monarchen beschränkten sich die Verdienste von Schah Abbas nicht nur auf seine militärischen Triumphe über seine Feinde. Sie zeigten sich auch in anderen Bereichen, etwa in der Außenpolitik. Der Schah der Safawiden bemühte sich, die diplomatischen Beziehungen zu potentiellen Partnern zu verbessern, zumal diese später gegen seine beiden Hauptfeinde, die Usbeken und die Osmanen, nützlich sein könnten. Er schickte Gesandte in das Mogulreich im Nordwesten Indiens und knüpfte damit freundschaftliche Beziehungen zu einem Reich, das strategische Interessen in der Region hatte. Im Westen verteilte Schah Abbas seine Würdenträger auf verschiedene europäische Reiche mit dem gleichen Ziel, Unterstützung gegen das Osmanische Reich zu gewinnen.

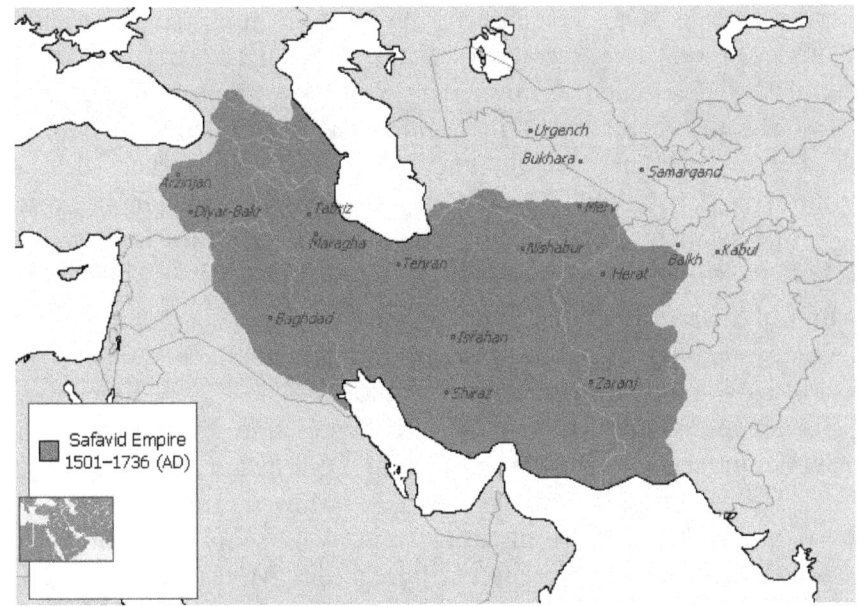

Das persische Reich der Safawiden unter Schah Abbas I. auf seinem Höhepunkt [67]

Die Herrschaft von Schah Abbas fiel mit dem Beginn des Zeitalters der Entdeckungen zusammen. Die europäischen Mächte hatten kurz zuvor einen sicheren Seeweg nach Indien um das Kap der Guten Hoffnung in Südafrika entdeckt und begannen, sich dort niederzulassen, um in den Handel der Region einzugreifen. So hatten die Portugiesen bis 1515 mehrere Stützpunkte im Golf von Hormus errichtet, was den Schah beunruhigte. Er versuchte, die Kolonisatoren zu vertreiben, um die Vorherrschaft über die indo-europäischen Handelsrouten zurückzugewinnen. Um dieses Ziel zu erreichen, erhielt Schah Abbas Hilfe von niederländischen und englischen Handelskompanien, die ähnliche Interessen in der Region verfolgten. Mit ihrer Hilfe und im Gegenzug für Handelsprivilegien konnte der Schah 1622 die Insel Hormus von den Portugiesen zurückerobern und pflegte für den Rest seiner Herrschaft offene Beziehungen zu den Europäern, was den Status der Safawiden in ihren Augen weiter erhöhte.

In die Regierungszeit von Schah Abbas fällt auch die Wiederbelebung der persischen Kultur, ein Zeichen für eine Zeit des Wohlstands und des Friedens. Als Förderer von Kunst und Literatur förderte Schah Abbas während seiner Herrschaft über die Safawiden die Schaffung neuer Werke. Auf ihn geht auch die Verlegung der Hauptstadt von Qazvin nach Isfahan im Zentrum der iranischen Hochebene zurück, ein Ort, der von vielen verschiedenen Herrschern, insbesondere den Seldschuken, bevorzugt wurde. Das erstaunliche Wachstum und die Entwicklung Isfahans von einer vergessenen Stadt zu einem der attraktivsten kulturellen und sozialen Zentren der Welt ist wirklich bemerkenswert. Mit fortschrittlicher Stadtplanung (zumindest für die damalige Zeit) und dem hervorragenden Architekturstil des Safawiden-Irans des 17. Jahrhunderts, der stark von der klassischen persischen Epoche beeinflusst war, wurde Isfahan zum Kronjuwel des Safawidenreiches und vielleicht zum besten Symbol für die blühende Herrschaft von Schah Abbas.

Obwohl Schah Abbas dafür verantwortlich ist, dass das Safawidenreich zu einem echten Machtzentrum wurde, indem er die Armee modernisierte und vergrößerte, diplomatische Beziehungen zu verschiedenen Mächten in der Welt aufbaute und administrative und soziale Veränderungen einführte, um sein Volk besser zu regieren, wies seine Herrschaft sicherlich einige Mängel auf, die den Safawidenherrschern nach ihm ein Dorn im Auge sein sollten. So zögerte der Schah beispielsweise, seinen Söhnen die Möglichkeit zu geben, Erfahrungen in Verwaltung und Regierung zu sammeln, und verbot ihnen, regionale Herrscher zu werden, was im Hinblick auf ihre spätere Nachfolge von großem Nutzen gewesen wäre. Stattdessen hielt er sie im königlichen Harem gefangen, der am Hof des Schahs großen Einfluss erlangte und oft hinter den Kulissen agierte und sich in die Staatsgeschäfte einmischte. Mit der Zeit sollte sich der Einfluss des Harems nachteilig auf das politische System der Safawiden auswirken, da die zukünftigen Schahs sich mit verschiedenen Fraktionen auseinandersetzen mussten, die sich an ihren Höfen gebildet hatten. In dieser Hinsicht ähnelten die Safawiden ihren osmanischen Nachbarn im Westen.

Einige der vom Schah eingeführten Verwaltungsreformen hatten auch schwerwiegende langfristige Folgen für das Reich. Die staatliche Bürokratie wurde ausgebaut und mehrere neue Institutionen wurden gegründet, um die Verwaltung der Safawidenländer in verschiedenen Lebensbereichen zu verbessern. Die schiere Größe des Safawidenreiches und die fehlende Verbindung zwischen der Zentralregierung und den lokalen Bürokraten führten jedoch schnell zu Korruption. Schah Abbas versuchte, seine Macht zu zentralisieren, und obwohl ihm dies weitgehend gelang, braucht ein stark zentralisiertes Reich immer einen mächtigen Führer an seiner Spitze. Um das Steuersystem zu reformieren, wurden viele „Staatsländereien" konfisziert und in spezielle „Kronländereien" umgewandelt. Obwohl die königliche Schatzkammer zunächst höhere Einnahmen verzeichnete, machte dies den Schah letztlich direkter für die Verteidigung seiner Gebiete verantwortlich. Zuvor zahlten die lokalen Grundbesitzer weniger Steuern, stellten aber eigene Armeen auf, die dem Schah dienten.

Insgesamt war Schah Abbas eine entscheidende Figur in der iranischen Geschichte und trug dazu bei, das safawidische Reich zu einer Regionalmacht zu machen. Sein berühmter Ruf als frommer Mann, tapferer Krieger und großer Verwalter hob den Status des safawidischen Iran in den Augen anderer Weltmächte. Für seine Verdienste wird der Schah für immer in der iranischen Geschichte in Erinnerung bleiben. Einige der Probleme, die während seiner Herrschaft auftraten, wirkten sich jedoch in den folgenden Jahrzehnten negativ auf die Safawiden aus.

Die Machtübernahme der schiitischen Ulama

Es ist nicht schwer zu erkennen, dass die Safawiden nach dem Tod von Schah Abbas im Jahr 1629 in eine Phase des langsamen Niedergangs eintraten. Dafür gab es viele Gründe, die alle mit dem schwindenden Einfluss des Monarchen und der wachsenden Rolle der muslimischen

Ulama in Staat und Politik zusammenhingen. Auch die religiöse Elite erfuhr unter der Herrschaft von Schah Abbas, der als gottesfürchtiger Mann galt und die islamische Tradition des Safawidenstaates als eine seiner wichtigsten Säulen respektierte, eine deutliche Verbesserung ihres Status. Tatsächlich ist Schah Abbas für die Finanzierung des Baus einiger der beeindruckendsten Moscheen in der muslimischen Welt verantwortlich. Die Masjed-e Schah oder Schah-Moschee (heute Majed-e Emam oder Persische Moschee genannt) ist ein beeindruckendes Beispiel islamischer Architektur, das Besucher noch heute mit seinen bunten Kacheln und komplexen Ornamenten in Erstaunen versetzt. Der Schah besuchte auch verschiedene muslimische Stätten im Iran, wie den berühmten Imam-Reza-Schrein im Nordosten, um dort persönlich seine Ehrerbietung zu erweisen und zu beten. Darüber hinaus versorgte Schah Abbas die religiöse Elite bei vielen Gelegenheiten direkt mit Land und Geld und erließ sogar spezielle Gesetze, die das Einkommen der Ulama erhöhten.

Während der Herrschaft von Schah Abbas begannen die Ulama, sich als immer mächtiger und einflussreicher zu betrachten, sogar mächtiger und einflussreicher als der Herrscher. Der Status, den sie erreichten, war zweifellos beeindruckend, aber sie begannen ihn zu nutzen, um noch mehr Macht in einer Gesellschaft zu erlangen, die sie bereits zutiefst respektierte. An dieser Stelle ist es wichtig, sich daran zu erinnern, dass der safawidische Staat stark auf der Idee beruhte, dass der Herrscher ein göttliches Recht zur Herrschaft besaß; sein religiöser Status war entscheidend für seine Legitimität. Der Schah sollte ein Repräsentant des verborgenen Imams sein, ein Konzept, das im schiitischen Islam eine entscheidende Rolle spielte. Mit dem wachsenden Einfluss der Geistlichkeit begann die Rolle des Monarchen jedoch zu schwinden, da sie von den Ulama, die ihre Privilegien missbrauchten, stark untergraben wurde. Nach und nach entzog die religiöse Elite der Safawiden den safawidischen Monarchen inoffiziell ihre Legitimität, indem sie die Idee bekräftigte und verstärkte, dass die Ulama die wahren Repräsentanten des verborgenen Imams seien und das Volk ihnen folgen müsse. Die Schahs sollten sie als übergeordnete Autoritäten respektieren.

Besonders deutlich wurde der wachsende Einfluss der Ulama während der unruhigen Regierungszeit von Schah Sultan Hosein, der 1694 den Thron bestieg. Da er im königlichen Harem aufgewachsen war, war er mit den Staatsgeschäften bestens vertraut, und so ist es erstaunlich, dass sich der Schah nach seiner Machtübernahme so leicht von mächtigen politischen Akteuren beeinflussen ließ. Er war bekanntermaßen abergläubisch und eine schwache Persönlichkeit, was ihn anfällig für die Einflussnahme der religiösen Elite machte. Insbesondere Muhammad Bāqir al-Madschlisī, ein schiitischer Gelehrter und Rechtsgelehrter, sollte den Schah stark beeinflussen und mit seinen Visionen manipulieren.

Madschlisī war eine der führenden religiösen Persönlichkeiten seiner Zeit, die sich dafür einsetzte, den Einfluss des Sufismus im Reich zurückzudrängen – was ironisch ist, da die Sufi-Ideologie der Hauptbestandteil der ursprünglichen Safawiden-Ordnung und damit eines der Gründungsprinzipien des Staates war. Unter Madschlisī wurde der schiitische Zweig des Islams, wie wir ihn heute kennen, strikt von allen Formen des Sufismus getrennt und die Feindschaft zwischen schiitischen und sunnitischen Muslimen weiter geschürt. Der schiitische Imam übte direkten Einfluss auf den Schah aus und veranlasste ihn, viele Nichtmuslime und Muslime, die er persönlich als Bedrohung für das Reich und seinen Status ansah, ins Exil zu schicken oder hinzurichten.

Die Probleme während der Herrschaft von Schah Sultan Hosein endeten damit nicht. Der Schah, der weder wusste, was in seinem Reich vor sich ging, noch bereit war, sich politisch zu engagieren, führte die Safawiden in eine Zeit der Unruhe und Instabilität, als ausländische Akteure das Reich von allen Seiten angriffen. Im Osten schlossen sich die fanatischen sunnitischen Stämme Afghanistans unter dem Stamm der Ghilzai zusammen, deren Anführer Mir Mahmud seine Anhänger schnell um sich scharte und in den frühen 1710er Jahren Raubzüge in die persischen Gebiete unternahm. Da die Safawiden mit ihren Auseinandersetzungen mit den Russen im Kaukasus beschäftigt waren und Sultan Hosein kein fähiger Anführer war, drang Mir Mahmud immer tiefer in safawidisches Gebiet vor und eroberte 1719 Kerman im Osten Irans. Zwei Jahre später startete er eine große Invasion in den Iran, erreichte Isfahan und belagerte 1722 die Hauptstadt der Safawiden. Die Osmanen nutzten die Gelegenheit, um ihre Kämpfe im Westen wieder aufzunehmen, was die Safawiden weiter schwächte. Nach sechsmonatiger Belagerung war der Schah gezwungen, abzudanken, sich den Afghanen zu ergeben und eine demütigende Niederlage hinzunehmen.

Die letzten Safawiden und Nader Schah

Die afghanische Eroberung traf die Safawiden völlig unvorbereitet und brachte weitere Instabilität in das ohnehin im Niedergang begriffene Reich. Die Hotak-Dynastie unter Mir Mahmud herrschte auch in den folgenden Jahren über Teile des Südostens und Zentralirans. Trotz der Eroberung von Isfahan waren die Ghilzai jedoch immer noch eine weitgehend primitive Gesellschaft und nicht in der Lage, die Kontrolle über so gut entwickelte Gebiete aufrechtzuerhalten. Obwohl die Macht der Safawiden stark geschwächt und der zentralisierte Staat im Wesentlichen zerstört worden war, sollten die Perser in der Lage sein, zurückzuschlagen.

Im Jahre 1727 fanden die Kizilbasch-Völker des Reiches ihren Retter in Tahmasp II, dem Sohn von Schah Sultan Hosein, der während der Belagerung von Isfahan nach Täbris geflohen war. Tahmasp II. wollte den verlorenen Thron zurückerobern und übertrug einem Mann namens Nader Khan das Kommando über die lokalen Stämme der Kadscharen und Afscharen. Nader Khan sollte sich als einer der bemerkenswertesten Generäle in der Geschichte des Iran erweisen. Nader Khan führte die loyalen Truppen in Chorasan und besiegte 1729 in der Schlacht von Damghan eine viel größere Ghilzai-Truppe. Ende November hatte Nader Isfahan zurückerobert und führte den Schah feierlich in die Hauptstadt zurück. Ein Jahr später wagte er sich nach Westen und begann einen Feldzug gegen die Osmanen, die längst in die westlichen Gebiete der Safawiden eingedrungen waren. 1732 musste Nader Khan den Angriff auf die osmanischen Gebiete aufgeben und kehrte nach Osten zurück, um die Stadt Herat von den Afghanen zurückzuerobern.

Trotz seiner Verdienste bei der Niederschlagung der safawidischen Feinde scheint Nader Khan bis 1733 kaum Fortschritte gemacht zu haben. Dies lag vor allem daran, dass Tahmasp II. sich entschlossen hatte, einen eigenen Feldzug in den Kaukasus zu unternehmen, eine Region, die zwischen Safawiden, Russen und Osmanen heftig umkämpft war. Er erlitt eine demütigende Niederlage, die ihn zum Rückzug zwang. Der Grund für Tahmasps Entscheidung, in den Kaukasus einzufallen, ist unklar, aber er endete in einer Katastrophe. Als Tahmasp von seinem Feldzug zurückkehrte, hatte Nader Khan großen Einfluss unter den Safawiden-Loyalisten gewonnen. Nader Khan handelte entweder aus persönlichen Motiven oder zum Wohle des Reiches und überzeugte Mitglieder der Elite, den Schah zu stürzen.

Aus Angst und Hilflosigkeit gegenüber seinem Lieblingsgeneral verzichtete Tahmasp II. 1732 zugunsten seines jungen Sohnes Schah Abbas III. auf den Thron der Safawiden. In den folgenden drei Jahren kämpfte Nader Khan weiter gegen die Osmanen und konnte einige der von Tahmasp erlittenen Verluste wettmachen. 1735 unterzeichneten die

Safawiden mit Russland den Vertrag von Ganja, der ihre Rivalität im Nord- und Südkaukasus beendete. Der Vertrag legte klare Grenzen fest und machte die beiden Nationen zu Verbündeten gegen das Osmanische Reich.

Dann, im Jahr 1736, nahmen die Dinge eine interessante Wendung, als Nader eine große Versammlung von Würdenträgern in der Moghan-Ebene im Süden Aserbaidschans einberief. Viele Historiker spekulieren, dass aufgrund der Art der Versammlung und der Reihenfolge, in der die Ereignisse stattfanden, alles bereits von Nader und seinen engsten Verbündeten geplant war. Nader Khan kündigte seinen Rückzug als militärischer Befehlshaber an und schlug der Versammlung vor, einen neuen Herrscher für das Safawidenreich zu wählen. Dies war ein logischer Vorschlag, da Abbas III. erst vier Jahre alt war und nach der Abdankung seines Vaters als Kind gekrönt worden war. Abbas III. stand nominell an der Spitze des Reiches, während Nader Khan tatsächlich der Herrscher war.

Es ist nicht verwunderlich, dass die Versammlung, anstatt nach einem neuen Herrscher zu suchen, sich aus ganzem Herzen dafür entschied, Nader zum neuen Schah zu wählen. Nader willigte ein und wurde am 8. März 1736 vor den Notabeln des Reiches zum Schah gekrönt, was das Ende der Safawiden-Dynastie bedeutete.

Nader Schah ist als einer der erfolgreichsten iranischen Feldherren aller Zeiten in die Geschichte eingegangen, und seine militärischen Erfolge sind zweifellos beachtlich. Nader Schah ist aber auch für eine der überzeugendsten kulturellen Entwicklungen in der iranischen Geschichte verantwortlich. Kurz nachdem er Schah geworden war, verfolgte Nader eine interessante Religionspolitik: Er erklärte, dass die Schia nicht mehr die offizielle Staatsreligion des safawidischen Iran sei. Dies war ein schockierender Schritt, da der safawidische Staat vollständig auf einer spezifischen schiitischen Identität aufgebaut war, die ihn von anderen großen muslimischen Mächten unterschied, die mehrheitlich sunnitisch waren.

Für diese Entscheidung mag es zwei Gründe gegeben haben. Erstens hatte der Schah, obwohl er selbst als Schiit erzogen worden war, immer eine Schwäche für den sunnitischen Islam in seinem Herzen und betrachtete die Sunniten nicht als natürliche Feinde. Zweitens könnte die Entscheidung, der Schia ihren offiziellen Status als Staatsreligion zu entziehen, strategischer Natur gewesen sein, da sie es dem Reich ermöglichen würde, dem Osmanischen Reich gegenüber freundlicher aufzutreten und den jahrhundertelangen Kämpfen ein Ende zu setzen.

Der zweite Grund erscheint wahrscheinlicher, wenn man bedenkt, dass ein osmanischer Gesandter bei der Versammlung, die Nader zum neuen Schah wählte, anwesend war und den neuen Vorschlag des Schahs aus erster Hand hören konnte. Insgesamt stabilisierten sich die Beziehungen zwischen den Osmanen und dem Iran so weit, dass iranische Pilger ungehindert zu den heiligen muslimischen Stätten (die damals unter der Kontrolle des Osmanischen Reiches standen) reisen und dort ihre Religion frei ausüben konnten.

Nader Schah erklärte, dass der Schiismus im Reich weiterhin frei praktiziert werden könne, aber seine abfällige Haltung gegenüber den Sunniten aufgeben müsse, einschließlich der beleidigenden Praktiken, die von den streng schiitischen Anhängern gegenüber den Sunniten ausgeübt wurden, die sie als minderwertig betrachteten. Da die Safawiden-Dynastie eng mit dem schiitischen Islam verbunden war, diente die Entscheidung, die Bedeutung des Schiitentums zu verringern, auch dazu, die Bedeutung und Legitimität der Safawiden-Dynastie zu schmälern, die gerade von Nader Schah aus der Afschariden-Dynastie abgelöst worden war.

Porträt Nader Schahs.

Die Stabilisierung der Beziehungen zum Osmanischen Reich durch Beschwichtigungsmaßnahmen und die Schaffung einer ähnlichen religiösen Identität zahlten sich für Nader Schah aus, der seine Armeen vom Westen, wo der Krieg erloschen war, in den Osten lenken konnte. Im Jahr 1738 konnte der Schah einen Feldzug beginnen und die afghanische Hotak-Dynastie endgültig besiegen, indem er die Stadt Kandahar eroberte. Nach dem Sieg über die Afghanen fand Nader Schah einen Vorwand, um das geschwächte, aber reiche muslimische Mogulreich in Westindien anzugreifen. Nader Schah rechtfertigte seinen Einmarsch in Indien mit der Behauptung, der Mogul-Kaiser Mirza Muhammad Schah verstecke die aufständischen Afghanen. Nach mehreren kleineren Siegen überquerte Nader Schah den Indus und traf im Februar 1739 in der Schlacht von Karnal auf ein riesiges Mogulheer. Obwohl zahlenmäßig unterlegen, stellte Nader Schah erneut sein militärisches Genie unter Beweis, indem er die Inder entscheidend schlug und anschließend die Hauptstadt Delhi besetzte und plünderte. Dies war wohl die größte Expansion eines iranischen Herrschers im Industal.

Nach der Eroberung Delhis arrangierte Nader Shah die Heirat eines seiner Söhne mit einer Mogulprinzessin, was ihm noch mehr Reichtum und Macht sicherte. Er eroberte auch alle Mogulländer westlich des Indus. Ende 1740 führte Nader Schah einen Feldzug in den Norden und besiegte die Usbeken, wodurch er neue Grenzen entlang des Flusses Oxus (heute Amudarja) festlegte und die östlichen Grenzen des Iran vollständig konsolidierte.

Nader Schah war zwar ein hervorragender Feldherr, doch fehlten ihm andere Eigenschaften, die für einen Herrscher eines so großen Reiches von entscheidender Bedeutung sind. Während seiner gesamten Regierungszeit handelte er fast ausschließlich im Alleingang, was zur Folge hatte, dass er nicht in der Lage war, die von ihm kontrollierten Gebiete angemessen zu verwalten. Da half es auch nicht, dass er ein rücksichtsloser Monarch war. Er schreckte nicht davor zurück, diejenigen hinzurichten, zu häuten oder zu blenden, die er des Verrats verdächtigte, einschließlich seiner eigenen Verwandten. Dies und seine Unfähigkeit, ein kohärentes, modernes Verwaltungssystem aufzubauen, das den Bedürfnissen der Bevölkerung entsprach, führten schließlich zu seinem Untergang. Der Iran hatte eine veraltete Struktur. Er war nicht mehr so finanzkräftig wie früher, und die Kriegsbeute konnte die Unternehmungen des Schahs nur für eine begrenzte Zeit finanzieren. Zwar folgten auf die Eroberung Westindiens und die Feldzüge gegen die Usbeken und Afghanen Bemühungen um den Aufbau einer schlagkräftigen Marine, um der wachsenden Seemacht der europäischen und asiatischen Nationen Paroli bieten zu können, was schließlich 1743 zur Eroberung des Oman führte.

Die Wahrheit ist, dass kein Imperium allein auf der Prämisse der Expansion durch Krieg aufgebaut werden kann, was Nader Schah entweder nicht erkannte oder einfach nicht akzeptieren wollte. Seine Bestrebungen, die Religion weiter zu reformieren, riefen auch bei seinen Untertanen Unzufriedenheit hervor, und er war zu Lebzeiten Ziel mehrerer erfolgloser Attentate. Schließlich gelang es den Verschwörern, möglicherweise motiviert durch die religiöse Elite der Schiiten und Sympathisanten des Glaubens, ihn zu Fall zu bringen. Seine Generäle übernahmen die Führung. Nader Schah wurde 1747 in seinem Zelt im Schlaf ermordet. Seine Nachfolger aus der Dynastie der Afscharen, die noch weitere fünfzig Jahre über Teile Persiens herrschen sollten, konnten keinen nennenswerten Einfluss auf die iranische Geschichte ausüben. Keiner von ihnen konnte die Vormachtstellung des Iran gegenüber seinen Feinden behaupten, der Iran verlor mehrere kleinere Kriege und wurde durch innenpolitische Probleme geschwächt.

Kapitel 7: Der frühmoderne Iran

Karim Khan e-Zand

Nach dem Tod Nader Schahs versank Persien erneut im Chaos. Mehrere neue Akteure betraten die politische Bühne als Anwärter auf den Thron und versuchten, die Gunst der Stunde zu nutzen, als die Macht im Iran dezentralisiert wurde. Einer dieser Anwärter war Karim Beg, der Führer des kurdisch-irakischen Stammes der Zand. Die Zand waren in ihre historische Heimat, das Zagros-Gebiet, zurückgekehrt, nachdem sie von Nader Schah kurzzeitig nach Chorasan umgesiedelt worden waren. Schon bald begannen sie, ihre Herrschaft über die Nachbarländer geltend zu machen. Durch ein Bündnis mit dem lokalen Stamm der Bachtiaren wurde Karim Beg, der später den Titel eines Khans annahm, bald zum beherrschenden Akteur im West- und Zentraliran und machte die Stadt Schiras zu seinem Herrschaftssitz. Außerdem setzte er 1751 Ismail III., den Enkel von Schah Sultan Hosein, als neuen Safawiden-Schah in Isfahan ein. Obwohl Ismail nominell der neue Schah war, war er nur eine Marionette von Karim Khan e-Zand, der tatsächlich die Fäden in der Hand hielt.

Nachdem Karim Khan e-Zand zu großer Macht gelangt war, schaltete er seinen Verbündeten und Führer des Bachtiari-Stammes, Ali Mardan, aus. Damit wurde er zum alleinigen Regenten des jungen Schahs in Isfahan und konnte die iranische Politik weitgehend frei bestimmen. In den folgenden Jahren behauptete Karim Khan seine Herrschaft über fast den gesamten Zentral- und Westiran, nur die Provinz Chorasan blieb außerhalb seiner Reichweite. Sie wurde von den Nachfolgern Nader Schahs, den Afschariden, regiert.

Karim Khan regierte bis zu seinem Tod im Jahre 1779 und hatte kaum Gegner, zumindest nicht im eigenen Land. Der einzige Rivale, der Karim Khan ein Dorn im Auge war, waren die Kadscharen, ein Kizilbasch-Clan, der im Nordwesten Persiens, im heutigen Armenien und Aserbaidschan, lebte. Die Kadscharen hatten gegen Karim Khan gekämpft, nachdem dieser Ismail III. zum neuen Schah ernannt hatte, da sie den bedeutenden Status wiedererlangen wollten, den sie während der Safawidenzeit und der Herrschaft von Nader Schah innegehabt hatten. Karim Khan e-Zand gelang es Anfang 1763, die Kadscharen zu unterdrücken, indem er die Söhne des Stammesführers als Geiseln nahm, um sicherzustellen, dass die Kadscharen sich nie wieder gegen ihn erheben würden.

Obwohl die Dynastie Karim Khans nur von kurzer Dauer war, gelang es ihm, den Iran außenpolitisch maßgeblich zu beeinflussen. Seine Machtübernahme fiel mit einer verstärkten Präsenz europäischer Kolonialherren im Indischen Ozean zusammen, die der Herrscher der Zand-Dynastie schon früh in seiner Regierungszeit erkannte. So öffnete er 1763 die südiranische Hafenstadt Buschehr für die britische Ostindien-Kompanie. Dort organisierten die Briten ihre Operationsbasis und betrieben Handel in der Region. Um die iranische Kontrolle über das Meer weiter zu monopolisieren, führte Karim Khan e-Zand auch einen kurzen Krieg gegen die Osmanen und übernahm 1776 die Kontrolle über die Hafenstadt Basra.

Obwohl Karim Khan auf unkonventionelle und listige Weise an die Macht gekommen war, erwies er sich als erstaunlich guter Herrscher, der nach der Ermordung Nader Schahs viel zur Stabilisierung des Landes beitrug. Er wurde nie Schah, sondern behielt den Titel Vakil al-Raaya („Regent des Volkes"). Er übernahm die Verantwortung für den Safawiden-Schah in Isfahan und wurde selbst zu einem edlen Herrscher.

Der Herrscher von Zand war relativ bescheiden und ruhig, und seine Innenpolitik war sicherlich hilfreich für die iranische Gesellschaft, die von Nader Schah überfordert und ihrer traditionellen Religion beraubt worden war. Im Vergleich zu Nader Schah, einigen seiner Vorgänger und den Schahs, die nach ihm regierten, konnte Karim Khan e-Zand etwas positiver in die Geschichte eingehen, da er sich nicht ausschließlich auf die Kriegsführung konzentrierte, obwohl der Herrscher von Zand im Krieg recht erfolgreich war.

Der Aufstieg der Kadscharen-Dynastie

Ein Mann sollte die iranische Geschichte des späten 18. Jahrhunderts dominieren: der berüchtigte Agha Mohammed Khan, der in der chaotischen Zeit nach dem Tod von Karim Khan im Jahr 1779 zum Herrscher des Iran aufstieg. Agha (Aqa) Mohammed Khan war eine der Geiseln, die Karim Khan e-Zand von den Kadscharen genommen hatte, als er den Aufstand der Kadscharen in den 1750er Jahren niederschlug. Als ältester Sohn des Stammesführers der Kadscharen, Mohammad Hassan Khan Kadschar, wurde er nach dem Tod von Nader Schah im Jahr 1747 zunächst von den Afscharen gefangen genommen und kastriert, was ihm den Spitznamen Aqa einbrachte. Später wurde Agha Mohammed Khan von Karim Khan gefangen genommen und als Geisel nach Schiras gebracht, aber der Führer der Zand behandelte ihn sehr freundlich und respektierte seinen Status. Nach dem Tod Karim Khans floh Agha Mohammed Khan aus Schiras und begab sich nach Teheran, wo er begann, Anhänger um sich zu scharen, die für den ehrgeizigen Kadscharenprinzen kämpfen sollten.

Agha Mohammed Khan, der neue Anführer des Kadscharen-Clans, fand in Teheran große Unterstützung, die es ihm ermöglichte, die Provinz Masanderan an der Südküste des Kaspischen Meeres zu erobern. Agha Mohammed Khan festigte seine Macht weiter, indem er Anhänger von anderen Stammesführern anzog und Raubzüge in die benachbarte Region Gilan unternahm, während die Zand-Prinzen nach dem Tod von Karim Khan untereinander um die Vorherrschaft kämpften. 1784 kehrte er nach Masanderan zurück und verteidigte die Provinz gegen eine Invasion der Zand. Nach seinem Sieg eroberte er ein Jahr

Agha Mohammed Khan.[89]

später Isfahan und Teheran. Bis 1786 hatte Agha Mohammed Khan Teile von Zentral- und Nordiran entlang des Elburs-Gebirges vereint und war zu einer ernst zu nehmenden Macht geworden.

Nach der Eroberung Teherans brauchte Agha Mohammed Khan noch einige Jahre, um die restlichen persischen Gebiete zu vereinigen. Nach und nach besiegte er seinen Hauptgegner Lotf Ali Khan aus der Zand-Dynastie. Agha Mohammed besiegte dessen Armeen mehrmals und verfolgte seine fliehenden Feinde erbarmungslos. Schiras und Kirman fielen nacheinander, während die Zand-Armee verfolgt und brutal niedergemetzelt wurde. Der Herrscher der Kadscharen ließ seine Kriegsgefangenen enthaupten und befahl, aus ihren Köpfen eine Pyramide zu errichten, damit jeder wisse, dass er der einzig wahre Herrscher des Iran sei. Doch damit nicht genug: Nach Lotf Ali Khans kurzer Flucht in die nördlich von Kerman gelegene Stadt Bam ließ Agha Mohammed Khan die Bewohner der Stadt foltern, bis sie ihm verrieten, wo sich sein Feind versteckte.

Im Jahre 1795 hatte Agha Mohammed Khan Lotf Ali Khan beseitigt und damit das Ende der Zand-Dynastie herbeigeführt. Anschließend zog er nach Georgien und forderte König Heraklius II. auf, ihm die Treue zu schwören. Er überzog das Land mit Krieg und brachte ein nie gekanntes Ausmaß an Zerstörung über das georgische Gebiet. Erst nach der Eroberung Georgiens wurde Agha Mohammed Khan im März 1796 endgültig zum König des Iran gekrönt. Er unternahm einen weiteren Feldzug, diesmal nach Osten, um die Region Chorasan zu erobern, die noch von den afscharidischen Nachfolgern Nader Schahs gehalten wurde. Agha Mohammed Khan folterte den letzten afscharidischen Herrscher, Schah-Ruch, und vereinigte fast den gesamten Iran in den Grenzen, die unter Nader Schah bestanden hatten. Er war einer der erfolgreichsten Könige, denen dieses Kunststück gelang.

Doch wie Nader Schah wurde auch Agha Mohammed Khan von seinen eigenen Dienern getötet, die den brutalen iranischen Herrscher im Schlaf ermordeten. Denn er hatte versprochen, sie hinrichten zu lassen, nachdem sie den Schah verärgert hatten. So wurde in einer friedlichen Sommernacht des Jahres 1797 einer der rücksichtslosesten und erfolgreichsten Monarchen des Iran ermordet. Da er bereits seinen Neffen Fath-Ali Khan als Erben eingesetzt hatte, konnte der völlige Zusammenbruch des Landes verhindert werden. Die Dynastie der Kadscharen wurde durch Fath-Ali Khan fortgeführt, auch wenn der neue

Schah mit einer Reihe von Problemen konfrontiert war, die seine Herrschaft überschatteten.

Iran und das imperialistische Europa

Obwohl Agha Mohammed Khan bereits zu Lebzeiten einen Erben bestimmt und damit eine große Nachfolgekrise, die nach seinem Tod im Reich ausgebrochen wäre, vermieden hatte, genoss der neue Schah nicht die uneingeschränkte Unterstützung seiner Untertanen. Fath-Ali Schah war nicht völlig unumstritten, da Prätendenten früherer Herrscherdynastien versuchten, sich gegen ihn aufzulehnen, wie etwa Agha Mohammed Khans Bruder Ali-Qoli Khan. Es gab auch einen kurdischen Kriegsherrn namens Sadeq Khan, Anführer des Schikak-Stammes, der ebenfalls versuchte, Teheran mit einer kleinen Armee zu belagern. Alle diese Anwärter wurden jedoch bis 1803 von den weitaus größeren Streitkräften des Schahs schnell vernichtet.

Fath-Ali erwies sich nicht als ganz so fähiger Herrscher oder Anführer wie sein verstorbener Onkel. Eine der ersten Entscheidungen des neuen Schahs bestand darin, Haddschi Ibrahim Schirazi, den *Kalantar* (Gouverneur) von Schiras und Großwesir, seines Amtes zu entheben. Während der Herrschaft von Agha Mohammed Khan war Haddschi Ibrahim eine Schlüsselfigur, die sich um die meisten Verwaltungsprobleme des Reiches kümmerte und zu einem der wichtigsten Berater des Schahs wurde. Er krönte Agha Mohammed Khan im Jahr 1796 und unterstützte später Fath-Ali Schah zu Beginn seiner Herrschaft. Dennoch wurde der *Kalantar* 1801 seines Amtes enthoben, nachdem Fath-Ali Schah die Sicherheit des Iran vor inneren Bedrohungen im Wesentlichen gewährleistet hatte. Haddschi Ibrahim wurde schließlich gefoltert und hingerichtet, wahrscheinlich weil er eine so mächtige Persönlichkeit war.

Die Entscheidung, einen so erfahrenen und versierten Politiker vom Hof zu entfernen, sollte sich für Fath-Ali Shah langfristig als kostspielig erweisen, da er seine Zeit als Schah hauptsächlich mit Dingen verbrachte, die nichts mit einer ordnungsgemäßen Amtsführung zu tun hatten. Er hielt übermäßig viele Zeremonien ab und war von der Kunst besessen. Er nutzte seine Autorität voll aus und gab das Geld aus der königlichen Schatzkammer verschwenderisch aus. Das kam den Schah teuer zu stehen, denn seine Herrschaft wurde durch die europäischen Interessen im Nahen Osten in Frage gestellt, die den altmodischen Iran in jeder Hinsicht als schwache Nation betrachteten und seine Schwächen auszunutzen versuchten.

Zu Beginn des 19. Jahrhunderts war Europa in die Napoleonischen Kriege verwickelt, aber die Kriege zwischen dem Frankreich Napoleon Bonapartes und den anderen europäischen Mächten waren nicht auf Kontinentaleuropa beschränkt. Die direkten und indirekten Kämpfe fanden überall auf der Welt statt, auch im Iran, wo die Botschafter beider Konfliktparteien in Scharen eintrafen. Erschwert wurden diese europäischen diplomatischen Missionen durch den anhaltenden Krieg zwischen Persien und Russland, der 1804 wegen der umstrittenen kaukasischen Gebiete ausgebrochen war. Da Russland auch in Europa Krieg gegen Frankreich führte, schickten die Franzosen Anfang 1807 eine diplomatische Mission unter Claude Matthieu de Gardanne nach Teheran, in der Hoffnung, mehr persische Unterstützung gegen die Russen an der Kaukasusfront zu erhalten. Doch im Mai unterzeichneten Franzosen und Russen den Vertrag von Tilsit, der ihren Konflikt beendete und Verhandlungen mit dem Iran überflüssig machte. Dies eröffnete auch den anderen europäischen Mächten neue Möglichkeiten.

Großbritannien hatte ein besonderes Interesse an der persischen Außenpolitik, da die British East India Company in den letzten Jahrzehnten den indischen Subkontinent zu beherrschen begann. Die Briten wollten vor allem iranische Unterstützung in Afghanistan und strebten auch günstige Handelsabkommen an, um den billigen persischen Markt zu beherrschen. 1809 schlossen beide Seiten einen Vertrag, in dem Großbritannien Persien im Gegenzug für seine Forderungen Hilfe gegen Russland im Kaukasus versprach. Doch 1812 wurde der Vertrag praktisch annulliert, als Russland und Großbritannien ein neues Bündnis gegen Napoleon in Europa schlossen. All diese diplomatischen Manöver fanden statt, während die persischen Truppen an der Front von den Russen überwältigt wurden, was schließlich 1813 zum Vertrag von Gulistan führte. Fath-Ali Schah musste seine Niederlage im Krieg akzeptieren. Der Iran trat die Kontrolle über das Gebiet des heutigen Armeniens, Aserbaidschans und Georgiens an die Russen ab, was für die Iraner eine Demütigung darstellte, da sie fast ein Jahrzehnt lang gekämpft hatten. Darüber hinaus zwang Russland den Iran, seine Marinepräsenz im Kaspischen Meer aufzugeben, was die persischen Ambitionen in der Region weiter schwächte.

Diesem Vertrag folgte 1814 ein weiteres Abkommen, diesmal zwischen Persien und Großbritannien. Der neue Vertrag verpflichtete die Briten, Persien im Falle eines Angriffs einer anderen europäischen Macht zu Hilfe zu kommen, und legte fest, dass Persien im Gegenzug die Briten in Afghanistan unterstützen musste, falls diese sich zu einem Angriff entschließen sollten. Dieser Punkt galt nicht für beide Seiten, da sich die Briten das Recht vorbehielten, im Falle eines Krieges zwischen Persien und dem afghanischen Emirat Neutralität zu erklären. Außerdem musste Persien gegen alle Kräfte vorgehen, die über sein Territorium nach Britisch-Indien eindringen wollten. Im Gegenzug stellte Großbritannien Kommandeure für die Ausbildung alter iranischer Militärkontingente zur Verfügung.

Es war jedoch offensichtlich, dass Persien von stärkeren Mächten ausgebeutet wurde, was die einheimische Bevölkerung verärgerte und sich negativ auf den Schah auswirkte. Im Jahr 1826 begann der Kronprinz Abbas Mirza einen unabhängigen Angriff auf Russland. Was Abbas Mirza „offiziell" dazu veranlasste, den Krieg gegen die Russen wiederaufzunehmen, war die wachsende Unzufriedenheit und die Einwanderung muslimischer Untertanen aus den verlorenen kaukasischen Gebieten, die vom orthodoxen Russland gewaltsam zum Christentum bekehrt worden waren, in die vom Iran kontrollierten Gebiete. Zar Alexander I. hatte auch beschlossen, seine Truppen in die armenischen Gebiete zu verlegen, die noch unter iranischer Kontrolle standen. Der persische Kronprinz hatte den unerfüllten Wunsch, sich von seinen Brüdern abzugrenzen, da er im vorangegangenen Krieg gegen Russland keine Fortschritte erzielt hatte und sich nach der Niederlage gedemütigt fühlte.

Diesmal konnten die Perser bei ihrer unerwarteten Invasion im Juni 1826 erste Fortschritte erzielen, aber die Stärke der russischen Armee erwies sich als zu groß. Die Truppen des Zaren starteten bald eine Gegenoffensive und drängten Abbas Mirza zurück. Fath-Ali Schah zögerte unterdessen, dem Kronprinzen zu Hilfe zu kommen. Der Vertrag von Turkmenchai, den beide Seiten im Februar 1828 unterzeichneten, verpflichtete Persien zu Kriegsreparationen in Höhe von bis zu zwanzig Millionen Rubel – eine Summe die das Land, das ohnehin finanziell litt, weiter belastete.

Nach dem Ende des Krieges mischte sich Russland zunehmend in die iranische Innenpolitik ein, was schließlich zu einem der berüchtigtsten Zwischenfälle führte, der vielleicht zum ersten Mal das Gefühl der Unzufriedenheit und des Misstrauens der Iraner gegenüber ausländischen Mächten, die sich in die inneren Angelegenheiten des Landes einmischten, weckte. Der Vorfall ereignete sich, nachdem der neue russische Botschafter Alexander Gribojedow, der für seine

Abneigung gegen Menschen aus dem Nahen Osten und Asien berüchtigt war, im Februar 1829 in Teheran eingetroffen war. Gribojedow wurde vom Schah und seinem Hofstaat empfangen, doch vor der russischen Botschaft in Teheran protestierten persische Massen gegen seine Ankunft. Auslöser für die Eskalation der Feindseligkeit war ein Zwischenfall mit zwei entflohenen armenischen Frauen und einem Eunuchen aus dem Harem des Schahs Fath-Ali, die aus irgendeinem Grund in der Botschaft Zuflucht gesucht hatten.

Der Schah verlangte ihre Auslieferung. Gribojedow weigerte sich. Gemäß einer Bestimmung des Vertrags von Turkmenchai hatten die georgischen und armenischen Untertanen Persiens das Recht, in ihre Heimat zurückzukehren, und der russische Botschafter wollte sie mitnehmen. Dies veranlasste die bereits von antirussischen Ressentiments erfüllte Menge vor der Botschaft, in diese einzudringen, das russische Personal zu überwältigen und alle zu töten, auch Gribojedow. Seine Leiche wurde aus dem Fenster geworfen und von der Menge verstümmelt.

Trotz dieser extremen Verletzung und Misshandlung von Diplomaten, die für Russland Grund genug war, erneut in den Krieg gegen Persien einzutreten, musste der Zar die Entschuldigung Fath-Ali Schahs widerwillig annehmen, da er sich bereits in einem Konflikt mit den Osmanen befand und nicht riskieren konnte, eine weitere Front zu eröffnen. Dennoch sollte die Ermordung Gribojedows und der übrigen Mitglieder der russischen Delegation einer der ersten Fälle gewaltsamer Manifestation iranischer Fremdenfeindlichkeit werden.

Im weiteren Verlauf des Jahrhunderts mischten sich Großbritannien und Russland immer wieder in die inneren Angelegenheiten Persiens ein und nahmen Einfluss auf das Land. So intervenierten Briten und Russen 1833 und 1834 nach dem Tod des Kronprinzen (Abbas Mirza) und Fath-Ali Schahs, um zu verhindern, dass Persien erneut in einen dynastischen Erbfolgekrieg abrutschte. Sie unterstützten den Sohn von Abbas Mirza, Muhammad Mirza, der schließlich Schah wurde, gegen seinen Onkel.

Muhammad Schah, der seinem Großwesir Haddschi Mirza Aqasi großes Vertrauen entgegenbrachte, war für die Europäer weitaus schwieriger zu manipulieren. Der neue Schah der Kadscharen führte einen Feldzug gegen Herat und belagerte die Stadt 1837 mit etwa vierzigtausend Mann. Die Briten waren sich der Situation bewusst und betrachteten die persische Expansion nach Herat als Bedrohung ihrer Interessen in der Region. Sie entsandten einen ihrer Offiziere, um die

Verteidigung der Stadt zu organisieren, und rieten dem Schah, keinen Angriff auf die Stadt zu unternehmen. Als Muhammad Schah nicht nachgab, besetzten die Briten die Insel Charg im Persischen Golf und drohten mit einer Invasion des Iran, woraufhin der Schah seine Offensive aufgab und sich zurückzog.

Die Europäer spielten auch in den folgenden Jahren eine wichtige Rolle bei der Schlichtung der Konflikte zwischen Persien und dem Osmanischen Reich. Nach jahrelangen Verhandlungen einigten sich beide Seiten 1847 auf den Vertrag von Erzurum, der die Grenzstreitigkeiten zwischen den beiden muslimischen Mächten regelte.

Im Großen und Ganzen jedoch erstickte das zunehmende Engagement Russlands und Großbritanniens in persischen Angelegenheiten das Land, und die Kadscharen-Monarchen hatten weniger Spielraum, um sich dem politischen Druck der Europäer zu entziehen. Tatsächlich wurde der Iran langsam zum Opfer des europäischen Kolonialimperialismus, da Briten und Russen die relative „Rückständigkeit" Persiens zu ihrem eigenen Vorteil ausnutzen wollten. Persien war weniger industrialisiert und daher stark vom Export von Rohstoffen abhängig, anstatt sich auf die heimische Produktion oder Fertigung zu verlassen. Dies machte Persien zu einem leichten Ziel für technologisch fortschrittlichere Mächte, die die Schwächen Irans schnell ausnutzten und zu einer der zwiespältigsten Perioden in der iranischen Geschichte führten.

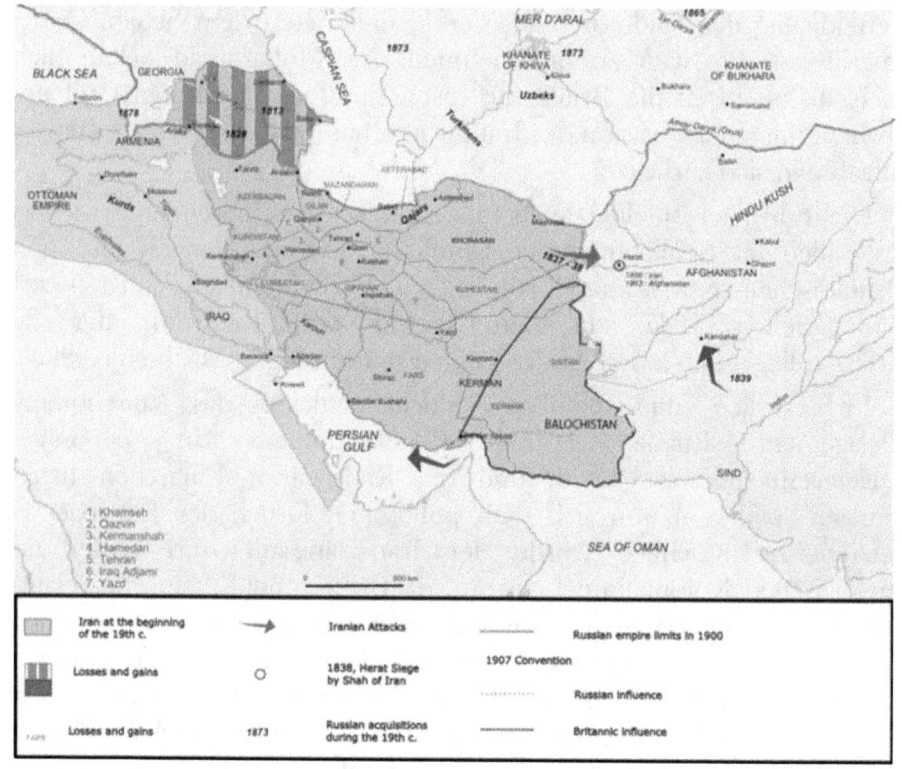

Karte des Iran unter den Kadscharen. [70]

Amir Kabirs Reformen

Nach dem Tod von Muhammad Schah im September 1848 wurde Naser al-Din Schah neuer Monarch von Persien. Mit der Thronbesteigung des ehrgeizigen Sechzehnjährigen begannen die ersten Reformversuche im Persien der Kadscharen. Vor Naser al-Din war Persien, ähnlich wie sein muslimischer Nachbar, das Osmanische Reich, nach europäischen Maßstäben ziemlich rückständig. Das Bildungsniveau war niedrig, und die Mitglieder der Gesellschaft genossen nur begrenzte Freiheiten, die nur mit den schiitischen Gesetzen vereinbar waren. Beiden Nationen fehlte ein starker industrieller Kern, und ihre traditionell starke und zahlenmäßig große Armee war nicht modernisiert.

Es wurden Schritte unternommen, um einige dieser Probleme anzugehen, aber sie funktionierten nur teilweise. So hatten die Perser unter Abbas Mirza britische Offiziere ins Land geholt, um die Armee auszubilden, und die Mittel aufgestockt, wurden aber schließlich aufgrund mangelnder technischer Ausstattung von den Russen vernichtend geschlagen, die selbst keineswegs über eine hochdisziplinierte Armee verfügten. Im Bildungsbereich wurden Anstrengungen unternommen, mehr Studenten ins Ausland zu schicken, um sie in Großbritannien und Frankreich auszubilden, was sich positiv auswirkte. Der aus Oxford zurückgekehrte Mirza Saleh gründete 1837 die erste iranische Zeitung und trug damit wesentlich zur Verbreitung seines in Europa erworbenen Wissens bei.

Unter Naser al-Din Schah nahm die Reformation in Persien erst richtig Fahrt auf. Der Schah setzte sein ganzes Vertrauen in seinen Mentor und Großwesir Mirza Taghi Khan, der die Rolle des Regenten übernommen hatte und als Amir Kabir bekannt war. Amir Kabir hatte sich bereits als politische Persönlichkeit bewährt, als er in die Regierungsränge aufstieg, nachdem er an einigen der wichtigsten Entwicklungen des Landes teilgenommen hatte. So war er Mitglied einer Delegation, die Zar Nikolaus I. in St. Petersburg besuchte, um sich offiziell für die Ermordung russischer Diplomaten im Jahr 1829 zu entschuldigen. In Russland lernte Amir Kabir den modernen russischen Regierungs- und Verwaltungsstil, die Gesellschaft, die Industrie und das kulturelle Leben kennen. Amir Kabir war auch an der Ausarbeitung des Vertrags von Erzurum mit dem Osmanischen Reich beteiligt. Insgesamt hatte er eine modernere Vision für die Entwicklung des Landes entwickelt und war vielleicht der richtige Mann, um die Reformen zu leiten.

Amir Kabir war sich bereits vor seiner Ernennung zum Premierminister der militärischen Bedürfnisse des Landes bewusst. Während seiner Zeit als Militärkommandant in Aserbaidschan beaufsichtigte er die Verwaltung der dort stationierten persischen Armeekontingente. Eine seiner wichtigsten Initiativen war die Unterstützung bei der Umschulung des Kerns der persischen Armee, die noch aus Einheiten verschiedener Stämme bestand. Zu diesem Zweck führte Amir Kabir ein neues Wehrpflichtsystem ein und zahlte den Sold direkt an die Soldaten aus, anstatt ihn den Offizieren anzuvertrauen. Um die Ausbildung der Truppen zu diversifizieren und die Abhängigkeit Persiens von Großbritannien und Russland zu verringern, lud Amir Kabir neue, erfahrene Offiziere aus Österreich und Italien ein, um ihr Wissen mit seinen Offizieren zu teilen. Schließlich strebte er den Aufbau einer starken Rüstungsindustrie in Persien an, die er für die Aufrechterhaltung einer schlagkräftigen Armee für unerlässlich hielt.

Amir Kabir führte radikale Veränderungen im Finanz- und Verwaltungssystem Persiens durch. Die Korruption war so weit verbreitet, dass sie die Effizienz der Institutionen des Landes fast zunichtegemacht hatte. Um mehr Geld in die königliche Staatskasse zu bekommen, reduzierte der Premierminister die Zahl der Staatsbeamten drastisch und kürzte die Gehälter derer, die blieben. In der Folge wurden die staatlichen Pensionen für diejenigen, die wenig zur Regierung beitrugen, gekürzt und der Zugang des königlichen Harems zu staatlichen Geldern eingeschränkt – eine Maßnahme, die bei den hochrangigen Persönlichkeiten am Hof des Schahs äußerst unpopulär war.

Amir Kabir verfolgte auch eine interventionistische Politik in der Staatswirtschaft, indem er die Zölle regulierte (die nun von der Regierung und nicht mehr von einzelnen Händlern erhoben wurden), Marktkulturen wie Zuckerrohr und Baumwolle subventionierte und das Steuersystem reformierte. Landbesitzer wurden nun nach ihrer Produktivität und nicht mehr nach der Größe ihres Grundbesitzes besteuert. Diese Veränderungen ermutigten mehr Menschen, sich der Landwirtschaft zu widmen, was zu einer starken Entwicklung des Agrarsektors führte, von der letztlich die Mittel- und die untere Mittelschicht des Landes profitierten. Die Reformen des Premierministers führten auch zu einem Anstieg der lokalen Warenproduktion, was den Bau neuer Fabriken und die Einführung neuer Techniken für die Herstellung verschiedener Produkte zur Folge hatte.

Um sicherzustellen, dass die Menschen im Reich über die neuen staatlichen Veränderungen auf dem Laufenden waren, gab Amir Kabir ein Regierungsblatt heraus, das weite Verbreitung fand. Die Zeitung berichtete über die neuen Regelungen sowie über lokale und ausländische Entwicklungen. Amir Kabir förderte die Schaffung und Veröffentlichung neuer literarischer Werke persischer Autoren.

Das Juwel unter den Errungenschaften von Amir Kabir war die Gründung von Dar-ül Fünun, der ersten Hochschule im Iran überhaupt, die 1851 eröffnet wurde. Diese technische Hochschule in Persien wurde vollständig von der Regierung und dem Militär finanziert und war darauf spezialisiert, junge persische Männer aus der Oberschicht, die ihre Grundschulausbildung bereits abgeschlossen hatten, in verschiedenen Disziplinen zu unterrichten. Der Unterricht wurde hauptsächlich von ausländischen Lehrern erteilt, die die Jungen in Französisch und Persisch unterrichteten. Dar-ül Fünun bildete die Jugend in militärischen, medizinischen, technischen, historischen, mathematischen, sprachlichen und vielen anderen Fächern aus. Es war eine revolutionäre Einrichtung, die wesentlich zur Modernisierung Persiens beitrug. Ein Nebeneffekt war die Gründung weiterer Hochschulen im ganzen Land in den folgenden Jahrzehnten.

Amir Kabirs größtes Hemmnis und der Grund für seinen endgültigen Untergang war sein Versuch, gegen die Ulama und das Rechtssystem des Landes vorzugehen, das von korrupten religiösen *Mudschatahids* - schiitischen Imam-Juristen, die die Hauptmacht in den Gerichten innehatten - durchsetzt war. Die Ulama zögerten bereits, ihre volle Unterstützung für die Kadscharen-Dynastie zu erklären, da sie sich im Besitz eines göttlichen Rechts zur Herrschaft über Persien sahen - eine Haltung, die schon seit geraumer Zeit bestand und Amir Kabir beunruhigte. Er versuchte daher, seinen Einfluss auf das Justizsystem geltend zu machen, indem er korrupte Richter absetzte und bestrafte und diejenigen, denen er vertraute, persönlich in höhere Positionen der muslimischen Gerichtsbarkeit berief. Kurzum, Amir Kabir sorgte dafür, dass es den *Mudschatahids* unmöglich war, wichtige rechtliche Entscheidungen ohne seine indirekte Zustimmung zu treffen. In der Folge wurde es den Ulama auch verboten, *Bast* zu gewähren - ein Verfahren, mit dem religiöse Amtsträger verurteilte Verbrecher „retteten", indem sie sie in Moscheen und religiöse Schreine schickten. Diese Entscheidung trug dazu bei, die Korruption auf allen Ebenen des Justizsystems auszumerzen.

Amir Kabirs ehrgeizige, aber erfolgreiche Politik reichte jedoch nicht aus, um ihn lange an der Macht zu halten. Da der junge und unerfahrene Schah noch nicht bereit war, allein zu regieren, hatte der Premierminister freie Hand bei der Durchführung von Reformen, von denen viele von den eher traditionalistischen Kräften des Landes als radikal empfunden wurden. Sein hartes Durchgreifen gegen hochrangige Bürokraten, Mitglieder des königlichen Hofes und die Ulama führte letztendlich zur Bildung einer Fraktion, die den Premierminister schließlich absetzte.

Im November 1851, nur etwa drei Jahre nach seiner Ernennung zum Großwesir, entließ Naser al-Din Schah unter dem Einfluss der Königinmutter und anderer Mitglieder der Anti-Amir-Kabir-Fraktion den Minister, dessen Reformen Persien tatsächlich auf den Weg der dringend benötigten Modernisierung und Entwicklung gebracht hatten. Naser al-Din Schah degradierte den ehemaligen Premierminister zum Armeechef und schickte ihn nach Kaschan, wo er von seinen Truppen verhaftet wurde. Diese Entscheidung war ein Schock für den russischen Botschafter, der besonders über den neuen Premierminister Mirza Aqa

Khan Nuri besorgt war, den die Russen für zu pro-britisch hielten. Dies sollte sich als Todesurteil für Amir Kabir erweisen, denn der junge Schah wurde darüber informiert, dass die Russen die Entsendung eines kleinen Truppenkontingents planten, um den ehemaligen Premierminister unter ihren Schutz zu stellen. Im Januar 1852 wurde Amir Kabir, der Mann, der versucht hatte, den Iran zu reformieren, auf Befehl des Schahs hingerichtet.

Die Reaktion auf die Reform

Mirza Aqa Khan Nuri wurde als Nachfolger von Amir Kabir neuer Premierminister des Schahs. Er gehörte zu den Mitgliedern der Gruppe, die Naser al-Din Shah beeinflusst hatten, um das Regime von Amir Kabir zu beenden. Aqa Khan Nuris Amtszeit markierte den Beginn einer reaktionären Phase der von seinen Vorgängern eingeleiteten Reformen. Der neue Premierminister war politisch nicht so geschickt wie Amir Kabir. Die ersten Jahre seiner Amtszeit führten Persien in eine kritische Phase, in der das Land nicht in der Lage war, eine günstigere Position auf der internationalen Bühne einzunehmen.

Der neue Premierminister, der möglicherweise versuchte, einige der ehemaligen westlichen Gebiete des Iran zurückzugewinnen, zögerte, seine Neutralität im Krimkrieg zu erklären. Er wollte in das Osmanische Reich einmarschieren, als dieses in einen Konflikt mit Russland verwickelt war. Letztlich wurde Persien nicht in den Krieg hineingezogen, der mit der Niederlage Russlands endete. Doch Aqa Khan Nuris Vorgehen zerstörte für immer die Beziehungen zu den Briten, die das Osmanische Reich im Krieg unterstützt hatten. Es folgte ein Skandal um den britischen Botschafter in Persien, der Ende 1855 zum Abbruch aller diplomatischen Beziehungen der europäischen Großmacht mit dem Land im Nahen Osten führte.

Aqa Khan Nuri traf die fatale Entscheidung, die Afghanen in Herat anzugreifen. Dieses Mal wurde die Stadt im Oktober 1856 eingenommen. Doch mit den Briten war nicht zu spaßen. Als Reaktion auf das Vorgehen der persischen Regierung erklärte Großbritannien im November den Krieg. Es überrascht nicht, dass das britische Militär die Perser mit Leichtigkeit überwältigte und ihnen mehrere Niederlagen beibrachte. Die Briten besetzten zunächst die Insel Charg und landeten dann im Januar 1857 in Buschehr, wo sie den persischen Widerstand zerschlugen und sich praktisch freien Zugang zum Kernland verschafften.

Naser al-Din war gezwungen, um Frieden zu bitten, der im April von Napoleon III. von Frankreich vermittelt wurde. Zum Glück für die besiegten Perser wollten die Briten ihren Sieg nicht voll ausnutzen, da sie befürchteten, dass dies die Perser dazu veranlassen würde, sich den Russen anzuschließen, was ihren Interessen in der Region schaden würde. So wurde Persien lediglich gezwungen, Herat und alle seine Ansprüche auf afghanische Gebiete aufzugeben; Kriegsentschädigungen musste Persien nicht zahlen. Nach den Friedensverhandlungen nahmen die Briten ihre diplomatischen Aktivitäten in Teheran wieder auf.

So begann die Amtszeit von Aqa Khan Nuri mit einem herben Rückschlag. Der Schah glaubte, dem neuen Premierminister genügend Zeit gegeben zu haben, um etwas Sinnvolles zu tun, und entließ ihn Anfang 1858 aus seinem Amt. Nach der Entlassung von Aqa Khan Nuri kümmerte sich Naser al-Din Schah für kurze Zeit verstärkt um die Regierungsgeschäfte seines Landes und überwachte direkt einige der wichtigen Prozesse, die in den 1860er Jahren stattfanden. Die wichtigste Entwicklung dieser Zeit war der Bau der ersten persischen Telegrafenlinie, die Teheran mit Teilen des südlichen Iran verband.

Leider war diese Zeit für Persien auch von unglücklichen Entwicklungen geprägt, die der Schah nur schwer bewältigen konnte. Eine Hungersnot suchte das Land heim, da die Agrarexporte zurückgingen; Dürren und Missernten verschärften die Lage zusätzlich. Noch gravierender war, dass Russland in Zentralasien große Fortschritte machte und Ende der 1860er Jahre im Nordosten an den Iran angrenzende Gebiete eroberte, was nicht nur Persien, sondern auch Großbritannien beunruhigte, dessen Position in der Region durch die russische Präsenz zunehmend in Frage gestellt wurde.

In den 1870er Jahren erschien eine neue Figur auf der politischen Bühne Persiens, die versuchte, die Modernisierung voranzutreiben. Mirza Hosein Khan Moshir od-Dowleh war ein erfahrener Diplomat, der während seiner Zeit als Konsul in Tiflis und später als Botschafter in Istanbul – in der erfolgreichsten Zeit der Tanzimat-Reform des Osmanischen Reiches – viel Erfahrung gesammelt hatte. Nachdem Moshir od-Dowleh die Fortschritte der Osmanen in den letzten Jahren miterlebt hatte, wurde er zu einem begeisterten Anhänger der Verwestlichung und zu einem der größten Verfechter des iranischen Nationalismus und der Modernisierung, was ihm in den Augen der gleichgesinnten persischen Intelligenz einen hervorragenden Ruf einbrachte. Seit seiner Ernennung zum Botschafter im Jahr 1870 unterhielt er enge Beziehungen zu Naser al-Din Schah, dem er in Briefen die soziopolitischen und wirtschaftlichen Entwicklungen im Osmanischen Reich beschrieb und die Fortschritte lobte, die die Regierung des Sultans durch die Übernahme westlicher Ideen erzielt hatte. Dies führte schließlich dazu, dass er den Schah Ende 1870 nach Bagdad begleitete, wo sich Naser al-Din mit eigenen Augen von den Modernisierungsfortschritten der Osmanen überzeugen konnte. In den folgenden Jahren ernannte ihn der Schah, begeistert von diesem Anblick und beeindruckt von Moshir od-Dowleh, zu seinem neuen Premierminister.

Obwohl der neue Premierminister entschlossen war, das Land zu reformieren, und tatsächlich einige Änderungen im Verwaltungs- und Rechtssystem des Landes vornahm, unterschieden sich seine Amtszeit und die von ihm durchgeführten Reformen erheblich von der Amtszeit Amir Kabirs. Der Hauptunterschied bestand darin, dass Moshir od-Dowleh ein Befürworter der Förderung ausländischer Beteiligung an iranischen Angelegenheiten zu sein schien. Zum Beispiel wollte der neue Premierminister die persische Wirtschaft verbessern, aber er wandte sich an die Briten, um sein Ziel zu erreichen. Am deutlichsten wurde diese Haltung, als Moshir od-Dowleh kurz nach seinem Amtsantritt auf die so genannte Reuter-Konzession drängte.

Die Konzession, die schließlich 1872 zwischen Naser al-Din Schah und dem britisch-jüdischen Geschäftsmann und Bankier Baron Julius de Reuter unterzeichnet wurde, gewährte Reuter für die nächsten siebzig Jahre das Exklusivrecht und praktisch die vollständige Kontrolle über den Bau und die Entwicklung von Telegrafen, Straßen, Bergwerken, Eisenbahnen, Dämmen und anderen öffentlichen Bauten in Persien. Obwohl der Premierminister die Konzession in der guten Absicht vorgeschlagen hatte, dringend benötigte Hilfe für die Entwicklung der Infrastruktur und der Industrie des Landes zu erhalten, war Reuters Konzession eine ungeheuerliche Ausbeutung der persischen Ressourcen. Das Abkommen ähnelte dem, was die Briten ihren kolonisierten Gebieten aufzwangen.

Die Reuter-Konzession erwies sich für Moshir od-Dowleh als katastrophal und schadete dem Ansehen des Schahs in den Augen der iranischen Bevölkerung, die das Dekret als Verletzung ihrer Souveränität ansah. Der Premierminister hatte sich wahrscheinlich für das Zugeständnis entschieden, weil er in Großbritannien einen potenziellen Beschützer Persiens vor Russland sah. Zu dieser Ansicht war er wahrscheinlich gekommen, nachdem er die protektionistische Rolle der Briten gegenüber den Osmanen während der Tanzimat-Ära beobachtet hatte.

Es überrascht nicht, dass die allgemeine Empörung, der Druck der Russen und sogar die Weigerung der britischen Regierung, ein so kostspieliges Unternehmen eines Privatunternehmers zu finanzieren, die Reuter-Konzession nutzlos machten. Ein Jahr nach der Unterzeichnung kündigte Naser al-Din Schah den Vertrag. Die Kündigung löste jedoch keines der Probleme Persiens. Sie führte zwar zu einem Wiederaufflammen fremdenfeindlicher Gefühle, aber Teile der iranischen Bevölkerung unterstützten zunehmend ein Engagement Russlands oder Großbritanniens in der persischen Wirtschaft und Politik, da sie dies für den richtigen Weg für ihr Land hielten.

Das Land war bankrott, anfällig für weitere Ausbeutung durch externe Akteure und nicht in der Lage, Veränderungen durchzusetzen, die sich positiv auf das Land ausgewirkt hätten. Da half es auch nicht, dass Naser al-Din Schah nach der Reuter-Konzession dreimal nach Europa reiste, was die Staatskasse weiter belastete. Die Bürokraten und die religiöse Elite kehrten zu ihren korrupten Praktiken zurück und trugen wenig dazu bei, dass Persien auf Kurs blieb.

Obwohl Persien in den 1890er Jahren nicht in Kriege mit anderen Ländern verwickelt war, wurde es zunehmend von ausländischen Interventionen abhängig. Die 1879 in Teheran gegründete russische Kosakenbrigade übernahm die Kontrolle über das persische Militärsystem. Sie ermöglichte es russischen Offizieren, zu den einflussreichsten Kommandeuren der Armee aufzusteigen. In der Zwischenzeit gelang es dem reichen Baron Reuter, seinen Einfluss auf den Schah durch die Gründung der Imperial Bank of Persia, die 1889 eröffnet wurde, geltend zu machen. Die Bank wurde von Großbritannien geleitet und kontrolliert. Sie fungierte als Staatsbank und besaß das alleinige Recht zur Herstellung von Banknoten, womit sie praktisch ein Monopol auf Finanzdienstleistungen in Persien hatte.

Kapitel 8: Die Geburt des modernen Iran

Der Tabakprotest

Die zweite Hälfte des 19. Jahrhunderts war für Persien eine äußerst turbulente Zeit. Zum ersten Mal seit langer Zeit wurde die Macht und Legitimität des Schahs in Frage gestellt. Die Wirtschaft lag praktisch brach, da sie vom Export billiger Rohstoffe abhängig war. Das Land hinkte in der Industrialisierung hinterher und hatte weiterhin infrastrukturelle Probleme, die sich auf die regionale Anbindung auswirkten. Schließlich beeinflussten die europäischen Mächte die politischen und sozioökonomischen Entwicklungen in Persien stärker als zuvor und beuteten Regierung und Bevölkerung in vielfältiger Weise aus. Alles in allem sah die Zukunft nicht vielversprechend aus. Dennoch sollte in Persien ein Ereignis stattfinden, das weithin als Weichenstellung für die Entstehung des modernen iranischen Nationalstaates, wie wir ihn heute kennen, angesehen wird.

Ende 1889 war die persische Staatskasse bankrott, was zum Teil auf den dritten extravaganten Europa-Besuch von Naser al-Din Shah zurückzuführen war, der zu einem der lukrativsten Geschäfte in der Geschichte des Iran geführt hatte. Es war fast so groß wie die Reuters-Konzession, die in den 1870er Jahren gescheitert war, aber in gewisser Weise die britische Kontrolle über das persische Bankensystem manifestiert hatte. Im März 1890 unterzeichnete der Schah, der nichts aus den Fehlern der Vergangenheit gelernt hatte und verzweifelt nach

Möglichkeiten suchte, die Wirtschaft am Laufen zu halten, ein Dokument, das dem britischen Major Gerald Talbot über fünfzig Jahre das vollständige Monopol auf die Produktion, den Vertrieb und den Export des persischen Tabaks einräumte. Im Gegenzug für 25 Prozent aller Gewinne, die Major Talbot erzielte, und eine feste jährliche Zahlung wurde die Imperial Tobacco Corporation gegründet, die den Lauf der iranischen Geschichte für immer verändern sollte.

Es ist nicht verwunderlich, dass die Vergabe solcher Exklusivrechte an einen britischen Staatsbürger für die lokale Bevölkerung und den Markt von großer Bedeutung war, da Tabak eines der am häufigsten konsumierten Produkte war. Als die Verhandlungen abgeschlossen waren und sich die Nachricht von der Konzession verbreitete, meldeten sich Kritiker aus allen Gesellschaftsschichten zu Wort, vom einfachen Verbraucher über reiche Tabakhändler bis hin zu Mitgliedern der Intelligenzija. Sie betrachteten die Imperial Tobacco Corporation als ein weiteres Beispiel unerwünschter ausländischer Einmischung in das persische Leben. Im Frühjahr 1891 kam es zu Protesten, als Mitarbeiter der Firma auf den persischen Basaren auftauchten. Die lokalen Tabakproduzenten und -händler weigerten sich, ihre Arbeit einer ausländischen Firma zu überlassen. Die Händler wurden bald von den schiitischen Ulama unterstützt, die der Meinung waren, dass sie im Sinne der wahren nationalen Interessen des Landes handelten, die im Islam verwurzelt waren und eine ausländische Beteiligung in diesem Ausmaß nicht zuließen. Darüber hinaus standen die neuen Regelungen in direktem Widerspruch zur Scharia, da sie den einheimischen Händlern das Recht nahmen, ihren jahrhundertealten Handel fortzusetzen. Auch die Ulama waren empört, denn die Tabakkonzessionen würden ihnen finanziell schaden, da Mitglieder der religiösen Elite enge Beziehungen zu den reichen Kaufmannsfamilien des Landes unterhielten; Die Ulama erlaubten ihnen sogar, Tabak auf dem Land der Geistlichen anzubauen. Ende April protestierte fast ganz Persien.

Großstädte wie Teheran und Schiras wurden zu Zentren der Proteste. Die Regierung von Naser al-Din versuchte, die Revolten zu unterdrücken, indem sie lokale Führer verhaftete und die Händler zwang, die städtischen Basare wieder zu öffnen. Schließlich vertrauten die empörten Demonstranten einem prominenten schiitischen Mudschaheddin namens Mirza Hasan Schirazi. Schirazi, der eine angesehene Position innehatte, schrieb persönlich einen Brief an Naser al-Din Schah, in dem er seine Meinung über die Entscheidung des

Schahs äußerte, die Tabakkonzession kritisierte und den Schah aufforderte, seine Entscheidung zurückzunehmen. Als sein Brief nicht die gewünschte Wirkung zeigte, erließen Schirazi und die Ulama, die gegen die Konzession waren, im Dezember 1891 eine Fatwa (ein Rechtsgutachten nach islamischem Recht), in der sie das Vorgehen des Schahs verurteilten und den Tabakkonsum für die Anhänger der Zwölfer-Schia zu einem Verbrechen erklärten. Sie wollten die Menschen vom Tabakkonsum abhalten und damit das neu erworbene britische Monopol unwirksam machen.

Die Fatwa wurde in den großen Städten des Landes weit verbreitet und spielte die wichtigste Rolle im Kampf der Bevölkerung gegen die Tabakkonzession. Nicht nur boykottierten Hunderttausende, darunter die dem Schah am nächsten stehenden Haremsdamen und Höflinge, den Tabakkonsum, sondern auch viele Landbesitzer, die Tabak anbauten, verbrannten ihre Vorräte, um sich der britischen Übernahme zu widersetzen. Die Wahrheit ist, dass die Ulama im Persien des späten 19. Jahrhunderts eine sehr einflussreiche Macht waren, so dass die Menschen ein religiöses Verbot von allem respektierten, sogar von Tabak, der als lebenswichtig galt. Selbst in den Moscheen wurde geraucht.

Da gegen die Mehrheit der Bevölkerung nichts auszurichten war und Naser al-Din Schah erkannte, dass er eine törichte und verzweifelte Entscheidung getroffen hatte, willigte er im Januar 1892 ein, den Vertrag zu kündigen. Er stand unter dem Druck tausender landesweiter Proteste, die von Tag zu Tag zunahmen. Es war offensichtlich, dass der Rückzug aus dem Vertrag den Monarchen übermäßig viel Geld kostete. Er musste den Briten 500.000 Pfund zahlen. So viel Geld hatte er nicht, also musste er es sich bei russischen und britischen Banken leihen.

Der Tabakprotest zeigte deutlich den Willen des iranischen Volkes, sich den imperialistischen Wünschen ausländischer Mächte zu widersetzen. Er zeigte auch den Einfluss der religiösen Elite. Obwohl dieses Ereignis in der iranischen Geschichte weithin als eine pro-nationalistische Entwicklung angesehen wird, muss rückblickend festgestellt werden, dass den Protesten der Zusammenhalt und die Einheit der späteren Bewegungen, die den iranischen Nationalstaat hervorbrachten, fehlten. Obwohl die Mehrheit der Bevölkerung gegen die Umsetzung der Tabakkonzession war, gab es immer wieder Fraktionen, die sie entweder unterstützten oder die Veränderungen nicht in gleichem Maße boykottierten. Naser al-Din, der ein schwacher und leicht manipulierbarer Herrscher war, soll zwar Zweifel an der

Umsetzung der Konzession gehabt haben, hatte sie aber möglicherweise zunächst durchgeführt, um die Briten nicht zu verärgern. Die Bevölkerung hingegen war motiviert, auf die Straße zu gehen, weil sie die Fremdherrschaft verachtete und befürchtete, dass das britische Tabakmonopol viele von ihnen in die Armut treiben würde. Die Proteste waren also nicht wirklich eine Gelegenheit für die Bevölkerung, ihren Nationalismus zu demonstrieren, zumindest nicht im vollen Sinne des Wortes.

Historiker haben auch die Rolle der Russen bei der Anstiftung und Motivation der Demonstranten identifiziert, da St. Petersburg die Konzession natürlich als Bedrohung seiner eigenen Interessen betrachtete und sich dagegen wehren wollte, bevor sie sich ausreichend manifestieren konnte. Dennoch hatte der Tabakprotest Auswirkungen auf die iranische Bevölkerung und ihre Einstellung gegenüber der Präsenz ausländischer Mächte in ihrem Leben.

Die konstitutionelle Revolution

Das Debakel um die Tabakkonzession hatte weitere negative Auswirkungen auf Persien, sowohl in wirtschaftlicher als auch in sozialer Hinsicht. Die zunehmende Instabilität und die Unfähigkeit Naser al-Din Schahs, die Krisen seines Landes zu lösen, führten zu einem wachsenden Hass der Bevölkerung auf die Kadscharen-Monarchie. Im Mai 1896, als der Schah den Beginn seines fünfzigsten Regierungsjahres feiern wollte, wurde Naser al-Din erschossen. Sein Sohn, Kronprinz Mozaffar ad-Din, sollte neuer Herrscher Persiens werden. Nachdem er bereits als Gouverneur von Aserbaidschan gedient hatte, bestieg Mozaffar ad-Din den Thron in der Hoffnung, die Fehler seines Vaters wiedergutzumachen. Während seiner 35-jährigen Amtszeit als Gouverneur hatte er sich jedoch immer stark auf seine Gefolgsleute verlassen. Der neue Schah versuchte zunächst, seinen eigenen Premierminister anstelle von Ali Asghar Khan Amin al-Soltan, der unter Naser al-Din gedient hatte, einzusetzen. Zwei Jahre später, 1898, lud Mozaffar ad-Din jedoch Amin al-Soltan erneut ein, da er von seinem Kandidaten enttäuscht war.

Amin al-Soltan war während seiner Amtszeit nach Japan, China, Russland und in die Schweiz gereist, um sich mit den unterschiedlichen Gepflogenheiten in diesen Ländern vertraut zu machen. Die Hauptaufgabe des neuen Schahs bestand darin, Persien aus der Wirtschaftskrise zu führen. Nach seiner Rückkehr wandte sich Amin al-Soltan wieder Russland zu, wo er einige Kontakte geknüpft hatte. Im Jahr

1900 lieh er sich von St. Petersburg beträchtliche Summen. Mit diesem Geld wurden Kredite aus anderen Ländern zurückgezahlt, wodurch Persien finanziell immer abhängiger von Russland wurde.

Um das geliehene Geld zurückzuzahlen und einige der wirtschaftlichen Probleme Persiens zu lösen, lud der Premierminister eine belgische Delegation unter der Leitung von Joseph Naus ein und führte gemeinsam mit ihr ein neues Zollsystem im Land ein. Das neue System erhöhte die Zölle auf Importe aus Großbritannien, senkte aber die Zölle auf russische Waren. Diese Entscheidung beunruhigte die Briten, da sie ihnen signalisierte, dass Persien langsam prorussisch wurde. Die Briten glaubten auch, dass dies potentielle britische Investoren noch mehr davon abhalten würde, in den persischen Markt einzutreten, insbesondere nach den Ereignissen während der Tabakproteste.

Ein Jahr später vermittelte Amin al-Soltan, der die Bedenken der Briten verstand und die Weltmacht nicht gänzlich von Geschäften mit Persien abhalten wollte, ein schockierendes Abkommen mit dem britisch-australischen Millionär William Knox D'Arcy. Nach dem im Mai 1901 unterzeichneten Vertrag, der den Lauf der iranischen Geschichte für immer verändern sollte, erhielt D'Arcy für 40.000 Pfund und 16 Prozent der Einnahmen, die direkt an die persische Regierung gingen, für die nächsten 50 Jahre die Exklusivrechte an den persischen Gas- und Ölvorkommen in fast allen Teilen des Landes.

Obwohl Gas und Öl damals sehr wertvoll waren, war nicht allgemein bekannt, über welch große Reserven der Iran verfügte. In den ersten Jahren brachten die britischen Investitionen keine nennenswerten Ergebnisse. Am 26. Mai 1908 stießen die Männer von D'Arcy jedoch auf Öl, was ein Jahr später zur Gründung der Anglo-Persian Oil Company führte. Nachdem die Industrie expandierte und immer mehr Ölvorkommen im Süden Irans entdeckt wurden, wurde die britische Regierung 1914 Mehrheitsaktionär der Gesellschaft, was im Wesentlichen bedeutete, dass sie ein vollständiges Monopol auf die iranischen Ölfelder besaß.

Eine der ersten iranischen Ölraffinerien. [71]

Die Bemühungen von Amin al-Soltan führten nicht unmittelbar zu einer Verbesserung der wirtschaftlichen Lage. Die unter dem Premierminister begonnenen Projekte sollten dem Land langfristig zugutekommen, aber die persische Bevölkerung hatte nicht so viel Zeit. Ein wichtiger Faktor, der die wirtschaftliche Entwicklung Persiens hemmte, war der Silberstandard. Die meisten anderen Länder der Welt waren bereits zum Goldstandard übergegangen, was es dem Iran erschwerte, sich den Preisschwankungen auf dem Weltmarkt anzupassen, und zu einer hohen Inflation führte. Inmitten der sozialen und finanziellen Not fand das persische Volk jedoch seine Rettung, die zu einer der fruchtbarsten und einflussreichsten sozialreaktionären Bewegungen des ersten Jahrzehnts des 20. Jahrhunderts führte: die Konstitutionelle Revolution.

Die Bildung zunehmend liberaler Regierungen war in der Tat der Trend des gesamten 19. Jahrhunderts, als Europa und die übrige Welt die allmähliche Abschaffung der Monarchien und den Aufstieg hybrider Republiken mit Verfassungen erlebten, die keine Machtkonzentration in den Händen einer einzigen Person zuließen. In Persien war die Bewegung, die schließlich zur sogenannten konstitutionellen Revolution führte, ein langer Prozess, der vor allem 1904/1905 begann. Der Wunsch nach Reformen war im Iran schon lange vorhanden, und die Angehörigen der verschiedenen Gesellschaftsschichten hatten unterschiedliche Gründe für ihre Unzufriedenheit mit der Zentralregierung in Teheran. Diese Stimmung führte nach 1904 zur Gründung zahlreicher geheimer und sozialpolitischer Parteien im ganzen Land. Diese Parteien wurden von Angehörigen der Intelligenz geführt und bestanden aus Gleichgesinnten, die sich unter dem Banner der Reform des Landes auf Kosten des Kadscharenregimes zusammenschlossen. Innerhalb weniger Monate wuchs die Zahl der Mitglieder dieser Gesellschaften beträchtlich. Es gelang ihnen sogar, die Unterstützung prominenter Ulama wie Mirza Sayyed Mohammad Tabatabai und Seyyed Abdollah Behbahani zu gewinnen.

Nach einem Zwischenfall im Dezember 1905 gewannen die Revolutionäre noch mehr Anhänger und sprachen sich öffentlich gegen das Regime aus. Der Gouverneur von Teheran ordnete die Prügelstrafe gegen zwei Händler an, weil sie sich weigerten, die neuen Vorschriften zu befolgen. Die Menschen gingen auf die Straße, protestierten gegen die Gewalt gegen die Händler und veranlassten die Regierung in Teheran, Kräfte zu mobilisieren, um die Unruhen zu unterdrücken. Mohammad Tabatabai „bot" etwa zweitausend Demonstranten an, den *Bast* zu nehmen, was bedeutete, dass sie im Schah-Abdol-Azim-Schrein Zuflucht finden sollten, was ihnen die Möglichkeit gab, der Stadtpolizei auf legale Weise zu entkommen und sich neu zu formieren. Die Regierung konnte den *Bast* einfach nicht verletzen, so dass ihre Truppen nicht in die religiöse Einrichtung eindringen konnten, um die Demonstranten zu verhaften. Immer mehr Menschen nahmen den *Bast* und trugen ihre Forderungen unter dem Schutz der Ulama vor. Nach etwa einem Monat, im Januar 1906, zwangen die Aktivisten den Schah, der Entlassung seines

Premierministers zuzustimmen und das „Haus der Gerechtigkeit" zu gründen, die erste Form des späteren iranischen Parlaments.

Im Sommer eskalierte die Situation, als die Teheraner Polizei versuchte, gegen einige der Demonstranten vorzugehen, und mehrere führende Aktivisten verhaftete. Dies veranlasste Mohammad Tabatabai und Abdollah Behbahani, einen neuen *Bast* zu organisieren, zunächst in Ghom und dann in der britischen Botschaft, wo sich bis Ende Juli 1906 mehr als 13.000 Menschen versammelten. Dort sprachen die Anführer der Proteste zu den versammelten Demonstranten und legten ihre Forderungen und ihre Vision für die Zukunft des Iran, die hell und blühend sein sollte, klar dar. Besonders motiviert waren die Demonstranten durch ähnliche erfolgreiche Demonstrationen in Russland, die im Mai 1906 zu einer Verfassungsrevision und zur Gründung der russischen Duma führten, die die autokratische Herrschaft des Zaren beendete. Die in der britischen Botschaft versammelten Aktivisten brachten ähnliche Anliegen und Forderungen vor, die den Schah im August zwangen, der Einrichtung des Madschles, einer repräsentativen Nationalversammlung, zuzustimmen.

Die ersten Wahlen zum Madschles fanden einen Monat später statt, nachdem allen männlichen iranischen Staatsbürgern über dreißig Jahren, die über Grundbesitz verfügten, das Wahlrecht zugestanden worden war, ohne Rücksicht auf die Religion der Wähler. Die Bauern waren von der Wahl ausgeschlossen, da sie kein Land besaßen. Nach den Wahlen trat die Nationalversammlung Persiens am 7. Oktober 1906 zum ersten Mal zusammen. Bis Ende des Jahres erarbeitete sie eine provisorische Verfassung, die sogenannten Grundgesetze, die die Einrichtung eines Senats und eines Zweikammerparlaments vorsahen. Obwohl dem Schah das Recht eingeräumt wurde, zahlreiche Vertreter in den Senat zu wählen, hatte das Madschles, dessen Mitglieder alle zwei Jahre vom Volk gewählt wurden, technisch gesehen mehr Macht und Verantwortung.

Mozaffar al-Din Schah unterzeichnete am 30. Dezember die Grundgesetze und bestätigte damit die erste Fassung der persischen Verfassung. Kurz nach der Unterzeichnung starb der Schah und wurde durch den Kronprinzen Mohammad Ali Schah ersetzt. Der neue Schah und einige andere Gruppen wurden zu den Hauptgegnern der Verfassung von 1906 und des liberalen Regimes, für das sich die persische Intelligenz einsetzte.

Abgeordnete des ersten Madschles.⁷³

Diese raschen Fortschritte auf dem Weg zu einer modernen, leistungsfähigen konstitutionellen Monarchie blieben den Großmächten nicht verborgen, die weiterhin ihre Interessen in Persien verfolgten. Dies zeigte sich nach der Anglo-Russischen Konvention vom August 1907, die nicht einmal ein Jahr nach der Einsetzung des Madschles in Teheran stattfand. Großbritannien und Russland hatten die Entwicklung der Revolution in Persien aufmerksam verfolgt, wobei die britische Gesandtschaft nicht nur den Demonstranten auf dem Botschaftsgelände Unterschlupf gewährte, sondern auch deren Anführer beriet und den Aktivisten half, ihr Ziel zu erreichen. Die Russen blieben über die Situation in Teheran auf dem Laufenden, da sie dank der Kosakenbrigade, die ständig im Land stationiert war, eine größere Rolle in den militärischen und inneren Angelegenheiten Persiens spielten.

Die Hoffnungen der Konstitutionalisten, nach der Gründung des Madschles irgendeine Unterstützung zu erhalten, zerschlugen sich jedoch nach dem Anglo-Russischen Abkommen von 1907, dessen Hauptziel es war, Europa gegen einen aufkommenden gemeinsamen Feind zu verbünden: Deutschland. Darüber hinaus einigten sich Russland und Großbritannien darauf, alle bisherigen Konflikte im Nahen Osten zu neutralisieren, indem sie Persien in zwei Einflusssphären aufteilten. Jede der beiden Mächte sollte das Recht haben, ihre politischen und soziökonomischen Interessen frei zu verfolgen, ohne die Einmischung der anderen befürchten zu müssen.

Obwohl das Abkommen beide Staaten verpflichtete, die territoriale Integrität und Souveränität der persischen Nation zu respektieren, hinderte es sie nicht daran, Gebiete zu schaffen, in denen jede Macht eine größere Vormachtstellung hatte. Es muss gesagt werden, dass die Aufteilung nicht sehr genau war, aber effektiv wurde der nördliche Teil des Iran, einschließlich Teheran, Aserbaidschan, Chorasan und Gilan, mit Isfahan als südlichstem Punkt, Teil der russischen Einflusssphäre. Die Briten erhielten die südöstlichen persischen Gebiete von Sistan und Kerman. Dies bedeutete, dass dem neu gebildeten Madschles im Wesentlichen die Kontrolle über Fars und Südwestpersien verblieb, was dem Status der Regierung sehr schadete, da sie nichts gegen die Aufteilung des Landes unternehmen konnte.

Royalistische Reaktion und das Ende der Revolution

Neben der Einmischung aus dem Ausland und dem Widerstand des Schahs wurde das Madschles durch die Spaltung der Konstitutionalisten selbst weiter zerrüttet. Es gab die radikaleren Vertreter, die auf Säkularismus und eine liberalere Politik drängten, und den konservativen Flügel der Partei, der die Bedeutung des schiitischen Islam betonen und die arabischen Namen für die neuen Institutionen beibehalten wollte, anstatt europäische Begriffe wie „Parlament" oder „Kongress" zu verwenden. Zu Beginn des Madschles waren die Liberalen, obwohl sie weniger Sitze in der Versammlung hatten, weitaus besser organisiert. Sie hatten klare Vorstellungen von der Entwicklung des Landes und schienen ihren konservativen Kollegen den Rang abzulaufen. Die linke Flanke der Verfassungsbefürworter drängte auf die Aufnahme der „Ergänzungsgesetze" in die Verfassung, die schließlich die Verfassungsänderung von 1907 bildeten.

Dennoch wurde die Novelle nicht ohne eine Reihe von Problemen seitens der konservativen Fraktion des Madschles angenommen. Schließlich drängten die Konservativen darauf, ihre eigenen Forderungen zu berücksichtigen und dem Vorschlag der Liberalen hinzuzufügen, eine Initiative, die vom neuen Schah unterstützt wurde, dessen Ziel es war, die Verfassungsbefürworter zu untergraben. Er könnte vermutet haben, dass diese die Monarchie abschaffen und damit seine Macht beschneiden wollten.

Im Oktober 1907 einigten sich der Schah und die Konservativen nach monatelangen Verhandlungen auf die Verabschiedung des Zusatzartikels, der noch immer weitgehend liberale Punkte enthielt, aber auch die von den Konservativen unterstützten Vorschläge, insbesondere den Punkt, dass die Zwölferschia die offizielle Religion des Landes sein sollten. Die Erklärung zur Staatsreligion war der erste Artikel des Zusatzartikels, gefolgt von der Zusicherung, dass alle Änderungen an den Gesetzen des Landes von einem Sonderausschuss religiöser Führer genehmigt werden müssten – ein weiterer Sieg für die konservativen Verfassungsrechtler.

Trotz einer Art fruchtbarer Zusammenarbeit zwischen den beiden Gruppen des Madschles blieb der Schah den Konstitutionalisten gegenüber feindlich gesinnt, die langsam an Macht gewannen und immer mehr Einfluss auf die Institutionen Persiens ausübten. Im Dezember 1907 waren die Beziehungen zwischen dem Monarchen und dem Madschles so angespannt, dass der Monarch mit Hilfe lokaler royalistischer Sympathisanten versuchte, das Gebäude der Nationalversammlung einzunehmen. Der Angriff auf das Madschles-Gebäude wurde von den radikalen Konstitutionalisten im Inneren abgewehrt, und der wachsende Druck der britischen und russischen Gesandtschaften im Land veranlasste den Schah, sich zurückzuziehen, um die Großmächte nicht zu verärgern.

Im Juni 1908 versuchte Mohammad Ali Schah erneut, die Macht im Land an sich zu reißen und das Madschles zu untergraben. Inzwischen war es den Radikalen gelungen, sich in der Nationalversammlung als stärkste Fraktion zu etablieren, nachdem sie sich erfolgreich gegen die royalistischen Aufständischen zur Wehr gesetzt hatten. Die wachsende Macht des Madschles und seine nachweislichen Versuche, Kontakte zu Deutschland zu knüpfen, beunruhigten die Briten und Russen, die den Schah bei seinem Staatsstreich im Juni 1908 unterstützten. Mohammad Ali Schah forderte über die russische Kosakenbrigade die Verhaftung prominenter Mitglieder der liberalen Fraktion des Madschles. Dieses Ultimatum wurde vom Madschles abgelehnt, dessen Mitglieder ihre Anhänger mobilisierten, um das Gebäude erneut zu verteidigen. Am 23. Juni bombardierte die Kosakenbrigade das Madschles-Gebäude, tötete viele der liberalen Verfassungsführer und verhaftete die übrigen, die sich den Truppen des Schahs ergeben mussten. Die Kosakenbrigade richtete mehrere prominente Persönlichkeiten des Madschles hin, darunter Jahangir Khan, den Gründer der populärsten liberalen Zeitschrift *Sur-e Esrafil*, und Malek al-Motakallemin, einen der radikalen Führer. Andere

Verfassungsrechtler wie Tabatabai und Behbahani, die die Bewegung seit ihrer Gründung drei Jahre zuvor angeführt hatten, wurden verhaftet.

Nach der Niederlage der Verfassungsbefürworter und der Zerstörung des Madschles schien es, als hätten die Royalisten und Mohammad Ali Schah den Sieg über die Opposition errungen. Die Bombardierung des Madschles-Gebäudes und die Verhaftung und Hinrichtung der Anführer der Bewegung reichten jedoch nicht aus, um den Reform- und Modernisierungswillen zu brechen, da in allen Teilen des Landes Kritik am Vorgehen des Schahs laut wurde. Selbst Mitglieder der schiitischen Ulama verurteilten das Vorgehen des Schahs und forderten ihn auf, das Madschles wiederherzustellen. Während persische Konstitutionalisten, denen die Flucht gelungen war oder die im Ausland lebten, versuchten, die öffentliche Meinung in Europa zu ihren Gunsten zu beeinflussen, begannen auch lokale Revolutionäre, sich zu mobilisieren, um dem Schah die Macht zu entreißen. Der persische Widerstand konzentrierte sich auf Aserbaidschan, genauer gesagt auf die Stadt Täbris, in der Tausende von Menschen aus verschiedenen Teilen Persiens lebten, die für die Verfassung eintraten.

Als der Schah von dem wachsenden Widerstand in Täbris erfuhr, befahl er seinen Truppen, die Stadt zu belagern und die Verfassungsbefürworter zur Kapitulation zu zwingen. Die Rebellen schlossen sich unter Sattar Khan zusammen und konnten sich fast zehn Monate lang gegen die Truppen des Schahs verteidigen. Im Februar 1909, als die Revolutionäre von den royalistischen Truppen vollständig eingeschlossen waren, sah sich Mohammad Ali Schah unter dem Druck der Russen gezwungen, die Belagerung aufzugeben. Die genauen Gründe für diese Entscheidung sind unklar. Vielleicht fühlte sich Russland verantwortlich und misstrauisch angesichts der Instabilität in der Region, die eigentlich zu seiner persischen Einflusssphäre gehörte, oder es wollte sich mit den Briten gutstellen, die nach der Bombardierung des Madschles durch den Schah eher der Verfassung zugeneigt waren. Jedenfalls traf im April desselben Jahres ein Kontingent der russischen Armee ein, um die Belagerung von Täbris aufzuheben und die Revolutionäre zu retten.

Gleichzeitig wuchs die Anhängerschaft der Verfassungsbefürworter in verschiedenen Teilen des Landes, insbesondere in der südöstlich von Täbris gelegenen Stadt Rascht. Unter der Führung von Yeprem Khan, einem erfahrenen Kommandeur und einer Persönlichkeit des öffentlichen Lebens, sammelten die Verfassungsbefürworter genügend

Männer, um die Stadt unter ihre Kontrolle zu bringen. Anfang Mai marschierten sie in Richtung Qazvin, wo sie sich mit den aus Täbris abkommandierten Truppen vereinigten. Gemeinsam marschierten sie in Richtung Teheran, erreichten die Stadt Mitte Juli und übernahmen nach einigen Tagen des Kampfes die Kontrolle. Die Revolutionäre erklärten sich zur „Sonderversammlung", setzten Mohammad Ali Schah ab und zwangen ihn ins russische Exil. Sein kleiner Sohn Ahmad wurde auf den Thron gesetzt. Die Revolutionäre setzten auch eine provisorische Regierung ein, bis das Madschles im Dezember wieder zusammentreten konnte. Sie verhafteten im ganzen Land die prominenten antikonstitutionellen Konservativen und errichteten mit britischer und russischer Unterstützung eine feste Kontrolle über Teheran.

Das Zweite Madschles trat im Dezember 1908 zusammen und die konstitutionelle Herrschaft wurde im Land wiederhergestellt. Doch obwohl die Royalisten scheinbar besiegt waren, brachten die folgenden Entwicklungen keine guten Ergebnisse für den Iran. Die Gründe für diese erfolglose Periode sind vielfältig und liegen unter anderem in der feindseligen Natur der gegnerischen Parteien des Zweiten Madschles. Der größte Fehler, den das Zweite Madschles beging, war die Annahme, dass es nun freie Hand habe, die Probleme Persiens zu lösen, ohne die Russen und Briten zu konsultieren, die das Vorgehen der Konstitutionalisten als Bedrohung ihrer eigenen Positionen in der Region ansahen. So beschloss das Madschles eine Polizeireform, die die Bedeutung der russischen Kosakenbrigade schmälerte und eine Gendarmerie unter Schweizer Führung einführte, was St. Petersburg verärgerte.

Vor allem die Ankunft eines amerikanischen Finanzberaters namens Morgan Shuster trübte die Beziehungen zwischen den Europäern und Teheran nachhaltig. Shuster war ein erfahrener Rechtsanwalt und Finanzbeamter. Er erkannte schnell, dass es in Persien kein kohärentes, funktionierendes Steuersystem gab und dass die Einmischung ausländischer Mächte in die inneren Angelegenheiten des Landes letztlich zu dessen Bankrott geführt hatte. Shuster wurde vom Madschles große Freiheit gewährt. Den Russen und Briten stand er gleichgültig gegenüber und konzentrierte sich stattdessen auf die Entwicklung des Iran. Erstaunlicherweise gelang es ihm, den Grundstein für verschiedene Verwaltungsinstitutionen zu legen, die das Wachstum der persischen Wirtschaft auf Kosten des russischen und britischen Einflusses garantieren sollten.

Die rücksichtslose Politik Shusters verärgerte St. Petersburg zutiefst, das mehrmals seine Absetzung forderte, nur um festzustellen, dass das Madschles in Teheran diese Forderung ablehnte. Als Mohammad Ali Schah im Juli 1911 versuchte, mit einer kleinen royalistischen Truppe zurückzukehren, um die Macht wieder an sich zu reißen, wurde er vom Madschles leicht besiegt, und sein Bruder Malek Mansur Mirza, der viel Land besaß, wurde aufgefordert, der Regierung eine Entschädigung für den Putschversuch seines Bruders zu zahlen. Shuster wurde beauftragt, den verschwenderischen Besitz des Kadscharenprinzen zu beschlagnahmen, und der Amerikaner kam dieser Bitte nach, nachdem er bereits dafür gesorgt hatte, dass andere Mitglieder der königlichen Familie der Kadscharen ihre Steuern zahlten. Das war für die Russen, die den amerikanischen Finanzberater ständig verspottet hatten, der Tropfen, der das Fass zum Überlaufen brachte. Darüber hinaus hatte Shuster versucht, Russlands Kontrolle über den Norden Irans zu untergraben, indem er verschiedene wichtige Posten mit antirussischen Beamten besetzte.

Die Russen stellten dem Madschles ein weiteres Ultimatum, Shuster zu entfernen, und marschierten nach erneuter Ablehnung mit ihren Truppen in Aserbaidschan ein, besetzten Täbris und später Rascht. Dann zogen sie weiter nach Teheran, wo ein Teil der lokalen Bevölkerung das Madschles zunehmend kritisierte. Unter dem Druck ausländischer Mächte und in dem Bestreben, eine weitere politische Katastrophe zu vermeiden, beschloss der junge Ahmad Schah, der noch unter der Regentschaft seines Onkels Ali Reza Khan stand, Ende Dezember 1911 die Auflösung des Zweiten Madschles. Dies bedeutete das Ende der iranischen Verfassungsrevolution.

Ein Intermezzo nach der Revolution

Die konstitutionelle Revolution war gescheitert, da das Madschles letztlich von der Autorität des Schahs überwältigt wurde. Auch den Verfassungsbefürwortern war es nicht gelungen, eine funktionierende konstitutionelle Monarchie mit einem Zweikammerparlament zu schaffen. Ähnliche Bewegungen waren auch in Europa gescheitert, aber der Unterschied zwischen den europäischen Revolutionen und den Ereignissen in Persien lag im Zeitpunkt. Etwa ein halbes Jahrhundert zuvor hatten die europäischen Nationen mehrheitlich auf mehr Liberalität gedrängt und damit die autokratischen Monarchien auf dem ganzen Kontinent untergraben. Zu Beginn des Ersten Weltkriegs befand sich der größte Teil Europas in einer politisch günstigen Lage. In Persien hingegen setzten die Veränderungen erst viel später ein. Obwohl viele Mitglieder des Madschles in guter Absicht handelten, waren sie nicht in der Lage, ihre Autorität in einem Land durchzusetzen, das erneut von fremden Mächten ausgebeutet wurde.

Obwohl Persien während des Ersten Weltkrieges technisch gesehen ein neutrales Land war, fanden dort Kämpfe statt. Das Osmanische Reich schloss sich den Mittelmächten an, was schließlich dazu führte, dass ein Teil des Konflikts auf persischem Territorium ausgetragen wurde, über das der gerade volljährig gewordene und offiziell gekrönte Schah keine Macht hatte. Obwohl die Kämpfe zwischen den Osmanen und den russischen und britischen Verbündeten in einem relativ kleinen Rahmen stattfanden (hauptsächlich im Nordwesten des Iran), konnten der Schah und die persische Regierung keinen Einfluss auf die Ereignisse nehmen, vor allem weil die Armee, die ihnen zur Verfügung stand, praktisch nicht existierte und im besten Fall nicht mehr als zwanzigtausend Mann umfasste, hauptsächlich die Kosakenbrigade und die Gendarmerie.

Eine entscheidende Entwicklung des Krieges, die Persien stark beeinflusste, war die russische Revolution von 1917 und die anschließende Gründung der Sowjetunion. Mit dem Vertrag von Brest-Litowsk schieden die Russen aus dem Krieg aus, da sie aufgrund des von den Sozialisten verursachten innenpolitischen Chaos nicht mehr in der Lage waren, den Kampf gegen die Mittelmächte fortzusetzen. Im Kaukasus und im Nordwesten des Iran übernahmen die Briten die Kämpfe, obwohl die Osmanen zu diesem Zeitpunkt ihre militärische Kraft erschöpft hatten und keine wirkliche Bedrohung mehr darstellten. Zudem erklärte die neu gegründete Sowjetunion offiziell das Ende der russischen Interessen in Persien und verurteilte dies als eklatant imperialistisches Vorgehen des zaristischen Russlands. Damit waren die Russen endgültig aus Nordpersien vertrieben, und Großbritannien, das gerade als Sieger aus dem Krieg hervorgegangen war und einen Großteil der osmanischen Gebiete in der Levante übernommen hatte, blieb die einzige ausländische Macht mit einem erklärten Interesse an Persien, was das politische Klima weiter komplizierte.

Die Briten übernahmen eine dominierende Rolle in der Region und verfolgten eine Außenpolitik, die deutlich machte, dass sie zum einzigen Interessenten in Persien geworden waren. Der Rückzug Russlands fiel auch mit der Anwesenheit einiger der am stärksten imperialistisch gesinnten Personen in der britischen Außenpolitik zusammen, wie Außenminister Nathaniel Curzon und dem britischen Gesandten im Iran,

Percy Cox, die es für notwendig hielten, Persien zu einem britischen Protektorat zu machen, um die britischen Besitztümer in Indien vor expansionistischen und feindlichen Mächten wie Russland zu schützen, obwohl die Russen beschlossen hatten, ihre Bemühungen in der Region offiziell aufzugeben. Dies und das berüchtigte pro-britische Ministerkabinett, das von Ahmad Schah ernannt wurde, um die Aufgaben des Madschles zu übernehmen, führten zur Unterzeichnung eines weiteren absurden Abkommens zwischen den beiden Ländern.

Das anglo-persische Abkommen vom August 1919, das weniger ein „Abkommen" als vielmehr ein Dekret der Briten war, die ihren Einfluss auf die persische Regierung geltend machten, verdoppelte die Abhängigkeit Persiens von Großbritannien. In dem Abkommen hieß es, dass Persien Großbritannien brauche, um die schwierigen Zeiten der letzten Jahre zu überstehen, und dass nur die Briten über eine ausreichende Präsenz in der Region verfügten, um die Hilfe und den Schutz zu bieten, die Persien für seine Modernisierung und Reorganisation benötigte. Im Gegenzug für den exklusiven britischen Zugang zu allen Ölfeldern Persiens würde Großbritannien Persien ein Darlehen in Höhe von zwei Millionen Pfund für zwanzig Jahre gewähren, Offiziere und Ausrüstung zur Umstrukturierung der persischen Armee entsenden, die Entwicklung der Infrastruktur und der Kommunikationsnetze des Landes überwachen und den persischen Beamten bei der Überarbeitung des Zollsystems helfen, das lange Zeit auf importierte britische Waren erhoben worden war. Für die Briten war dies ein gutes Geschäft, das jedoch von Frankreich und den USA kritisiert wurde, die darin einen weiteren Versuch Großbritanniens sahen, seine Position auf Kosten eines fremden, unterentwickelten Landes zu stärken.

Die Minister des Schahs stimmten dem Abkommen zu, obwohl es nach der Verfassung des Landes auch vom Madschles ratifiziert werden musste, das noch nicht wieder zusammengetreten war. Als ob dies nicht schon deutlich genug gewesen wäre, wurde der persischen Bevölkerung bald klar, dass die Briten aus Eigeninteresse handelten und nicht bereit waren, sich in dem im Abkommen vorgeschlagenen Umfang zu engagieren. Die Nachricht von einer weiteren schmerzhaften Entscheidung der Regierung löste im ganzen Land nationalistische Bewegungen aus, insbesondere in den Provinzen Gilan und Aserbaidschan, die anderthalb Jahrzehnte zuvor die aktivistischen Bewegungen angeführt hatten. Die Menschen misstrauten der direkten Kontrolle des Schahs durch die Briten und glaubten, dass die Europäer den Monarchen und seine Minister bestochen hatten.

Ein kleines Kontingent der sowjetischen Armee landete in der Hafenstadt am Kaspischen Meer, dem heutigen Bandar-e Anzali, weil sie befürchteten, dass die Briten die Weißen Russen, Gegner der Bolschewiki und Anhänger des Zaren, unterstützen wollten, indem sie ihnen Zuflucht in Persien gewährten. Sie forderten Großbritannien auf, seine Truppen aus den persischen Gebieten abzuziehen, die sie als Bedrohung für ihre Sicherheit ansahen. Dieses Ereignis zeigte erneut, dass Großbritannien nicht bereit war, die Souveränität und die Interessen Persiens im Falle einer konzentrierten ausländischen Intervention zu verteidigen. Die Desorganisation der persischen Regierung, der Zwischenfall mit den Sowjets und die mangelnde Bereitschaft der britischen Beamten in London, Curzons Bemühungen zu unterstützen, zwangen Großbritannien schließlich dazu, im April 1921, weniger als zwei Jahre nach Unterzeichnung des Abkommens, alle seine Truppen aus Persien abzuziehen. Das britisch-persische Abkommen war praktisch tot.

Der Fall der Kadscharen-Dynastie

Als die Briten sahen, dass Curzons Abkommen mit Persien gescheitert war und der Druck der Sowjets zunahm, änderten sie bald ihre Haltung gegenüber Persien und unterstützten diesmal die Bildung einer fähigen persischen Regierung, die sich nicht zu Russland hingezogen fühlen würde, während sie gleichzeitig die Stabilität im Land soweit aufrechterhielt, dass die wirtschaftlichen Interessen Großbritanniens weiterhin gewahrt blieben. Dieser Politikwechsel führte am 21. Februar 1921, zwei Monate vor dem Abzug der Briten, zum Staatsstreich. Eine Kosakenbrigade unter Oberst Reza Khan marschierte von Qazvin nach Teheran, eroberte die Stadt, übernahm die Regierung und verhängte das Kriegsrecht. Reza Khan und ein bekannter pro-britischer Journalist namens Sayyid Zia führten die nationalistische Bewegung an, die höchstwahrscheinlich heimlich von britischen Beamten ohne Wissen Curzons angezettelt worden war. Die genauen Umstände des Putsches und die Frage, wie es den Anführern, die über wenig politische Erfahrung verfügten, gelang, andere nationalistisch Gesinnte unter ihrem Banner zu vereinen, sind unklar. Die Führung von Sayyid Zia, der zuvor Herausgeber einer pro-britischen Zeitung gewesen und für seine pro-britische Haltung bekannt war, führte jedoch dazu, dass viele Iraner glaubten, London stehe hinter dem Putsch und habe ihn zu seinem eigenen Vorteil organisiert.

Reza Schah Pahlavi in den 30er Jahren.[78]

Doch schon bald nach der Eroberung der Hauptstadt gerieten die beiden Anführer des Staatsstreichs in Streit. Sayyid Zia war wegen seiner früheren Verbindungen zu den Briten bei der Bevölkerung besonders unbeliebt, obwohl er das anglo-persische Abkommen offiziell aufgekündigt hatte. Er wurde zum neuen Premierminister ernannt, nutzte seine Macht aber rücksichtslos aus und ließ viele Politiker verhaften, ungeachtet ihrer Überzeugungen oder Loyalitäten. Schließlich hielt Reza Khan den ehemaligen Journalisten für ungeeignet, das Land zu führen. Außerdem störte ihn, dass sich sein Partner ständig ins Militär einmischte. So zwang er Sayyid Zia im Mai zum Rücktritt. Zia floh aus dem Iran und lebte mehrere Jahrzehnte im Exil, bis er schließlich zurückkehrte.

So wurde Reza Khan, der Kommandeur der Kosakenbrigade, zum alleinigen Anführer des Putsches. Schon vor dem Rücktritt Sayyid Zias hatte er bewiesen, dass er klare Visionen und Ziele hatte und ein fähiger Kommandeur war, der die Führung übernehmen konnte. Fünf Tage nach der Eroberung der Hauptstadt, am 26. Februar, unterzeichnete

Reza Khan den russisch-iranischen Freundschaftsvertrag, der friedliche Beziehungen zu den Bolschewiki herstellte und ihre Truppen zwang, Persien zu verlassen. Bis November 1921 besiegte Reza Khan die Widerstandsgruppen, die sich in den persischen Gebieten gebildet hatten, was zur weiteren Stabilisierung der Lage beitrug und die Bedrohung neutralisierte, die seit vielen Jahren von den Stämmen und Regionen ausging. Danach begann Reza Khan mit der Reform der Gendarmerie, indem er die Schweizer Offiziere durch fähiges iranisches Personal ersetzte und die in den verschiedenen Provinzen Persiens verstreuten Truppenteile zusammenfasste.

Entscheidend war, dass Reza Khan 1924, weniger als ein Jahr nach seiner Ernennung zum Premierminister, vom Gouverneur von Chuzestan, Scheich Khaz'al, herausgefordert wurde, der einen arabischen Aufstand gegen die neue Regierung anführte. Chuzestan war lange Zeit eine abtrünnige Provinz gewesen, und Scheich Khaz'al weigerte sich, Steuern an die neue Regierung in Teheran zu zahlen. Er wurde von den Briten unterstützt, die seine Männer mit Waffen versorgten. Obwohl Reza Khan von den Briten gewarnt worden war, den Angriff auf Chuzestan einzustellen, da sie befürchteten, dass ein bewaffneter Konflikt ihre Ölfelder in der Region zerstören würde, rückte Reza Khan dennoch gegen die Rebellen vor und konnte den Aufstand relativ leicht und mit geringen Verlusten niederschlagen. Indem er die Kontrolle über die Provinz wiederherstellte und bewies, dass seine Umstrukturierung der Armee tatsächlich erfolgreich war, stieg Reza Khans Popularität sprunghaft an. Die Menschen respektierten seine Führungsqualitäten und seine Fähigkeit, vor keiner Herausforderung zurückzuschrecken, selbst wenn es gegen Großbritannien ging.

Zur gleichen Zeit, als der Staatsstreich in Teheran stattfand, ereigneten sich ähnliche Entwicklungen im Osmanischen Reich, wo eine türkische nationalistische Bewegung die Monarchie gestürzt hatte und unter dem ersten Präsidenten des Reiches, Mustafa Kemal, triumphierte. In Persien waren die meisten Menschen antimonarchisch eingestellt, da der Sieg des Nationalismus und die Erfolge der Republikaner unter Reza Khan einen großen Teil der Bevölkerung beeinflusst hatten. Diese Haltung wurde auch vom Madschles geteilt, das nach dem Staatsstreich von 1921 wieder zusammengetreten und seitdem im Amt war. Nach seiner fünften Sitzung im Jahr 1923 wurde er zunehmend liberaler. In seinem Bestreben, die Gesellschaft des Landes zu modernisieren und zu entwickeln, gab sich das Madschles einen europäischen Namen und verzichtete auf die traditionellen Titel, die mit dem alten Regime in Verbindung gebracht wurden (Reza Khan wurde nach dieser Änderung zu Reza Pahlavi). Er billigte auch einige Initiativen des Premierministers und unterhielt im Allgemeinen gute Beziehungen zum Anführer des Staatsstreichs. Angeregt durch den Triumph des Republikanismus in der Türkei und die allgemeine Unzufriedenheit der Öffentlichkeit mit Ahmad Schah Kadschar, diskutierte das Madschles die Möglichkeit, die Monarchie in Persien abzuschaffen, was zweifellos ein radikaler Schritt in Richtung Modernisierung und vollständiger Übernahme republikanischer Ideale gewesen wäre. Nachdem sich jedoch die konservativeren Mitglieder des Madschles vehement gegen diese Idee ausgesprochen hatten, lenkte der liberale Flügel ein.

Schließlich kam es zu einer Einigung, die wohl für alle Beteiligten von Vorteil war. Die Dynastie der Kadscharen sollte abgeschafft, die Monarchie jedoch beibehalten und Reza Khan zum neuen Schah ernannt werden. So wurde Reza Pahlavi am 14. Februar 1925 zum neuen Schah von Persien ernannt, während sich Ahmad Schah Kadschar noch auf seiner Europareise befand (wo er sich die meiste Zeit seiner Herrschaft als Schah aufhielt). Damit endete die über 130 Jahre währende Herrschaft der Kadscharen im Iran.

Kapitel 9: Von Reza Schah Pahlavi bis zur Islamischen Revolution

Reza Schah Pahlavi

Die Thronbesteigung Reza Schahs markiert den Beginn der zweiten Phase der modernen iranischen Geschichte. Diese Periode ist von großer Bedeutung, da sie den Aufstieg Persiens zu einem modernen Nationalstaat mit einer effektiven konstitutionellen Monarchie als politischem System markieren sollte. Reza Schah Pahlavi wird oft als der Begründer des modernen Iran bezeichnet, da er mit seinen grundlegenden, aber längst überfälligen Projekten die Position Persiens als souveräner Nationalstaat auf der politischen Weltbühne festigte. In der Tat bedeutete die Herrschaft des ersten Pahlavi-Monarchen eine drastische Verbesserung gegenüber den vorangegangenen Jahrzehnten der Kadscharenherrschaft. Die Regierungszeit Reza Schahs war durch ein höheres Maß an innerer Stabilität, wirtschaftlichem Wachstum und soziokulturellem Aufschwung gekennzeichnet.

Reza Schah Pahlavis erstes Bestreben als Militärbefehlshaber war es, die persischen Armeen unter einem einheitlichen System zu vereinen. Pahlavi hatte bereits vor seiner Zeit als Schah wichtige Schritte in diese Richtung unternommen, indem er sowohl die Kosakenbrigade als auch die zuvor von Schweizern geführte Gendarmerie reorganisierte. Bis 1930 sollte die persische Armee auf fast 100.000 gut ausgebildete, ausgerüstete und bezahlte Männer angewachsen sein. Militärstützpunkte im ganzen Land wurden nach modernen Standards ausgebaut. Die

Wehrpflichtgesetze, eine der ersten Gesetzesreformen, die das Parlament unter Reza Schah Pahlavi verabschiedete, halfen dem neuen Schah, ein System zu schaffen, das den Unruhen durch regionale und Stammesstreitigkeiten ein Ende setzte.

Reza Schahs Hauptziel war es jedoch nicht, Kriege im Ausland zu führen und zu expandieren. Vielmehr erkannte der Schah richtig, dass solche Unternehmungen nach den Ereignissen des Ersten Weltkrieges immer schwieriger werden würden, zumal Persien von weitaus mächtigeren Weltmächten umgeben war. Ziel der Armeereform war es, eine Truppe zu schaffen, die in der Lage war, Frieden und Sicherheit zu gewährleisten – zwei Dinge, die dazu beitrugen, Wohlstand und eine bessere Lebensqualität zu garantieren. Obwohl Reza Schah auf seinem Weg zur Schaffung einer einheitlichen persischen Armee auf der Grundlage der allgemeinen Wehrpflicht mit zahlreichen regionalen Rebellionen konfrontiert war, konnte der Widerstand dank der Beharrlichkeit und der hervorragenden Führung des Schahs relativ leicht überwunden werden.

Neben der Militärreform führte Reza Schah Pahlavi auch Veränderungen in anderen Lebensbereichen durch. Um mit den weitaus moderneren Regionalmächten gleichzuziehen, erlebte Persien unter der Regierung Reza Schahs beispielsweise einen starken Aufschwung der heimischen Industrie und Infrastruktur. Im ganzen Land wurden tausende Kilometer neuer Straßen und Autobahnen gebaut und damit endlich die Verbindungsprobleme gelöst, unter denen der Iran seit jeher litt. Die wichtige Transiranische Eisenbahn, die das Land vom Kaspischen Meer bis zum Persischen Golf verbindet, wurde 1938 unter seiner Herrschaft fertiggestellt.

Im Bereich der Verwaltungsentwicklung wurden neue bürokratische Systeme eingeführt, um die Beteiligung der Regierung an dezentralen öffentlichen Angelegenheiten zu erhöhen und eine strenge Kontrolle über die Vorgänge im Land zu behalten. Es folgte der Aufbau eines neuen Bildungssystems. Die Regierung finanzierte Hunderte von neuen Einrichtungen, die die Alphabetisierungsrate der iranischen Bürger deutlich erhöhten und sie zu besser qualifizierten Arbeitskräften in verschiedenen Bereichen der Wirtschaft machten. Das Wirtschaftswachstum während der Regierungszeit von Reza Schah war vielleicht nicht so hervorragend, wie er es sich gewünscht hätte, aber die Bemühungen, verschiedene Produktionskanäle zu monopolisieren, führten zweifellos zu einer stärkeren Zentralisierung der Macht und zur

Schaffung einer stärkeren Mittelschicht, was für den Übergang zu einer voll funktionsfähigen kapitalistischen Gesellschaft von entscheidender Bedeutung war.

Es ist nicht zu leugnen, dass Reza Schah Pahlavi stark von seinem türkischen Amtskollegen Mustafa Kemal Atatürk beeinflusst wurde, der nach seinem Aufstieg zu einem unbeugsamen Nationalisten in der Türkei sicherlich ein gutes Beispiel gegeben hatte. Tatsächlich besuchte der Schah den türkischen Präsidenten und verstand sich gut mit ihm. Reza Schah versuchte, jene Teile der Reformen Atatürks umzusetzen, die er für die Entwicklung des Iran für unerlässlich hielt. Aufgrund seines ausgeprägten persischen Nationalismus sollte der soziokulturelle Aspekt des Landes stark hervorgehoben werden, indem der Schah das Studium der vorislamischen persischen Geschichte förderte, die Rolle nichtpersischer Minderheitensprachen im Land einschränkte und die Idee verbreitete, dass der Iran nur für ethnische Perser bestimmt sei.

Reza Schah orientierte sich auch stark an Atatürk, wenn es um die zunehmende Bedeutung und schließlich die Emanzipation der Frauen ging, die in der islamischen Kultur traditionell als eher unbedeutend galten. Der Schah drängte darauf, die Rechte der Frauen zu stärken und ihnen zunehmend den Zugang zum Arbeitsmarkt und zur öffentlichen Bildung zu ermöglichen. Er erlaubte sogar die Zulassung von Studentinnen an der Teheraner Universität, als diese 1934 gegründet wurde. Er setzte sich auch für Gesetze ein, die Frauen vom Tragen des traditionellen Tschadors befreien sollten, obwohl dies als viel zu radikal galt und auf heftigen Widerstand der schiitischen Ulama stieß. Obwohl Reza Schahs Bemühungen um Frauenrechte weniger erfolgreich waren als die Atatürks, dessen Politik auf eine sehr egalitäre Gesellschaft abzielte, war die Regierungszeit Reza Schahs dennoch förderlich für die spätere Emanzipation der Frauen und das Frauenwahlrecht im Iran in den 1960er Jahren.

In seinem Bestreben, einen souveränen persischen Nationalstaat zu schaffen, musste sich Reza Schah Pahlavi schließlich mit der Frage der Religion auseinandersetzen, die seit mehr als tausend Jahren in der einen oder anderen Form ein zentrales Element der iranischen Geschichte gewesen war. Der Schah betrachtete den schiitischen Islam als das wichtigste Bindeglied des persischen Volkes und erkannte seine Bedeutung für den Aufbau des Staates und die Entwicklung der persischen Kultur und Identität. Obwohl er seit seiner Thronbesteigung die Schia als eine der Säulen des Staates bezeichnete, bestand das eigentliche Ziel des Schahs darin, die Vorherrschaft des Staates über die Religion zu behaupten. Viele liberale Intellektuelle waren der Ansicht, dass der Islam den Bestrebungen des Schahs im Wege stand, weil eine fremde Religion für die Unterentwicklung Persiens verantwortlich war, die das Land angenommen hatte und auf die es sich verließ.

Anders als in der Türkei gelang es Pahlavi zwar nicht, Staat und Religion vollständig voneinander zu trennen, aber es gelang ihm zweifellos, den Ulama einige der Privilegien zu nehmen, die sie lange Zeit im Land genossen hatten. Vor allem reorganisierte er die Bürokratie und das Rechtssystem, was dazu führte, dass die Macht der religiösen Amtsträger in Bezug auf nichtreligiöse Aktivitäten eingeschränkt wurde, obwohl die Scharia weiterhin respektiert und als Modell für Gerichtsverfahren verwendet wurde. Auch die Öffnung vieler privater und staatlicher Bildungseinrichtungen und die Möglichkeit für Frauen, diese zu besuchen, verringerte den Einfluss der schiitischen Geistlichkeit in diesen Bereichen. Dennoch finanzierte der Schah den Bau neuer religiöser Stätten. Insbesondere förderte er die Stadt Ghom als Zentrum des schiitischen Islam, was die ansonsten unzufriedenen Ulama erfreute.

Reza Schahs Abdankung

Alles in allem hatte Reza Schah Pahlavi den richtigen Weg zur Entwicklung des Landes eingeschlagen. Trotz des Widerstandes der konservativeren Kräfte im Land war er in seinem Bestreben, einen souveränen persischen Nationalstaat zu schaffen, recht erfolgreich. Reza Schah war jedoch nicht nur ein reformorientierter Nationalist, der viel zur dringend benötigten Modernisierung des Iran beitrug, sondern zeigte bald auch eine sehr viel dunklere Seite. Erstens konnte Pahlavi durch seine Politik, seine Siege gegen die Aufstände, die sich gegen ihn erhoben, und seine Geschäfte hinter den Kulissen großen persönlichen Reichtum anhäufen. Vielleicht stellte er sogar den materiellen Besitz der letzten Kadscharenmonarchen in den Schatten. Reza Schah stammte aus ärmlichen Verhältnissen und besaß keine wirklichen Reichtümer, aber am Ende seiner Herrschaft besaß er Hunderttausende Hektar Land in verschiedenen Teilen des Iran und ein Vermögen, das der Monarch angeblich in ausländischen Banken in Sicherheit gebracht hatte.

Neben seinem persönlichen Reichtum zeigten sich die autoritären, fast totalitären Tendenzen Reza Schahs auch in seinem Verhalten gegenüber einigen Oppositionskräften während seiner Herrschaft, insbesondere gegenüber denjenigen, die die erfolgreichere Politik des Schahs kritisierten und seine radikaleren nationalistischen Werte nicht teilten.

Die Herrschaft von Reza Schah war geprägt von Unterdrückung und allgemeiner Intoleranz gegenüber Minderheiten und marginalisierten politischen und gesellschaftlichen Gruppen. Nachdem Reza Schah seine Macht gefestigt und die Armee reorganisiert hatte, ließ er beispielsweise zahlreiche Politiker des Madschles, die sich entweder gegen seine Machtübernahme oder gegen seine Reformvorschläge ausgesprochen hatten, verhaften und ins Exil schicken.

Gegen Ende seiner Herrschaft entledigte sich Schah Pahlavi nach und nach der Personen, die ihm zur Macht verholfen hatten, um sein Image als alleiniger Führer der nationalistischen Bewegung zu festigen. Darüber hinaus hatte er die staatliche Kontrolle über viele Aspekte des persischen Lebens weitgehend übernommen, nicht nur über die Wirtschaft, sondern auch über die Presse, die zensiert und zu einem Instrument der Verbreitung nationalistischer Propaganda wurde. Besonders hart ging der Schah gegen die Sozialisten und Kommunisten des Landes vor, wobei er häufig die Armee und die Staatspolizei einsetzte, um ihre Versammlungen aufzulösen. Schließlich verbot er ihre politischen Parteien und Aktivitäten im Allgemeinen.

Der Niedergang von Reza Schah Pahlavi begann Mitte der 1930er Jahre, kurz nachdem er seine nationalistische Politik zur Schaffung einer gemeinsamen nationalen Identität des persischen Volkes verstärkt hatte. Natürlich waren, wie bereits erwähnt, einige Entwicklungen dieser Zeit, wie die Schaffung neuer Bildungseinrichtungen und die Emanzipation der Frauen, eindeutig fortschrittliche Schritte. Dennoch schien Reza Schah bald von seinem Streben nach Nationalismus besessen zu sein. Er versuchte, die Modernisierung Persiens unter seiner Herrschaft auf merkwürdige Weise zu symbolisieren. So bestand er zum Beispiel darauf, dass das Land offiziell „Iran" statt „Persien" heißen sollte, um die Verwestlichung des Staates zu demonstrieren. Er zeigte sich auch zunehmend feindselig gegenüber ausländischen Nationen, die sein undemokratisches Vorgehen kritisierten.

Im Bestreben, die souveräne iranische Nation zu stärken und den Einfluss der Großmächte auf die inneren Angelegenheiten des Landes weiter zurückzudrängen, ging der Schah schließlich zunehmend strategische Beziehungen zu Nazi-Deutschland ein. In den 1930er Jahren wurde das Dritte Reich zum wichtigsten Handelspartner des Iran. Die Entscheidung, die die Haltung des Schahs gegenüber den Briten deutlich machen sollte, war die Annullierung der Ölkonzession für die Anglo-Persian Oil Company im November 1932. Der für fünfzig Jahre geschlossene Vertrag lief erst in drei Jahrzehnten aus, und so war es nicht verwunderlich, dass London den Fall vor den Völkerbund brachte. Bevor dieser eine Entscheidung fällen konnte, erklärte sich Reza Schah im April 1933 bereit, ein weiteres Zugeständnis zu unterzeichnen. Es stellte keine wesentliche Verbesserung gegenüber dem vorherigen dar, da es Großbritannien den Zugang zu einer geringeren Anzahl von Ölfeldern für weitere sechzig Jahre gewährte.

Die neu geknüpften deutschen Verbindungen sollten 1941, zwei Jahre nach Beginn des Zweiten Weltkriegs und kurz nach der deutschen Kriegserklärung an die Sowjetunion, zur Zielscheibe der Briten und Sowjets werden. Großbritannien und die UdSSR, die nun wieder den gleichen Feind hatten, wurden zu Verbündeten und versuchten, die Faschisten zu bekämpfen, wo immer sie konnten, auch im Iran, wo sie die verstärkte deutsche Präsenz als Bedrohung für die britischen Ölfelder ansahen. Die Alliierten stellten bald ein Ultimatum, in dem sie die Ausweisung aller deutschen Staatsbürger und die Schließung der deutschen Firmen forderten, was der Schah ablehnte.

Als Reaktion darauf koordinierten Briten und Sowjets im August 1941 einen gemeinsamen Überraschungsangriff auf den Iran, um zu verhindern, dass die Nachschubwege von den deutschfreundlichen Kräften des Landes erobert werden konnten. Reza Schah Pahlavi, von zwei Seiten unter Druck gesetzt und waffentechnisch den überlegenen Armeen unterlegen, wurde zur Abdankung gezwungen und floh im September aus dem Land.

Sowjetische Panzer in Täbris nach der Invasion, 1941.[74]

Iran im Zweiten Weltkrieg

Die anglo-sowjetische Invasion von 1941, von beiden Ländern Operation Countenance genannt, führte zu einer erneuten Teilung des Iran in russische (sowjetische) und britische Einflusszonen. Die beiden Mächte beschlossen schließlich, den Sohn Reza Schahs, Mohammad Reza Khan, auf den iranischen Thron zu setzen. Er war jedoch unerfahren und verfügte bei weitem nicht über die Macht und das Ansehen seines Vaters. Ausländische Mächte machten viele der unter Reza Schah erreichten Entwicklungen rückgängig, schwächten das iranische Militär und die Regierung und beuteten die reichen Ressourcen des Landes zu ihrem eigenen Vorteil aus.

Dennoch war es für die Alliierten entscheidend, den Iran auf ihrer Seite zu haben. Sie nutzten die Transiranische Eisenbahn und die verbesserte Infrastruktur des Landes, um Millionen Tonnen Hilfsgüter aus dem amerikanischen Lend-Lease-Programm in die Sowjetunion zu transportieren und Munition, Waffen, Militärfahrzeuge, Lebensmittel, Öl und andere Vorräte über das Kaspische Meer nach Russland zu verschiffen. Iran blieb während des Krieges formal neutral und stellte keine Streitkräfte zur Verfügung.

Obwohl Mohammad Reza Schah nicht verhindern konnte, dass die Alliierten sein Land als Korridor für die Versorgung Moskaus nutzten, gelang es ihm doch, sich durch Kooperation bzw. fehlenden Widerstand eine relativ günstige Position gegenüber den ausländischen Mächten zu verschaffen. Dies bestätigte sich 1942 und 1943, als der Iran Abkommen mit den Briten, Sowjets und Amerikanern unterzeichnete, die die Alliierten verpflichteten, die Sicherheit und Souveränität des Iran während des gesamten Krieges zu garantieren und ihr Personal nach Kriegsende von den iranischen Grenzen abzuziehen. Die Alliierten sagten dem Iran auch finanzielle Unterstützung für seinen Beitrag zu den Kriegsanstrengungen zu. Dies führte schließlich zu einem verstärkten Interesse Amerikas am Iran als potenziellem Ölhandelspartner und dazu, dass iranische Politiker Amerikaner zunehmend einluden, sich am politischen und wirtschaftlichen Leben des Landes zu beteiligen.

Am Ende des Krieges waren es jedoch die Sowjets, die versuchten, die scheinbar friedliche Situation im Iran zu destabilisieren. Vielleicht aus Sorge, dass die Briten und Amerikaner ihre Präsenz im Iran untergraben wollten, und alarmiert über die geplante Konzession iranischer Ölfelder an die USA im Jahr 1944, forderten die Sowjets von der iranischen Regierung, Moskau in allen nördlichen Gebieten, die nach der Invasion von 1941 von den sowjetischen Truppen besetzt worden waren, Konzessionen für Ölfelder zu gewähren. Das Madschles, angeführt vom zukünftigen Premierminister Muhammad Saed, lehnte dies ab und behauptete stattdessen, dass die Diskussion über mögliche Zugeständnisse an das Ausland vor Kriegsende verboten sei. Die Sowjets drängten weiter, da sie kommunistische und sozialistische Kräfte im Iran gefördert hatten, die von Reza Schah unterdrückt worden waren. Um Chaos zu stiften, stachelten sie Ende 1945 die Entstehung radikaler Separatistenbewegungen und Aufstände in Aserbaidschan und Kurdistan an, was zu einer Krise führte, die oft als die erste Krise des Kalten Krieges nach dem Zweiten Weltkrieg bezeichnet wird.

Im Januar 1946 brachte der Iran seinen Fall vor die neu gegründeten Vereinten Nationen und beschuldigte die Sowjetunion der Einmischung in die inneren Angelegenheiten des Iran und der Nichteinhaltung des Abkommens. Großbritannien und die USA hatten ihre Truppen bereits aus dem Süden des Iran abgezogen. Sie unterstützten die Klage und übten Druck auf die Sowjets aus, ihren Teil des Abkommens einzuhalten. Angesichts einer möglichen bewaffneten Konfrontation mit den ehemaligen Verbündeten wegen einer relativ unbedeutenden Angelegenheit (in den von den Sowjets besetzten Provinzen gab es nicht einmal Erdöl) beschloss Moskau schließlich im März 1946, dem Druck nachzugeben und seine Truppen aus dem Iran abzuziehen. Es war ein nationaler Sieg für die Iraner, die sich scheinbar von fremden Mächten befreit hatten. Später im Jahr besiegten sie die kurdischen und aserbaidschanischen kommunistischen Separatistenbewegungen, ohne dass die Sowjets eingreifen wollten.

Aufstieg und Fall von Mohammad Mosaddegh

Die Nachkriegsjahre erwiesen sich als äußerst vorteilhaft für Mohammad Reza Schah, dem es in gewisser Weise gelang, großen politischen Einfluss zu gewinnen und sich eine günstige Position in der iranischen Bevölkerung zu verschaffen. Obwohl er während der Verhandlungen mit den Sowjets und den Briten relativ inaktiv war, führte der relative Erfolg des Iran dazu, dass viele glaubten, der Schah sei für die diplomatischen Siege verantwortlich. Diese Ansicht wurde noch verstärkt, als der Schah im Dezember 1946 seine Streitkräfte gegen die aserbaidschanischen und kurdischen Separatisten führte, da er sich dadurch als fähiger militärischer Führer präsentierte und sein Ansehen weiter stieg. Dieser Wandel im öffentlichen Ansehen des Schahs führte auch zu einem Erstarken der royalistischen Konservativen im Madschles, was es Mohammad Reza ermöglichte, Gesetze zu verabschieden, die die Dominanz des Monarchen über die Versammlung festschrieben. Ende 1949 erfreute sich Mohammad Reza Schah im Land großer Beliebtheit, obwohl er nicht so viel autoritäre Macht besaß wie sein Vater.

Die Dominanz ausländischer Mächte während des Krieges führte jedoch zur Gründung verschiedener Parteien, die Sitze im Madschles einnahmen und ihre eigenen Visionen vertraten. Es gab drei große politische Parteien im Madschles, die den Schah nicht besonders unterstützten: Die linkssozialistische Tudeh-Partei, die vor allem bei der Jugend populär war und für ihre organisierten Straßenproteste bekannt war; die konservative Fada-iyan-e Islam-Partei, eine rechtsextreme, antisäkulare Organisation, die von einem populären Geistlichen namens Abol-Ghasem Kashani geführt wurde und dafür bekannt war, radikale Sympathisanten anzuziehen; und schließlich die Nationale Front-Partei unter der Führung von Mohammad Mosaddegh, eine Koalition aller nationalistischen, anti-königlichen Fraktionen, die zwischen den beiden Extremen standen.

Mosaddegh war im politischen Spektrum für seine liberalen Ansichten und seine entschlossene Vision für das Land bekannt und respektiert. Er wollte frei von ausländischen Einflüssen sein und war der Erste, der die Auflösung der Anglo-Iranian Oil Company (AIOC) vorschlug. Er wollte alle Ölfelder des Landes verstaatlichen, eine Idee, die bei allen Fraktionen im Madschles breite Unterstützung fand.

Die Nationale Front gewann bald immer mehr Anhänger und ging sogar eine Art Bündnis mit der konservativen Fada-iyan-e ein. Mosaddegh und Kashani wurden zu den beiden Hauptbefürwortern der Verabschiedung des Gesetzes zur Verstaatlichung der Ölindustrie. Unterstützt wurden sie von den Tudeh-Aktivisten, die regelmäßig auf den Straßen protestierten und den Schah weiter unter Druck setzten, der als pro-britisch beschimpft wurde, weil er die Auflösung der AIOC nicht durchsetzen wollte. Der Schah reagierte auf die Demonstrationen, indem er den ehemaligen Militärchef Ali Razmara zum neuen Premierminister ernannte. Mit Hilfe der Mehrheit im Madschles gelang es Razmara, zahlreiche pro-royalistische Gesetze durchzusetzen.

Dennoch forderte die Nationale Front den Premierminister im Februar 1951 auf, die Verstaatlichung der Erdölreserven des Landes zu prüfen. Razmara lehnte ab. Daraufhin wurde er im folgenden Monat von einem radikalen Mitglied der Fada-iyan-e ermordet, was im Land ein Gefühl des Chaos auslöste. Das Chaos führte zu weiteren

Demonstrationen und zu noch stärkeren Forderungen der Nationalen Front, das Verstaatlichungsgesetz voranzutreiben, das schließlich Mitte März sowohl vom Madschles als auch vom Senat, die ebenfalls von den Royalisten dominiert wurden, verabschiedet wurde.

Als der Druck zunahm, sah sich Mohammad Reza Schah heftigem Widerstand ausgesetzt und musste im Mai dem Vorschlag des Madschles zustimmen, Mosaddegh zum Premierminister zu ernennen. Dies war der Beginn einer einflussreichen zweijährigen Amtszeit, die für den modernen Iran weitreichende Folgen hatte.

Premierminister Mosaddegh. [75]

Nach seiner Ernennung löste Mosaddegh die AIOC sofort auf und ersetzte sie durch die National Iranian Oil Company (NIOC), was als ein weiterer Triumph des nationalistischen Iran über die imperialistischen Ausländer angesehen wurde. Obwohl die Idee der Nationalisierung des Öls für die Iraner auf dem Papier vorteilhaft erschien, erwies sich der Übergang in der Praxis als weitaus schwieriger. Großbritannien, das für seine ruinierte Nachkriegswirtschaft besonders auf die Einnahmen aus den iranischen Ölfeldern angewiesen war, hatte lange vor den katastrophalen Folgen gewarnt, die dem Land bei einer Umsetzung dieses Beschlusses drohten. Dies wurde von der Nationalen Front ignoriert, deren Hauptmotivation darin bestand, die Autorität des Schahs zu untergraben. Als London in Den Haag und später im UN-Sicherheitsrat argumentierte, dass Mosaddegh ein offizielles Abkommen zwischen den beiden Ländern verletzt habe, und die internationale Gemeinschaft aufforderte, seine Position zu unterstützen, verteidigte der iranische Premierminister sein Land vehement und erhielt Unterstützung vom Internationalen Gerichtshof und den Vereinten Nationen, die entschieden, dass die Angelegenheit zwischen den beiden Ländern separat hätte gelöst werden müssen. Dies führte zu einer nationalen Krise in Großbritannien, das sich an seinen Kriegshelden, den einzigartigen Winston Churchill, wandte, um eine internationale Demütigung zu vermeiden und die Situation zugunsten Londons zu lösen.

Die neue konservative Regierung Großbritanniens reagierte hart und machte Mosaddeghs Verstaatlichung des Öls praktisch nutzlos. Churchill zögerte, die britischen Streitkräfte in der Region einzusetzen, und übte stattdessen enormen wirtschaftlichen Druck auf den Iran aus, dessen Wirtschaft stark vom Ölexport abhängig war.

Nach der Machtübernahme im Iran wurde allen britischen Mitarbeitern verboten, weiter für die NIOC zu arbeiten, und sie wurden von britischen Truppen aus dem Land eskortiert. Da die Briten jahrzehntelang die Ölfelder betrieben hatten und die überwiegende Mehrheit des kompetenten Personals der AIOC stellten, war die Produktion der NIOC stark beeinträchtigt, da die Belegschaft auf unerfahrene Einheimische reduziert wurde. Außerdem fror Churchills Regierung alle iranischen Guthaben auf britischen Banken ein und verhängte einen Boykott gegen alle iranischen Produkte, gefolgt von einer Blockade der Exporte des Landes. Als Mosaddegh versuchte, Geld von den Vereinigten Staaten zu leihen, lehnte Washington den Antrag des Premierministers ab, was Churchill zuvor sichergestellt hatte.

Insgesamt schwächte die britische Reaktion die ohnehin angeschlagene iranische Wirtschaft weiter. Ende 1951 schwanden der Einfluss und das Ansehen Mosaddeghs im Land. Der iranische Premierminister versuchte, die Unterstützung zurückzugewinnen, indem er das 17. Madschles so manipulierte, dass die Wählerschichten, die seine Partei unterstützten, mehr Macht erhielten, aber es gelang ihm nicht, eine Mehrheit in der Versammlung zu erlangen. Nachdem sich der Schah im Juli geweigert hatte, Mosaddeghs Kandidaten zum neuen Kriegsminister zu ernennen, trat Mosaddegh kurzzeitig von seinem Amt zurück, wurde aber nur fünf Tage später unter dem Druck gewalttätiger Demonstrationen im Iran, bei denen mehr als 250 Menschen ums Leben kamen, vom Schah wieder eingesetzt.

In der zweiten Hälfte des Jahres 1952 meldete sich Mosaddegh jedoch politisch zurück, verteidigte verzweifelt seine Politik und versuchte, an der Macht zu bleiben. Der Premierminister, der sich immer noch der Unterstützung der Bevölkerung sicher war, gewann im Madschles genügend Anhänger, um sich für einen Zeitraum von sechs Jahren „Notstandsvollmachten" zu erteilen. Dies ermöglichte es Mosaddegh, trotz der Unterstützung seiner politischen Verbündeten in Tudeh und Fada-iyan-e, praktisch das gesamte Land allein zu kontrollieren.

Mosaddegh lehnte den britischen Vorschlag für ein neues Ölabkommen ab. Im Oktober brach er sogar die diplomatischen Beziehungen ab und ließ mehrere pro-britische iranische Persönlichkeiten verhaften. Dann kürzte er das Budget der königlichen Familie, setzte seine Autorität gegenüber dem Schah durch und zwang Mohammad Rezas politisch engagierte Schwester ins Exil. Ende des Jahres wurde seine „Notstandsvollmacht" vom Madschles für weitere zwölf Monate verlängert, was zu weiteren Maßnahmen führte, die die Autorität des Premierministers stärkten und seine populistische Politik förderten, um seine Unterstützung zu erhöhen.

Mosaddegh versuchte jedoch, seine eigene Macht zu stärken und drängte zunehmend auf eine linksgerichtete Politik, wie die Umverteilung von Land und höhere Steuern für die Oberschicht, um die Tudeh-Partei zu besänftigen, die den Premierminister immer wieder durch Straßendemonstrationen unterstützt hatte. Konservativere politische Verbündete begannen, ihre Unterstützung zurückzuziehen. Die Kürzung der Mittel für das Militär führte auch dazu, dass die Streitkräfte dem Schah gegenüber loyal wurden, da sie ihn als den wahren Führer des Landes ansahen. Die interne Unterstützung schwand auch aufgrund der verheerenden Auswirkungen der britischen Maßnahmen auf die iranische Wirtschaft, die Inflationsraten erreichten Rekordhöhen und die inländische Produktion brach ein. Immer mehr Gruppen innerhalb und außerhalb des Landes missbilligten Mosaddeghs Entscheidungen, obwohl einige von ihnen seinen ursprünglichen Bestrebungen, die Ölfelder zu verstaatlichen, wohlwollend gegenüberstanden.

Die Amerikaner waren gegenüber dem iranischen Premierminister misstrauisch geworden. Die USA waren enge Verbündete

Großbritanniens und hatten Mosaddegh lange kritisiert. Was Washington jedoch dazu veranlasste, über die Gefahren nachzudenken, die von Teheran ausgehen könnten, war der wachsende Einfluss der linkssozialistischen Tudeh-Partei. Die USA befürchteten, dass sich die feindliche Sowjetunion einmischen und eine linke, prosowjetische Regierung an die Stelle Mosaddeghs setzen könnte. Nachdem die CIA und der britische MI-6 festgestellt hatten, dass Mosaddegh seine Befugnisse missbrauchte, begannen sie Anfang Mai 1953 mit der Planung einer gemeinsamen Operation mit dem Codenamen „Operation Ajax", um einen Staatsstreich im Iran anzuzetteln und den Premierminister zu stürzen. Ihr Plan bestand darin, die öffentliche Meinung gegen Mosaddegh aufzubringen, insbesondere in den ländlichen Provinzen und unter den Stämmen, indem sie Propaganda verbreiteten und Leute bezahlten, die sich bei Demonstrationen als seine Anhänger ausgaben, um den Premierminister glauben zu lassen, dass er mehr öffentliche Unterstützung habe, als dies tatsächlich der Fall war. Die CIA informierte dann Mohammad Reza Schah, der widerwillig zustimmte, den Plan auszuführen.

Zu diesem Zeitpunkt vermutete Mosaddegh bereits eine Verschwörung gegen ihn und versuchte, gegen jeden vorzugehen, von dem er annahm, dass er sich ihm widersetzen würde. Der Premierminister beschloss, im Juli ein nationales Referendum über die Auflösung des Madschles abzuhalten. Die Stimmzettel für das Referendum waren nicht geheim, da es getrennte Kästchen für die Zustimmung und die Ablehnung gab. Die Kästchen wurden von Mosaddegh-treuen Kräften bewacht, was der CIA half, Mosaddegh als undemokratischen, totalitären Herrscher darzustellen, der sich nicht um sein Volk kümmerte. Es überrascht nicht, dass das Referendum, bei dem über 99 Prozent für die Auflösung des Madschles stimmten, dem Premierminister noch mehr Macht verlieh. Der Schah sah den Putsch als gescheitert an und floh aus dem Land. Daraufhin trat Mosaddegh offen für die Abschaffung der Monarchie ein, was im August zu weiteren Demonstrationen führte. Seine Anhänger stürzten die Statuen von Reza Schah, was ironischerweise ebenfalls der Sache der CIA diente.

In Wirklichkeit waren die meisten Demonstranten von der CIA bezahlte Personen, die sich als radikale Linke ausgaben. Ohne sie wäre der Protest nicht so groß und bedrohlich gewesen. Mosaddegh glaubte, dass die Radikalen nicht nur versuchten, die Monarchie abzuschaffen, sondern auch ihn zu stürzen, und befahl loyalen Armeekontingenten, die

Aktivisten zu unterdrücken. Am 19. August war klar, dass die CIA-Operation erfolgreich war, als Tausende von Anti-Mosaddegh-Demonstranten auf die Straße gingen, Regierungsgebäude stürmten und Unruhen auslösten. Bald schlossen sich den Demonstranten, die von prominenten lokalen Aktivisten wie Shaban Jafari angeführt wurden, royalistische Truppen unter der Führung von General Fazlullah Zahedi an, der mit der CIA in Kontakt stand und über den laufenden Putsch gut informiert war. Die von ausländischen Geheimdiensten motivierten und finanzierten Demonstranten stürmten Mosaddeghs Residenz und nahmen ihn gefangen. Der Schah kehrte am 22. August nach Teheran zurück und ernannte Zahedi zum neuen Premierminister.

Menschen in Teheran feiern nach dem erfolgreichen Putsch im Jahr 1953.[76]

Der Staatsstreich von 1953 beseitigte einen der ehrgeizigsten Staatsmänner, die der Iran je gesehen hatte. Mohammad Mosaddegh verbrachte den Rest seines Lebens im Exil unter Hausarrest und starb kurz nach dem Staatsstreich. Bis heute ist er ein klassisches Beispiel für jemanden, der durch zu viel Macht korrumpiert wurde. Er nutzte das Vertrauen vieler Iraner auf eine Weise aus, die dem Land wenig nutzte, obwohl er zu Beginn seines politischen Kampfes gute Absichten hatte. Obwohl er dafür gekämpft hatte, die eklatante Ausbeutung seines Landes und seiner Ressourcen durch eine ausländische Macht zu beenden, erwies sich Mosaddegh als nicht stark genug, um der Macht der Amerikaner und Briten die Stirn zu bieten, die den neuen Premierminister dazu drängten, ein neues Abkommen über Ölkonzessionen abzuschließen. Obwohl Mosaddegh schließlich seinem eigenen Wunsch nach mehr Macht nachgab und deutlich autoritäre Tendenzen zeigte, ist der Putsch von 1953 in der iranischen Bevölkerung als ein weiteres Beispiel dafür verankert, dass ihr Land Opfer einer ausländischen Intervention wurde.

Nach Mossadegh: Die Weiße Revolution

Die neue Regierung unter Premierminister Zahedi war im Wesentlichen von der CIA ernannt worden, und so ist es nicht verwunderlich, dass die Amerikaner und Briten die Hauptnutznießer der politischen Maßnahmen waren, die unmittelbar nach dem Tod Mosaddeghs ergriffen wurden. Obwohl der Rest des Jahrzehnts für den Iran relativ ruhig verlaufen sollte und ab den 1960er Jahren einflussreichere politische Prozesse stattfinden sollten, fanden in den 1950er Jahren einige wichtige Veränderungen statt. So schloss der Iran 1954 ein neues Abkommen über seine Ölreserven. Im Gegenzug für US-Investitionen, Entschädigungszahlungen an die AIOC und vertragliche Verpflichtungen gegenüber ausländischen Unternehmen wurden die Ölreserven des Landes wieder vollständig verstaatlicht und mehr iranische Arbeiter umgeschult, um die Produktion zu steigern. Der Einfluss der USA zeigte sich auch in der Bereitschaft Irans, sich an neuen multilateralen Verträgen zu beteiligen, insbesondere am Bagdad-Pakt von 1955, auch als CENTO bekannt, der Teheran in ein defensives Militärbündnis mit der Türkei, Pakistan und dem Irak einbrachte. Zwei Jahre später verstärkte der von den USA beeinflusste Iran mit der Gründung eines neuen Geheimdienstes namens SAVAK seine Bemühungen, gegen die linksradikalen Tudeh-Gruppen vorzugehen, und beschwichtigte damit die Vereinigten Staaten, die einen umfassenden Krieg gegen Sozialismus und Kommunismus befürworteten, weiter.

Bis 1960 führte die Schwächung der politischen Opposition im Land zu einem wachsenden Einfluss des Schahs, dem es schließlich gelang, seine Macht auf einem mit seinem Vater vergleichbaren Niveau zu konsolidieren. Das Madschles, das 1961 aufgelöst wurde, wurde von zwei konservativen Parteien dominiert, die vom Schah offen bevorzugt wurden. Ein Jahr später, 1962, schlugen die Minister des Schahs das Landreformgesetz vor, das die Großgrundbesitzer zwang, ihr Land an die Regierung zu verkaufen, damit es vom Staat umverteilt werden konnte. 1963 verkündete Mohammad Reza Schah seine Absicht, die iranische Gesellschaft und Wirtschaft grundlegend zu reformieren. Er wollte die Modernisierung, Industrialisierung und Stadtentwicklung vorantreiben und einen wirtschaftlichen Überschuss schaffen.

Die Revolution des Schahs und des Volkes, auch als Weiße Revolution bekannt, wurde im Januar 1963 vom Schah ausgerufen. Er hatte zwanzig Punkte oder Ziele, die er erreichen wollte, von denen sechs direkt zum Zeitpunkt der Proklamation umgesetzt wurden: Die Landumverteilungsreform, die es den Angehörigen der unteren Schichten ermöglichte, das konfiszierte Land zu niedrigeren Preisen und Zinsen zu kaufen, um ihr eigenes Vermögen zu vergrößern; die Verstaatlichung aller Wälder des Landes; der Verkauf staatlicher Fabriken und Produktionsbetriebe, um die Gründung neuer privater Unternehmen und Industrien zu fördern; der so genannte „Gewinnbeteiligungsplan" für Arbeiter, der es ihnen ermöglichte, zusätzlich zu ihrem Lohn weitere Gewinne zu erzielen; die wegweisende Entscheidung, Frauen das Wahlrecht zu gewähren; und schließlich die Gründung eines Alphabetisierungskorps, um die öffentliche Bildung im ganzen Land, insbesondere in den ländlichen Gebieten, zu fördern. Nach einer Volksabstimmung, die mit mehr als fünf Millionen Ja-Stimmen (und nicht mehr als fünftausend Nein-Stimmen) triumphierte, war die Weiße Revolution auf dem Weg.

Das ehrgeizige Reformpaket sollte das Land modernisieren, stieß aber auf heftigen Widerstand. Natürlich profitierte das Land in vielerlei Hinsicht von den vorgeschlagenen Veränderungen. Hunderttausende neuer Familien erwarben Land zu niedrigen Preisen und konnten so der Armut entkommen. Die soziale Stellung der Frauen verbesserte sich deutlich, und die Bildungsreform wirkte sich positiv auf die Landbevölkerung aus, die zuvor schlicht keinen Zugang zu Schulen hatte. Die Weiße Revolution wurde von verschiedenen gesellschaftlichen Gruppen abgelehnt, allen voran von den Ulama.

Vor allem die religiöse Elite war mit dem Schah unzufrieden, zum Teil wegen der neuen Rechte für Frauen, die dem traditionellen Islam widersprachen. Darüber hinaus untergruben die Reformen des Schahs ihre Macht und ihren Einfluss in der iranischen Gesellschaft. So wurden viele ländliche Gemeinden zuvor von Geistlichen unterrichtet, die die Jugend mit Wissen und Respekt für den schiitischen Islam erzogen. Die Alphabetisierungskorps übernahmen die Erziehung der Kinder. Die Landreformen wirkten sich auch auf die Ulama aus, die von den Einkünften aus dem Waqf (Land, das dem religiösen Establishment von seinen Anhängern geschenkt wurde) abhängig waren.

Mohammad Reza Schah Pahlavi verteilt Dokumente über die neuen Reformen während der Weißen Revolution.⁷⁷

In den ersten Wochen nach Ausrufung der Revolution kam es im ganzen Land zu Protesten. Die Proteste wurden von den Truppen des Schahs schnell niedergeschlagen. Im ganzen Land meldeten sich Kritiker der Reformen des Schahs zu Wort. Ein gewisser religiöser Führer und Professor namens Ruhollah Khomeini aus Ghom kritisierte scharf die Untergrabung des Einflusses der Ulama durch Mohammad Reza. Seine Äußerungen erregten schnell die Aufmerksamkeit der Regierung des Schahs, und die SAVAK stürmte seine Schule und verhaftete ihn. Khomeini wurde daraufhin ins Exil geschickt und verbrachte seine Zeit in verschiedenen Ländern des Nahen Ostens und in Europa, wobei er jedoch nie aufhörte, sich aktiv in iranische Angelegenheiten einzumischen.

Parallel zu Mohammad Reza Schahs ehrgeizigem Programm, den Iran sozial, politisch und wirtschaftlich weiterzuentwickeln, verfolgte er zunehmend eine autokratische Politik. Nach 1963 arbeitete der Schah unermüdlich daran, sich als Nachfolger der großen persischen Monarchen wie Kyros dem Großen darzustellen. Er präsentierte sich als eine Art Erlöser, der das Vertrauen des Volkes verdiente. Im Jahr 1967 hielt er seine offizielle Krönungszeremonie in Teheran ab und nahm den alten Titel Schahanschah an, um seinen Status weiter zu unterstreichen. Dann verkündete er, dass die persische Monarchie seit 2.500 Jahren ununterbrochen bestehe – ein nationales Ereignis, das 1971 in Persepolis zum Gedenken an die Gründung des Achämenidenreiches ausgiebig gefeiert wurde. Diese unverhohlene narzisstische Propaganda wurde von anderen Entscheidungen begleitet, die darauf abzielten, seine direkte Macht zu stärken, wie z.B. die Stärkung des Militärs.

Obwohl Mohammad Reza Schah seine Rolle als Marionette der USA allmählich hinter sich gelassen hatte, reichte die Bedrohung durch sowjetischen Einfluss und eine Invasion für Washington aus, um dem Iran eine enorme Menge an Waffen zu verkaufen, so dass das Land bis Mitte der 1970er Jahre eine der größten Streitkräfte der Welt aufbaute. Angesichts der wachsenden Macht der Armee und der abnehmenden britischen Präsenz im Nahen Osten stimmte der Schah einer militärischen Intervention während eines Krieges in Oman zu, wo der Iran kämpfte, um die Sozialisten zu unterdrücken. Die gestiegenen Einnahmen aus dem Ölexport, nachdem der Ölpreis nach dem Krieg zwischen Ägypten, Syrien und Israel neu festgelegt worden war, kamen dem Schah sehr zugute. Der neue Preis hatte den Preis für ein Barrel Öl fast versechsfacht und die Industrie zum profitabelsten Unternehmen des Iran gemacht.

In der zweiten Hälfte der 1970er Jahre begannen sich die Probleme der Weißen Revolution abzuzeichnen, die das Leben der meisten Iraner auf die eine oder andere Weise erheblich beeinträchtigten und sie dazu zwangen, Sympathien für die Anti-Schah-Bewegung zu entwickeln. Die ehrgeizigen Modernisierungsreformen konnten von der Infrastruktur und den Ressourcen des Iran einfach nicht getragen werden. Obwohl das Land über große Energieressourcen verfügte, hatte der Großteil der Bevölkerung keinen zuverlässigen Zugang zu Elektrizität, auch in Teheran kam es regelmäßig zu Stromausfällen. Auch war die Wirtschaft nicht in der Lage, den Geldzufluss durch die gestiegenen Ölpreise zu bewältigen, was zu einer hohen Inflation und schließlich zu einer Wirtschaftskrise führte, obwohl der durchschnittliche Iraner nach der Weißen Revolution im Allgemeinen reicher geworden war. Auch die Landreform schien gescheitert zu sein, da die landwirtschaftliche Produktion zurückging und immer mehr Bauern ihre Höfe aufgaben und in die städtischen Zentren strömten, was zu Unruhen und Überbevölkerung führte. Dies und die zunehmende Fremdenfeindlichkeit in der Bevölkerung aufgrund der Zusammenarbeit des Schahs mit Ländern, die früher als Feinde galten, führten zu einer entscheidenden Reaktion, die den Lauf der iranischen Geschichte noch einmal grundlegend veränderte.

Kapitel 10: Die Islamische Republik Iran

Die Islamische Revolution

Langsam wuchs die Unzufriedenheit in der Bevölkerung. Anfang 1978 war das Chaos, das der Schah durch sein Handeln im Land angerichtet hatte, nicht mehr zu übersehen. Die zunehmenden autoritären Maßnahmen, wie die Unterdrückung der Oppositionsparteien und die Aushöhlung des Madschles und der Ulama, stießen nicht nur bei den Iranern auf Kritik, sondern auch im Ausland, da die internationale Gemeinschaft die Auswirkungen der Reformen Mohammad Rezas erkannte. Die Situation brauchte nur einen Funken. Zum Leidwesen des Schahs kam es ab Anfang 1978 zu einer Reihe von Ereignissen, die zu einer neuen Welle von Massenprotesten und schließlich zu dem führten, was als Islamische Revolution bekannt wurde.

Aber jede Revolution braucht einen Führer, eine herausragende Persönlichkeit, die in der Lage ist, die Unzufriedenheit des Volkes zum Ausdruck zu bringen. Die Iraner fanden ihren Anführer in Ayatollah Ruhollah Khomeini, der, obwohl er 1964 wegen seiner Kritik am Schah aus dem Land verbannt worden war, nie aufgehört hatte, auf den schrecklichen Charakter der Herrschaft von Mohammad Reza und seine Besorgnis über die weitere Entwicklung des Landes hinzuweisen. Khomeinis populistische Äußerungen wurden schnell von konservativen schiitischen Iranern und säkularen Liberalen unterstützt, die der verschwenderischen, unproduktiven und autoritären Bestrebungen des

Schahs überdrüssig waren und sich ein Ende seiner Herrschaft wünschten.

Angesichts der wachsenden Unzufriedenheit und der immer lauter werdenden Stimme der Ulama, die seit der konstitutionellen Revolution zu Beginn des Jahrhunderts jahrelang untergraben worden war, wurde die religiöse Institution wieder zu einer wichtigen Kraft, die die Mehrheit des Volkes einte. Die wachsende Revolution zog viele Iraner an, darunter diejenigen, die die undemokratische Natur der Herrschaft von Mohammad Reza Schah kritisierten, diejenigen, die fremdenfeindliche Ansichten vertraten und ausländische Einflüsse im Iran ablehnten, und konservativere Iraner, die die Ulama als eine notwendige Kraft betrachteten, um den Iran aus der Krise zu führen.

Ayatollah Ruhollah Khomeini. [78]

Im Januar 1978 wurde die Regierung auf eine seltsame Allianz zwischen verschiedenen Arten von Demonstranten aufmerksam und verurteilte die bald darauf entstehenden revolutionären Gruppen in einem Zeitungsartikel aus Teheran, in dem es hieß, sie hätten keine

Moral und keine gemeinsamen Ziele. Der Artikel beschrieb Khomeini als nichts anderes als einen ausländischen Spion, der das iranische Volk zu seinem eigenen Vorteil ausnutzen wolle. Dies war der erste Sargnagel für die Herrschaft von Mohammad Reza Schah, als Tausende von Khomeini-Sympathisanten auf die Straße gingen. An allen wichtigen öffentlichen Versammlungsorten wie den zentralen Basaren der Großstädte kam es zu Protesten. Die meisten Aktivisten waren religiöse Studenten, die die gleichen konservativen schiitischen Ansichten wie Khomeini vertraten, obwohl sich ihnen auch kleinere, weniger rechtsgerichtete Gruppen anschlossen, die von den Reformen des Schahs negativ betroffen waren und seinen Sturz wünschten. Sie wurden auch von Khomeini selbst ermutigt, der von seinem Exil im Irak aus weiterhin predigte, dass das Land eine religiöse Führung unter einem „obersten Rechtsgelehrten" brauche, eine Idee, die von seinen Sympathisanten schnell aufgegriffen wurde.

Die Regierung reagierte so, wie man es von einem autokratischen Herrscher erwarten würde, der das Gefühl hat, dass ihm die Macht entgleitet: mit einem harten Durchgreifen der Polizei und der gewaltsamen Unterdrückung der Straßenproteste, die bis zum Ende der Revolution Hunderte von Toten forderten. Die Aktionen der vom Schah kontrollierten SAVAK konnten den Aktivisten jedoch nichts anhaben, und der Tod ihrer Landsleute gab ihnen das Gefühl, für eine edle Sache gestorben zu sein, da sie als Märtyrer einer gerechten Revolution galten. Dies ist wichtig, da die islamische Kultur die Rolle des Märtyrertums betont. Es ist wahrscheinlich, dass diese Vorstellung die Demonstranten, deren Zahl mit jeder Demonstration zunahm, anspornte.

Als der Schah den Demonstranten, die sich vierzig Tage nach dem Tod der ersten Demonstranten (nach schiitischer Tradition) versammelt hatten, nicht erlaubte, friedlich der Toten zu gedenken, waren die Aktivisten noch empörter. Bald wurde klar, dass sich alle Gruppen, unabhängig von ihrer politischen oder wirtschaftlichen Einstellung, unter dem Banner ihrer Religion vereinigten. Die schiitischen Führer wurden zu den Anführern der Revolution.

Bis Mitte 1978 kam es in den großen Städten immer wieder zu Demonstrationen, deren Teilnehmerzahl von Mal zu Mal zunahm und die zu gewaltsamen Zusammenstößen mit der Staatspolizei führten. Im September verhängte Mohammad Reza Schah das Kriegsrecht und übernahm als Oberbefehlshaber der Streitkräfte die vollständige Kontrolle über den Staat (soweit er sie nicht schon zuvor ausgeübt hatte), was viele seiner Gegner radikalisierte. Im Oktober forderte er den irakischen Staatschef Saddam Hussein auf, Ayatollah Khomeini des Landes zu verweisen, und stimmte zu, dass der Rechtsgelehrte in Paris Zuflucht suchen sollte.

Die Ankunft Khomeinis in Frankreich hatte für den Schah jedoch verheerende Folgen. Mohammad Reza hatte erwartet, dass die enge Kommunikation zwischen Khomeini und den Revolutionären nach dessen Abreise aus dem benachbarten Irak abbrechen würde. Stattdessen wurde Khomeini von vielen gleichgesinnten Iranern und Nicht-Iranern in Frankreich unterstützt, seine Predigten fortzusetzen, und die Verbindung zwischen ihm und den Demonstranten im Iran wurde immer enger. Ende Oktober, als die Situation immer unerträglicher wurde, begannen die einheimischen Arbeiter zu streiken und brachten die heimische Industrie, einschließlich der Ölförderung, zum Erliegen, was die Position des Schahs erheblich schwächte. Der Schah erkannte, dass das Unvermeidliche auf ihn zukam, wie es bei einer Reihe von Diktatoren vor ihm der Fall gewesen war. Aber es war zu spät.

Ende des Jahres waren Teheran, Täbris, Ghom und andere Großstädte voller Demonstranten, andere zivile Aktivitäten waren fast völlig zum Erliegen gekommen. Die Polizei war nicht in der Lage, die Hunderttausende von Menschen zu kontrollieren, die ein gemeinsames Ziel verfolgten: den Schah loszuwerden. Im Januar 1979, ein Jahr nach Beginn der großen Proteste, flohen der Schah und seine Familie aus dem Land und erklärten offiziell, sie würden einen Urlaub im Ausland verbringen. Die Revolutionäre wussten, dass der Sieg nahe war, da die Regierung, die während der Abwesenheit von Mohammad Reza eingesetzt worden war, nicht in der Lage war, etwas zu unternehmen. Am 1. Februar versammelten sich schätzungsweise eine Million Menschen auf den Straßen Teherans und forderten die Auflösung der Regierung und die Abdankung des Schahs. Ayatollah Ruhollah Khomeini traf in der Hauptstadt ein und schloss sich den Demonstranten an. Ende des Monats sahen sich die Streitkräfte auf der Verliererseite und erklärten ihre Neutralität. Auch die Regierung gab auf. Die Islamische Revolution hatte gesiegt.

Der Iran nach der Revolution

Nach ihrem Triumph und der Flucht des Schahs übernahmen die Revolutionäre nach und nach die Kontrolle über das Land, und Khomeini wurde zu ihrem natürlichen Führer, obwohl er keinerlei politische Erfahrung hatte. Ende März organisierte er ein nationales

Referendum, bei dem sich eine überwältigende Mehrheit für die Errichtung einer islamischen Republik anstelle der Monarchie aussprach.

Obwohl Khomeini als Führer der Bewegung galt und die meisten Aktivisten unter dem Banner des schiitischen Islam gegen das korrupte Regime von Mohammad Reza kämpften, führte die Ausrufung der Islamischen Republik Iran schließlich zu einer Spaltung zwischen den eher konservativen und den säkular-liberalen Revolutionären. Der Keil, der zwischen diese beiden Gruppen von Aktivisten getrieben wurde, wurde durch Khomeinis unverhohlene Förderung antiwestlicher Propaganda, die Verurteilung demokratischer Prinzipien und die Säuberung von Hunderten säkularer Sympathisanten noch vertieft.

Bald nach dem Referendum festigten Khomeini und seine Anhänger ihre Herrschaft durch die Schaffung verschiedener Regierungsinstitutionen, die die Bedeutung des Islams im Land betonten und von Khomeini zur weiteren Machtanhäufung genutzt wurden. Schließlich entstanden im ganzen Land, vor allem in Chuzestan und Kurdistan, separate revolutionäre Bewegungen, die nicht nur ideologisch, sondern auch ethnisch motiviert waren. Sie wurden schließlich von der islamischen Regierung unterdrückt.

Obwohl die Revolution von vielen als Mittel gesehen wurde, das autoritäre Regime des Schahs zu beenden, wurde schnell klar, dass Khomeini ein relativ repressives Regime errichtet hatte, da er seine Macht nutzte, um die soziale und politische Landschaft des Landes grundlegend zu verändern. Man darf nicht vergessen, dass die Revolutionäre ein in jeder Hinsicht gelähmtes Land übernahmen, in dem fast alle wirtschaftlichen Aktivitäten zum Erliegen gekommen und die staatlichen Institutionen völlig zusammengebrochen waren. Dies gab Khomeini und seinen Anhängern praktisch uneingeschränkte Macht, und sie errichteten schnell ein fast totalitäres islamisches Regime, patrouillierten durch die Straßen und zwangen die Menschen, sich traditionell schiitisch zu verhalten und zu kleiden.

Eine seiner ersten Entscheidungen war die Rücknahme vieler Rechte und Freiheiten der Frauen, was ein zentraler Punkt der Proteste religiös-konservativer Gruppen gewesen war. Um seine Autorität durchzusetzen, schuf Khomeini auch eine eigene Polizeitruppe, das Korps der Islamischen Revolutionsgarden, das sich aus Freiwilligen und fanatischen Anhängern Khomeinis zusammensetzte.

Demonstranten während der Islamischen Revolution mit einem Transparent: „Wir wollen eine islamische Regierung unter der Führung von Imam Khomeini"."

Als „Oberster Führer" (*rahbar*) hatte Khomeini eine Sonderstellung, die über den Rahmen der republikanischen Regierung und der Verfassung hinausging und ihm praktisch freie Hand in den Angelegenheiten des Landes gab. Dies ermöglichte ihm, weiterhin gegen alles vorzugehen, was den westlichen Einfluss auf den Iran symbolisierte, was schließlich im November 1979 in Demonstrationen vor der US-Botschaft in Teheran gipfelte. Die Demonstranten forderten die Auslieferung Mohammad Reza Schahs durch die Amerikaner, da sich der im Exil lebende Schah zu dieser Zeit in den USA einer Krebsbehandlung unterzog. Möglicherweise aus Angst, Mohammad Reza könnte mit Hilfe der CIA einen neuen Putsch planen, um wie 1953 wieder an die Macht zu kommen, stürmten die Demonstranten das Botschaftsgebäude und nahmen 66 amerikanische Staatsbürger als Geiseln, was als Geiselnahme von Teheran bekannt wurde.

Als ob die Beziehungen zwischen dem Iran und den USA nicht schon durch die konservative und antiwestliche Übernahme der islamischen Revolution angespannt genug gewesen wären, belastete die Geiselnahme die Beziehungen zwischen den beiden Ländern bis zum Zerreißen und zwang Washington zu einer misstrauischen Haltung gegenüber Teheran, die sich bis heute nicht gelegt hat. Nach etwa einem Jahr politischer Manöver und Verhandlungen, harten Sanktionen der Regierung Jimmy Carters und dem Druck der internationalen Gemeinschaft (der die ohnehin schwächelnde iranische Wirtschaft völlig zum Erliegen brachte) wurden die Geiseln im Januar 1981 freigelassen.

Neben der Geiselkrise, der Unterdrückung von Minderheiten und Oppositionsgruppen, der Einführung von Maßnahmen, die von vielen als totalitär bezeichnet wurden, und der Durchsetzung eines traditionelleren islamischen Lebensstils wurde der postrevolutionäre Iran unter Khomeini auch in einen Krieg mit seinem Nachbarn Irak hineingezogen. Offizieller Grund für die irakische Invasion im September 1980 waren jahrzehntelange Grenzstreitigkeiten zwischen den beiden Ländern. Tatsächlich aber wollte Saddam Hussein die westlichste iranische Provinz Chuzestan erobern, eine ölreiche Region, in der auch die größte arabische Bevölkerung des Landes lebte. Hussein erkannte die instabile Lage im Iran, die durch die harten Maßnahmen Khomeinis entstanden war, und hielt den Zeitpunkt für einen Krieg für günstig, zumal der Iran seine engen Beziehungen zu ausländischen Mächten verloren hatte, die auf Seiten des Iran in den Konflikt hätten eingreifen können.

Hussein hoffte auf einen schnellen und entscheidenden Sieg, da er glaubte, dass Khomeini keine Zeit haben würde, angemessen auf die Invasion zu reagieren, da er damit beschäftigt war, seine Macht in Teheran zu festigen. Zudem war die iranische Armee aufgrund der Islamischen Revolution stark desorganisiert. Und unmittelbar nach Kriegsbeginn machten die irakischen Streitkräfte große Fortschritte in Richtung ihrer Ziele und besetzten wichtige Teile des Südwestens und Westens des Iran.

Doch trotz Husseins größten Hoffnungen erwies sich der Krieg als genau das, was Khomeini und die Revolutionäre brauchten, um ihre Differenzen beiseitezulegen und sich gegen einen gemeinsamen Feind zu verbünden. Unter der Führung des Obersten Führers Khomeini versammelte sich das Volk hinter der islamischen Regierung, allen voran das neu gegründete Korps der Revolutionsgarden. Das Korps wurde aus den Städten an die Front verlegt und ersetzte im Wesentlichen den Großteil der iranischen Streitkräfte. Krieg ist ein gutes Mittel, um interne Schwächen des Feindes auszunutzen, aber auch ein Vorwand, um interne Konflikte zu beenden, um sich einer größeren externen Herausforderung zu stellen, wie es bei der iranischen Bevölkerung der Fall war.

Nach einigen Monaten heftiger Kämpfe eroberten die iranischen Streitkräfte die verlorenen Gebiete zurück und drangen bis zum Sommer 1982 sogar bis in den Osten des Irak vor. Beide Seiten lieferten sich unerbittliche Kämpfe, bei denen nicht nur militärische Einrichtungen, sondern auch zivile Wohnhäuser, Stadtzentren und Ölraffinerien angegriffen wurden, um sich gegenseitig so weit wie möglich zu schwächen. Khomeini und die islamische Regierung nutzten den Krieg, um ihre Macht über das Land zu festigen und sich als Anführer gegen einen fremden sunnitischen Eindringling aufzuspielen. Die internationale Gemeinschaft konnte nur zusehen, wie sich die beiden Länder des Nahen Ostens gegenseitig zerstörten.

Nach der iranischen Gegenoffensive von 1982 kam der Krieg für sechs Jahre zum Stillstand. Obwohl die Kämpfe nie wirklich aufhörten, entschloss sich keine der beiden Seiten, ihre ganze Kraft einzusetzen. Khomeini konnte sich zur Überraschung Husseins behaupten. Ironischerweise nutzte Khomeini einen Großteil der amerikanischen Ausrüstung und Waffen, um die Iraker zurückzuschlagen. Die Vereinigten Staaten mobilisierten einen Teil ihrer Streitkräfte in den Golfstaaten, da der Krieg die Ölexporte der Region beeinträchtigte.

Ein einschneidendes Ereignis war der versehentliche Abschuss des Iran-Air-Fluges 655, eines inländischen Passagierfluges, im Juli 1988 durch ein US-Kriegsschiff, das das Flugzeug fälschlicherweise für einen feindlichen Jet hielt. Der Vorfall kostete etwa dreihundert Menschen das Leben und wurde schnell zu einem weiteren Beispiel ausländischer Einmischung, zumindest in den Augen der iranischen Bevölkerung.

Der Krieg selbst endete im Spätsommer 1988 mit einem von den Vereinten Nationen vermittelten Waffenstillstand, der für beide Seiten keine nennenswerten Fortschritte brachte: Beide Seiten zogen sich auf ihre Vorkriegsgrenzen zurück. Obwohl der Krieg technisch gesehen kein Sieg war, ermöglichte er es Khomeini, einen Großteil des innenpolitischen Widerstandes, der als Reaktion auf seine autoritären Maßnahmen entstanden war, zu unterdrücken und auszuschalten.

Alles in allem war die Islamische Revolution der Höhepunkt einer Reihe von Machtkämpfen zwischen einheimischen Kräften im Iran während des 20. Jahrhunderts. Die Ära von Ayatollah Ruhollah Khomeini, dem Obersten Führer und einer der populärsten Persönlichkeiten des öffentlichen Lebens im Iran in der Geschichte des Landes, hat jedoch möglicherweise nicht die Ergebnisse gebracht, die vor der Revolution versprochen worden waren. Im Laufe der Jahre und mit der Umsetzung immer radikalerer Maßnahmen zur Sicherung seiner uneingeschränkten Macht wurde deutlich, dass der Iran noch nicht so wohlhabend geworden war, wie er es hätte sein können. Die absolute Monarchie von Muhammad Reza Pahlavi war zwar vorbei, wurde aber durch ein ebenso autokratisches Regime ersetzt. Wie viele schnell erkannten, verbesserte sich die Lebensqualität der iranischen

Bevölkerung nicht wirklich.

Ruhollah Khomeini, der revolutionäre Imam, der die Islamische Republik Iran gegründet und das Land zu seinen traditionellen schiitischen Wurzeln zurückgeführt hatte, starb im Juni 1989, doch das von ihm errichtete Regime sollte weiter bestehen.

Der zeitgenössische Iran

Wir treten nun in die letzte Ära des Iran ein, die weitgehend nach dem Tod von Ruhollah Khomeini und seiner Ablösung als Oberster Führer durch Ali Khamenei, der zuvor als Präsident des Landes gedient hatte, begann. Khamenei wurde von Khomeini vor dessen Tod ausgewählt und ist zum Zeitpunkt der Abfassung dieses Artikels immer noch der Oberste Führer. Obwohl Khamenei seinen Vorgänger in Bezug auf die Errungenschaften nur wenig übertreffen kann, hat seine Amtszeit die Position des Iran als mächtiger internationaler und regionaler Akteur gefestigt und ein politisches System entwickelt, das nach wie vor von der religiösen Autorität dominiert wird.

Der Iran befindet sich heute in einer schwierigen Lage, da die übrige Welt liberaler, säkularer und demokratischer geworden ist als je zuvor. Seit dem Tod Khomeinis wird der politische Prozess im Iran vom Konflikt zwischen der konservativen Mehrheit, die die religiösen Grundlagen des Landes verteidigt, und einer liberaleren Minderheit, die auf eine stärkere Modernisierung und Stabilisierung der Außenbeziehungen drängt, dominiert.

Nach der „Beförderung" Khameneis vom Präsidenten zum Obersten Führer wurde Ali-Akbar Hashemi Rafsandschani für zwei aufeinanderfolgende vierjährige

Der Oberste Führer Ali Khamenei [80]

Amtszeiten bis zu seinem Ausscheiden 1997 neuer Präsident des Landes. Rafsandschanis Amtszeit, die von vielen als Beispiel für einen „pragmatischen Konservatismus" angesehen wurde, war durch seine Bemühungen gekennzeichnet, die Wirtschaft des Landes wiederzubeleben, da die Nation stark gelitten hatte. Er versuchte dies vor allem durch die Aufhebung der staatlichen Kontrolle über verschiedene verstaatlichte Industrien und durch die Förderung einer stärkeren Beteiligung der Bevölkerung an der Wirtschaft, um den privaten Wohlstand zu erhöhen. Obwohl Rafsandschani technisch gesehen ein Konservativer war (er lehnte den Westen in vielerlei Hinsicht ab, z.B. die Beteiligung der USA am Persischen Golfkrieg), war er bei den konservativen religiösen Gruppen nicht beliebt.

Einige der Entwicklungen, die in den 1990er Jahren stattfanden, wurden jedoch nicht wirklich von Rafsandschani und der Regierung initiiert. In dieser Zeit wurden technologische Entwicklungen im Land eingeführt, die schließlich zur Förderung einer politischen Kultur führten, die bessere Beziehungen zum Westen befürwortete. In dieser Hinsicht waren die Hauptbefürworter einer stärkeren Verwestlichung junge Erwachsene, die zu jung waren, um sich an das Pahlavi-Regime oder die Islamische Revolution zu erinnern, und die einfach in einem wohlhabenden Land leben wollten, das dieselben Vorteile genoss wie andere westliche Gesellschaften. In dieser Zeit wuchs auch das weltweite Bewusstsein für die undemokratischen, autoritären Maßnahmen und Menschenrechtsverletzungen im nachrevolutionären Iran, was dazu führte, dass viele internationale Akteure die Schaffung einer freieren Gesellschaft forderten, was einfach nicht möglich war, solange die schiitischen Ulama ihre strenge Kontrolle über das Land aufrechterhielten.

Das verstärkte Streben nach Veränderung zeigte sich bei den Präsidentschaftswahlen 1997, aus denen mit Mohammad Khatami ein eher liberaler Reformer als Sieger hervorging, was für die konservativen Kräfte an der Spitze des Landes eine unangenehme Überraschung darstellte. Khatami gewann mit mehr als zwei Dritteln der Stimmen und versprach seinen Wählern gesellschaftliche Veränderungen, die einige der eingeführten Restriktionen positiv verändern sollten. Er wollte vor allem die staatliche Zensur abbauen und drängte auf eine Verringerung des religiösen Einflusses auf staatliche Angelegenheiten, stieß damit aber auf heftigen Widerstand der konservativen Regierung.

Khatami war keineswegs ein radikaler Linker, der Reformen vorantrieb, die dem religiösen Establishment zuwiderliefen. Er war vielmehr ein gemäßigter Politiker, der versuchte, seine Politik so auszubalancieren, dass sie die Mehrheit des Landes zufrieden stellte. Dennoch mischte sich der Oberste Führer Khamenei ein, wenn es um die konkrete Umsetzung von Veränderungen ging. Dies wurde noch deutlicher, als bei den Kommunalwahlen 1999 die reformorientierten Kräfte die Mehrheit der Sitze in den Kommunalverwaltungen gewannen. Die von Khamenei kontrollierte Polizei ging hart gegen die antikonservativen Sympathisanten des Präsidenten vor, bei denen es sich überwiegend um Jugendliche handelte. Studentenproteste wurden im ganzen Land niedergeschlagen. Auch nach seiner Wiederwahl 2001 gelang es Khatami nicht, seine Agenda durch das konservative Parlament zu bringen, und die Wahlen 2005 machten seine Bemühungen fast vollständig zunichte.

Im Jahr 2005 änderte sich die Machtdynamik im Iran erneut, als der konservative Mahmud Ahmadinedschad die Präsidentschaftswahlen gewann und 2006 nach seiner Vereidigung die Hand des Obersten Führers Khamenei küsste. Ahmadinedschad, der die volle Unterstützung Khameneis genoss, verstärkte die staatliche Kontrolle über das Leben der iranischen Bevölkerung und führte strenge Zensurmaßnahmen ein. Seine erste Amtszeit fiel auch mit dem Aufstieg Irans zur Regionalmacht zusammen, nachdem die US-Intervention im Irak zum Sturz des totalitären Saddam Hussein, des langjährigen Rivalen Teherans, geführt hatte.

Die Amtszeit Ahmadinedschads war jedoch von hohen Inflationsraten geprägt, die auf eine neue Runde von Wirtschaftssanktionen der internationalen Gemeinschaft zurückzuführen waren, die den Iran verdächtigte, ein eigenes Atomwaffenprogramm zu entwickeln. Der Vorwurf lautete, dass Teheran seine gegenüber der Internationalen Atomenergiebehörde eingegangenen Verpflichtungen nicht eingehalten habe, und als Beweis dafür wurden das zunehmende Interesse Teherans an der Nuklearforschung sowie die Eröffnung von Atomkraftwerken, Uranminen und -raffinerien angeführt. Das von vielen Ländern gegen den Iran verhängte Embargo führte zu wirtschaftlichen Schwierigkeiten, die Ahmadinedschad nur schwer überwinden konnte, was sich auf seine Position im Land auswirkte und schließlich 2013 zur Wahl von Hassan Rouhani zum neuen Präsidenten führte.

Schlussbemerkung

Nur wenige Länder können auf eine so spannende und faszinierende Geschichte zurückblicken wie der Iran. Der Iran liegt in Westasien in der Region des Zagros-Gebirges, eingeklemmt zwischen dem Kaspischen Meer im Norden und dem Persischen Golf im Süden, und ist seit Jahrtausenden die Heimat verschiedener Zivilisationen. Von der prähistorischen Zeit bis zur Gründung der Islamischen Republik Iran in ihrer heutigen Form ist die Geschichte des Iran reich an denkwürdigen Momenten und Entwicklungen, die das Land und seine Menschen geprägt haben. Geprägt von ständigen Kriegen, dem Kampf um Freiheit und Überleben und dem Willen, seine reiche und bedeutende Kultur zu bewahren, hat das iranische Volk durchgehalten.

Was den Iran von anderen Ländern mit einer reichen Geschichte unterscheidet, ist die Tatsache, dass alle Kulturen, die in der Region lebten, in ihrer jeweiligen Epoche von großer Bedeutung waren, sogar in der Antike. Es ist nicht überraschend, dass die Gründung und anschließende Herrschaft des achämenidischen Persiens als eines der goldenen Zeitalter in der iranischen Geschichte angesehen wird, da es das erste Mal war, dass ein fortgeschrittenes persisches Reich die Region von Anatolien bis zum heutigen Indien beherrschte. Es kontrollierte sogar Gebiete in der Levante und in Ägypten. Von Kyros dem Großen über Dareios den Großen, die Eroberung Persiens durch Alexander, die Hellenisierung unter den Seleukiden bis hin zum Aufstieg der Parther und später der Sassaniden waren die rund tausend Jahre bis zum Beginn des Mittelalters von spannenden gesellschaftlichen und politischen Ereignissen geprägt. Eine Vielzahl unterschiedlicher Kulturen und

Religionen blühte auf und machte das antike Persien zu einer der faszinierendsten Hochkulturen der Weltgeschichte.

Seit dem frühen Mittelalter, mit der arabischen Eroberung und der anschließenden Einführung des Islams, haben wir es mit einer neuen Epoche in der iranischen Geschichte zu tun, die durch relative Instabilität und Chaos gekennzeichnet ist. Die Menschen im Iran mussten ihre weitgehend von Stammesriten und Traditionen geprägte Lebensweise an eine neue, islamische Lebensweise anpassen, die sich für immer in ihre Psyche einprägte. Trotz der Fremdherrschaft und der relativen Schwäche der lokalen Staaten gelang es dem Iran jedoch, seine kulturellen und sozialen Wurzeln zu bewahren, auch nachdem die Mongolen und Timuriden die Macht übernommen hatten. Diese Periode brachte eine der erstaunlichsten Entwicklungen des iranischen Erbes hervor, da sie die ersten Beispiele einer einzigartigen Mischung aus islamischer und vorislamischer Architektur, Literatur, Tradition, Kunst und vielen anderen Aspekten des Lebens hervorbrachte.

Der langsame Globalisierungsprozess des Iran und seine verstärkte Einbindung in internationale Angelegenheiten begannen wahrscheinlich mit dem Aufstieg der Safawiden-Dynastie und der Wiedererrichtung einer iranischen Monarchie nach Jahrhunderten unter dem Joch der Mongolen. Unter den Safawiden nahm der Iran den schiitischen Islam an, der nach dem Zusammenbruch des safawidischen Persiens im 18. Jahrhundert zu einem grundlegenden Bestandteil der Identität des Landes werden sollte. Diese einflussreiche, aber letztlich instabile Dynastie herrschte über Gebiete weit jenseits der heutigen iranischen Grenzen, zerfiel aber schließlich. Die Safawiden wurden schließlich von den Kadscharen abgelöst, die mit der vielleicht schwierigsten Zeit für Monarchien in der frühen modernen Welt konfrontiert waren: dem entscheidenden 19. Jahrhundert. Europa wandte sich allmählich dem Liberalismus und Nationalismus zu, und Persien versuchte erfolglos, Schritt zu halten. Die meisten Kadscharenherrscher waren mit einer Vielzahl von Problemen konfrontiert und hatten kaum Zeit, sich mit Aktivitäten zu beschäftigen, die zu einer Modernisierung – zumindest nach europäischen Maßstäben – geführt hätten, insbesondere angesichts des wachsenden Einflusses der schiitischen Ulama, die in dieser Zeit zu einer der stärksten Kräfte im Land wurden.

Während die europäischen Nationen ihre globale Macht ausbauten und ihre Überlegenheit ausnutzten, gerieten die Kadscharen-Monarchen zunehmend unter die Kontrolle der Perser, die erkannten, dass der Staat mehr hätte tun können, um die Dinge zum Besseren zu wenden. Der Sturz der Kadscharen im 20. Jahrhundert läutete die letzte Periode in der Geschichte des Iran ein, eine Periode des ständigen Kampfes um Modernisierung. In den letzten 120 Jahren hat das iranische Volk mehrere Regierungen kommen und gehen sehen, die alle versprachen, in seinem besten Interesse zu handeln, aber letztlich auf die eine oder andere Weise scheiterten. Tatsächlich brachten die konstitutionelle Revolution und die erste Hälfte der Pahlavi-Monarchie große Verbesserungen in fast allen Lebensbereichen. Es schien, als sei das Land wieder auf den Beinen und auf dem Weg, sein enormes Potenzial auszuschöpfen. Die Jahre der Prosperität wichen jedoch zunehmend autokratischen Regimen, was zu einem Vertrauensverlust in der Bevölkerung führte. Ende der 1970er Jahre erlebte der Iran seine letzte große Veränderung und wurde als Islamische Republik neu organisiert. Die Islamische Republik Iran existiert noch heute, und es wird interessant sein zu sehen, was in Zukunft passieren wird, insbesondere angesichts der aktuellen Proteste. Nur die Zeit wird zeigen, ob das Land im Zeitalter der Moderne und Technologie angemessen funktionieren kann oder nicht.

Die Geschichte Irans ist nicht nur die Geschichte seiner zahlreichen Kriege oder seiner Herrscher. Vielmehr ist es der Wandel der Menschen im Laufe der Epochen, der die Aufmerksamkeit vieler Historiker auf sich gezogen hat. Sie haben sich den Veränderungen angepasst und eine der blühendsten und vielfältigsten Kulturen der Welt geschaffen.

Schauen Sie sich ein weiteres Buch aus der Reihe Enthralling History an.

Bibliographie

Teil 1: Das Altpersische Reich

„Achaemenid Judicial and Legal Systems." *Encyclopaedia Iranica.* Vol. XV, Fasc. 2 (2012): 174-177.

Anderson, Steven D., and Rodger C. Young. „The Remembrance of Daniel's Darius the Mede in Berossos and Harpocration." *Bibliotheca Sacra* 173 (July-September 2016): 315-23.

Arrian. *Alexander the Great: The Anabasis and the Indica.* Translated by Martin Hammond. Oxford: Oxford University Press, 2013.

„Artaxerxes III." *Encyclopaedia Iranica.* Vol. II, Fasc. 6 (2011): 658-59.

Austin, M. M. „Greek Tyrants and the Persians, 546-479 B. C." *The Classical Quarterly* 40, no. 2 (1990): 289-306. Accessed September 6, 2021. http://www.jstor.org/stable/639090.

Badian, E. „Darius III." *Harvard Studies in Classical Philology* 100 (2000): 241-67. https://doi.org/10.2307/3185218.

Bahadori, Ali and Negin Miri. „The So-called Achaemenid Capitals and the Problem of Royal Court Residence." *Iran,* (2021) DOI: 10.1080/05786967.2021.1960881.

Beaulieu, Paul-Alain. „Nabonidus the Mad King: A Reconsideration of His Steles from Harran and Babylon." In *Representations of Political Power,* edited by Marlies Heinz and Marian H. Feldman, 137-167. Winona Lake: Eisenbrauns, 2007.

Beaulieu, Paul-Alain. *Reign of Nabonidus, King of Babylon (556-539 BC).* New Haven: Yale University Press, 1989.

Bennett, Bob, and Mike Roberts. *The Wars of Alexander's Successors, 323-281 BC (Commanders and Campaigns Book 1).* South Yorkshire: Pen & Sword Military, 2013.

Bennett, Bob, and Mike Roberts. *The Wars of Alexander's Successors 323 - 281 BC. Volume 2: Battles and Tactics.* South Yorkshire: Pen & Sword Military, 2009.

Bertman, Stephen. *Handbook to Life in Ancient Mesopotamia.* Oxford: Oxford University Press, 2005.

Brosius, Maria. *A History of Ancient Persia: The Achaemenid Empire.* Hoboken, NJ: Wiley Blackwell, 2020.

Carter, R., and Graham Philip, eds. *Beyond the Ubaid: Transformation and Integration in the Late Prehistoric Societies of the Middle East.* Chicago: The Oriental Institute, University of Chicago, 2010.

Charles, Michael B. „Achaemenid Elite Cavalry: From Xerxes to Darius III." *The Classical Quarterly* 65, no. 1 (2015): 14-34.
http://www.jstor.org/stable/43905638.

Chavalas, M. W., ed. *The Ancient Near East: Historical Sources in Translation.* Malden, MA: Blackwell Publishing, 2006.

Clark, Peter. *Zoroastrianism: An Introduction to an Ancient Faith (Beliefs & Practices).* East Sussex: Sussex Academic Press, 1998.

Cyrus Cylinder. Translated by Irving Finkel. The British Museum.
https://www.britishmuseum.org/collection/object/W_1880-0617-1941.

Darius I. *The Behistun Inscription.* Livius.
https://www.livius.org/articles/place/behistun/behistun-3/.

Da Riva, Rocío. „The Figure of Nabopolassar in Late Achaemenid and Hellenistic Historiographic Tradition: BM 34793 and CUA 90." *Journal of Near Eastern Studies* 76, no.1.
https://www.journals.uchicago.edu/doi/full/10.1086/690464.

„Dāta." *Encyclopaedia Iranica.* Vol. VII, Fasc. 1 (2011): 114-115.
https://www.iranicaonline.org/articles/data.

De Graef, Katrien. „Dual Power in Susa: Chronicle of a Transitional Period from Ur III via Šimaški to the Sukkalmaḫs." *Bulletin of the School of Oriental and African Studies, University of London* 75, no. 3 (2012): 525-46.
http://www.jstor.org/stable/41811207.

Enthralling History. *Ancient Mesopotamia: An Enthralling Overview of Mesopotamian History, Starting from Eridu through the Sumerians, Akkadian Empire, Assyrians, Hittites, and Persians to Alexander the Great.* Coppell, Texas: Joelan AB, 2022.

Ershad, Alijani. „Thousands in Iran use King's Anniversary to Protest against Ruling Regime." *France 24: The Observers.* April 11, 2016. https://observers.france24.com/en/20161103-iran-cyrus-king-regime-protest.

Grayson, A. K. *Assyrian Rulers of the Early First Millennium BC II (858-745 BC)* (Royal Inscriptions of Mesopotamia. Assyrian Periods. Volume 3), Toronto: University of Toronto Press, 1996.

Herodotus. *Capture of Babylon.* Livius.

Herodotus, *The Histories.* Translated by George Rawlinson. New York: Dutton & Co, 1862. http://classics.mit.edu/Herodotus/history.html.

Josephus, Flavius. *Antiquities of the Jews.* Translated by William Whiston. Project Gutenberg. https://www.gutenberg.org/files/2848/2848-h/2848-h.htm

Kent, Roland. *Old Persian: Grammar, Texts, Lexicon.* New Haven: American Oriental Society, 1950.

Kerrigan, Michael. *The Ancients in Their Own Words.* London: Amber Books, 2019.

Kuhrt, Amélie. *The Persian Empire: A Corpus of Sources from the Achaemenid Period.* London: Routledge, 2007.

Lorenzi, Rossella. „Vanished Persian Army Said Found in Desert." *NBC News: Science News,* November 9, 2009. https://www.nbcnews.com/id/wbna33791672.

Mark, Joshua J. „Behistun Inscription." *World History Encyclopedia.* https://www.worldhistory.org/Behistun_Inscription/.

Mark, Joshua J. „The Battle of Pelusium: A Victory Decided by Cats." *World History Encyclopedia.* https://www.worldhistory.org/article/43/the-battle-of-pelusium-a-victory-decided-by-cats/.

Melamed, Karmel. „Cyrus Accords' Old Seeds of Peace: Iran & Israel's Forgotten Friendship." *The Times of Israel.* April 4, 2021. https://blogs.timesofisrael.com/cyrus-accords-old-seeds-of-peace-iran-israels-forgotten-friendship/.

Mildenberg, Leo. „Artaxerxes III Ochus (358 - 338 B.C.). A Note on the Maligned King." *Zeitschrift Des Deutschen Palästina-Vereins (1953-)* 115, no. 2 (1999): 201–27. http://www.jstor.org/stable/27931620.

Nemet-Nejat, Karen Rhea. *Daily Life in Ancient Mesopotamia.* Westport, Connecticut: Greenwood Press, 1998.

Photius' Excerpt of Ctesias' Persica. Livius. https://www.livius.org/sources/content/ctesias-overview-of-the-works/photius-excerpt-of-ctesias-persica/#34.

Plutarch, *The Parallel Lives: The Life of Artaxerxes.* The Loeb Classical Library edition. https://penelope.uchicago.edu/Thayer/E/Roman/Texts/Plutarch/Lives/Artaxerxes*.html.

Pollock, Susan. *Ancient Mesopotamia*. Cambridge: Cambridge University Press, 1999.

Polyaenus. *Stratagems: Book Seven*. Translated by R. Shepherd (1793). http://www.attalus.org/translate/polyaenus7.html

Postgate, Nicholas. *Early Mesopotamia: Society and Economy at the Dawn of History*. Oxfordshire: Routledge, 1994.

Prayer of Nabonidus (4Q242). Livius. https://www.livius.org/sources/content/dss/4q242-prayer-of-nabonidus/

Reade, J. E. „Kassites and Assyrians in Iran." *Iran* 16 (1978): 137-43. https://www.jstor.org/stable/4299653?origin=crossref

Sackrider, Scott. „The History of Astronomy in Ancient Mesopotamia." *The NEKAAL Observer* 234. https://nekaal.org/observer/ar/ObserverArticle234.pdf

Shenkar, Michael. „Temple Architecture in the Iranian World before the Macedonian Conquest." *Iran & the Caucasus* 11, no. 2 (2007): 169-94. http://www.jstor.org/stable/25597331.

Siculus, Diodor. *Library of History*. Volume II. Loeb Classical Library Edition. https://penelope.uchicago.edu/Thayer/E/Roman/Texts/Diodor_Siculus/16C*.html

Stol, Marten. „Women in Mesopotamia." *Journal of the Economic and Social History of the Orient* 38, no. 2 (1995): 123-44. http://www.jstor.org/stable/3632512.

Teall, Emily K. „Medicine and Doctoring in Ancient Mesopotamia." *Grand Valley Journal of History* 3:1 (2014), Article 2. https://scholarworks.gvsu.edu/gvjh/vol3/iss1/2

The Chronicle Concerning the Reign of Nabonidus (ABC 7). Livius, 2020. https://www.livius.org/sources/content/mesopotamian-chronicles-content/abc-7-nabonidus-chronicle/

The Tanakh: Full Text. Jewish Virtual Library: A Project of AICE. 1997. https://www.jewishvirtuallibrary.org/the-tanakh-full-text

Thucydides, *The War of the Peloponnesians, and the Athenians*. Translated by Jeremy Mynott. Cambridge: Cambridge University Press, 2013.

Van De Mieroop, Marc. *A History of the Ancient Near East ca. 3000 - 323 BC*. Hoboken: Blackwell Publishing, 2006.

Verse Account of Nabonidus. Translated by A. Leo Oppenheim. Livius. https://www.livius.org/sources/content/anet/verse-account-of-nabonidus/

Waters, Matt. *Ancient Persia: A Concise History of the Achaemenid Empire, 550-330 BCE*. New York: Cambridge University Press, 2014.

Weiershäuser, Frauke, and Jamie Novotny. *The Royal Inscriptions of Amēl-Marduk (561–560 BC), Neriglissar (559–556 BC), and Nabonidus (555–539 BC), Kings of Babylon* (PDF). Winona Lake: Eisenbrauns, 2020.

Worthington, Ian. *By the Spear: Philip II, Alexander the Great, and the Rise and Fall of the Macedonian Empire (Ancient Warfare and Civilization)*. Oxford: Oxford University Press, 2016.

Xenophon. *Cyropaedia: The Education of Cyrus*. Translated by Henry Graham Dakyns. Project Gutenberg eBook. https://www.gutenberg.org/files/2085/2085-h/2085-h.htm

Xenophon. *The Landmark Xenophon's Hellenika*. Translated by John Marincola. New York: Anchor, 2010.

Zarghamee, Reza. *Discovering Cyrus: The Persian Conqueror Astride the Ancient World*. Washington, DC: Mage Publishers, 2018.

Teil 2: Geschichte des Iran

Abrahamian, E. (1974). "Oriental Despotism: The Case of Qajar Iran." International Journal of Middle East Studies, 5(1), 3–31. http://www.jstor.org/stable/162341.

Abrahamian, E. (1979). "The Causes of the Constitutional Revolution in Iran." International Journal of Middle East Studies, 10(3), 381–414. http://www.jstor.org/stable/162146.

Arjomand, S. A. (1985). "The Causes and Significance of the Iranian Revolution." State, Culture, and Society, 1(3), 41–66. http://www.jstor.org/stable/20006816.

Arjomand, S. A. (1986). "Iran's Islamic Revolution in Comparative Perspective." World Politics, 38(3), 383–414. https://doi.org/10.2307/2010199.

Babayan, K. (1994). "The Safavid Synthesis: From Qizilbash Islam to Imamite" Shi'ism. Iranian Studies, 27(1/4), 135–161. http://www.jstor.org/stable/4310890.

Bhagat, G. BHAGAT, G. (1987). "Khomeini: Leader of Islamic Revolution in Iran." The Indian Journal of Political Science, 48(1), 31–41. http://www.jstor.org/stable/41855864.

Britannica, T. Editors of Encyclopedia (2021, April 29). "Iran summary." Encyclopedia Britannica. https://www.britannica.com/summary/Iran.

Brosius, M. (2013). *Greek Sources on Achaemenid Iran*.

Daniel, E. L. (2012). *The History of Iran (Second, Ser. The Greenwood Histories of the Modern Nations)*. Greenwood. Retrieved November 1, 2022.

Faghfoory, M. H. (1987). "The Ulama-State Relations in Iran: 1921-1941." International Journal of Middle East Studies, 19(4), 413–432. http://www.jstor.org/stable/163209

Ghods, M. R. (1991). "Iranian Nationalism and Reza Shah." Middle Eastern Studies, 27(1), 35-45. http://www.jstor.org/stable/4283413.

Hunt, C. (2005). *The History of Iraq (Ser. The Greenwood Histories of the Modern Nations)*. Greenwood Press. Retrieved November 5, 2022.

Keddie, N. R. (1983). "Iranian Revolutions in Comparative Perspective." The American Historical Review, 88(3), 579-598. https://doi.org/10.2307/1864588.

KEDDIE, N. R. (2000). "Women in Iran since 1979." Social Research, 67(2), 405-438. http://www.jstor.org/stable/40971478.

Morony, M. G. (1976). "The Effects of the Muslim Conquest on the Persian Population of Iraq." Iran, 14, 41-59. https://doi.org/10.2307/4300543.

Paul, J. (1998). "Early Islamic History of Iran: From the Arab Conquest to the Mongol Invasion." Iranian Studies, 31(3/4), 463-471. http://www.jstor.org/stable/4311181.

Perry, J. R. (1971). "The Last Ṣafavids, 1722-1773." Iran, 9, 59-69. https://doi.org/10.2307/4300438.

Rabi, U., & Ter-Oganov, N. (2012). "The Military of Qajar Iran: The Features of an Irregular Army from the Eighteenth to the Early Twentieth Century." Iranian Studies, 45(3), 333-354. http://www.jstor.org/stable/41445213.

Sykes, P. (2022). *History of Persia*. Routledge.

Bildquellen

1 Modifiziertes Foto: vergrößert, Beschriftung ergänzt. Nachweis: Natural Earth, CC BY-SA 4.0 <https://creativecommons.org/licenses/by-sa/4.0>, via Wikimedia Commons; https://commons.wikimedia.org/wiki/File:Colorful_shaded_map_of_Middle_East.jpg

2 https://commons.wikimedia.org/wiki/File:A_Short_History_of_the_World,_p0139.jpg

3 https://en.wikipedia.org/wiki/Zahhak#/media/File:Mir_Musavvir_002_(Zahhak).jpg

4 Carole Raddato from FRANKFURT, Germany, CC BY-SA 2.0 <https://creativecommons.org/licenses/by-sa/2.0>, via Wikimedia Commons; https://commons.wikimedia.org/wiki/File:Humiliation_of_the_Elamite_King_at_the_court_of_Ashurbanipal.jpg

5 https://commons.wikimedia.org/wiki/File:Figure_of_Persian_god_Mithras,_National_Academy_of_Sciences,_Washington,_D.C_LCCN2011631968.tif

6 Aneta Ribarska, CC BY-SA 3.0 <https://creativecommons.org/licenses/by-sa/3.0>, via Wikimedia Commons https://commons.wikimedia.org/wiki/File:Persepolis_carvings.JPG

7 https://commons.wikimedia.org/wiki/File:Kings_of_the_Achaemenid_Empire.jpg

8 Credit: Derzsi Elekes Andor, CC BY-SA 3.0 <https://creativecommons.org/licenses/by-sa/3.0>, via Wikimedia Commons; https://commons.wikimedia.org/wiki/File:The_Golden_Warrior_from_the_Issyk_kurgan.jpg

9 Original: User:SzajciEnglish: User:WillemBK, CC BY-SA 3.0 <https://creativecommons.org/licenses/by-sa/3.0>, via Wikimedia Commons https://commons.wikimedia.org/wiki/File:Median_Empire-en.svg

10 National Museum of Iran, CC BY-SA 3.0 <http://creativecommons.org/licenses/by-sa/3.0/>, via Wikimedia Commons; https://commons.wikimedia.org/wiki/File:Rython_boz.jpg

11 https://commons.wikimedia.org/wiki/File:Defeat_of_Croesus_546_BCE.jpg

12 https://commons.wikimedia.org/wiki/File:Kroisos_stake_Louvre_G197.jpg

13 DiegoColle, CC BY-SA 4.0 <https://creativecommons.org/licenses/by-sa/4.0>, via Wikimedia Commons; https://commons.wikimedia.org/wiki/File:Cyrus_the_Great_of_Persia.jpg

14 SG at the English-language Wikipedia, CC BY-SA 3.0 <http://creativecommons.org/licenses/by-sa/3.0/>, via Wikimedia Commons; https://commons.wikimedia.org/wiki/File:Persia-Cyrus2-World3.png

15 Bockomet, CC BY-SA 4.0 <https://creativecommons.org/licenses/by-sa/4.0>, via Wikimedia Commons; https://commons.wikimedia.org/wiki/File:Cyrus_the_Great_Tomb.jpg

16 Lower_Egypt-en.png: *Ancient_Egypt_map-en.svg: Jeff Dahlderivative work: MinisterForBadTimes (talk)derivative work: MinisterForBadTimes, CC BY-SA 3.0 <https://creativecommons.org/licenses/by-sa/3.0>, via Wikimedia Commons; https://commons.wikimedia.org/wiki/File:Lower_Egypt_460_BC.png

17 https://commons.wikimedia.org/wiki/File:Cambyses_II_capturing_Psamtik_III.png

18 Ekvcpa, CC BY-SA 4.0 <https://creativecommons.org/licenses/by-sa/4.0>, via Wikimedia Commons; https://commons.wikimedia.org/wiki/File:Lineage_of_Darius_the_Great.jpg

19 Modifiziertes Foto: Englischsprachige Beschriftung ergänzt. Credit: anton Gutsunaev, traduction GrandEscogriffe, CC BY-SA 4.0 <https://creativecommons.org/licenses/by-sa/4.0>, via Wikimedia Commons; https://commons.wikimedia.org/wiki/File:DariusScythes_fr.svg

20 Frank-Haf, CC BY-SA 4.0 <https://creativecommons.org/licenses/by-sa/4.0>, via Wikimedia Commons; https://commons.wikimedia.org/wiki/File:Darius_the_Great.jpg

21 Modifiziertes Foto: Die Lage Trojas wurde ergänzt. Credit: Alexikoua, CC BY-SA 3.0 <https://creativecommons.org/licenses/by-sa/3.0>, via Wikimedia Commons; https://commons.wikimedia.org/wiki/File:Western_Asia_Minor_Greek_Colonization.svg

22 Modifiziertes Foto: Ausschnitt und ergänzte Beschriftung. Credit: User: MinisterForBadTimes, CC BY-SA 2.5 <https://creativecommons.org/licenses/by-sa/2.5>, via Wikimedia Commons; https://commons.wikimedia.org/wiki/File:Ancient_Regions_Central_Greece.png

23 Seisma, CC BY-SA 4.0 <https://creativecommons.org/licenses/by-sa/4.0>, via Wikimedia Commons; https://commons.wikimedia.org/wiki/File:Marshlands_of_Marathon,_with_Pentelikon_mountains_in_the_background.jpg

24 Dgcampos, CC BY-SA 3.0 <http://creativecommons.org/licenses/by-sa/3.0/>, via Wikimedia Commons; https://commons.wikimedia.org/wiki/File:Tumulusmarathon.JPG

25 Carole Raddato from FRANKFURT, Germany, CC BY-SA 2.0 <https://creativecommons.org/licenses/by-sa/2.0>, via Wikimedia Commons; https://commons.wikimedia.org/wiki/File:Frieze_of_Archers_from_the_Palace_of_Darius_I_in_Susa,_Achaemenid_Persian_Period,_reign_of_Darius_I,_c._510_BC,_Louvre_Museum_(12251246605).jpg

26 https://commons.wikimedia.org/wiki/File:Battle_of_Thermopylae_and_movements_to_Salamis,_480_BC.gif

27 Modifiziertes Foto: Beschriftungen hinzugefügt. Credit: Aegean_Sea_map_bathymetry-fr.svg: Eric Gaba (Sting - fr:Sting)derivative work: MinisterForBadTimes, CC BY-SA 3.0 <https://creativecommons.org/licenses/by-sa/3.0>, via Wikimedia Commons; https://commons.wikimedia.org/wiki/File:Thermopylae_%26_Artemisium_campaign_map.png

28 Foto modifiziert: vergrößert. Credit: Eric Gaba, Wikimedia Commons user Sting, CC BY-SA 3.0 <https://creativecommons.org/licenses/by-sa/3.0>, via Wikimedia Commons; https://commons.wikimedia.org/wiki/File:Miletus_Bay_silting_evolution_map-en.svg

29 Modifiziertes Foto: Ausschnittvergrößerung. Credit: Map_athenian_empire_431_BC-fr.svg: Marsyasderivative work: Once in a Blue Moon, CC BY-SA 2.5 <https://creativecommons.org/licenses/by-sa/2.5>, via Wikimedia Commons; https://commons.wikimedia.org/wiki/File:Map_athenian_empire_431_BC-en.svg

30 https://commons.wikimedia.org/wiki/File:Wars_of_the_Delian_League_Egyptian_campaign.jpg

31 https://commons.wikimedia.org/wiki/File:He_stoods_silent_before_King.jpg

32 Classical Numismatic Group, Inc. http://www.cngcoins.com, CC BY-SA 3.0 <http://creativecommons.org/licenses/by-sa/3.0/>, via Wikimedia Commons; https://commons.wikimedia.org/wiki/File:Coin_of_Ardashir_I_(also_spelled_Artaxerxes_I)_of_Persis,_Istakhr_mint.jpg

33 dynamosquito, CC BY-SA 2.0 <https://creativecommons.org/licenses/by-sa/2.0>, via Wikimedia Commons; https://commons.wikimedia.org/wiki/File:Drachma_Darius_II.jpg

34 Marie-Lan Nguyen / Wikimedia Commons; https://commons.wikimedia.org/wiki/File:Double_daric_330-300_obverse_CdM_Paris.jpg

35 https://commons.wikimedia.org/wiki/File:Pelopennesian_War,_Walls_Protecting_the_City,_431_B.C..JPG

36 https://commons.wikimedia.org/wiki/File:Persepolis_Reconstruction_Apadana_Chipiez.jpg

37 Classical Numismatic Group, Inc. http://www.cngcoins.com, CC BY-SA 3.0 <http://creativecommons.org/licenses/by-sa/3.0/>, via Wikimedia Commons; https://commons.wikimedia.org/wiki/File:Artaxerxes_III_as_Pharao.jpg

38 https://commons.wikimedia.org/wiki/File:Spithridates_attacking_Alexander_from_behind_at_the_Battle_of_Granicus.jpg

39 https://commons.wikimedia.org/wiki/File:Battle_issus_decisive.png

40 https://commons.wikimedia.org/wiki/File:Battle_of_Gaugamela,_331_BC_-_Opening_movements.png

41 Luis García, CC BY-SA 3.0 <https://creativecommons.org/licenses/by-sa/3.0>, via Wikimedia Commons; https://commons.wikimedia.org/wiki/File:Batalla_de_Gaugamela_(M.A.N._Inv.1980-60-1)_02.jpg

42 Ausschnitt aus Foto. Credit: Rosemanios from Beijing (hometown), CC BY 2.0 <https://creativecommons.org/licenses/by/2.0>, via Wikimedia Commons; https://commons.wikimedia.org/wiki/File:Persia_-_Achaemenian_Vessels.jpg

43 Carole Raddato from Frankfurt, Germany, CC BY-SA 2.0 <https://creativecommons.org/licenses/by-sa/2.0>, via Wikimedia Commons; https://commons.wikimedia.org/wiki/File:Head_and_left_hand_from_a_bronze_cult_statue_of_Anahita,_a_local_goddess_shown_here_in_the_guide_of_Aphrodite,_200-100_BC,_British_Museum_(8167358544).jpg

44 Modifiziertes Foto. Credit: David Holt from London, England, CC BY-SA 2.0 <https://creativecommons.org/licenses/by-sa/2.0>, via Wikimedia Commons; https://commons.wikimedia.org/wiki/File:Iran_2007_081_Persepolis_Gate_of_all_Nations_(1731628479).jpg

45 Credit: Mohammad.m.nazari, CC BY-SA 4.0 <https://creativecommons.org/licenses/by-sa/4.0>, via Wikimedia Commons; https://commons.wikimedia.org/wiki/File:Unicorn_in_Apadana,_Shush,_Iran--2017-10.jpg

46 https://commons.wikimedia.org/wiki/File:Persepolis_T_Chipiez.jpg

47 BabelStone, CC BY-SA 3.0 <https://creativecommons.org/licenses/by-sa/3.0>, via Wikimedia Commons; https://commons.wikimedia.org/wiki/File:Oxus_chariot_model.jpg

48 https://commons.wikimedia.org/wiki/File:Soldiers_of_Xerxes_army.png

49 Pergamon Museum, CC BY 2.0 <https://creativecommons.org/licenses/by/2.0>, via Wikimedia Commons; https://commons.wikimedia.org/wiki/File:Persian_warriors_from_Berlin_Museum.jpg

50 Luis García, CC BY-SA 3.0 <https://creativecommons.org/licenses/by-sa/3.0>, via Wikimedia Commons; https://commons.wikimedia.org/wiki/File:Batalla_de_Gaugamela_(M.A.N._Inv.1980-60-1)_04.jpg

51 Hansueli Krapf, CC BY-SA 3.0 <https://creativecommons.org/licenses/by-sa/3.0>, via Wikimedia Commons; https://commons.wikimedia.org/wiki/File:Tachara,_Persepolis.jpg

52 Classical Numismatic Group, Inc. http://www.cngcoins.com, CC BY-SA 3.0 <http://creativecommons.org/licenses/by-sa/3.0/>, via Wikimedia Commons; https://commons.wikimedia.org/wiki/File:Kroisos._Circa_564-53-550-39_BC._AV_Stater_(16mm,_10.76_g)._Heavy_series._Sardes_mint.jpg

53 Classical Numismatic Group, Inc. http://www.cngcoins.com, CC BY-SA 2.5 <https://creativecommons.org/licenses/by-sa/2.5>, via Wikimedia Commons; https://commons.wikimedia.org/wiki/File:Daric_coin_of_the_Achaemenid_Empire_(Xerxes_II_to_Artaxerxes_II).jpg

54 Hansueli Krapf, CC BY-SA 3.0 <https://creativecommons.org/licenses/by-sa/3.0>, via Wikimedia Commons; https://commons.wikimedia.org/wiki/File:Persepolis_24.11.2009_11-47-13.jpg

55 https://commons.wikimedia.org/wiki/File:Map_of_Iran.jpg

56 https://commons.wikimedia.org/wiki/File:Median_Empire.jpg

57 https://commons.wikimedia.org/wiki/File:Achaemenid_Empire_559_-_330_(BC).png

58 https://commons.wikimedia.org/wiki/File:Diadoch.png

59 https://commons.wikimedia.org/wiki/File:Sassanid_Empire_226_-_651_(AD).GIF

60 https://commons.wikimedia.org/wiki/File:IslamicConquestsIroon.png

61 https://commons.wikimedia.org/wiki/File:Map_of_expansion_of_Caliphate.svg

62 Ro4444, edited by me, CC BY-SA 4.0 <https://creativecommons.org/licenses/by-sa/4.0>, via Wikimedia Commons; https://commons.wikimedia.org/wiki/File:Map_of_the_Samanid_amirate_at_the_death_of_Nasr_II,_943.svg

63 https://commons.wikimedia.org/wiki/File:Ilkhanate_in_1256%E2%80%931353.PNG

64 https://commons.wikimedia.org/wiki/File:Shah_Ismail_I.jpg

65 https://commons.wikimedia.org/wiki/File:QIZILBASH.jpg

66 https://commons.wikimedia.org/wiki/File:ShahAbbasPortraitFromItalianPainter.jpg

67 https://commons.wikimedia.org/wiki/File:The_maximum_extent_of_the_Safavid_Empire_under_Shah_Abbas_I.png

68 https://commons.wikimedia.org/wiki/File:Painting,_portrait_of_Nader_Shah_seated_on_a_carpet,_oil_on_canvas,_probably_Tehran,_1780s_or_1790s_(cropped).jpg

69 https://commons.wikimedia.org/wiki/File:MohammadKhanQajari.jpg

70 Fabienkhan, CC BY-SA 2.5 <https://creativecommons.org/licenses/by-sa/2.5>, via Wikimedia Commons; https://commons.wikimedia.org/wiki/File:Map_Iran_1900-en.png

71 https://commons.wikimedia.org/wiki/File:Aiocoil.jpg

72 https://commons.wikimedia.org/wiki/File:Representatives_of_the_First_Iranian_Parliament_WDL11288.png

73 https://commons.wikimedia.org/wiki/File:Reza_shah_uniform.jpg

74 https://commons.wikimedia.org/wiki/File:Soviet_tankmen_of_the_6th_Armoured_Division_drive_through_the_streets_of_Tabriz_(2).jpg

75 https://commons.wikimedia.org/wiki/File:Mohammad_Mosaddegh_portrait.jpg

76 (https://commons.wikimedia.org/wiki/File:Operationajax.jpg

77 https://commons.wikimedia.org/wiki/File:Mrplandreform1.jpg

78 https://commons.wikimedia.org/wiki/File:Ruhollah_Khomeini_portrait_1.jpg

79 https://commons.wikimedia.org/wiki/File:Islamic_Government_(17_Shahrivar).jpg

80 Official website of Ali Khamenei, CC BY 4.0 <https://creativecommons.org/licenses/by/4.0>, via Wikimedia Commons https://commons.wikimedia.org/wiki/File:Supreme_leader_Ali_Khamenei_meeting_with_the_air_force_commanders_and_personnel_(5).jpg

www.ingramcontent.com/pod-product-compliance
Lightning Source LLC
Chambersburg PA
CBHW070324010526
44107CB00004B/405